류성룡

징비록

나남
nanam

나남신서 1979

류성룡 징비력

사중구생(死中求生): 죽을 상황에서 살아날 길을 찾는 의지

2018년 11월 25일 발행
2018년 11월 25일 1쇄

지은이   이권효
발행자   趙相浩
발행처   (주) 나남
주소   10881 경기도 파주시 회동길 193
전화   (031) 955-4601 (代)
FAX   (031) 955-4555
등록   제 1-71호 (1979.5.12)
홈페이지   http://www.nanam.net
전자우편   post@nanam.net

ISBN 978-89-300-8979-1
ISBN 978-89-300-8655-4 (세트)

류성룡·징비력

사중구생(死中求生): 죽을 상황에서 살아날 길을 찾는 의지

이권효 지음

나남신서 1979

나남
nanam

이 책은 방일영문화재단의 지원을 받아 저술·출판되었습니다.

領議政西厓柳成龍像

서애 류성룡 영정

석영 최광수 화백이 그렸으며 1988년 정부 표준 영정으로 지정됐다. 서애
는 63세 때(1604년) 관직이 회복됐다. 이 무렵 조정은 화공을 하회로 보내
서애의 초상화를 그리도록 했다. 그러나 서애는 화공을 돌려보냈다. 이 일
과 관련해 서애는 지인(이효언)에게 보낸 편지에서 "조정의 화공이 헛걸음
을 하였습니다. 시골에서 야인으로 살고 있는 초라한 모습을 화공이 한 번
보고 그려서 가져가면 어찌 쓸모가 있겠습니까. 나라에 공로를 세워 이름
난 장수와 신하가 지금 얼마나 많습니까. 저는 병이 들어 쇠약해지는 상태
가 더 심해지고 있습니다. 지금 도성(서울)에 있다고 하더라도 초상화 그
리는 일로 외출하기는 어려울 것입니다"라고 했다.

서애 출생지

서애가 태어난 경북 의성군 점곡면 사촌리 안동 김씨 도평의공파 종택. 어머니는 사촌마을 입향조의 증손인 송은 김광수의 1남 6녀 중 5녀 김소강(金小姜)이다. 송은은 진사 (進士)로 성균관에서 공부하다 고향으로 돌아와 학문과 후학을 양성했다. 겸암(서애의 세 살 위 형인 류운룡)과 서애는 이곳에서 소년기를 보내면서 외할아버지(송은)의 가르침을 받았다. 안동 김씨 집성촌인 이 마을에서는 송은의 영향으로 많은 유학자가 배출됐다. 또한 임진왜란 때와 일제강점기에는 의병이 활발했다.

원지정사와 연좌루

서애(서쪽 언덕)에 서당을 짓지 못하자 서애는 하회마을에 원지정사(遠志精舍)와 정자의 누각인 연좌루(燕坐樓)를 35세 때 완성했다. 32세에 부친상을 당하고 하회에 머무는 동안 지은 수양공간이다. '원지'는 약초 이름이지만 '깊은 뜻'이라는 의미도 있다. '연좌'는 '편안하게 즐긴다'는 뜻이다. 〈이른 봄에 원지정사에서 강변 모래밭으로 걷다가 짓다〉(早春 自遠志精舍 步出江沙 偶得)라는 시에서 서애는 "인생에 좋고 나쁨이 어찌 미리 정해져 있겠는가. 세상에서 겪는 화려함과 시들음은 말로 표현하기 어렵네. 비가 그친 뒤 산새들 울음 먼저 들려오네. 매화가 강변 남촌에 비로소 피어나겠네"(人生好醜何曾定. 世上榮枯不足言. 雨後一聲山鳥喚. 梅花初動水南村)라고 했다.

옥연서당

서애의 삶에서 구심점 같은 공간이다. 35세 때 추진하여 45세 때 완성됐다. 35세 때 완성한 원지정사는 마을 안에 있어 조용히 공부하는 데는 불편했다. 마을 건너편 부용대 절벽 한쪽에 터를 잡았으나 형편이 어려워 집을 지을 수 없었다. 승려 탄홍이 이 사정을 알고 재물을 모아 10년 만에 완공할 수 있었다. 마을에서 옥연서당에 오기 위해서는 강을 건너야 하므로 매우 불편했다. 서애는 이런 사정을 만족스럽게 여겼다. 서애는 임진년(1592년) 12월 평안도 안주(安州)에서 지인(김윤안)에게 보낸 편지에 "옥연서당이 다행히 왜적의 손에 불타지 않았다고 합니다. 하늘의 도움입니다"라고 했다. 전쟁으로 매우 위급한 상황에서도 서애의 마음 한구석에는 옥연이 무사해야 한다는 걱정이 깊이 들어 있었다. 마지막으로 돌아갈 공간이었기 때문일 것이다. 옥연서당이 전쟁에도 파괴되지 않았기 때문에 훗날 《징비록》 저술도 가능했다. 옥연서당은 서애에게 수신과 위안, 즐거움을 위한 벗 같은 존재였다. 삭탈관직된 후 하회로 돌아와 달관대, 능파대, 간죽문 등 옥연서당의 10가지 풍경을 시〔〈옥연십영〉(玉淵十詠)〕에 담았다. "오히려 세상 사람들을 피하여 이곳에 조용히 숨어 지내는 것일까"(無乃避世人 幽棲在此中) 같은 구절에서 서애의 심정을 느낄 수 있다. 지인(김창원)에게 보낸 편지에서 "어제 옥연에 가서 하루를 보냈습니다. 강물에 비친 달빛이 무척 맑았으며 서당의 뜰에 가득한 국화도 좋았습니다. 하지만 깨끗하지 못한 내 마음의 바탕을 씻어 버리지 못해 아쉬웠습니다"라고 했다. 서애는 전쟁 동안 거의 만나지 못했던 어머니와 형을 모시고 옥연에서 자식으로서, 동생으로서 도리를 하려고 했다. 어머니와 형은 서애가 60세 때 모두 세상을 떠났다. 서애는 건강이 매우 나빴지만 차분한 정서 속에서 《징비록》을 조금씩 정리해 63세 여름에 마무리했다. 옥연에 머무는 동안 소나무와 대나무를 서당 주변에 많이 심었다. 지금 서당 마당 한쪽에 서 있는 소나무(수령 400여 년, 둘레 1.8미터, 높이 9미터)는 서애가 63세 때 심은 것으로 추정된다.

부용대

하회마을과 마주한 절벽으로 높이는 64미터이다. 오른편에 옥연서당이, 왼편에 겸암정
사가 있다. '부용'은 연꽃이다. 부용대에 올라 하회마을을 내려다보면 연꽃 모양으로 느
껴진다.

부용대에서 바라본 하회마을

겸암정사(서애의 형 겸암이 공부하던 곳) 앞 강물에 솟아 있는 형제 바위.
겸암과 서애를 상징한다.

겸암정사와 옥연서당 사이의 오솔길에서 본 하회마을.

병산서원

서애를 추모하는 병산서원의 상징인 만대루. 서원을 마주하는 병산과 낙동강 물줄기, 모래밭 풍경이 빼어나다. 서애가 31세 때 안동 풍산읍에 있던 풍악서당(문중 교육공간)을 현재 위치로 옮긴 것이 병산서원의 뿌리이다. 서애 별세 후 문인을 중심으로 사당을 지어 서원으로 바뀌었다. 퇴계 이황의 문집과 연보를 정리하는 일은 서애 등 퇴계의 제자들이 힘을 모아 추진한 중요한 일이었다. 이 작업도 병산서원에서 많이 추진되었다. 서원에서 강변을 따라 하회마을로 가는 오솔길(길이 4킬로미터)이 있다.

농환재(농환초가) 터 서애 유적비

서애가 삶을 마친 경북 안동시 풍산읍 서미리 부근에 있다. 하회마을에서 20여 킬로미터 떨어진 학가산 자락의 외딴 곳이다. 서애는 64세 가을에 하회를 떠나 서미리로 왔다. 이해 여름에 발생한 물난리로 하회와 옥연서당이 큰 피해를 입은 일이 계기였다. 다음 해 3월 이곳에 세 칸짜리 초가(농환재)를 지었다. 여기서 다음해 5월 66세를 일기로 숨졌다. 이곳에는 '영의정 문충공 서애 류성룡 선생 농환재 유적비'가 있다. 서애 14대 종손 류영하 옹(2014년 작고)의 부탁으로 성균관대 교수를 지낸 이우성 박사가 비문을 지어 1999년 가을에 비석을 세웠다. 내용은 "안동시 풍산읍 서미리는 문충공 서애 류성룡이 그의 위대한 생애를 마감한 역사적 유적지이다. 선생은 조선왕조 오백 년간 가장 탁월한 대재상으로서 임진왜란에 영의정으로 도체찰사로 국가경영전략을 한 몸으로 수행하여 광고(전례가 없음)의 외환(외적의 침략)을 극복하였다. 전후(임진왜란 이후)에 다시 국방의 재점검과 국토의 복구 건설에 경륜과 포부를 실현시켜야 할 무렵 당쟁의 갈등과 소소배(도둑의 무리)의 모략으로 관직에서 물러나 향리 하회로 은퇴하고 말았다. 선생은 은퇴 이후 나라의 겨레의 앞날을 걱정하면서 자신이 체험한 국난을 되돌아보며 모든 기록을 정리하여 《징비록》을 완성하고 그 밖의 자료들도 편집하여 후세의 감계(잘못을 되풀이하지 않도록 경계)를 삼고자 하였다. 이 작업이 끝난 뒤에 선생은 하회를 떠나 서미리로 이우(옮겨가서 생활)하였다. ⋯"이다.

충효당

서애 종택으로, 하회마을(유네스코 세계유산)을 대표하는 건축물이다. 서애가 세상을 뜬 후 선생의 문인과 지역 유림이 후손을 도와 건립했다. 서애와 정경부인 이 씨의 신주를 모신 사당이 있다. 사당 옆에는 서애의 유품을 전시한 영모각이 있다. 충효당에는 류창해 종손(15대)과 이혜영 종부가 살고 있다.

충효당 사당

서애 부부 신주

머리말
징비, 삶을 지키는 바탕

'징비'(懲毖)는 어려운 말이지만 서애 류성룡(西厓 柳成龍, 1542~ 1607)의 《징비록》(懲毖錄)을 계기로 널리 알려졌다. '지난 잘못을 뉘우치고 되풀이하지 않도록 삼가다'는 뜻을 지닌 표현이다.

신문 등 대중매체에는 잘못이나 실수가 반복되는 사회적 문제에 대해 '류성룡의 징비처럼 통렬히 반성하여 다시는 이런 일이 없어야 한다'는 표현이 자주 등장한다.

2017년 10월 6일 추석 연휴에 경북 안동 하회마을을 방문한 문재 인 대통령은 충효당(서애 종택)과 병산서원을 둘러본 뒤 방명록에 "서애 류성룡의 징비정신이야말로 지금 이 시대 우리가 새기고 만들 어야 할 정신입니다"라고 썼다. 문 대통령은 또 서애의 《징비록》을 언급하면서 "류성룡 선생이 징비정신을 남기셨는데 불과 몇십 년 만 에 병자호란을 겪고 결국은 일제 식민지가 되기도 했다. 6·25전쟁 도 겪고 지금에 이르게 됐다. 우리가 얼마나 진짜 징비하고 있는지

새겨봤으면 한다"라고 말했다고 보도됐다. 대통령의 이 같은 인식
또한 징비에 대한 기존의 대중적 이해에 영향을 받았을 것이다.

그러나 징비라는 말에 대한 이 정도의 이해는 서애의 징비를 거론
하지 않더라도 얼마든지 가능하다. 공자가 제자 안회의 배우는 자세
를 가리켜 "잘못을 되풀이하지 않는다"(不貳過, 《논어》〈옹야〉편)고
한 말도 널리 알려져 있다.

'서애의 징비'는 '징비'와 같은 의미가 아니다. 서애의 징비에는 고
유하고 독자적인 정체성이 있다. 잘못이 반복되지 않도록 조심한다
는 단어 풀이로서의 징비를 뛰어넘는 고차원의 의미와 가치가 있다.
징비가 보통명사라면 류성룡의 징비력은 고유명사인 셈이다.

나는 오래전부터 서애의 삶과 사상을 살펴보면서 징비의 뜻과 가
치를 입체적으로 보여 주고 공유할 필요성을 절감했다. 기존의 징비
에 대한 인식이 너무 좁고 단순하다고 느꼈기 때문이다. 징비의 뜻을
어떤 차원에서 이해하느냐는 서애의 삶을 어떤 차원에서 이해하느냐
는 문제와 분리할 수 없기에 더욱 그와 같은 생각을 했다.

서애의 징비에 담긴 의미를 파악하고 공유하면 '징비정신을 되새
기며 계승하자' 또는 '징비록의 교훈을 실천하자'와 같은 막연한 주장
을 넘어설 수 있다. 대신 '징비의 득인(得人)이 필요하다'거나 '징비
의 진심(盡心)을 발휘해야 한다' 같은 주장이 가능해진다. 그래서 징
비정신은 구체적으로 무엇인지, 징비의 무엇을 교훈으로 삼아야 할
지 입체적으로 파악하면 징비를 더욱 깊이 새기고 실천할 수 있다.

서애는 57세이던 1598년 무술년 10월 영의정 직위가 해제되고 다
음 달 삭탈관직되면서 죄인 신분이 됐다. 서애는 곧 고향인 안동 하

회로 돌아가 《징비록》을 저술하는 등 8년을 지내다 세상을 떠났다. 그로부터 420년이 지난 2018년 무술년 11월에 나는 서애의 삶과 사상을 상징하는 징비의 의미와 가치를 세상에 소개한다.

나는 서애가 남긴 많은 기록을 살펴보면서 한마디도 버릴 것이 없는 꽉 차고 절실한 말이라는 느낌에서 잠시도 벗어날 수 없었다. 그러다 보니 서애의 깊고 넓고 높은 삶을 살피는 일이 마치 대롱 구멍으로 하늘을 살피고 고동 껍데기로 바닷물을 헤아리는 '관규여측'(管窺蠡測) 수준에 머물지 않을까 하는 두려움도 많았다. 하지만 서애의 징비를 깊이 알고 싶은 욕심에 보잘것없는 연구지만 스스로 외면할 수 없었다. 과문한 탓인지 모르겠으나 이런 시각의 논지는 이것이 처음이 아닌가 한다. '류성룡 징비력(懲毖力)'이란 말도 필자가 조어(造語)했다.

아쉬운 점은 평양을 비롯해 숙천, 순안, 영변, 박천, 안주, 정주, 의주 등 임진왜란 당시 서애의 삶에서 매우 중요한 공간이었던 평안도 일대를 살펴보지 못한 것이다. 서애는 우리나라 땅을 '하늘처럼 굳세고 정결하다'는 뜻에서 건정지(乾淨地)라고 표현했다.

이 땅에 대해 이토록 뭉클한 한마디에도 서애의 징비력은 스며 있다. 제주도에서 압록강까지 산재한 건정지에 류성룡 징비력이 널리 공유되면 훗날 평안도 일대를 답사하면서 서애를 만날 수 있으리라는 기대를 위안으로 삼는다.

한국은 바야흐로 대전환기를 맞고 있다. 이른바 결정적 시간(critical time)에 접어드는 셈이다. 자이언트 2대국(G2)인 미국, 중국의 건곤일척의 대결에 한반도 문제가 뇌관이 되었으니 한국의 운명도 큰 영향을 받을 수밖에 없다. 남·북한 평화 정착 및 통일 문제, 한국의 선진국 굳히기 여부, 세대갈등, 빈부격차 등 산적한 과제로 한국사회는 내내 격동할 것이다.

이런 난제를 돌파하려면 정신적인 지주가 될 실천철학이 존재해야 한다. 나는 징비력이 그 자리를 차지할 가치가 있다고 본다. 이 책이 단순한 인문교양서 차원을 넘어 새로운 한국을 구축할 여러 주인공들의 필독서로 읽히기를 소망한다.

서애의 삶에 관심을 가지고 필자의 작은 노력을 출간해 준 나남출판사의 조상호 회장, 고승철 사장, 편집진께 감사드린다.

2018년 11월
이 권 효

차례

1

서애의 삶을 관통하는 힘,
징비력

서애 정신, 징비력

흔히 쓰는 개과천선(改過遷善)이라는 성어는 징비라는 단어보다 뜻이 더 구체적이고 적극적이다. 잘못이나 허물을 뉘우치며 되풀이하지 않도록 삼가는 자세를 넘어 잘못을 개선하여 잘할 수 있도록 노력한다는 의미까지 들어 있다. 잘못을 고치는 데 주저하지 않는다는 의미의 '개과불린'(改過不吝)도 있다. 《서경》(書經)〈상서〉(商書) 편에 나온 표현으로, 상(商) 나라를 세운 탕 임금의 태도를 가리키는 말이다. 《서경》의 같은 편에는 신하가 임금에게 충고한 말로 '유비무환'(有備無患)이 나온다. 미리 준비해서 대비하면 어려운 일이 생겨도 걱정이 없다는 뜻의 유비무환은 징비보다 뜻이 더 적극적이다.

과거의 잘못을 뉘우치며 반복하지 않도록 삼간다는 의미를 공유하기 위해 징비라는 말을 쓴다고 해서 특별한 가치가 저절로 생기지는 않는다. 서애 류성룡이라는 걸출한 역사적 인물, 임진왜란이라는 엄청난 역사적 사건, 《징비록》이라는 불후의 역사적 기록이 맞물려 징비라는 말이 특별한 느낌을 준다고 할 수 있다. 징비라는 말의 출처로 널리 알려진 《시경》(詩經)을 곁들여 말하더라도 마찬가지다.

징(懲)은 '혼이 나서 잘못을 뉘우치거나 고치다', '잘못이 생기지 않도록 조심하다', '경계하다', '교훈으로 삼다'는 뜻이다. 징비(懲毖)는 '이전의 잘못을 뉘우치고 삼가다', 징개(懲改)는 '잘못을 거울삼아 스스로 고치다', 징계(懲戒)는 '잘못을 뉘우치도록 나무라다', 징창(懲創)은 '잘못으로 혼이 나서 스스로 조심하다', 징치(懲治)는 '잘못을 징계하여 고치게 하다', 징전비후(懲前毖後)는 '이전의 잘못을 뉘우치고 뒷일을 삼가다'는 뜻이다. 모두 징(懲)이라는 말의 뜻풀이에 그쳐, 우리의 인식을 깊은 차원으로 넓혀 주지 못한다.

서애의 징비는 임진왜란이라는 특수한 시대적 상황에 한정되는 것이 아니라 그의 삶에 한결같이 흐른 태도이고 역량이며 정서였다. 임진왜란은 서애의 징비정신이 명확하게 드러난 특수한 상황이고 계기였을 뿐이다. 그렇지 않다면 세상을 피하여 조용하게 사는 둔세유서(遁世幽棲)의 성품에 건강까지 매우 나빴던 서애가 당시 아무리 전쟁에 대처해야 하는 책임자 위치에 있었다고 하더라도 무려 7년 동안 계속된 침략전쟁에 굳건한 자세로 대처하는 것은 불가능했을 것이다. 나라가 속수무책으로 왜적에 무너지는 상황에서도 서애의 징비는 흔들리지 않고 극도로 어려운 현실과 대결했다. 전쟁이 끝난 후 지난 일을 돌아보며 잘못을 반복하지 않도록 조심해야 한다는 그런 차원의 징비가 아니다.

이 책에서는 징비의 정명(正名, 이름을 바르게 함)을 위해 서애의 징비에 들어 있는 독자적이고 고유한 의미와 가치를 살펴보고자 한

24

류성룡 징비력의 10가지 요소

구성어	의미
공분(公憤)	삶을 파괴하는 침략전쟁에 대한 강렬한 분노
반구(反求)	우리 자신의 부족함을 냉철하게 반성하며 개선
실질(實質)	현실을 직시하면서 실용적으로 문제를 해결
득인(得人)	오직 능력을 기준으로 임무의 적임자를 구함
득심(得心)	어려움을 이겨 내는 근본적인 힘으로서 민심
진심(盡心)	각자 맡은 일에 한결같이 정성을 쏟는 자세
원려(遠慮)	앞날을 준비하면서 지금의 어려움을 이겨냄
생민(生民)	개인과 공동체의 삶을 보듬고 지키는 노력
수신(修身)	올바른 인격과 세상을 추구하는 주체적인 공부
초연(超然)	불완전한 현실에 유연하게 맞서고 넘어서는 정서

다. 징비라는 말의 뜻과 가치를 서애의 삶을 바탕으로 바르게 세우려
는 뜻에서 시도했다. 징비는 반성과 성찰을 넘어 현실을 개선하고 미
래의 희망을 가꾸는 적극적 의미가 더 중요하다.

　나는 서애가 남긴 기록을 근거로 징비의 의미와 가치를 위 표와 같
이 10가지로 파악하고 이를 '류성룡 징비력'(柳成龍 懲毖力)이라고
이름 지었다. 이 요소들이 맞물려 징비의 힘, 즉 징비력을 발휘한다.
책 뒤에 요약한 〈서애 징비 어록〉에서 징비력의 입체적 의미를 서애
의 목소리로 들을 수 있다.

　징비는 이들 요소들이 맞물려 그 의미와 가치를 현실상황에 맞게
드러낸다. 예를 들어 임진왜란의 명장 이순신(李舜臣)과 권율(權慄)
을 추천(천거)해 발탁되도록 한 일은 징비력의 득인(得人)에 해당하
는 한 가지 사례일 뿐이다. 돌발적으로 급조된 경우가 아니다. 이는

사람에 대한 보편적 가치관 등 징비력을 가능하게 하는 높은 차원의 바탕이 놓여 있어 가능했다. 두렵고 비참했던 침략전쟁에 맞서 7년이라는 긴 세월 동안 징비력을 발휘한 서애의 태도와 역량은 그의 삶을 전반적으로 살펴야 그 진면목을 파악할 수 있다.

징비를 구성하는 여러 가지 요소는 서애선생기념사업회가 펴낸 《서애전서》(西厓全書, 2001)의 내용을 근거로 삼아 이끌어 냈다. 《서애전서》는 《징비록》, 《근폭집》, 《진사록》(2권), 《군문등록》, 《서》, 《잡저》, 《시》(2권) 등 9권으로 구성돼 있다. 《징비록》은 국보이며, 《근폭집》, 《진사록》, 《군문등록》은 보물이다.

나는 서애의 징비를 해명하는 차원에서 이 책의 제목을 《류성룡 징비력》이라고 지었다. 그리고 징비정신을 잘 보여 주는 서애의 표현인 '사중구생'(死中求生), 즉 '죽을 상황에서 살아날 길을 찾는 의지'를 책의 부제로 삼았다.

"죽을 상황에서 살아날 길을 찾아야 오늘날의 일이 어쩌면 이루어질 것입니다."[1]

"지금 일이 돌아가는 형편은 하루하루 위급합니다. 마땅히 빨리 대책을 결정하여 죽을 상황에서 살아날 길을 찾아야 할 것입니다."[2]

"지금 나라의 형편은 나날이 급박합니다. 우리 처지에서는 마땅히 충분히 조치하여 죽을 상황에서 살아날 길을 찾는 대책을 세워야 할 것입니다. 그렇지 못하면 앞으로 닥칠 일은 차마 말할 수도 없을 것

---

1 死中求生 然後今日之事 庶可爲也.《근폭집》, 임진년(1592년) 6월.
2 今之事勢 一日危於一日. 所當早爲決計 死中求生.《진사록》, 1592년 12월.

입니다."**3**

　서애가 선조 임금에게 아뢴 이 같은 말에서 죽을 상황에서 살아날 길을 찾는 사중구생의 의지를 명확하게 확인할 수 있다. 사중구생은 징비력에 한결같이 흐르는 강력한 의지다.

3　今日事勢日迫. 在我所當百分措置 爲死中求生之計. 不然則前頭之事 不忍言也. 《근폭집》, 갑오년(1594년) 2월.

《징비록》의 두 가지 의미

《징비록》은 좁은 뜻과 넓은 뜻을 기준으로 두 가지로 나눌 수 있다. 국보로 지정된 《징비록》은 16권으로 구성돼 있다. 17세기 초에 간행된 이후 16권 체제를 이어 온다.

1, 2권은 《징비록》이다. 임진왜란이 끝난 뒤 서애가 집필한 내용이다. 좁은 뜻의 《징비록》으로, 보통 《징비록》이라고 하면 이 책을 가리킨다. 3~16권은 《근폭집》(3~5권), 《진사록》(6~14권), 《군문등록》(15, 16권)이다. 1, 2권을 포함한 넓은 뜻의 《징비록》이다.

좁은 뜻의 《징비록》과 넓은 뜻의 《징비록》은 형식과 내용 면에서 다르다.

우선 형식 면에서, 두 《징비록》은 기록 시기가 다르다. 좁은 뜻의 《징비록》은 서애가 하회 옥연서당에서 임진왜란을 돌아보면서 당시 상황을 정리한 내용이다. 1, 2권을 제외한 문헌은 임진왜란 중에 서애가 남긴 기록이다.

내용 면에서 두 가지 《징비록》은 큰 차이가 있다. 좁은 뜻의 《징비록》은 서애가 58세부터 하회 옥연서당에 머물며 '저술'했다. 서애 연보에 따르면 《징비록》은 4년이 걸려 63세(1604년) 여름에 마무리했다. 4년이나 걸린 것은 건강 문제 등 집필에 집중할 수 없었던 환경 때문이었을 것이다.

좁은 뜻의 이 《징비록》은 임진왜란 발생 배경 등 당시 상황에 대한 자세한 서술, 이순신 장군에 대해 특별히 언급한 점 등이 중요한 내용이지만 징비의 의미를 구체적으로 살펴볼 만한 내용은 매우 부족하다. 이 《징비록》을 기록하던 당시 서애는 늙고 병들어 7년 전쟁을 돌아보며 기억을 되살리는 일조차 쉽지 않았을 것으로 짐작된다.

짧은 서문(자서 246자)에 '징비'가 한 번 언급될 뿐 1, 2권 본문에는 징비 또는 징창(懲創, 징비와 같은 뜻으로, 서애의 다른 문헌에서는 자주 보인다) 같은 표현은 나오지 않는다. 《징비록》이 세상에 널리 알려졌지만 징비의 뜻과 가치에 대한 인식이 여전히 '이전의 잘못을 반복하지 않도록 조심한다'는 정도의 표면적인 뜻에 머무는 것도 《징비록》의 이 같은 성격 때문으로 보인다.

이에 비해 넓은 뜻의 《징비록》에 포함되는 문헌에는 서애의 징비력을 잘 보여 주는 내용이 많다. 좁은 뜻의 《징비록》에 나타나는 징비와 관련된 직접적 표현은 '훗날의 경계'(後日之戒), '훗날의 뉘우침'(後悔) 정도뿐이다. 이에 비해 전쟁 중에 쓴 《근폭집》과 《진사록》, 《군문등록》에 나타나는 표현은 절박했던 전쟁 상황을 잘 보여 주며, 징비와 관련해 주목할 내용이 많다. 《근폭집》과 《군문등록》, 《진사록》의 내용 전체가 징비력의 실체라고 할 수 있을 정도다.

징비를 위해서는 걱정과 후회, 뉘우침의 온갖 측면을 알아야 하고, 이를 바탕으로 대책을 마련해야 한다는 서애의 절박감을 구체적으로 느낄 수 있다. 이는 넓은 의미의 《징비록》에 담긴 서애의 삶을 바탕으로 가능하다. 징비력은 다음과 같은 복잡한 근심 걱정을 파악하고 구체적으로 대처하는 힘이다.

후회와 뉘우침, 근심 걱정에 관한 서애의 표현은 다음과 같다. 징비력으로 이를 극복해야 한다.

- 때에 미치지 못하는 뉘우침(後時不及之悔)
- 시기를 놓치는 걱정(後時之虞)
- 뒷날의 뉘우침(後日之悔)
- 없애기 어려운 걱정(腹心之憂)
- 훗날 대책을 세우기 어려운 걱정(後日難圖之患)
- 상황에 어긋나는 뉘우침(過時之悔)
- 시기를 늦추게 되는 뉘우침(後時之悔)
- 뒤에 생기는 걱정(後虞)
- 절박한 근심(切迫之憂)
- 일을 늦추어 실패로 돌아가게 되는 뉘우침(緩不及事之悔)
- 뜻밖의 걱정(不虞之患)
- 흙이 무너지듯 수습할 수 없는 걱정(土崩之患)
- 도둑에게 먹을 것을 주는 것처럼 자신을 해치는 걱정(齎盜之患)
- 이전과 같은 잘못(前失)
- 이전의 잘못된 습관을 그대로 행하고 머뭇거리며 결정하지 못함

（因循婾嫛）

- 이전의 잘못된 습관을 버리지 못하여 개선하지 못함（因循未改）
- 이전의 잘못된 습관을 그대로 따름（踵前日之習）
- 뒷날 이미 늦어서 소용이 없게 되는 뉘우침（噬臍難追）
- 일이 지난 후 고치기가 어려운 뉘우침（難追之悔）
- 뜻밖의 근심（意外之患）
- 형편이 매우 딱하게 되는 걱정（狼狽之患）
- 끝없는 후회（無窮之悔）
- 일을 소홀히 하는 데서 오는 걱정（疏虞之患）
- 때가 늦어 일을 하기 어렵게 되는 걱정（後時難圖之患）
- 지난날과 같은 해롭고 옳지 못한 일（往事之弊）
- 이전처럼 느릿느릿한 자세（泄泄如前）
- 뜻밖에 일어나는 걱정（意外之患）
- 일을 늦추어 때에 맞추지 못하는 걱정（緩不及時之憂）
- 처리하기 어려운 걱정（難處之患）
- 깊고 무거운 걱정（深憂）
- 나쁜 습관이 오래되어 고치기 어려움（弊習已痼）
- 나쁜 습관에 젖어 있음（狃於弊習）
- 사람들 마음이 편한 데 익숙해지고 습관은 이전대로 따라 고치기 어려운 병처럼 됨（人情狃於安肆 習俗痼於因循）
- 여전히 이전의 잘못된 습관을 그대로 따름（尚仍舊習）
- 소홀히 다루어 실수하는 걱정（疏虞失誤之患）
- 장차 있을 걱정（將來之虞）

• 갑작스러운 상태에 어쩔 줄 모르는 근심 (倉卒之患)

  후회와 걱정을 이겨 내기 위한 표현은 다음과 같다. 징비력으로
이를 실천해야 한다.

• 지난 일을 뉘우치고 훗날 걱정을 조심하는 대책
  (懲創往事 圖愍後患之策)
• 장래를 경영하고 시국을 구제하는 대책 (經遠救時之策)
• 깊고 무거운 뉘우침 (深懲)
• 기회를 잃지 않음 (無失機會)
• 만세에 걸친 이익 (萬世之利)
• 뜻밖에 발생하는 걱정에 대비 (備不虞)
• 뜻밖의 근심에 대비 (圖慮外之患)
• 걱정을 생각하며 미리 방지함 (思患豫防)
• 미리 살피고 헤아림 (豫爲商度)
• 사실에 근거하여 자세히 따지고 검토함 (憑考)
• 오랫동안 이어지는 이익 (永久之利)
• 뜻이 크고 멀리 내다보는 계획 (經遠之圖)
• 한 번 힘써 노력하고 오래도록 편한 대책 (一勞永逸之計)
• 일이 생기기 전에 잘 도모함 (先事善圖)
• 형세를 살피고 힘을 헤아려 시기를 잃지 않음
  (相勢度力 無失其時)
• 뜻밖의 쓰임을 준비 (備不虞之用)

- 나라의 크고 원대한 계획(國家長遠之慮)
- 뒷날의 이익(後日之益)
- 오래도록 이어지는 이익(久遠之利)
- 낡은 것을 고쳐 새로운 것을 도모함(改舊圖新)
- 일이 발생하기 전에 계획을 세움(先事區劃)
- 일이 일어나기 전에 조치(先事措置)
- 영구적 대책(永久之圖)
- 기회를 살펴 잘 처리함(審機善處)
- 깊이 생각하여 잘 처리함(深思善處)
- 자세히 살펴서 잘 처리함(精察善處)
- 형편을 충분히 살핌(十分觀勢)
- 수없이 생각하고 아주 상세하고 치밀함(千思百思 至詳至密)
- 충분히 정밀하게 생각함(十分精思)
- 마음을 씻고 두려워하는 자세로 생각함(洗心惕慮)
- 충분히 계획하고 시기에 맞추어 시행함(十分計度 及時施行)
- 자신을 강하게 만드는 대책(自强之計)
- 다시 살아나는 희망(再生之望)
- 난리를 평정하여 바른 세상을 회복(撥亂反正)
- 갑작스럽게 일어나는 일에 대비(倉卒之備)
- 앞날을 지킬 대책(將來守備之策)
- 때의 사정에 적합(權時之宜)
- 뒷일을 멀리 내다보는 생각(經遠之慮)
- 미리 살피고 헤아림(豫爲商度)

- 충분히 마음을 써서 시행(十分用意施行)
- 생각하고 헤아리기를 되풀이함(反覆商量)
- 낱낱이 헤아려 생각함(一一商量)
- 의논이 서로 통하도록 조치함(通融相議措置)
- 좋은 일은 권장하고 나쁜 일은 깨우침(勸懲)
- 지난 잘못을 뉘우치고 앞날을 삼감(懲創前失)
- 지난 일을 깊이 뉘우치고 조심함(深懲往事)
- 먼 앞일을 경영하는 계획을 깊이 생각(深思經遠之慮)
- 지난날의 잘못은 뉘우치지 않을 수 없고, 훗날의 일을 잘할 수 있는 계획은 경영하지 않을 수 없음

  (往事之失 不得不懲創 善後之圖 不得不經營)
- 지난 일을 뉘우치고 삼감(懲創前事)
- 깊이 근심하고 먼 장래를 생각하여 뒷날의 근심에 대비

  (深憂遠慮 欲備後患)
- 지난 일을 징계하는 이유는 훗날을 조심하기 때문이고, 옛일을 거울로 삼는 이유는 지금 일을 잘 추진하기 위한 것임

  (懲前所以毖後 鑑古所以圖今)
- 영원히 이어지는 계획(經遠悠久之計)
- 더욱 원대한 계획을 생각해서 뒷날에 닥칠 걱정을 조심함

  (益思長遠之慮 以毖後患)
- 먼 앞일을 경영하는 계획을 깊이 생각함(深思經遠之慮)
- 좋은 일은 권장하고 나쁜 일은 깨우치는 것을 크게 행함

  (勸懲大行)

- 마땅히 지난 일을 징계하여 뒷날 닥쳐올 일을 조심
  (所當懲創往事 圖毖後患)
- 좋은 일은 권장하고 나쁜 일을 깨우치는 정치(勸懲之政)
- 지난 일을 살피는 것은 뒷일의 명확한 교훈
  (前事之鑑 後事之明誡)
- 지난 일을 거울삼아 오늘날의 일을 살핌(鑑古撫今)
- 지난 일을 거울로 삼는 이유는 지금의 일을 알기 위한 것임
  (鑑古所以知今)

징비력은 과거의 잘못을 살펴 현재를 개선하고, 그것을 바탕으로 미래를 준비하는 과거－현재－미래의 입체적인 시간의 흐름 속에 그 진면목이 있다.

이 책에서는 좁은 뜻의 《징비록》과 넓은 뜻의 《징비록》이라는 혼란을 피하기 위해서 《서애전서》 전체 1, 2권은 《징비록》으로, 나머지는 《근폭집》 등으로 표기한다. 서애의 삶에서 징비는 임진왜란 7년에만 한정되지 않는다는 점에서 그가 남긴 시(詩)와 편지, 학문 등도 반드시 살펴야 할 기록이다. 이를 위해서는 서애선생기념사업회의 《서애전서》 전체를 통해 징비력의 뜻을 살피는 것이 필요하다. 《서애전서》 9권은 넓은 의미에서 《징비록》을 새롭게 편찬한 의의가 있다.

《서애전서》에 등장하는 인물은 무려 3천여 명이다. 서애의 삶의 폭과 깊이가 어떠했는지 엿볼 수 있다. 《근폭집》, 《진사록》, 《군문등록》 등은 임진왜란 당시 전국의 구체적인 전쟁 상황과 서애의 대

《서애전서》의 내용과 구성

문헌	내용	구성	분량(쪽)
《징비록》(懲毖錄)	임진왜란이 끝난 후 전쟁의 배경과 전반적 상황을 기록. 이순신 장군을 특별하게 기록함.	1, 2권 16장 및 녹후잡기(錄後雜記) 3장, 임진왜란 관련 기사 23편	437
《근폭집》(芹曝集)	임진년(1592년)~병신년(1596년)에 선조 임금에게 올린 전쟁 상황 및 대책 보고서	97편	406
《진사록》(辰巳錄) 1권	임진년(1592년)~계사년(1593년)에 선조 임금에게 올린 전쟁 상황 및 대책 보고서	161편	433
《진사록》 2권	위와 같음.	127편	429
《군문등록》(軍門謄錄)	을미년(1595년)~무술년(1598년)에 선조 임금에게 올린 보고서 및 각 지역 순찰사 등 군사책임자에게 보낸 공문	168편	362
《서》(書)	지인 및 가족에게 30대부터 무술년까지 쓴 편지	265편	493
《잡저》(雜著)	학문과 역사관, 국가정책, 경제, 군사, 인물평가 등에 관한 견해	174편	539
《시》(詩) 1권	20대부터 60대까지 쓴 삶의 정서	166수	394
《시》 2권	위와 같음.	147수	652

처 등을 생생하게 살펴볼 수 있는 매우 중요한 기록이다. 근폭(芹曝)은 '미나리와 햇볕'이라는 뜻으로, 신하가 임금에게 자신의 언행을 겸손하게 표현하는 말이다. 《군문등록》에서 등록(謄錄)은 '베끼어 기록한다'는 뜻이다.

《징비록》 자서自序의 분석

서애가 《징비록》 앞에 쓴 서문 '자서'(自序)는 특별한 의미가 있다. 임진왜란을 겪은 사정을 기록한 문헌에 왜 《징비록》이라는 이름을 붙였는지, 왜란을 극복할 수 있었던 근본적인 힘은 무엇이었는지, 전쟁에 직접 대처한 심정은 어땠는지 등 《징비록》의 정체성(正體性)이 짧은 글(246자)에 함축되어 있기 때문이다.

이 서문은 '징비'라는 말이 《시경》이라는 문헌에서 비롯됐다는 서애의 말을 인용하는 근거로 흔히 언급되지만, 그것을 넘어 훨씬 깊은 차원의 의미를 담고 있다. 특히 임진왜란 기록을 담은 내용을 '징비'라는 말로써 압축한 데에는 깊은 뜻이 들어 있다.

자서의 전체 내용은 다음과 같다. 나라가 무너진 침략전쟁을 이겨낸 이유, 징비라는 말을 통한 깊은 반성, 서애의 역사적 책임감이 주요 내용이다.

《징비록》은 무엇인가? 임진왜란이 발생한 후의 일을 기록한 것이다. 왜란 이전의 일도 좀 기록했는데, 이는 전쟁이 시작된 원인을 알기 위해서다.

임진왜란은 비참했다. 수십 일 사이에 3도(서울, 개성, 평양)를 빼앗기고 나라가 무너져 임금께서도 피란하셨다. 그런데도 나라가 살아난 이유는 하늘이 도왔기 때문이다.

또 이전 임금들의 자애롭고 두터운 은혜가 국민의 마음속에 굳게 결합돼 국민의 나라 사랑하는 마음이 그치지 않았기 때문이다. 임금께서 명나라를 생각하는 정성이 황제를 감동시켜 여러 번 군대를 지원했다. 이런 일이 없었다면 나라는 참으로 위태로웠을 것이다.

《시경》에 "내가 지난 잘못을 뉘우치고 뒷날의 걱정을 조심한다"고 했다. 이런 마음가짐이 《징비록》을 쓴 이유이다.

뛰어난 능력이 없는 내가 나라가 어지러운 때에 중요한 책임을 맡았지만 위태롭게 뒤집어지는 상황을 바로잡지 못했다. 이런 죄는 죽어도 용서받을 수 없다. 그런데도 시골에서 목숨을 이어가고 있으니 나라의 은혜이다.

근심하고 두려워하는 마음이 조금씩 줄어들면서 지난 일이 생각날 때마다 당황스럽고 부끄러워 어찌할 줄 모르겠다.

이에 따라 틈이 날 때면 임진년부터 무술년까지 보고 들은 일을 모아 약간 기록하고, 임금께 올린 보고서와 건의문, 지역 관청 등에 보낸 공문 등을 덧붙였다.

자세히 살펴볼 만한 내용은 없지만 모두 당시의 사실이므로 없앨 수 없다. 시골에 살면서도 나라를 위해 간절히 마음을 모으는 뜻과 함께 어리석은 신하가 나라에 보답할 만한 공로가 없는 죄를 나타내려고 한 것이다.

懲毖錄者何. 記亂後事也.

其在亂前者 往往亦記. 所以本其始也.

嗚呼 壬辰之禍慘矣.

浹旬之間 三都失守 八方瓦解 乘輿播越.

其得有今日 天也.

亦由祖宗仁厚之澤 固結於民 而思漢之心未已.

聖上事大之誠 感動皇極 而存邢之師屢出.

不然則殆矣.

詩曰 予其懲 而毖後患. 此懲毖錄 所以作也.

若余者 以無似 受國重任於流離.

板蕩之際 危不持 顚不扶. 罪死無赦.

尙視息田畝間 苟延性命 豈非寬典.

憂悸稍定 每念前日事 未嘗不惶愧靡容.

乃於閑中 粗述其耳目所逮者 自壬辰至于戊戌 總若干言.

因以狀啓疏箚文移及雜錄 附其後.

雖無可觀者 亦皆當日事蹟 故不能去.

旣以寓畎畝 惓惓願忠之意.

又以著愚臣報國無狀之罪云.

안동 하회에 돌아온 서애는 4년 동안 틈틈이 《징비록》을 정리하고 마지막으로 이 서문을 쓴 뒤 책의 제목을 《징비록》이라고 붙였다. 너무나 비참했던〔참(慘)〕 임진왜란의 교훈은 한마디로 '징비'라는 뜻이다. 내용을 살펴본다.

갑작스런 침략전쟁으로 나라가 무너졌는데도 다시 살아난 이유에 대해 서애는 '하늘의 도움'〔천(天)〕을 가장 중요한 근거로 꼽았다. 이어 선대 임금들의 은혜와 국민의 나라 사랑, 명(明)나라의 지원 덕분이라고 했다.

여기서 주목할 점은 '하늘이 도왔다'는 표현이다. 단순한 수식어가 아니다. 선대 임금들의 은혜와 국민의 나라 사랑, 명나라의 지원도 하늘의 도움 때문에 가능했다는 것이 서애의 인식이다. 강력한 군사력을 앞세운 왜적에게 당시 조선은 군사와 군량 등 대응할 준비가 전혀 되어 있지 않았다. 이런 상황에서 길고도 긴 7년 동안의 전쟁을 겪고서도 나라가 멸망하지 않은 이유는 운이 좋아서가 아니라 하늘의 도움이 있었기 때문이라는 신념이다.

서애에게 '하늘'은 인격적 의미가 강하다. 인간 세상과 관계없는 객관적 자연의 질서가 아니다. 올바른 세상을 위한 최종적인 근거로 인식한다. 이런 태도는 단지 인식의 문제가 아니라 참혹했던 전쟁을 이겨 내기 위한 근원적 힘으로 작용하는 점에서 매우 중요하다. 서애가 보기에 하늘은 '올바름'이다. 따라서 삶의 파괴하는 왜적의 침략전쟁은 올바름이 아니다. 서애는 하늘의 올바름을 우리나라를 지켜 내는 국력의 후원자로 파악한다.

서문을 제외한 《징비록》 본문에는 '하늘'이 7번 나온다. 모두 인격적 의미이다.

왜적은 평양성을 점령(1592년 6월)한 뒤 다음 해 1월 우리가 다시 빼앗을 때까지 특별한 군사적 움직임이 없었다. 이 덕분에 흩어진 군사를 모으고 명나라 군대도 맞이하는 시간을 마련할 수 있었다. 서애는 이에 대해 "이런 상황은 참으로 하늘이 도운 것이다. 사람의 힘으로 된 것은 아니다"[1]고 했다. 군량 보급에 애를 태우던 중 보급이 원활해지자 서애는 선조 임금에게 올린 보고서에서 "이는 하늘이 우리나라가 다시 일어나도록 도와주는 것 같습니다"[2]고 했다.

이순신 장군이 거제 바다에서 왜적을 격퇴함으로써 왜적이 서쪽으로 진군하려던 계획을 무산시킨 일에 대해서도 "어찌 하늘의 도움이 아니겠는가"[3]라고 했다. 왜적의 간첩을 잡아 왜군의 움직임에 대처할 수 있었던 일에 대해서도 "하늘의 도움이 아닐 수 없다"[4]고 했다.

'하늘의 뜻'처럼 인격적 의미는 명확하게 표현된다. 임금이 피란 중에도 민심이 크게 동요하지 않고 군사들도 힘을 내는 모습을 서애는 임금에게 "하늘의 뜻인 것 같습니다"[5]고 했다. 비가 개고 날씨가 상쾌해 군사들이 진군하기에 편리한 상황에 대해 서애는 임금에게 "다행히 하늘의 뜻이 우리에게 전쟁이라는 재앙을 내린 것을 후회한다면"[6] 왜적을 소탕할 수 있을 것이라고 했다.

---

1 此實天也 非人力之所及也.《징비록》권1.
2 似是天贊中興之運.《징비록》권1.
3 豈非天哉.《징비록》권1.
4 莫非天也.《징비록》권1.
5 恐是天意.《진사록》, 1592년 6월.
6 幸而天意悔禍.《진사록》, 1592년 7월.

함경도의 왜적이 강성한데도 주민들이 분발하여 왜적과 대결하는 모습에도 서애는 임금에게 "지금 다행히 하늘이 국민의 정성스러운 마음을 움직였습니다"[7]고 했다. 민심의 중요함을 강조하면서 서애는 임금에게 "민심을 이미 얻게 되면 하늘의 뜻도 자연스럽게 전쟁이라는 재앙을 내린 것을 후회할 것입니다"[8]라고 했다.

전쟁 때문에 생기는 많은 걱정에 대해 계획을 잘 세워 대처해야 한다는 뜻을 임금에게 말하면서 서애는 "하늘의 마음을 맞이하여 이어가고 국민의 삶을 보전해야 합니다"[9]고 했다. 평양에 남아 있는 왜적을 추격하기 위해 군량을 옮겨야 하는 상황에 대해 서애는 임금에게 "이번 일은 하늘이 진실로 이끌어 준 것인데 사람이 잇지 못하면 매우 답답할 것입니다"[10]라고 했다.

훈련된 군사가 많아지면 나라가 위태로워 망하는 상태가 되지 않을 것이라고 하면서 서애는 임금에게 "만약 그렇게 되면 하늘의 마음이 재앙을 내린 것을 후회하고 사람의 대책이 잘 도우면 국민도 보전될 수 있을 것입니다"[11]라고 했다.

역사 인식에서도 하늘은 인격적 의미로 인식된다. 서애는 "세상을 다스리는 도리가 더러워지거나 고귀해지는 것은 사람이 할 수 있는 일이 아니다. 하늘이 하는 것이다"[12]고 했다. 나라가 위태로운 상태

---

7 今幸天誘民衷. 《진사록》, 1592년 11월.
8 民心旣得 則天意亦自然悔禍. 《진사록》, 계사년(1593년) 6월.
9 迓續天心 保全民生. 《진사록》, 1593년 8월.
10 今此之擧 天實啓之 人不得繼之 極爲憫悶. 《근폭집》.
11 萬一因此 而天心悔禍 人謀與能 生靈庶或可保. 《근폭집》, 1592년 3월.

에서는 군량 공급 등에 대처하기가 어렵다면서 서애는 "하늘의 도리는 순리를 따르는 것을 돕는다"[13]고 했다.

인격적 하늘은 원망의 대상으로도 인식된다. 서애는 명나라 장수 이여송(李如松)의 부적절한 계획을 막으려고 했으나 어긋나자 "하늘의 뜻이 과연 어떻게 하려고 이렇게 하는지 몰라 통곡하며 죽고 싶다"[14]고 했다.

상쾌한 기분도 하늘의 덕분이라고 인식한다. 하회 옥연서당에 처음 나간 소감에 대해 서애는 "하늘이 나의 인생 말년에 대접을 해주는 것은 우연이 아니다"[15]고 했다.

왜적에게 빼앗긴 지역을 회복하기 위한 작전을 세우고 있지만 그대로 해도 되는지 확신이 들지 않는 상황에 대해 서애는 "하늘의 뜻이 어떤지 알 수 없을 따름이다"[16]라고 했다.

또한 전쟁에 대처하는 어려움을 어떻게 해야 할지 모르는 상황에 대해서는 "하늘의 뜻이 결국 어떻게 하려는 것인지 알 수 없다"[17]고 한탄한다.

서애에게 하늘은 사람 위에 군림하는 초월적 실체가 아니다. 그렇

---

12 世道之汚隆 非人之所能爲也 天也. 《잡저》, 독사여측. '독사여측'(讀史蠡測, 역사를 읽는 좁은 식견)은 서애가 송나라 역사를 읽으면서 옳고 그름을 평가한 글에 붙인 제목이다.

13 天道助順. 《서》, 편지, 정유년(1597년).

14 未知天意果如何 而又如此耶 痛泣欲死. 편지, 1593년 2월.

15 天公 餉我晚境 非偶然也. 《서》, 편지.

16 所未知者 天意如何耳. 《서》, 편지.

17 不知天意竟如何也. 《서》, 편지.

다고 요행을 바라는 막연한 의지처도 아니다. 일상의 현실에서 자신의 부족한 점을 하나씩 채워 실력을 키우면 일이 잘되도록 해주는 보이지 않는 힘이라고 할 수 있다. "하늘을 원망하지 않고 사람들을 탓하지 않았다. 일상에서 하나씩 배우고 익혀 최고의 경지에 도달하려고 노력했다. 이런 나를 하늘은 알아주지 않겠는가"[18]라고 말한 공자의 태도에 닿아 있다고 할 수 있다.

서애가 자신을 '뛰어난 능력이 없는 사람'〔무사(無似)〕으로 생각한 것은 겸손한 표현이 아니며, 실제로 자신을 그렇게 인식했다. 그래서 겸손한 자세로 자신의 부족함을 채우려 전쟁 중에도 군사 지식을 익히고 실천하는 일에 매우 성실했다. 서애는 침략전쟁에 대처하면서 뛰어난 역량을 발휘했지만 전쟁이 일어난 상황 자체를 막지 못한 책임을 강하게 드러낸다. 자괴감에만 빠지지 않고 임진왜란 전후 사정을 기록으로 남긴 것은 서애의 깊은 역사적 책임 때문이다.

서애는 보고서와 공문서(장계, 소, 차자 등)를 "(1, 2권 본문) 뒤에 덧붙였다"(附其後)고 했는데, 1, 2권으로 구성된 《징비록》에는 임금에게 올린 보고서나 지방관 등에게 보낸 공문서가 없다. 이런 내용은 《근폭집》, 《군문등록》, 《진사록》에 실려 있다. 《근폭집》 등은 서애가 관직에서 물러난 57세 전후에 모아서 정리한 것으로 보인다.

《징비록》을 쓴 이유에 대해 《시경》의 구절을 인용해 밝힌 부분은 구체적으로 살펴볼 필요가 있다.

---

18 不怨天 不尤人. 下學而上達. 知我者 其天乎. 《논어》〈헌문〉편.

우선 왜 《시경》에서 책의 제목을 찾았을까. 형식 면에서 볼 때 공자가 편찬한 《시경》은 '경전(經典) 중의 경전'으로 꼽힐 정도로 권위 있는 문헌이기 때문이다. 《논어》, 《맹자》, 《순자》, 《예기》 등 주요 문헌에서는 《시경》 구절을 인용해 "시에 말하기를"(詩曰) 처럼 주장의 근거로 삼는 경우가 매우 많다.

《시경》은 유학(儒學) 만의 경전은 아니지만, 《서경》과 함께 《시서》(詩書)로 불리며 유학에서도 최고의 경전으로 꼽힌다. 예로부터 중국과 우리나라에서 《시경》 구절을 인용해 문장을 짓거나 말을 하면 최고 수준으로 여겨졌다. 많은 문헌에 정통했을 서애가 《시경》에서 책의 제목을 가져온 데에는 이런 배경이 작용했을 것이다.

내용 면에서 징비라는 말은 《시경》 전체 의미와 관련 있다. 《시경》에는 풍(風, 민요), 아(雅, 궁중노래), 송(頌, 대부분 종묘제례용 노래) 등 세 가지 내용으로 305편의 시가(詩歌)가 실려 있다.

공자는 "시 300편을 한마디로 말하면 순박함이다"[19]고 했다. 여기서 '사무사'(思無邪)는 《시경》의 〈노송〉(魯頌, 노나라를 칭송하는 노래)에 나오는 말이다. 살찌고 튼튼한 말이 순박한 모습으로 달리는 모습을 묘사한 표현인데, 공자가 자신의 모국인 노(魯)나라 노래에서 《시경》 전체의 의미를 생각했을 수 있다.

'사무사'라는 한마디가 《시경》 전체의 의미를 가장 잘 나타낸다고 보기는 어렵다. 《시경》을 전체적으로 살펴보면 개인적으로, 가정적으로, 국가적으로 근심걱정 없이 즐겁게 살 수 있는 세상을 추구하는

---

19 詩三百 一言以蔽之曰 思無邪. 《논어》 〈위정〉편.

내용이 가장 많다. '근심하는 마음'을 뜻하는 '우심'(憂心) 등 근심걱정을 나타내는 표현이 매우 많다. 세상의 근심걱정을 이겨 내기 위한 노력을 나타내는 표현은 절차탁마(切磋琢磨), 일취월장(日就月將), 전전긍긍(戰戰兢兢), 경신(敬愼) 등으로 다양하다. 징비(懲毖, 잘못을 살펴 조심함)도 이 가운데 한 가지 태도와 노력에 포함된다.

세상에는 근심걱정이 없을 수 없다. 근심걱정을 이겨 내고 도달하는 세상의 모습은 금슬화락(琴瑟和樂, 악기를 연주하며 즐겁게 생활), 만수무강(萬壽無疆, 걱정 없이 오래 삶), 화상하(和上下, 윗사람과 아랫사람이 화합함), 평부평질(平富平秩, 골고루 부유하게 다스려짐), 낙토(樂土, 즐거운 세상) 등으로 표현된다.

《시경》의 마지막 편에 편집된 송 40편(주나라 31, 노나라 4, 상나라 5)에는 조상을 정성껏 모시는 마음가짐으로 나라를 편안하게 잘 다스려야 한다는 의미가 흐른다. 징비의 출처가 되는 시는 주송(周頌)의 세 번째 편인 민여소자지십(閔予小子之什)의 네 번째 시이다.

세 번째 시는 〈공경하라〉〔경지(敬之)〕이다. 공경하는 자세로 일취월장하라는 당부인데, 임금이 제사를 지내면서 스스로 조심하겠다는 뜻을 담았다. 두 시는 내용상 이어진다. 징비가 나오는 〈소비〉(小毖)는 부정적 의미에서 스스로 조심해야 한다는 의미를 담고 있다. 소(小)에는 '작다'는 뜻과 함께 '조심하다', '삼가다'는 뜻이 있다. 시 제목인 〈소비〉는 '작은 일도 조심하고 삼간다'고 풀이할 수도 있고, 조심하고 삼간다는 뜻을 강조하는 표현으로도 볼 수 있다. 내용은 다음과 같다.

내가 잘못해 혼이 났으니 뒷날의 걱정을 조심해야겠네.

나는 벌이 침으로 아프게 쏘는 일을 하지 않도록 하리라.

처음에는 참으로 뱁새지만 날개를 치면 큰 새가 된다네.

집안의 많은 어려움을 견디지 못해 나는 여뀌풀에 앉아 있네. **20**

여기서 '나'〔여(予)〕는 새로 즉위한 왕으로 보인다. 왕이 어떤 일을 잘못한 뒤 다시는 반복하지 않도록 조심하면서 발전을 추구(뱁새가 새가 되는 것)하지만 나라에 어려운 일이 많아 여전히 여뀌풀에 앉은 뱁새 같다는 심정을 노래한 것이다.

이 시를 음미해 보면 서애의 심정과 통하는 느낌이 든다. 징비를 하는 주체인 '나'는 누구를 가리키는지 분명하지 않다. 임금 또는 직위가 높은 관리로 추정된다. 서애는 전쟁 중에 선조 임금을 비롯해 전국 8도의 관찰사와 순찰사 등 지방행정 책임자와 장수 등에게 보낸 문서에 '징'(懲)과 '비'(毖), '징비'(懲毖), '징창'(懲創, 징비와 같은 뜻이나 잘못을 적극적으로 개선한다는 의미가 강하다) 같은 말을 자주 사용했다. 책의 제목을 찾으려 《시경》을 살펴본 것이 아니라 징비는 삶의 자세로서 서애와 뗄 수 없었다. 전쟁 상황을 기록한 뒤 그의 뇌리에는 이 시 〈소비〉의 구절 가운데 징비라는 말이 자연스럽게 생각났을 것이다.

서애는 〈임진왜란을 돌아보는 느낌〉〔감사(感事)〕이라는 시를 남

---

20 予其懲 而毖後患 莫予荓蜂 自求辛螫 肇允彼桃蟲 拚飛維鳥 未堪家多難 予又集于蓼.

졌다. 《징비록》 서문과 《시경》의 〈소비〉를 결합한 듯한 느낌을 받는다. 일부를 음미해 보면 징비의 뜻을 헤아리는 데 도움이 된다.

지난날 나라가 위태로웠을 때,
흉악한 고래 떼가 큰 바다를 휘저었네.
관문은 군사적 요충지를 잃었고,
여러 지역이 파죽지세에 밀려 파괴되었네.
당시 당한 낭패가 매우 심하여,
그때 사정은 차마 말할 수 없을 정도였네.
어리석은 이 신하는 너무나 무능하여,
나랏일을 맡아 오히려 위태롭게 했네.
전쟁 초기를 가만히 생각해 보니,
준비를 한다고 했지만 세밀하지 못했네.
나라의 기강이 이미 무너지고 나니,
온갖 대책이 모두 헛일이 되었네.
염소를 잃었어도 축사는 고쳐야 하고,
말을 잃고서도 마구는 고쳐야 한다네.
지나간 일은 비록 이미 끝났더라도,
다가오는 일은 마땅히 잘 해낼 수 있다네. 21

---

21 社稷昔艱危 奔鯨蕩溟渤 關門失鎖鑰 列郡如破竹 當時狼狽甚 事有不忍說 孤臣極無似 國事從顚覆 永念陰雨初 綢繆或未密 維綱旣解紐 萬計歸虛擲 亡羊牢可補 失馬廐可築 往者雖已矣 來者猶可及.

이 시는 서애가 하회 옥연서당에서 임진왜란을 돌아보며 지은 것으로 보인다. 왜적(흉악한 고래 떼에 비유)이 침략한 때부터 비참하게 파괴된 과정과 원인을 돌아보면서도 새로운 미래를 가꿔야 한다는 희망을 드러낸다. 징비는 과거의 잘못을 단순히 반성하고 조심하는 차원을 넘어 새로운 현실을 창조해야 한다는 적극적인 태도를 품고 있다. 흉악한 왜적을 고래 떼에 비유한 이유는 고래가 물고기를 마구 잡아먹기 때문이다. 《춘추좌씨전》(春秋左氏傳) 선공(宣公) 12년 기록에 악인(惡人)의 상징으로 '경예'(鯨鯢)라는 말이 나온다. '경'은 고래의 수컷이고 '예'는 암컷이다. 서애도 이 비유를 활용한 것으로 보인다.

서애는 《군문등록》에 서문을 적었다. 《징비록》 서문이 임진왜란이 끝난 후에 쓴 것임에 비해 《군문등록》 서문은 전쟁이 끝나 갈 무렵에 썼다. 두 서문을 비교해 보면 전시행정 책임자로서의 자세를 엿볼 수 있다.

《군문등록》은 을미년(1595년)부터 무술년(1598년)까지 서애가 선조 임금에게 올린 보고서와 순찰사 등 지방관에게 보낸 공문을 모은 기록이다. 서애는 "보고서와 공문 중에서 흩어져 없어지는 바람에 수록하지 못한 것이 3분의 2이다"(其散落未收者 又三之二)라고 했다. 《군문등록》에 수록할 문서는 전체 500편가량이라는 의미여서 서애가 얼마나 많은 보고와 공문을 통해 전쟁 상황에 대처했는지 알 수 있다.

서문의 내용은 이렇다.

나는 둔하고 어리석어 나랏일이 어렵고 위태로운 시기를 만나, 조정의 안팎에서 여러 가지 중요한 임무를 맡았다. 하지만 한 가지 일도 도움이 되지 못하고 직책을 떠나게 되어 임금께서 나를 인정해 주고 후하게 대우해 주셨지만 결국 이를 거스르게 되었다. 지금 이 기록을 보니 멍한 느낌에 부끄러운 심정이다. 이에 몇 마디를 《군문등록》 앞에 기록해서 이를 보는 사람들이 나의 죄를 알도록 하려고 한다. **22**

전쟁이 한창인 4년 동안 마음을 졸이며 임금과 지방관에게 보낸 각종 기록을 다시 베껴서 책으로 편집하는 과정에서 서애의 마음은 매우 무거웠을 것이다. 그런 분위기가 이 짧은 서문에 드러난다. 부끄러운 심정이라는 표현이 이를 잘 보여 준다. 그럼에도 서애는 오히려 자신의 잘못을 알게 하고 싶은 마음에서 기록으로 남긴다고 했다. 《징비록》 서문과 맥락이 같다. 서애의 깊은 역사적 책임감이라고 할 수 있다.

---

22 余以駑劣 當國事難危 職兼內外. 無一事裨補 徒然去位 辱聖主知遇. 今看是錄 憮然自愧. 因志數語於卷端 使覽者 知余之罪云.

인仁의 태도로서 징비

징비는 '태도의 변화'에 관한 문제이다. 누구나 잘못할 수 있지만 중요한 것은 그런 잘못을 반성하고 새롭게 나아가느냐 아니면 잘못을 되풀이하면서 머뭇거리느냐이다.

전쟁이라는 극단적 한계상황에서 잘못에 대한 '태도'는 평소와 달리 삶과 죽음의 갈림길이 되므로 더욱 절박한 문제가 된다. 징비가 가능하려면 마주한 현실에 어떤 문제가 있는지, 문제가 있다면 어떻게 개선해야 할지에 대해 민첩하고 지혜롭게 힘쓰는 '민감한 태도'가 필요하다.

위태로운 현실을 마주하면서도 무덤덤하면서 느리고 굼떠 둔감(鈍感)하다면 잘못이나 실수는 손에 잡히지 않는다. 개선이 필요한 문제나 잘못에는 가까운 시간에 발생한 일뿐 아니라 사회적으로, 개인적으로 오랫동안 이어진 잘못된 관습이나 관행, 습관, 습성도 포함된다. 현실에 맞지 않는 낡은 습관이라 하더라도 오랫동안 이어져

온 경우에는 잘못된 부분이 잘 드러나지 않을 수 있다. 그런 잘못된 관습 등에 둔감한 채 그대로 따르는 인순(因循) 또한 둔감한 태도다.

서애는 지인에게 보낸 편지에서 《논어》〈자장〉편에 나오는 자하(子夏)의 말을 인용해 공부하는 자세를 당부하면서 "'넓게 배우고 뜻을 굳게 하며 절실히 묻고 일상 가까운 데서 생각하면 인은 그 가운데 있다'고 했는데, 이 말은 매우 깊은 뜻이 있습니다"[1]라고 했다. 자신의 인격과 앎을 완성시키는 위기(爲己)의 자세를 당부하는 뜻으로 사용한 것이다.

서애는 이 구절에 매우 깊은 뜻이 있다고 했지만 구체적으로 무엇을 의미하는지는 편지에서 말하지 않았다. 다만 서애가 이 구절에 주목한 이유는 '인'(仁)을 특별한 성품 차원에서 이해한 것이 아니라 인식능력의 문제로 본 데 있다. 넓게 공부하고, 절실하게 묻고, 일상 가까운데서 생각하고 노력하는 과정에 '인'이 이미 들어 있다는 것이다. 여기서 '인'은 통상적으로 이해되는 '어질고 자애로우며 덕행이 높음'과는 다른 차원이다. 현실을 전체적이고 입체적으로 파악하는 전관(全觀) 인식능력으로서의 인이다.

'인'에는 '감각이 살아 있다', '둔감하지 않다', '(생명력이 있는) 씨앗'이라는 뜻이 있다. 반대말인 '불인'(不仁)에는 '어질지 않다'는 뜻과 함께 '감각이 둔하다', '감각이 마비되다'는 뜻이 있다. 인은 '감각이 살아 있는, 깨어 있는 상태'이고, 불인은 '감각이 둔감한 마비 상태'라고 할 수 있다.

---

1 博學而篤志 切問而近思 仁在其中 此言甚有味.

유학의 교과서라고 할 수 있는 《근사록》(近思錄)에 나온 정명도(程明道)의 말에 따르면 "의학책에 손발이 마비되는 병을 불인이라고 한다. 인은 천지만물을 자기와 한 몸으로 삼으니 자기가 아닌 것이 없다".[2] 인을 천지만물과 분리하지 않고 한 몸처럼 인식한다는 것은 전체적이고 입체적인 인식을 말하는 것이다. 따라서 '인하지 않다'는 말은 '어질지 않다'는 뜻보다 '현실인식이 전체적이지 않다'는 뜻이라고 할 수 있다.

서애에게 큰 영향을 미친 《손자병법》(孫子兵法) 〈용간〉(用間, 간첩의 활용) 편에서는 "적의 상황을 모르는 것은 가장 불인하다"(不知敵之情者 不仁之至也)고 했다. 여기서 '불인'을 대부분 '어질지 않음'으로 옮기는데, 그렇게 하면 뜻이 잘 와닿지 않는다. 생각이 마비될 정도로 '둔감하다'는 뜻으로 풀이해야 적절하다.

둔감하면 현실의 복잡한 측면을 부분적으로, 단편적으로 파악하는 데 그칠 수 있다. 반대로 예민하면 현실을 입체적으로, 전체적으로 파악할 수 있다. 징비는 예민한 인(仁)의 태도에서 가능하고, 불인(不仁)은 둔감한 인순(因循)의 태도와 가깝다. 이를 다음과 같이 비교할 수 있다.

징비(懲毖)	인순(因循)
인(仁)	불인(不仁)
민감, 넓음, 깊음, 전체	둔감, 좁음, 얕음, 부분

---

2 醫書言手足痿痺爲不仁. 仁者以天地萬物爲一體 莫非己也.

징비력이 발휘되려면 인순과 불인의 둔감한 태도가 현실 상황을 넓고 깊게 전체적으로 파악하는 민감한 인(仁)의 태도로 전환되어야 한다.

서애는 문신(文臣)이고 유학자(儒學者)이지만 군사 지식을 익혀서 현실에 적절히 적용하는 데 뛰어난 능력을 보였다. 이는 전쟁 상황을 맞아 자신에게 급히 필요했던 일에 민첩하게 대처한 인의 태도와 가깝다. 이는 《근사록》에서도 강조하는 '세상일에 두루 통하는 유학자'인 통유(通儒)의 자세이다. 통유에게는 군사(軍事)도 마땅히 잘 알아야 하는 분야이다. 서애는 20대에 퇴계 이황에게서 《근사록》을 깊이 배웠는데, 이는 그의 평생의 삶에 깊은 영향을 미쳤을 것이다. 통유는 문무를 융합한 경세가(經世家, 세상을 경영하는 역량이 있는 사람)이다. 문무를 겸비하고 융합하면 밝고 빛난다는 의미인 '빈'(斌)이라는 말이 있다. 통유로서 서애의 모습과 가까운 말이다.

2

정비력의 10가지 요소

2-1
공분
公憤

삶을 파괴하는 침략전쟁에 대한 강렬한 분노

왜적은 흉악한 짐승

징비력은 삶을 파괴하는 전쟁에 대한 강렬한 분노이다. 사정에 따라
분노할 수도 있고 그렇지 않을 수도 있는 상대적인 분노가 아니다.
무조건 강력하게 분노해야 하는 절대적 차원의 것이다.

서애는 "전쟁보다 나쁜 일은 없다. 많은 사람의 삶과 죽음이 걸려
있기 때문이다. 전쟁보다 위태로운 일은 없다. 나라의 존립과 멸망
이 관계되기 때문이다"[1]라며 전쟁에 대한 관점을 밝혔다.

병법서로 널리 알려진 《손자병법》의 첫 구절은 "전쟁은 나라의 중
대한 일이다. 사람들이 죽고 사는 마당이고 나라가 존재하고 멸망하

---

1 莫凶乎兵. 而衆之死生係焉. 莫危乎戰. 而國之存亡關焉. 《잡저》, 의변
   논설 - 격물설.

는 길이다. 자세히 살피지 않을 수 없다"2이다. 두 사람의 말이 얼핏 비슷하게 느껴지지만 서애의 말이 더 깊고 넓은 의미가 있다. 전쟁을 '가장 흉한 일'이라고 규정한 점이 그렇다.

손자가 말하는 '국가대사'는 기본적으로 전쟁에 승리하기 위한 특정 나라(당시 제후국)의 문제이다. 다른 나라를 공격하든 공격을 당하든 승리하지 못하면 피해가 매우 크므로 최대한 신중해야 한다는 점을 강조한다. 따라서 《손자병법》의 전체 내용은 '전쟁에서 이기는 방법'을 다루고 있다. 이에 비해 서애는 "전쟁은 삶에서 가장 흉한 일"이라고 규정한다. 나라끼리의 전쟁을 넘어 삶의 보편적 차원에서 전쟁을 가장 나쁜 행위로 본다.

'흉'은 길흉(吉凶)이라고 할 때 그 의미가 선명하게 드러난다. 길은 아름답고 행복한 일이고, 흉은 추하고 불행한 일을 상징한다. 행복과 불행은 어떤 특정 나라의 문제가 아니라 세상 누구에게나 해당하는 보편적 가치이다. 서애가 전쟁을 세상에서 가장 흉한 행위라고 규정한 것은 개별적인 나라를 넘어서는 천하적(天下的) 세계관을 보여 준다. 특정 나라끼리의 공격과 침략의 문제가 아니다. 삶을 파괴하는 전쟁 자체를 강력하게 부정하는 정서를 반영한다. 개인적 차원의 이런저런 분노가 사분(私憤)이라면, 공동체의 삶을 파괴하는 전쟁에 대한 분노는 공분(公憤)이다.

전쟁에 대한 분노가 강하고 일관되지 못할 경우 임진왜란처럼 우리나라가 거의 절대적으로 불리한 상황에서 발생한 전쟁을 무려 7년

---

2 兵者 國之大事. 死生之地 存亡之道. 不可不察也.

동안이나 대처하기란 어려웠을 것이다. 준비가 안 된 상태에서 일방적으로 공격을 당해 이겨 낼 가능성이 매우 낮은 전쟁이 1년 정도라도 계속될 경우에는 저항할 의욕마저 잃어버리기 쉬울 것이다. 임진 왜란이 그랬다.

이런 상황에서 서애는 두렵고 비참한 전쟁에 맞서 병든 몸을 이끌고 전국을 손바닥 들여다보듯 현장을 뛰어다니며 현실을 진단하고 대책을 마련했다. 그 바탕에는 삶을 파괴하는 전쟁을 일으킨 왜적을 도저히 용납할 수 없다는 강한 분노가 흐른다. 서애의 이런 일관된 공분은 명나라와 왜적이 전쟁을 중간에서 타협해 끝내는 강화(講和, 화해)에 강력하게 반대하는 근거가 된다.

서애가 1598년 반대파의 탄핵을 받아 삭탈관직된 이유 중 한 가지는 그가 일본과 강화를 추진했다는 주장이었다. 이와 관련해서도 서애가 일본(왜적)에 대해 일관되고 강력한 분노를 표출한 것은 강화 추진을 필사적으로 반대했다는 방증(傍證, 간접적 증거)으로도 중요하다.

서애는 왜적을 '사람'으로 여기지 않는다. 사람으로서 가져야 할 최소한 사람다움도 없는 흉악한 짐승으로 인식한다. 이런 왜적이 우리나라 땅을 짓밟고 삶을 파괴하는 침략전쟁을 일으켰기에 서애로서는 도저히 용납할 수 없었고 어떠한 타협도 할 수 없었다. 그렇기에 분노에 그치지 않고, 타협을 배제하고 어렵더라도 왜적을 몰아낼 현실적 대책을 마련한 것이다.

서애는 선조 임금에게 "왜적과 우리는 같은 종류의 사람이 아닙니다. 이전부터 우리나라 사람들은 왜적을 이리나 범, 뱀, 전갈과 같이 보면서 왜적이라는 말만 들어도 소름이 돋았는데 하물며 감히 그들과 함께 살겠습니까"3라고 했다.

전쟁이 일어난 지 수년이 지나면서 왜적이 우리 국민을 꾀어 그들의 점령지에서 농사를 짓도록 하는 등 은혜를 베푸는 듯한 속임수에 국민이 넘어가지 않도록 해야 한다면서 한 말이다. 전쟁으로 아무리 나라 형편이 어렵더라도 흉악한 짐승과 다를 바 없는 왜적을 깃털만큼이라도 용서할 수 없다는 분노이다. 조용하고 차분하며 관조적인 면이 강한 서애의 성품에 비춰 볼 때 강렬한 분노는 왜적을 정상적인 사람으로 보지 않는다는 확고한 인식에서 나온다.

서애는 이어 "왜적의 성질은 흉악하고 간사하여 헤아려 알기 어려우며, 사납고 표독스러움은 천성으로 타고난 것입니다. 왜적의 간사한 꾀가 결코 행하여지지 못하도록 해야 합니다"4라고 질타했다. 굶주리는 상황에서 사람들은 밥을 먹을 수만 있다면 무엇이라도 할 것이다. 그렇다 하더라도 도저히 용납할 수 없는 원수의 손에서 밥을 얻어먹도록 해서는 안 된다는 의지를 보여 준다.

왜적은 정상적인 사람이라 할 수 없지만 그들의 현실적인 능력은 직시하지 않을 수 없다. 왜적에 대한 분노를 넘어 현실적 대응이 중요하기 때문이다. 서애는 임금에게 "왜적은 섬에 사는, 사리를 분별

---

3 倭賊與我人 非其同類. 前則我民之視此賊 如狼虎蛇蝎 聞之慄然 況敢與之同處乎. 《근폭집》, 장수들이 국민을 깨우쳐 적진에 들어가 농사를 짓지 못하도록 청하는 보고.
4 倭性兇狡難測 悍毒得於天性. 勿使賊之奸計 終始得行.

하지 못하는 어리석은 종족입니다. 깊은 계획과 식견은 당초부터 없지만 군사를 다루는 전쟁은 매우 익숙합니다"[5]라고 했다.

이 보고에 쓰인 '준'(蠢)은 기어 다니는 벌레가 꿈틀거리는 것처럼 무지몽매하여 사리 분별을 못 한다는 의미다. 이 또한 왜적이 사람이 아니라 벌레와 다름없다는 분노의 표출이다. 그러나 이런 차원에 그친다면 그 분노는 사사로운 사분(私憤)을 벗어나지 못한다. 왜적이 벌레와 다름없다고 하더라도 군사를 부리는 용병은 익숙하다(파숙(頗熟))는 현실을 직시해야 한다. 그래야만 그에 대한 대응을 고민할 수 있다. 공분(公憤)에는 이런 이성적이고 현실적인 차원이 있다.

서애가 왜적을 가리켜 섬에 사는 사리분별을 못 하는 종족이라고 한 점에 비춰 볼 때 혹시 섬을 육지에 비해 낮추고 무시하는 인식이 놓여 있던 것은 아닐까. 그런 것은 아닌 것 같다. 제주도에 대해 서애가 임금에게 다음과 같이 말한 것을 보면 그렇다.

"제주도가 매우 걱정입니다. 왜적이 이곳에 침을 흘리는 것을 알 수 있습니다. 제주는 우리나라 서남 바다에 있고 중원 지방과 가까워 왜적이 점거한다면 강력한 병력으로도 되찾기 어렵습니다. 서해 일대와 황해도, 평안도의 경계까지도 모두 보전하여 지킬 형세가 될 수 없을 것입니다. 왜적은 형세를 매우 잘 알므로 계책이 반드시 이런 데서 나오지 않는다고 할 수 없을 것입니다."[6]

5 倭賊乃海島 蠢然之種. 初非有深謀遠識 而頗熟於用兵. 《근폭집》, 시급히 해야 할 일에 대한 보고, 1593년.
6 濟州甚可憂. 可知此賊垂涎於此也. 蓋濟州當我國西南海 且與中原地方

서애는 제주도의 전략적 중요성을 잘 알고 있었다. 그렇기에 병력을 늘려 방어책을 세우고 주민도 방비에 전념하도록 지원해야 한다는 주장을 폈다. 섬을 무시하는 편견이 있었다면 이처럼 자세하게 제주도에 대한 중요성을 임금에게 말하지 않았을 것이다.

다음과 같은 말을 통해서도 왜적은 사람이 아니라는 서애의 인식이 잘 드러난다.

"평양은 우리나라의 옛 수도이므로 성과 주변의 못이 험하고 견고하였습니다. 그런데 흉악한 왜적이 멧돼지처럼 앞뒤를 생각하지 않고 돌진하여 점거해 그들의 소굴로 만들었습니다. 이날 명나라 군대가 진군해서 토벌하고 한 번 북을 치자 곧 소탕해서 파멸시켰습니다. 효경 같은 사나운 짐승의 흉악한 무리가 목숨을 건져 도망갈 곳이 없게 되었습니다. 우리나라를 다시 일으키는 기반은 참으로 이 일에 달려 있습니다."[7]

이어 서애는 서울(한양)을 수복해 "더럽고 보기 흉한 무리"[추류(醜類)]를 모조리 없애리라는 의지를 임금에게 보여 준다.

서애가 왜적을 가리켜 말하는 멧돼지, 효경, 추류는 인간이 아니

相近 萬一此地爲賊所據 則雖欲以天下之力取之不可. 而西海一帶以及黃海平安之境 皆無保守之勢. 此賊最知形勢 計未必不出於此. 《근폭집》, 왜적의 상태를 명나라에 알리기를 청하고 제주와 남원 등을 방어하며 봄철의 적군을 방어하는 대책을 미리 마련하기를 청하는 보고.

7 平壤一府 實本國舊都 城池險固. 而兇賊猻突據爲窟穴. 卽日唐兵進討一鼓蕩破. 梟獍餘孼逃命無所. 本國再造之基 實在於此. 《진사록》, 평양 수복을 급히 알리는 보고.

라는 명확한 표현이다. 효경은 부모를 잡아먹는 흉악한 짐승이다. 추류는 징그럽게 싫은 부류이다. 이런 표현은 왜적을 밉고 싫은 사람의 차원이 아니라 사납고 고약한 짐승으로 경멸하는 것이다.

이런 왜적이 우리 삶을 파괴하는 현실을 서애는 도저히 용납할 수 없었다. 그래서 임금에게 "왜적이 가만히 앉아서 우리의 어려운 형편을 이용해 우리나라를 씹어 삼킬 계책을 실행하려고 할 것입니다. 그들에게 흉악한 꾀가 있는 것은 참으로 우연이 아닙니다"[8]라고 하면서 "왜적의 흉악하고 도리에 어긋나는 행태가 극단적으로 되었으니 너무나 분통이 터져 이가 갈립니다"[9]고 했다. 씹어 삼킨다거나 이가 갈린다는 표현은 서애가 가진 강렬한 분노를 보여 준다.

흉악한 짐승 수준인 왜적의 행태에 대해 서애는 "오랑캐는 신의가 없으며 흉악하고 간사함이 여러 가지"(夷狄無信 兇狡萬端, 《진사록》), "교활한 꾀가 많은 왜놈"(狡猾倭奴, 《진사록》), "왜적의 꾀는 흉악하고 간사하여 헤아리기 어려움"(賊謀兇譎難測, 《진사록》), "교활하고 속임수를 잘 쓰는 왜적"(狡譎之賊, 《진사록》), "교활하게 잘 속이는 무리"(黠詐之徒, 《근폭집》), "미친 도둑"(狂寇, 《근폭집》)으로 표현한다. 《징비록》에서 서애는 "왜적은 너무나 간사하고 교활하여 그들의 전쟁은 거의 모두 속이는 꾀에서 나왔다"[10]라고 규정했다.

---

8 坐乘其弊 以售吞噬之計. 其兇謀所在 實非偶然. 《진사록》, 오유격의 편지를 올리고 적병을 방어하는 형세를 겸한 보고.
9 倭賊兇逆至於此極 痛憤切齒. 《진사록》, 이제독의 일을 급히 알리는 보고.
10 倭最奸巧 其用兵殆無一事不出於詐術. 《잡기》.

우리 땅은 건정지

왜적에 굴복하거나 같은 땅에서 함께 산다는 것은 도저히 받아들일 수 없음은 서애의 강력하고 일관된 공분 때문이다. 이 분노에는 우리 국토에 대한 깊은 인식이 놓여 있다. 서애는 우리 땅을 지리적이고 공간적인 의미를 넘어 하늘의 이치, 즉 천리(天理)의 차원에서 인식하고, 우리 국토를 '하늘처럼 굳세고 정결한 땅'이라는 의미에서 '건정지'(乾淨地)라고 부른다. 《주역》(周易)의 첫 괘인 건(乾)은 하늘의 굳셈을 뜻한다. 서애는 여기서 건정지를 착상했으리라.

서애는 1592년 11월 임금에게 올린 보고에서 "경상좌도가 무너지면 경상우도를 보전할 수 없고 경상우도가 무너지면 호남 지방을 보전할 수 없으며 호남이 무너지면 충청도 지역도 왜적의 침범을 받아 팔도에는 조금의 건정지도 남지 않을 것입니다"[11]라고 했다. 우리 땅에 대한 이런 인식 때문에 서애는 건정지를 짓밟은 왜적과 타협하면 하늘의 뜻에 어긋나는 것으로 보았다.

서애는 전쟁이 일어난 지 2년 뒤부터 왜적과 강화를 추진했다는 오해를 오랫동안 받았다. 전란이 끝날 무렵 이는 서애가 탄핵(彈劾, 죄를 조사하여 책임을 물음)을 당하는 단서가 됐다. 서애는 57세 때(1598년) 형(겸암 류운룡)에게 보낸 편지에서 "요즘 저를 공격하는 사람들이 그 이유로 드는 것은 첫째, 강화를 논의한 것, 둘째, 산성을

---

11 若慶尙左道潰 則右道不可保 右道潰 則湖南不可保 湖南潰 則忠淸道次第 受兵 而八方無一寸乾淨地矣. 《근폭집》, 시급히 해야 할 일을 아뢰는 보고.

쌓는 것, 셋째, 병사를 훈련하는 것, 넷째, 도성을 지키려는 것, 다섯째, 군량미 저장입니다. 이 같은 일의 옳고 그름은 마땅히 어디에 두고 정해야 하는 것인지 모르겠습니다"[12]라고 했다.

이 다섯 가지 가운데 강화 관련 사안을 제외한 나머지는 특별히 문제가 된다고 보기 어렵다. 강화 문제는 명나라와 왜적이 주도한 복잡한 사안이었는데, 전쟁에 대처하는 총책임자로서 서애의 입장도 매우 중요했다. 따라서 만약 서애가 왜적과의 타협, 즉 강화에 긍정적인 모습을 보였다면 반대파의 탄핵은 정당성을 가질 수 있었다.

하지만 실제 사정은 다르다. 서애는 53세 때(1594년) 지인(정경임)에게 보낸 편지에서 "어사가 임금에게 올린 보고를 당시에는 보지 못했는데 내가 왜적과 강화하고자 한다고 하고 천리를 즐긴다고 한 말을 보면 과연 놀랄 만합니다"[13]라고 했다. 서애가 왜적과 강화를 추진한다는 오해를 전쟁 초기부터 받은 것을 알 수 있다.

서애는 같은 편지에서 하늘의 당당한 이치와 사람의 사사로운 욕심을 비교하면서 강화는 불가하다는 입장을 보인다.

"하늘의 도리와 사람의 욕망은 가는 길은 같지만 실제 모습은 다릅니다. 만약 우리에게 원수에게 앙갚음을 해서 부끄러움을 씻으려는 정성이 있다면 안으로 꿋꿋한 자세를 가지고 시기를 기다려 떨쳐 일어나도록 해야 합니다. 그렇지 않고 죽어야 옳을 때 죽지 않고 살기

---

12 今之攻弟者 一曰議和 二曰山城 三曰練兵 四曰欲守都城 五曰儲貯軍糧. 未知此事 是非當何所定.

13 繡衣之啓 時未得見 以通和樂天等語觀之 則果爲可駭.

를 선택하며 원수에게 앙갚음을 할 마음을 풀어 버리는 계획을 내기를 원한다면 날마다 원수 갚는 일을 이야기하더라도 마침내 알맹이가 없는 일로 돌아갈 것입니다. 단지 이 한 가지 생각이 하늘의 도리와 사람의 욕심을 구별하는 기준입니다."14

왜적과의 강화나 타협은 사람의 사사로운 욕심일 뿐 하늘의 떳떳한 도리〔천리(天理)〕에 어긋난다는 것이다.

만약 서애가 왜적과의 강화에 어정쩡한 태도를 취했다면 그의 공분은 정당성을 갖기 어렵다. 하지만 강화를 반대하는 서애의 태도는 명확하다. 강화가 비록 명나라와 왜적에 의해 주도된다 하더라도 서애의 이런 태도는 주목할 만하다.

서애는 1593년에 임금에게 올린 보고에서 "예로부터 오랑캐는 욕심이 끝이 없어 만족할 줄 모릅니다. 어찌 화친(강화)이 이루어질 이치가 있겠습니까. 하물며 우리는 이 왜적과 같은 하늘 아래에서 함께 살 수 없는 원수입니다. 비록 죽더라도 어찌 그들과 강화를 할 수 있겠습니까"15라고 했다. 왜적의 강화 시도는 우리나라와 명나라 군대를 속이기 위한 교활한 꾀이므로 절대 불가능하다는 서애의 태도를 잘 보여 준다.

---

14 天理人欲同行異情. 如使在我復讎雪恥之誠 堅定於內而待時以發. 不然而欲出於偸生釋怨之計 則雖日談復讎 而終歸於無實. 只此一念 而天人之分判矣.

15 大抵自古夷狄最爲無厭. 豈有和好得成之理. 況我與此賊 有不共戴天之讐. 雖死而豈可與之講解.《진사록》, 왜적을 분열시킬 계책을 시행할 것을 아뢰는 보고.

같은 하늘 아래에서 함께 살 수 없는 불공대천의 원수는 양립할 수 없는 상태를 나타내는 상징적 표현이다. 《예기》(禮記) 〈곡례〉(曲禮) 편에 나온다. 다른 보고에서도 서애는 임금에게 "흉악한 왜적은 우리나라에는 이미 같은 하늘 아래 함께 살 수 없는 원수이므로 어찌 강화를 빌면서 구하는 이치가 있겠습니까"[16]라고 했다. 불공대천의 원수는 나라를 파괴하는 '종묘사직의 원수'(宗社之讐, 《진사록》)로 표현된다. 종묘사직의 원수는 불공대천의 원수의 구체적 표현이다.

명나라 군대 사령관인 이여송 제독에게 밝힌 강화 반대는 서애의 태도를 더욱 명확하게 드러낸다. 서애는 "신은 또 별도의 문서를 통해 알맞은 시기를 타서 왜적을 토벌해야 할 것이며 강화를 해서는 안 된다는 뜻을 힘껏 강조했습니다. 왜적의 흉측하고 도리에 어긋나는 행태는 하늘에까지 닿아 끝없는 재앙이 선릉을 침범하는 데까지 미쳤는데도 이들을 섬멸하지 못하고 지금까지 왜적과 함께 살고 있으니, 신하로서 죄는 만 번 죽더라도 가벼울 것입니다"[17]라고 임금에게 말했다.

왜적의 강화 움직임은 전쟁이 발발한 지 6개월여 지났을 때부터 나오기 시작했다. 서애는 1592년 9월 임금에게 올린 보고서에서 "왜인은 온갖 방법으로 간사합니다. 겉으로 강화한다고 하면서 시간을

---

16 兇賊於我國旣有不共戴天之讐 豈有乞和之理. 《진사록》, 우리나라 군인을 명나라 사람의 옷으로 변장하도록 한 일을 아뢰는 보고.
17 臣又別具呈文 極陳乘時討滅 不可講解之意. 此賊兇逆極天 罔極之禍 上及陵寢而不能殲滅 至今與賊俱生 臣子之罪 萬死猶輕. 《진사록》, 정릉에서 왜적이 일으킨 변란을 급히 아뢰는 보고.

오래 끌다가 겨울을 보내고 내년에 다시 악한 무리를 많이 모아 군사를 휴식시키고 무기를 준비하여 힘껏 쳐들어온다면 강화한다는 약속으로 그들이 함부로 덤비는 것을 제압할 수 있겠습니까. 흉악한 왜적은 10년 동안이나 우리나라를 엿보고 있다가 전쟁을 일으켰습니다. 지금까지 한 번도 그 예봉을 꺾지 못했는데 어찌 스스로 물러갈 이치가 있겠습니까"18라고 말했다.

교활하여 속이기를 너무나 잘하는 왜적이 10년 동안 전쟁을 준비했는데 전쟁을 하자마자 강화 움직임을 보이는 것은 깃털만큼도 믿을 수 없는 교묘한 꾀라는 인식이 확고하다.

복수하려면 국력 키워야

서애는 1595년 선조 임금에게 올린 보고에서 "왜적은 우리나라에 만세에 걸쳐서라도 반드시 갚아야 할 원수입니다. 지금은 비록 우리의 세력이 빈약하므로 때에 따라 왜적과의 사이에 변화가 생길 수 있지만 온갖 어려움을 겪고서도 원수를 반드시 갚겠다는 생각은 잠시라도 느슨해질 수 없습니다"19라고 했다. 서애의 이런 태도를 보더라도

---

18 倭人狡詐百端. 脫使陽爲講解 遲留過冬 明年又多聚醜類 休兵練器 捲地而來 則其可以約言 制其猖獗乎. 兇賊十年窺覦 以有此事. 今未嘗一挫其鋒 豈有自還之理乎. 《근폭집》, 시급하게 해야 할 일을 아뢰는 보고.
19 倭賊與我 有萬世必報之讐. 今雖因勢力窮屈 未免與時消息 而其薪膽必報之念 不可頃刻而弛也. 《근폭집》, 방어에 마땅히 필요한 조치를 청하는

그가 왜적과 어정쩡하게 타협하는 강화에 뜻을 두었다고 볼 수 없다.

서애의 강렬한 공분은 감정적 분노에 그치지 않고 국력을 끌어올리기 위한 노력으로 이어진다. 서애는 이어지는 내용에서 "원수를 갚는 일도 실천이 없는 빈말과 아무것도 하지 않는 자세로는 할 수 없습니다. 그것이 가능하려면 반드시 안으로는 굳게 참고 견디는 의지가 있고 밖으로는 오래도록 시행할 정책이 있어야 합니다. 임금과 신하, 윗사람과 아랫사람이 성실한 마음으로 먼저 계획을 세우고 먼 장래의 일을 추구해야 합니다. 10년 동안 백성을 모으고, 다음 10년은 교육과 훈련을 해서 20년 동안 한결같은 생각으로 계획을 중단하지 않도록 해서 시기를 기다려 살아나도록 해야 합니다. 여기에 얼마나 많은 정성과 노력이 들어가겠습니까"[20]라고 말했다.

공분은 단순한 분노와 울분에 머무는 것이 아니라 침략전쟁의 현실을 직시하고 이겨 내기 위한 실력으로 승화된다.

보고.

[20] 復讐亦不可空言無事. 而可爲必內有堅忍之志 外有悠久之政. 君臣上下 斷斷一心先立規模 以久遠爲期. 十年生聚 十年敎訓 二十年間 一念無所 作輟 待時以動. 此是什麼精誠什麼筋骨.

2-2

반구
反求

우리 자신의 부족함을 냉철하게 반성하며 개선

복잡한 현실, 차분하게 살펴야

징비력은 우리 자신에게 부족한 점을 반성하며 개선하는 반구(反求)의 태도이다. 반구는 반성(反省)보다 뜻이 강하고 적극적이다. 돌이켜 깨닫는 반성을 넘어, 반성을 통해 대책을 구하는 적극적인 의미가 있다. 반(反)은 '되돌아보다', '반성하다', '뉘우치다', '바꾸다', '고치다', '삼가다', '조심하다'는 뜻이다. 징비와 가깝다.

공자는 "활쏘기는 군자(인격 높은 사람)와 비슷한 면이 있다. 정곡을 맞추지 못하면 그 원인을 자기 자신에게로 돌아가 찾는다"[1]고 했다. 화살이 과녁에 맞지 않는 이유는 여러 가지이겠지만 바람 등 외부 여건을 탓하기 전에 마음가짐 등 자신에게서 먼저 원인을 찾는 태

---

1 射有似乎君子. 失諸正鵠 反求諸其身.《예기》〈중용〉편 14장.

도이다.

맹자는 "내가 다른 사람을 사랑하는데 그 사람은 나를 친하게 여기지 않으면 나의 사랑하는 태도를 돌아본다. 내가 다른 사람을 다스리는데 제대로 다스려지지 않으면 나의 지혜가 부족한 건 아닌지 돌아본다. 내가 다른 사람을 예의 바르게 대했는데 호응하지 않으면 나의 공경하는 태도가 부족한 건 아닌지 돌아본다. 어떤 행동을 하면서 기대한 것을 얻지 못하면 모두 자신을 돌아보면서 원인을 찾는다. 자기 자신이 바르면 세상과 잘 어울리게 된다"[2]고 했다. 자신을 바르게 하여 일이 잘되도록 하는 기본은 반구라는 뜻이다.

반구의 자세는 과거와 현재의 모습을 냉철하게 진단하고 새롭게 나아가기 위한 구체적인 노력이다. 그렇게 할 수 있어야 인격적으로 성숙할 수 있고, 인격적으로 성숙해야 가능한 태도이다. 그래서 공자는 "군자(인격 높은 사람)는 자기 자신에게서 구하고 소인(인격 낮은 사람)은 다른 사람에게서 구한다"[3]라고 했다.

반구할 수 있는 조건은 무엇인가. "반성하라", "잘못을 되풀이하지 말라" 같은 형식적인 요청으로는 어렵다. 개인이나 공동체가 어떤 상태에 있는지를 냉정하고도 철저하게 살펴볼 수 있는 태도나 자세가 명확해야 가능하다. 이전부터 해온 익숙한 습관이나 관습, 제도 등을 진단하고 무엇이 문제인지 파악할 수 있어야 가능하다. 반구나

---

2 愛人不親 反其仁. 治人不治 反其智. 禮人不答 反其敬. 行有不得者 皆反求諸己. 其身正 而天下歸之. 《맹자》〈이루〉상편.
3 君子求諸己 小人求諸人. 《논어》〈위령공〉편.

징비는 민감하고 예민하게 깨어 있는 인(仁)의 태도가 꼭 필요하다.

　서애는 절관(竊觀), 절견(竊見), 절간(竊看), 절념(竊念), 절량(竊量), 절료(竊料), 절문(竊聞), 절계(竊計) 같은 말을 자주 사용했다. 가만히, 살며시, 차분하게 보고 생각하고 듣고 계획한다는 뜻이다. 여기서 '절'(竊)은 특별한 의미가 있다. 자기 자신의 내면(內面)으로 깊이 들어가 차분한 상태에서 현실의 여러 상황을 살핀다는 의미다. 자기 자신 속으로 깊이 들어가 생각하고 살핀다는 뜻으로 묵찰(默察), 묵념(默念), 묵관(默觀)도 쓴다. 이 '절'과 '묵'은 단순히 겸손의 말투가 아니라 사태를 정확하게 인식하고 판단하는 방법이다.

　전쟁이라는 극단적 한계상황에서 구체적으로 온갖 현실적 판단을 해야 할 경우에는 판단력이 약해지고 흐트러져 현실상황을 정확하게 진단하기 어렵다. 그런 상황에서도 흔들리지 않고 차분하게 현실을 직시하면서 반성하고 진단하고 개선하는 태도는 중요한 역량이다. 평소 오랫동안 쌓아 온 내공 없이 갑작스럽게 형성되기는 어렵다. 공자는 "전통을 잘 표현하되 새로 서술하지 않는다. 전통을 신뢰하고 좋아하는 모습을 가만히 노팽이라는 사람에 비유해 본다"[4]라고 했다. 술이부작(述而不作)은 공자의 삶의 전반적인 과정이라 할 수 있다. 여기 나온 절(竊)의 쓰임은 서애가 말하는 절의 쓰임과 그 내면적 깊이가 비슷하다.

　복잡한 현실을 절(竊)의 자세로 차분하게 살펴본다고 해서 입체적이고 다면적인 판단이 저절로 나오지는 않는다. 더 구체적인 조건이

4　述而不作. 信而好古 竊比於我老彭. 《논어》〈술이〉편.

필요하다. 이 추가 조건 또한 자기 내면에서 깊이 살펴보는 절(竊)의 태도, 묵(默)의 자세에서 비로소 나온다.

서애는 선조 임금을 포함해 비변사 등 조정 기구, 전국 행정 및 군사 책임자, 현장 군사 지휘관 등에게 차분하게 살피는 절의 태도를 구체적으로 당부한다. 즉, "충분히 자세하게 살핌"(十分詳審), "특별히 자세히 살펴서 처리"(各別詳審處置), "사실에 근거하여 자세히 따지고 검토하여 시행"(憑考施行), "자세히 살펴서 잘 처리"(精察善處), "충분히 생각하고 처리"(十分商量處置), "특별히 시기에 맞추어 시행"(各別趁時施行), "충분히 마음을 쏟음"(十分盡心), "일이 생기기 전에 잘 꾀함"(先事善圖), "되풀이하여 자세히 헤아림"(反覆商量), "충분히 논의함"(十分論議) 같은 태도를 요청한다. 서애 자신에게 먼저 이와 같은 태도와 능력이 있어야 가능한 일이다.

인순과 유안, 떨쳐내야

반구와 징비는 둔감, 즉 불인(不仁)에서 민감, 즉 인(仁)으로의 태도 전환을 통해 실행될 수 있다. 태도 전환이 없으면 현재까지 이어지는 과거의 문제점을 느끼지 못한다. 반성과 성찰이라는 징비가 단순한 뉘우침에 머물지 않고 미래를 위한 개선으로 나아가려면 훨씬 적극적인 반구의 태도가 필수적이다. 철저한 반성은 새로운 출발을 위한 싹이기 때문이다.

서애는 전쟁이 한창일 때 임금에게 다음과 같이 보고했다.

"우리나라가 하는 일은, 급하면 허둥지둥하면서 어쩔 줄 모르다가 일이 지나고 나면 정신이 풀리고 느슨해져 아무 일도 하지 않습니다. 이것이 오늘날 큰 폐단입니다. 지금 기회를 놓치고 계획을 세우지 않으면 나중에 뉘우치더라도 소용이 없을 것입니다."5

"우리나라 사람의 심성은 일이 생기기 전에는 계획을 세우지 않다가, 일이 지나고 나서야 언제나 뉘우칩니다. 지금 마땅히 지난 일을 깊이 뉘우치고 경계하여 기강이 평소 실천되면 나라의 치욕도 조금은 씻을 수 있을 것입니다."6

이와 같은 진단에 따라 서애는 "큰일(전쟁)에 직면했는데도 우리나라는 모든 대책을 써서 서로 지원하거나 협동하는 일에 소홀하고 실정에 맞지 않습니다. 신은 여러 지역에 공문을 보내 단단히 타이르고 경계하도록 하였습니다"7라고 했다.

서애의 반구는 넓은 반성의 지평 속에서 구체적인 상황에 따라 무엇을 돌아보며 개선해야 할 것인지로 나아간다. 반구를 위해 극복해야 할 중요한 과제는 이전의 잘못된 관습이나 제도, 습관을 그대로

---

5 我國之事 急則倉皇失措 事過則解弛無爲. 此前後大弊也. 失今不圖 後雖欲悔之 恐不可追. 《진사록》, 병졸을 훈련하고 절강의 무기를 본떠 화포 등 기구를 많이 만들어 후일 쓰임에 대비하기를 다시 청하는 보고, 1593년.

6 我國人情 不能先事而圖 事過則輒悔. 今宜深懲往事 紀律素行 國家之辱 庶可小雪矣. 《진사록》, 산성을 수리하고 왜적을 공격해 국토를 방어하는 계획을 세우고 지방관을 신중히 뽑아 인심을 수습하기를 청하는 보고, 1593년.

7 大事當前 而我國凡百策應恊同之事 疎闊如此. 臣分道行文 十分申勅. 《진사록》, 충청도와 경상도의 군병에 관한 일과 유영경의 직명을 분호조로 고쳐 부르도록 하기를 급히 아뢰는 보고, 1597년.

이어 가는 인순(因循)과 눈앞의 당장 편안함에 익숙해지는 유안(狃安)이다. 인순과 유안의 분위기를 냉정하게 진단하는 것 자체가 매우 중요한 반구이다.

서애는 1593년 겨울, 임금에게 올린 글에서 "대체로 세상 사람들의 마음은 해오던 대로 하기(인순)를 좋아하고 일을 새롭게 하는 것은 꺼립니다. 왜적 토벌은 명나라 군대에 맡겨 두고 있으며, 소견이 좁은 사람들은 왜적이 저절로 물러가기를 원하고 하늘의 행운만 바라면서 팔짱을 끼고 아무것도 하지 않습니다. 공문만 받고 책임을 피하면서 일이 되어 가는 중요한 고비가 나날이 더욱 멀어지는 것을 모르니 아주 짧은 시간도 아까울 뿐입니다. 이와 같이 한가하게 세월만 보내다가 벌써 올해가 저물게 되었으니 내년의 일은 또 어찌 되겠습니까"8라고 했다.

서애는 "한심(寒心)하다"는 말을 자주 한다. 답답하고 괴롭다는 의미다. 이렇게 한심한 상태로 시간을 보내면 내년 또한 아무런 희망이 없다는 걱정을 임금에게 말한 것이다.

현실은 위급한데 우리는 허송세월한다는 걱정은 곳곳에서 나타난다. 서애는 "일이 되어 가는 형세가 위태롭고 절박함이 나날이 더욱 심한데 전국 곳곳의 인심은 조금 편안해지면 길들여지고 안주하려는

---

8 蓋人情樂於因循 憚於作事. 徒以滅賊之功 付諸天兵 最下者 又望賊兵自退 以冀天幸 拱手無爲. 應文塞責 不知事機之遠 日甚一日 分寸之陰 莫非可惜. 似此悠悠 已迫歲暮 明年之事 又將奈何. 《근폭집》, 급히 해야 할 일을 아뢰는 보고.

습관에서 벗어나지 못합니다. 조치하는 일도 없이 한가롭게 세월만 헛되이 보내니 만일 왜적이 다시 거침없이 쳐들어온다면 우리나라는 마음 편하게 지낼 형편이 되지 못할 것입니다"9라고 염려하였다.

사정이 위태로운데도 지방의 군사 책임자들의 언행은 여전히 잘못된 관행에서 벗어나지 못해 왜적과 대항할 힘을 모으지 못한다는 것이 서애의 인식이다. 1595년에 4도(경기·황해·평안·함경) 순찰사에게 보낸 공문에서 서애는 "나라의 형세가 어렵고 위태로움이 나날이 더욱 심하고 남쪽과 북쪽에서 틈이 벌어지는 단서가 번갈아 일어나니 그 형세는 참으로 매우 위태롭다. 오늘날 조치할 일은 비록 가닥이 많지만 병폐를 정리하고 개혁하는 게 중심이다. 만약 이전의 잘못된 습관을 그대로 행하여 일은 뒷전이고 되는대로 아무렇게나 시간만 보낸다면 나랏일은 어찌해 볼 수 없는 상태가 될 것이다"10라고 했다.

서애는 우리가 전쟁에 제대로 대처하지 못하는 현실에 대한 진단을 임금에게 "나랏일이 이런 상태가 된 이유는 전적으로 일을 처리하는 하나하나가 모두 알찬 내용이 없기 때문입니다. 그 다음은 기강이

---

9 事勢危迫 日甚一日 而中外人情 未免狃安於少安. 尙無措置之事 幾於悠悠度日 萬一賊兵更爲長驅 國事無稅駕之地.《진사록》, 산성을 수리하고 왜적을 공격하고 국토를 방어하는 계획을 세우고 지방관을 신중히 뽑아 인심을 수습하기를 청하는 보고.

10 國勢艱危日甚 南北之釁交作 其勢固爲岌岌也. 今日措處之事 雖曰多端 不過釐革弊瘼. 萬一因循廢墜 玩愒度日 置國事於無可奈何之地.《군문등록》, 4도 순찰사에게 보내는 공문.

느슨하게 풀어져 사람들의 마음가짐도 흐트러졌기 때문입니다"[11]라고 말했다. 전쟁으로 나라 전체가 무너지는 위급한 상황에서도 군사 행정을 맡은 공직자들이 일을 성의 없이 하는 현실을 지적한 것이다.

서애는 국민보다 관직을 맡은 지방관 등 공직자들의 책임을 더욱 강조한다. 그래서 전쟁이 발생하고 5개월 뒤인 1592년 9월 임금에게 올린 글에서 "옛날부터 나라가 망하는 이유는 하루 동안 쌓인 일이나 한 가지 일의 실수 때문이 아닙니다. 대체로 벼슬을 하는 공직자들의 마음가짐이 부서지고 무너지는 데서 비롯합니다. 지금 나랏일이 위급한 때에 이 같은 걱정이 특히 중요한데도 관찰사와 지방관들은 도망쳐 목숨 구하기만 생각하면서 왜적이 오지 않을 때는 가족을 거느리고 곳곳을 돌아다니면서 음식과 숙소 대접을 요구하여 지방의 하위직 공직자와 주민에게 피해를 끼치고 왜적이 오면 소문만 듣고서도 먼저 도망칩니다"[12]라고 했다.

서애는 반구의 주체와 대상으로서 하위직 공직자 또는 국민보다는 지방의 행정 책임자나 군대 지휘관에게 더욱 비중을 두었다. 그래서 순찰사 등 지방관들에게 "이전의 잘못된 습관을 그대로 따르지 말

---

11 國事之所以至此者 專有於事事無實. 其次紀綱解弛 人心縱恣之致. 《진사록》, 군사물자를 조달하는 중신을 시급히 파견하여 군량을 관리하도록 하고 장흥부사 유희선을 베어 군율을 엄하게 하도록 청하는 보고.

12 自古國家之敗 非一日之積一事之失. 大槪自士夫心術敗壞始. 今於危難之際 其患尤大 以此方伯守令 盡以奔竄自免爲心 賊未至則率其眷屬 巡遊列邑 責辨廚傳 貽弊吏民 賊至則望風先遁. 《근폭집》, 급히 해야 할 일을 아뢰는 보고.

80

라"(毋蹈前日之習), "느릿느릿한 자세가 이와 같으니 무슨 일을 할
수 있겠는가"(泄泄如此 何事可爲), "한가한 태도로 느릿느릿하다"(悠
悠信信), "마음을 다하여 지시를 받들어 실천하는 사람이 아주 드무
니 이같이 하고서도 무슨 일을 할 수 있겠는가"(盡心奉行者絶乏 若是
而何事可爲哉), "오만하게 주민을 학대하고 여전히 이전의 잘못된
습관을 따르는 장수와 지방관이 매우 많다"(縱恣虐民 猶蹈前習者甚
多), "나쁜 습성이 벌써 고질병처럼 되어 바꾸기가 매우 어렵다"(弊
習已痼 極難整頓), "눈앞의 편안함에 만족하고 있다"(安於姑息), "팔
짱만 끼고 아무 일도 없는 것처럼 한가롭게 지낸다"(拱手優遊於無事
之地), "모두 눈앞의 우선 당장 편안한 것에 익숙해 도무지 앞일을
헤아리는 생각이 없다"(皆狃於目前姑息之安 而都無遠慮), "여전히
이전의 습관을 그대로 따른다"(尚仍舊習), "편안함에 젖어 위태로움
을 모른다"(狃安忘危) 같은 충고와 당부를 거듭 강조한다. 지방관들
이 비록 역량이 매우 부족하더라도 이들과 함께 국가의 위기를 힘을
모아 이겨 내야 하기 때문이다.

하지만 이렇게 강조한다고 반구가 저절로 되는 것은 아니다. 잘못
된 행동이나 관행, 습관 등을 깨닫고 고치려고 해도 구체적으로 어떻
게 해야 할지 모를 수 있기 때문이다. 반성과 뉘우침이 현실의 개선
으로 이어지기 위해서는 노력하면 충분히 바꿀 수 있다는 자신감이
먼저 뒷받침돼야 한다.

원기 키워야 전쟁 이겨

서애는 임금에게 "적극적으로 나아가 일을 성취하는 이치는 한 걸음 전진하면 한 걸음만큼 얻고 한 걸음 후퇴하면 한 걸음만큼 잃는 것입니다. 이는 옛날부터 지금까지 그렇게 되는 이치입니다. 조정에서는 왜적이 잠시 물러가 있다고 여기지 말고 더욱 원대한 계획을 생각해서 뒷날 닥칠 걱정을 조심하도록 해야 할 것입니다"[13]라고 했다.

비록 조정과 공직자, 국민 등 우리나라에 부족함이 많아 전쟁에서 큰 피해를 입고 있지만 진취적인 자세로 노력하면 개선할 수 있다는 반구의 정신을 임금에게 말한 것이다.

그래서 서애는 임금에게 "이전의 잘못된 일을 뉘우치며 경계하는 이유는 뒷날의 일을 조심하기 위해서이고, 지난 일을 거울로 삼는 이유는 지금 필요한 일을 추진하기 위해서입니다"[14]라고 했다. 철저한 반구는 현실을 개선하여 미래의 희망으로 이어진다.

나라에 새로운 자세와 분위기가 필요한 이유는 대규모 침략전쟁이라는 비상사태를 당하여 이전처럼 하던 대로 해서는 이겨 낼 수 없기 때문이다. 상황이 바뀌었으면 그에 맞는 대응이 필요하다는 것이다.

---

13 進取之事 進一步則得一步 退一步則失一步. 自古而然. 伏望朝廷無以此賊暫退 而益思長遠之慮 以愼後患. 《진사록》, 임금님 행차가 서울에 일찍 돌아와서 국민이 사방에서 기다리는 마음에 보답하고 동남 지방을 다스리도록 청하는 보고.
14 懲前所以愼後 鑑古所以圖今. 《근폭집》, 진관제를 정비하여 거행하도록 청하는 보고, 1594년.

서애는 임금에게 "나라에 발생한 이 재앙은 우리나라에 처음 있는 일입니다. 이전에 없던 변란을 당했으니 그것을 이겨 내는 일 또한 평소와 같은 행동으로 구제되기를 바랄 수 없음은 명백합니다. 이를 비유하면 아주 깊은 속병과 같아서, 부드럽고 순하여 입에 맞는 약재로는 치료할 수 없으며 반드시 특별히 좋은 약과 신비로운 약을 써서 내장에 쌓인 묵은 병을 깨끗이 씻어 버리고 원기를 길러 낸 뒤라야 비로소 다시 살아날 수 있을 것입니다. 오늘날의 형세가 어찌 이런 이치와 다르겠습니까"[15]라고 했다. 난치병을 치료하려면 특별한 약을 쓰고 원기(元氣)를 기르는 근본적인 노력을 해야 한다는 비유로 표현한 것이다.

서애는 다급한 전쟁 상황에서도 보고서와 공문에 비유 표현을 많이 썼다. 의미 전달을 알아듣기 쉽고 명확하며 효과적으로 하기 위한 소통방법일 것이다.

그래서 비슷한 비유를 써서 "갑자기 급한 변란을 만나면 평소와는 다른 행동을 해서 정세를 바꾸고 시국을 구제할 대책을 마련하지는 않고서 반드시 말하기를, 이전부터 내려오는 습관을 바꿀 수 없다거나 여러 사람의 뜻을 어길 수 없다고 합니다. 이는 마치 거친 고기를 먹으면서 병을 고치려 하고 나막신을 신고 큰 강을 건너려는 것과 마

---

15 國家近日之禍 自有東方以來所未有也. 旣有所未有之禍變 則其所以救之者 亦不可以尋常擧措 而望其有濟也明矣. 譬如膏肓之病 非溫平可口之劑所能治之 必須得大藥神丹 湔滌腸胃之積痼 而養出元氣 然後始可回生. 今日之勢 何以異此. 《근폭집》, 급히 해야 할 일을 아뢰는 보고, 1594년.

찬가지입니다"**16**라고 임금에게 말하기도 했다.

다음과 같은 비유도 적절하다. 서애는 임금에게 "신이 오늘날 나라의 인심을 가만히 살펴보니 왜적을 토벌하는 일은 명나라 군대에 전적으로 책임지우고 비록 시행할 만한 계책이 있더라도 조금도 조치할 뜻이 없습니다. 이를 병을 치료하는 일에 비유하면 우리는 사람의 원기이고 다른 나라의 군대는 병을 치료하는 약석(약과 침)과 같습니다. 약석으로 치료할 때는 반드시 사람의 원기를 바탕으로 삼아야 할 것입니다. 우리 스스로의 원기가 흐리고 약하다면 비록 매우 비싼 약이 있더라도 어디에 그것을 쓰겠습니까"**17**라고 했다.

근본이 되는 힘, 즉 원기를 키워야 전쟁도 이겨 낼 수 있다는 뜻이다. 명나라 군대의 지원이 현실적으로 필요하지만 결국 우리의 주체적 역량으로 이겨 내야 한다는 의지를 알 수 있다.

---

16 遇非常之變 不爲非常之擧 以爲變通救時之計 而必曰 舊習不可變 衆情不可違. 是欲以粱肉治病 而以屨履濟河. 《근폭집》, 유조인의 상소에 대한 보고, 1595년.

17 臣竊觀今日人心 專責討賊之事於天兵 雖有可行之策 略無措置之意. 比之攻病 我則元氣也 他兵則藥石也 藥石功熨 必資元氣. 若在我元氣 冥然漠然 則雖有萬金之藥 安所施之. 《근폭집》, 급히 해야 할 일을 아뢰는 보고, 1593년.

지방관들, 국민 옥죄지 말아야

전쟁 때문에 국민의 형편이 얼마나 위태로운지에 대한 서애의 인식은 절박하다. 그는 임금에게 "사방을 둘러봐도 모조리 텅 비어 곡식을 저장한 곳이 없습니다. 마치 물고기가 수레바퀴 자국에 고인 물에 모여 있는 것처럼 되어 며칠 안에 썩고 문드러져 죽어 버리고 남는 것이 없게 될 것이니 매우 절박합니다"[18]고 말했다.

같은 해 임금에게 올린 보고에서 서애는 "전쟁이 그치지 않아 군수물자 공급이 급한데도 충청도와 전라도의 재력은 이미 모두 텅 비고 없어졌습니다. 백만이 되는 국민이 수레바퀴 자국에 고인 물 안의 물고기처럼 매우 어렵습니다. 반드시 밤낮으로 생각하고 헤아려서 군사를 모아 왜적을 방어하는 일 이외에도 국민의 목숨을 구하여 살리는 일을 더욱 급하게 서둘러, 일이 생기기 전에 먼저 계획을 세우고 마음과 힘을 다하여 마치 불에 타는 것을 끄고 물에 빠진 것을 건지는 것처럼 해야 할 것입니다. 일을 할 때에는 반드시 성공을 원하고, 사람을 임용할 때는 반드시 실질을 찾아야 하며, 조금이라도 일을 한가롭게 천천히 하거나 착실하게 하지 않고 태만하게 느슨히 하는 습관이 일을 시행하는 동안 끼어들지 못하도록 해야 만 분의 일이나마 성취할 수 있을 것입니다"[19]라고 말했다.

---

18 環顧四方 蕩無儲穀之處. 魚取涸轍 不日將糜爛無餘 極爲痛迫. 《진사록》, 군량을 헤아려 처리해 주기를 아뢰는 보고, 1593년.

19 當今兵戈未息 軍興方急 兩湖財力已盡虛竭. 百萬生靈 如涸轍之魚. 必須

전쟁 때문에 극도로 어려움을 겪는 국민의 모습을 '수레바퀴 자국에 고인 물에 있는 물고기처럼 곧 죽을 상황'이란 의미의 학철지어(涸轍之魚)라는 성어를 활용해 설득력 있게 전달하였다. "만 분의 일이라도 성취할 수 있을 것"이라는 조심스러운 표현은 겸손의 뜻으로 하는 게 아니라 그만큼 쉽지 않다는 뜻이다.

또한 "지금 국민의 궁핍은 이미 극도에 이르렀고 일이 되어 가는 형편은 위급하여 도탄에 빠지고 거꾸로 매달린 것 같은 고통은 이루 말할 수 없습니다"[20]라고도 했다. 거꾸로 매달린 고통〔도현(倒懸)〕이라는 표현이 국민의 삶의 절박한 상태를 잘 보여 준다.

사정이 이와 같이 절박하므로 반구의 자세 또한 더욱 절실하고 신속하게 이뤄져야 한다고 서애는 강조한다. 지방관 등 국민과 가장 가까운 공직자들의 행동변화를 특히 촉구한다.

지방 순찰사에게 보낸 공문에서 서애는 "이런 일들은 오랫동안 쌓인 폐단을 고칠 기회이다. 만약 태만하여 거행하지 않고 이전 습관을 그대로 따르는 사람이 있으면 지방관과 부하에게 각별히 죄를 물을 것이다"[21]라고 엄중한 자세를 보인다. 전쟁이라는 특수한 상황에 대

畫思夜度 自調兵禦賊之外 尤急急於救活民命 先事區劃 竭其心力 如救焚拯溺. 爲事而必要其成 用人而必求其實 無一毫悠泛怠緩之習 間於施措之際 然後庶可有濟於萬一. 《진사록》, 소금을 달여 굶주린 국민을 구제하기를 청하는 보고, 1593년.

20 今民窮已極 事勢危迫 塗炭倒懸之苦 不足言也. 《근폭집》, 급히 해야 할 일을 아뢰는 보고, 1594년.

21 此乃改革積幣之機會也. 如有惰慢不行 因踵舊習者 守令察訪 各別治罪.

처하려면 기존의 태도와는 달라야 하고 이를 적폐를 없애는 계기로 삼아야 한다는 것이다.

또한 "이런 때를 당하여 지방관들이 까다롭고 사나운 행정을 하거나 형벌이 포악하여 여러 방면으로 거두는 종류와 명목이 많거나 공공의 일을 핑계로 개인 이익을 꾀하거나 친척과 친구를 많이 응대하는 등 주민을 괴롭히는 행정이 고슴도치 털처럼 많다. 그런데도 조정에서 모르고 관찰사도 듣지 못한다면 주민들은 어디 가서 이런 사정을 호소하겠는가"22라며 지방관의 태도 변화를 촉구한다. 국민을 괴롭히는 행정이 고슴도치 털만큼 많다는 비유는 현실의 상황을 알아듣기 쉽게 전달하는 표현이다.

새로운 출발은 철저한 반구의 결과이다. 반구를 철저히 하면 그 속에 이미 새로운 출발을 위한 계기가 돋아난다. 서애는 "일을 시작할 때는 반드시 처음 계획을 잘 세워야 하며, 이미 시작했다면 반드시 일을 성공시켜야 합니다. 우리나라에서 하는 일은 오랫동안 견뎌내지 못합니다. 가까운 것은 한두 달 만에, 길어야 한 해를 넘기지 못하여 중간에서 폐지되지 않는 것이 없습니다. 공직자들의 실적을 평가하여 유능한 사람은 권장하고 무능한 사람은 징계해야 하는 행정이 하나같이 거짓으로 속입니다. 이와 같은 잘못된 관행이 그대로

《군문등록》, 황해도 순찰사에게 지시하는 공문, 1596년.

22 當此之時 守令又復行其苟虐之政 或刑罰苛暴 色目多端 憑公營私 多接親故 病民之政 有同蝟毛. 而朝廷不知 監司不聞 則民生將何所赴訴哉.《군문등록》, 경기 황해 순찰사·평안 순찰사 및 병마절도사·함경도 순찰사·함경남북도 병마절도사에게 지시하는 공문, 1596년.

남아 있으면 일을 이룰 수 없습니다"**23**라고 임금에게 말했다.

한 가지 사례로, 서애는 소금과 쇠를 확보하는 것이 나라의 재력을 위해 중요한데도 "우리나라 사람들은 일을 대수롭지 않게 여기는 데 길들여져서 (소금과 쇠를 달이는 일이) 중요한 점을 모릅니다. 눈여겨보지도 않고 대충 살피면서 대수롭지도 않고 이롭지도 않다고 여기면서 잠시 해보다가 곧 폐지하여 마치 장난처럼 되었습니다"**24**라고 지적한다. 우리의 느슨한 자세부터 철저하게 반구하여 새로운 출발점을 마련해야 한다는 의미다.

사중구생

지난 일은 소용없는 것이 아니라 새로운 출발을 위한 계기가 된다는 점에서 반구의 대상이 된다. 서애는 "보통 사람의 지혜로 지난 일은 알 수 있지만 닥쳐올 일은 알 수 없습니다. 난리를 직접 겪고 난 뒤를 소중하게 여기는 이유는 여러 가지 경험을 통해 잘못을 뉘우치고 앞

---

23 作事必謀始 旣已爲之 則必要其成. 我國之事 不能耐久. 近者一二月 遠不過一年 無不中廢. 而考績勸懲之政 一皆虛僞. 若此規模仍存 事無可爲矣. 《근폭집》, 왜적을 막고 국토를 지키기 위해 조치할 일을 청하는 보고, 1595년.

24 特我國之人 狃於尋常 不知要領. 而泛視爲等閒無益之事 乍興乍廢 有同戲劇. 《근폭집》, 소금과 쇠의 판로를 열어 나라에 필요한 비용을 넉넉하게 하도록 청하는 보고.

날을 조심하며 삼가는 것이 깊기 때문입니다"25라고 임금에게 말했다. 징창(懲創)은 서애가 자주 쓰는 말이다. '징'과 '창'은 모두 '혼이 나서 잘못을 뉘우치거나 고친다'는 뜻이다. 창(創)에는 '비롯하다', '시작하다', '만들다', '이룩하다'는 뜻이 있다. 징창은 '지난 잘못을 뉘우치고 삼간다'는 징비보다 뜻이 더 적극적이다.

서애는 이어 "지금 나라의 형세가 위급한 모습은, 쌓아 올린 달걀로도 그 위급한 상태를 비유할 수 없습니다. 마땅히 여러 대책을 받아들여 지난 일을 깊이 추구하고 공직자들을 독려하여 짧은 시간도 함께 아껴서 뒷일을 도모하여 어지러워진 나라의 형세를 수습해야 할 것입니다. 그렇게 하지 않고서 한가롭게 세월만 보내며 형식적인 문서에만 이끌려 오늘 내일 하면서 서너 달을 보낸 후에는 일의 중요한 고비가 더욱 멀어져 다시는 일에 손을 댈 곳도 없을 것입니다"26 라고 말한다. 절실한 위기의식을 잘 보여 준다.

서애는 우리가 수년 뒤를 내다보면서 군량을 준비하고 군사를 모아 나라의 치욕을 씻는 노력을 해야 하는데도 "그렇게 하지 않고서 이전의 잘못된 습관을 그대로 따라 행하고 머뭇거리며 결정하지 못하여 마치 날이 저물어 가는 것처럼 하면서 오늘도 시작하지 않고 내일도 시작하지 않아서 날마다 위태롭고 어려운 상태로 달려가게 된

---

25 凡人之智 能見已然 不能見將然. 所貴於經亂之後者 以其嘗歷多 而懲創者深也. 《근폭집》, 마땅히 해야 할 일을 조목별로 아뢰는 보고, 1593년.
26 今國勢岌岌 累卵不足以喩其危. 正須延攬群策 深追旣往 策勵群工 共惜分陰 圖惟厥終 以收板蕩之勢. 不然而悠悠汎汎 牽制文具 今日明日 數月之後 事機益遠 更無著手處.

다면 비록 지혜로운 사람이라도 훗날의 일을 잘 대처하지 못할 것입니다"27라고 임금에게 말한다.

또 "앞에 지나간 수레가 이미 넘어진 것을 알면서도 아직까지 수레바퀴를 고칠 줄 모른다면 이는 참으로 넘어지고 엎어지는 것 외에는 다른 방법이 없는 것입니다"28라고 임금에게 말하면서 반구 자세의 절실함을 강조한다. 전쟁을 이겨 내고 나아가 새로운 나라를 위한 토대를 마련하려면 잘못된 관행이나 태도를 철저하게 없애는 반구가 우선이라는 것이다.

반구는 죽을 상황에서 살아날 길을 찾는 사중구생(死中求生)의 자세이다. 서애는 "지금 일이 돌아가는 형편은 하루하루 위급합니다. 마땅히 빨리 대책을 결정하여 죽을 상황에서 살아날 길을 찾아야 할 것입니다. 시간을 지체하며 앉아서 낭패를 당하는 상황을 기다릴 수는 없습니다"29라고 임금에게 말했다.

또 "오늘날 일의 형편은 날로 급박한데 명나라 군대만 믿을 수 없음은 분명합니다. 우리 처지에서는 마땅히 충분히 조치하여 죽을 상황에서 살아날 수 있는 대책을 세워야 할 것입니다. 그렇지 않다면 앞으로 닥쳐 올 일은 차마 말할 수 없을 것입니다"30라고 했다. 명나

---

27 不然而因循嗭嘤 如日將暮 今日不爲, 明日不爲, 日趨於危亂之地 雖有智者 莫能善其後矣. 《근폭집》, 군사훈련을 청하는 보고, 1594년.

28 知前車之旣敗 而尙不知改轍 則是固覆敗之道也. 《근폭집》, 군사와 국정에 관한 중요한 업무 10가지를 올리는 보고, 1594년.

29 今之事勢 一日危於一日 所當早爲決計 死中求生. 不可淹留引日 坐待狼狽. 《진사록》, 명령을 받았음을 아뢰는 보고, 1592년.

라 군대가 지원하지만 결국 우리 자신의 힘으로 전쟁을 이겨 내야 한다는 주체적 태도이다. 사중구생 의지는 이를 뒷받침한다.

사중구생의 태도는 일이 되어 가는 형편이 어떤 상황이더라도 반드시 필요한 반구의 자세이다. 서애는 "오늘날 사세는 지난날과는 전혀 달라서 무너져 흩어지더라도 갈 곳이 없다는 것을 사람들이 모릅니다. 마땅히 바로잡아 조치하되 기한을 정해서 태만하지 않도록 하여 죽을 상황에서 살아날 길을 찾아야 할 따름입니다"[31]라고 했다. 이이(而已)는 강한 단정을 나타낸다. 죽을 상황에서 살아날 방법을 찾는 것 이외에는 달리 믿을 것이 없다는 강한 의지이다.

사태가 위급하더라도 하나씩 개선하는 반구의 자세가 확고해야 새로운 출발도 가능하다. 서애는 이 같은 태도를 "강 가운데서 배를 잃게 되는 상황이라면 표주박 한 개의 물도 천금의 가치가 있습니다. 지금 어찌 많고 적음을 헤아리겠습니까"[32]라고 하면서 작은 변화가

---

30 今日事勢日迫 天兵之不可恃明矣. 在我所當百分措置 爲死中求生之計. 不然則前頭之事 不忍言也. 《근폭집》, 충주를 조치하여 한강 상류를 튼튼하게 하고 조령에 관문과 둔전을 설치하도록 청하는 보고, 1594년.

31 不知今日之勢 與前頓異 潰散亦無所之也. 惟當收拾措置 刻期無怠 庶幾死中求生而已. 《근폭집》, 조광익과 김시약 등을 충청도로 보내 군사를 모아 지키기를 청하는 보고, 1595년.

32 中流失船 一壺千金. 今豈可計其多少乎. 《진사록》, 서울에 있는 왜적의 형세를 논하고 장수들을 지휘하여 각자 계통에 맞도록 해서 적병을 막도록 하고, 송경략에게 요청하여 중국 남방 출신의 정예 병사를 충청도 등에 보내 한강 이남에 둔영을 설치하여 적병을 무찔러 돌아가는 길을 끊도록 하기를 아뢰는 보고, 1593년.

중요함을 강조한다.

한편 서애의 보고서와 공문은 제목을 구체적으로 쓰는 경우가 대부분이다. 전쟁 상황에서 신속하게 내용부터 개략적으로 파악하도록 하는 소통의 방법일 수 있다.

반구는 정성

반구는 정성의 문제이다. 과거의 잘못된 관행이나 태도와 단절하기 위해서는 사소한 일이 없다. 공문서 하나에도 정성을 담고 상하관계에 있는 사람끼리 공경하는 태도도 중요하다. 서애는 "나라의 기강을 유지하는 것은 윗사람과 아랫사람이 서로 받들고 예절과 공경으로 서로 접촉하는 사이에 있다. 최근 들어 기강이 해이해지고 온갖 법도가 폐지되어 안팎과 위아래 관계에 예절과 체면이 모두 없어져 공경하며 신중한 뜻이 없다. 기강이 흐트러진 이유는 실로 여기에 있다"[33]라고 말한다.

서애는 각종 문서의 활용 또한 사람끼리의 소통이므로 공경하는 뜻을 잘 담아야 한다고 강조한다. 그렇지 못하면 문서를 통한 명령도 제대로 시행되지 못한다는 것이다. 서애는 이런 사정을 같은 공문에

---

[33] 國之所以維持綱紀者 只在於上下相承 禮敬相接之間. 近來綱紀解弛 百度廢墜 內外上下之間 禮貌蕩然 無復有敬愼之意. 紀綱之廢 實在於此.《군문등록》, 황해·경기·평안·함경도 순찰사에게 지시하는 공문, 1596년.

서 "요즘 여러 지역의 관찰사가 보낸 보고서를 살펴보니 지방관이 그의 상급 관청에 보낸 문서는 쭉 이어 쓰고 글의 내용도 거만하여 공경하고 조심하는 뜻은 조금도 없다. 매우 업신여기고 소홀히 하니 이런 일이 이와 같다면 다른 일도 어떨지 미루어 알 수 있다"[34]라고 지적한다.

서애는 공직자들의 무성의하고 무례한 태도 때문에 일이 어긋나지 않도록 하기 위해 임금에게 "예로부터 세상일은 서로 의심하고 멀리하는 일 때문에 마침내 훗날 구제하기 어려운 후회가 되지 않는 경우가 없습니다. 조정에서 헤아려 생각하고 잘 처리하여 뜻밖의 걱정이 없도록 해야 할 것입니다"[35]라고 했다. 전쟁이라는 매우 특수한 상황에서도 인간관계가 얼마나 서로 존중하면서 친밀한가에 따라 일의 성취가 좌우된다는 보편적 시각을 보여 준다.

군사에 관한 반구는 더욱 현실적이다. 지형의 중요성과 산성의 효과에 대한 서애의 인식은 명확하다. 서애는 "손자(孫子) 또한 말하기를, 적군이 높은 지대에 있으면 피하고 공격하지 말라고 했으니 그 뜻을 알 수 있다. 지형의 좋고 좋지 않음은 병법에서 승패의 형세에 가장 중요하게 작용한다고 여겼다. 우리나라는 태평세월이 200년 동안 이어지면서 편안함에 젖어 위태로움을 잊고 성이 무너져 다시 응

---

34 近觀各處監司粘移報狀 守令其於上司衙門 例皆連書 詞說倨傲 略無敬愼之意. 極爲慢忽 此事如此 他可類推.

35 自古天下之事 未嘗不因其疑阻 遂成難追之悔. 自朝廷商量處置 俾無意外之患.《진사록》, 오총병의 군중에서 근거 없는 소문이 나도는 일을 급히 아뢰는 보고.

덩이가 된다는 이치를 살피지 못했다. 이런 것도 전쟁이 일어날 징조가 되었다. 지금 왜적은 조총을 사용하므로 먼 곳까지 미치는 힘이 우리 화살의 10배나 된다. 오늘날의 왜적은 옛날의 왜적이 아니다. 이 왜적을 막으려면 오직 산성이 있을 뿐인데 어찌하여 사람들은 이런 사정을 살피지 못하고 산성은 이로움이 없다고 말하는가. 단지 옛것을 그대로 따른다면 그것은 옛것에 얽매여 지금 형편에 어둡고 융통성이 없는 것(각주구검)과 거의 다름없다"[36]라고 했다. 왜적의 군사적 능력을 정확하게 인식하여 유연하고 융통성 있게 대처해야 한다는 뜻이다.

태평세월 200년은 조선 건국부터 임진왜란 때까지를 가리킨다. '성이 다시 웅덩이 상태로 돌아간다'는 성복우황(城復于隍)은 징비와 관련된 특별한 의미가 있다. 동시에 서애의 학문적 식견이 매우 깊음을 알 수 있다. 성복우황은 《주역》(周易)의 태괘(泰卦)에 나오는 말이다. 괘 풀이는 "성이 무너져 다시 웅덩이가 된다는 것은 운명이 어지럽다는 것이다"(城復于隍 其命亂也)라고 했다. 황(隍)은 성 둘레에 파는 웅덩이, 즉 해자(垓字)이다. 성 둘레를 파면 나오는 흙으로 성을 쌓고 해자에는 물을 채워 적군을 방어하는 것이 성의 구조이다. 그런데 성의 흙이 무너져 해자를 메운다는 것은 태평한 세상이 오래

---

36 孫子亦言 敵居高地 則避而勿攻 其意可見也. 蓋地形得失 於兵家勝敗之數最重. 國家昇平二百年 狃安忘危 不講於城復于隍. 爲生亂之兆. 今則倭用鳥銃 及遠之力十倍於弓矢. 今之倭 非昔之倭也. 欲禦此 獨有山城 奈何人不能察 以山城爲無益也. 惟古之從 則殆無異於刻舟求劍也. 《잡저》, 의변논설 - 산성설.

이어져 극에 달하면 어지럽게 된다는 이치를 뜻한다. 편안할 때도 위기를 생각하지 못해 전쟁이 일어났다는 것이 서애의 인식이다.

오합지졸 우리 군대

우리나라 군대의 역량이 매우 부족하다는 반구도 명확하다. 서애는 우리 군대가 전투에서 번번이 패하는 원인에 대해 "왜적은 사납고 빠르며 생명을 가볍게 여기고 돌격전을 잘하여 조총과 창칼이 모두 예리한 무기가 되기 때문에 우리 군대가 감당할 수 없습니다. 곳곳의 우리 지휘관들은 형세를 이용해 유리하게 상황을 이끌어 가지 못하고 언제나 오합지졸만 모아 숫자가 많은 것을 소중하게 여깁니다. 정한 날짜에 천천히 달려가고 멀리서 망보는 것도 자세하지 않고 적군의 움직임을 살피는 것도 먼 곳까지 미치지 못합니다. 왜적의 간첩은 매우 많아 그들의 눈과 귀가 사방에 흩어져 있는 것과 마찬가지이므로 우리의 움직임을 모두 왜적이 먼저 알게 됩니다. 그래서 우리 군대는 싸우기만 하면 패하게 됩니다"[37]라고 임금에게 말했다.

　우리 군대의 실태에 대한 냉정한 진단이다. 왜적은 간첩을 활용한

---

37 賊剽悍輕生 善於突鬪 鐵丸槍劍 皆爲利器 我軍不能當. 而四方主兵之人 不能因勢利導 每聚烏合之卒 以多爲貴. 約日徐趨而瞭望不審 斥候不遠. 賊之間諜甚多 耳目四布 我之動靜 彼皆先知. 故我軍每戰每敗.《근폭집》, 급히 해야 할 일을 아뢰는 보고, 1592년.

정보전과 실전 능력이 뛰어난데도 우리 군대는 오합지졸 행태로 우왕좌왕하면서 적군의 움직임도 살피지 못하니 패배할 수밖에 없다는 것이다. 우리 군대와 왜적의 장점과 단점, 정병(正兵)과 기병(奇兵)에 대한 인식은 반구의 깊고 구체적인 모습을 잘 보여 준다.

서애는 "병법에, 아군을 알고 적군을 알면 싸울 때마다 이기고 아군을 모르고 적군도 모르면 싸울 때마다 패한다고 했습니다. 아군을 알고 적군을 안다는 것은 아군과 적군의 장점과 단점을 비교해 살피는 것입니다"[38]라며 널리 알려진 병법부터 언급한다.

여기서 말하는 병법서는 《손자병법》으로 추정되지만 글자와 내용이 조금 다르다. 《손자병법》에는 "적군을 알고 아군을 알면 아무리 싸워도 위태롭지 않고, 적군을 모르지만 아군을 알면 이기거나 패할 가능성은 절반씩이다. 적군도 모르고 아군도 모르면 싸울 때마다 반드시 패한다"[39]라고 되어 있다. '싸울 때마다 이긴다'와 '싸울 때마다 위태롭지 않다'는 의미상 큰 차이가 없다. 백(百)은 '번번이', '많다'는 뜻이다.

문제는 알다〔지(知)〕와 모른다〔부지(不知)〕의 구체적인 내용이 무엇이냐는 점이다. 《손자병법》에도 이에 대한 설명이 없다. 서애는 아군과 적군의 장점과 단점을 비교해서 살피는 것이라고 했다. 그래

---

38 兵法曰 知己知彼 百戰百勝 不知己 不知彼 百戰百敗. 所謂知己知彼者 較量彼己長短. 《근폭집》, 군사와 국정에 관한 중요한 업무 10가지를 올리는 보고, 1594년.

39 知彼知己 百戰不殆 不知彼而知己 一勝一負. 不知彼不知己 每戰必敗. 《손자병법》〈모공〉편.

서 "항상 우리의 장점으로 적군의 단점을 공격하도록 해야 하고, 적군이 그들의 장점으로 우리의 단점을 공격하지 못하도록 해야 합니다. 그렇게 해야 비로소 싸울 때마다 이길 수 있습니다"**40**라고 했다.

하지만 이는 특별히 주목할 만한 전략이 될 수 없다. 장점으로 단점을 공격하고 단점이 공격받지 않도록 해야 한다는 주장은 상식적인 원론이기 때문이다. 더구나 왜적의 전투력이 훨씬 강한 상황에서 우리 군대는 단점이 많아 전투력이 떨어지므로 패배할 수밖에 없는 형편이었다. 서애는 왜적의 장점으로 조총과 창칼, 적극적인 돌진 등 세 가지를 꼽았다. 반면에 우리 군대의 장점은 활(궁시) 뿐인데, 이는 조총과 성능에서 비교가 되지 않아 장점이라고 하기 어렵다고 진단한다.

사정이 이러하다면 아군과 적군의 장점과 단점을 아는 것은 무슨 소용이 있는가. 장단점을 알면 이기거나 위태롭지 않다고 병법은 말하지만 현실과 맞지 않는다. 서애는 여기서 더 나아가 장점과 단점의 '상대성'을 말한다. 반구의 적극적 의미가 잘 드러난다.

서애는 "하지만 싸움을 잘하는 사람은 형세에 따라 상황을 유리하게 이끌어 갑니다. 그러면 적군의 장점이 도리어 단점이 되기도 하고 아군의 단점이 도리어 장점이 되는데, 이는 병법의 미묘한 방법이므로 살피지 않을 수 없습니다. 기병(騎兵)과 보병(步兵)을 예를 들어 말씀드리면, 누구나 말을 타는 기병이 걸어 다니는 보병보다 낫다고

---

40 常使我之所長 加於敵之所短 不使敵之所長 加於我之所短. 然後始加百戰而百勝矣. 《근폭집》, 앞의 보고.

하지 않겠습니까. 그러나 기병은 편평한 땅에서 유리하고 보병은 험준한 곳에서 유리합니다. 각각 그 적당한 지형을 찾지 못하고 뒤섞이면 기병과 보병은 장점을 잃어 패하게 됩니다. 조총과 활의 장점도 마찬가지입니다. 지형을 살펴 험준한 곳을 얻어 나무가 많은 숲의 길 양쪽에 군사를 숨겨 두고 적군을 기다리다가 활을 집중적으로 쏘면 적군이 많더라도 그들의 장기인 조총을 쏠 틈이 없게 되어 우리 군대가 이길 수 있습니다"41라고 임금에게 말했다.

평지에서 싸우면 왜적의 장점인 조총을 우리의 장점인 활이 이기기가 매우 어렵지만 지형을 유리하게 활용하면 우리의 단점인 궁시로 왜적의 장점인 조총을 물리칠 수 있다는 것이다. 구체적이고 현실적인 대책이다.

정병(正兵, 정면으로 공격하는 군대)과 기병(奇兵, 측면에서 기습하는 군대)의 활용도 마찬가지다. 뛰어난 장수는 정병과 기병의 역할을 바꿔 가면서 용병술을 펼쳐야 하는데 우리 군대는 그렇지 못하다고 진단한다. 《손자병법》〈병세〉(兵勢) 편에서도 정병과 기병의 활용을 강조한다.

서애는 "지금 우리 장수들은 왜적과 싸울 때 약속(작전명령을 맞춤)

---

41 然而善戰者 因其勢而利導之. 長者或反爲短 短者或反爲長 此兵家之妙 不可以不察也. 今以騎步二兵論之 孰不以騎勝步也. 然騎兵利平地 步兵利險阨. 若不得其地 而混雜用之 則二者俱喪其長 而爲敵所敗也. 鳥銃弓矢之技亦然. 若相其地形 得其險阨 林木之間 夾道設伏 以待敵至 而叢矢亂射 萬箭齊發 則賊雖衆 無暇施其所長 而我可以勝捷. 《근폭집》, 앞의 보고.

이 전혀 없이 뒤섞여 함께 전진하니 어느 것이 정병이고 어느 것이 기병인지 모릅니다. 어느 부대가 먼저 나가고 어느 부대가 뒤에 나가며 어느 부대가 복병이 되고 어느 부대가 뒤따르는 부대가 되는지 모른 채 한꺼번에 함께 전진하니 떠들썩하고 뒤섞여 맡아 다스리는 사람이 없게 됩니다. 갑작스럽게 왜적이 수십 보 앞에 다가오면 전체가 모조리 무너져 말을 탄 사람은 모두 달아나 죽음을 피하고 피곤에 지친 보병은 모두 적군의 칼날에 죽습니다. 한번 이와 같이 되었다면 경계할 줄 알아야 하는데 뒷날의 싸움에서도 지난 일을 그대로 따라 하여 군대를 망치고 많은 사람이 목숨을 잃는 것이 똑같습니다. 그런 사람들이 아직도 유능한 장수처럼 행동하면서 작전계획을 바꿀 줄 모릅니다. 아아, 그들의 위태로움의 너무나 심각합니다"[42]라고 말했다.

작전명령도 제대로 되지 않고 정병과 기병의 개념도 없는 전투를 겪고서도 이를 개선하지 못하는 우리 군대의 현실을 보여 준다. 한 번 실패하면 그 원인을 세밀하게 살피는 인(仁), 즉 민감한 자세가 없고 여전히 둔감한 불인(不仁)의 잘못을 반구적 차원에서 말한 것이다.

---

[42] 今之爲將者 臨戰全無約束 混雜並進 不知孰爲正孰爲奇. 又不知何者當
先 何者當後 何者爲伏 何者爲繼 一時俱進喧囂錯雜 略無統領. 卒至敵到
數十步內 土崩瓦解 乘馬者 悉多走免 步兵之疲頓者 盡塗賊刃. 一番如此
亦可知戒 而後日之戰 必有此塗轍 喪師覆衆 前後一律. 而其人 猶以名將
自居 而不知改圖. 嗚呼 其危甚矣. 《근폭집》, 앞의 보고.

반구의 최종 책임자는 국왕

반구의 최종 책임은 임금에게 있다. 관찰사와 부하 지방관, 장수 등 군대 지휘관, 일반 국민도 전쟁을 이겨 내기 위해서 반구해야 할 일이 많지만 전쟁이라는 엄청난 국란을 극복하는 최종 책임은 임금에게 있다는 점에서 임금의 반구 자세야말로 가장 중요한 과제이다.

서애는 선조 임금이 가져야 할 마음가짐과 행동에 관한 '반구적 당부'를 거듭 밝힌다. 우리나라가 왜적의 침략을 받은 일은 매우 부당하지만 억울한 감정에 머물지 않고 우리 자신을 돌아보며 전쟁을 이겨 내도록 힘을 모아야 한다는 의지이다.

이에 대해 서애는 "우리나라는 그동안 왜적과 틈이 벌어질 만한 일이 없었고 침략을 받을 어떤 잘못이 있던 것도 아닙니다. 다만 나라가 건국된 후 200년 동안 태평세월이 이어지면서 군정이 정비되지 못하고 기강이 허물어졌으며 무기도 갖추지 못하였고 군대가 정돈되지 못하였으며 작전명령이 분명하지 못한 데다 병졸은 모두 호미를 잡은 시골의 농부였습니다. 이런 상황에서 갑자기 강한 적군과 싸우게 되니 장수는 병졸의 능력을 모르고 병졸은 장수가 어떤 방법으로 지휘하는지 몰라 소문만 듣고 울면서 도망가 수습할 수 없을 정도로 무너져 이 상태가 된 것입니다"[43]라고 말했다.

---

43 夫以我國於倭賊 非有開釁之事 亦非有致寇之失. 特以二百年昇平之餘 軍政不修 紀綱毀廢 器械不利 行伍不整 約束不明 士卒皆荷鋤農畝之氓. 猝然與强敵相角 將不知兵 兵不知將 風聲鶴唳 土崩瓦解 以至於此.《근

나라에 평온한 상태가 오랫동안 이어질 경우 전쟁을 대비해 충분한 준비를 한다는 것은 쉬운 일이 아닐 것이다. 더구나 우리나라 입장에서는 일본이나 중국 같은 이웃나라의 원한을 살 만한 이유도 없었기에 더욱 그럴 수 있다. 과정이 어떻든 현실에 대처하지 못하는 우리나라의 실태를 서애는 지적했다. 그럼에도 왜적의 침략을 받았으므로 당장은 억울하지만 그런 감정을 딛고 전쟁을 이겨 내는 대책을 마련해야 한다. 결코 쉬운 일이 아니지만 그 길 이외에는 나라를 보전할 방법이 없기에 서애는 반구와 징비 같은 현실적 대책을 세워야 했다.

서애는 이어 "지금 나라가 파멸된 후, 마땅히 지난 일을 뉘우치고 경계하여 뒷날 닥쳐올 재앙을 조심해야 합니다. 무너진 체제를 아주 새롭게 하여 밤낮으로 무기를 제작하며 임금과 신하, 윗사람과 아랫사람이 큰일이든 작은 일이든 서로 마음을 모아 손바닥을 치면서 논의하고 짧은 시간을 아껴 원수를 갚고 수치를 씻을 일로 마음을 먹어야 할 것입니다"[44]라고 말했다.

'징창왕사 도비후환'(懲創往事 圖毖後患)은 서애가 자주 강조하는 표현으로, 반구와 징비의 정신을 상징적으로 나타낸다. 군사훈련의 중요성을 말하면서도 서애는 "지금, 지난 일을 뉘우치고 경계하여 뒷날의 걱정을 조심하는 대책은 오직 병사를 훈련시키는 데 있다"[45]

폭집》, 유조인의 상소에 대한 보고, 1595년.
44 今於破滅之餘 所當懲創往事 圖毖後患. 一新頹圮 晝夜征繕 君臣上下 若大若小 腐心抵掌 愛惜寸陰 以復讎雪恥爲心可也.

라고 말한다.

서애는 임금을 위한 반구를 더욱 깊고 높은 차원에서 말한다. 나라 전체가 위태로운 상황에서는 임금도 두려워할 수 있으므로 임금이 미래를 위해 나아가도록 힘을 내는 자세는 매우 중요하다.

서애는 선조 임금에게 "역사를 두루 살펴보면 나라의 운명이 오랫동안 잘 이어진 경우에는 중간에 쇠약해졌다가 다시 떨쳐 일어나지 않은 경우가 없었습니다. 하물며 우리나라는 자애로움이 깊고 은혜로움이 두터워 종묘사직의 신령이 오래도록 이어졌으니 어찌 한 번 미친 왜구에게 침범을 당했다고 해서 끝내 회복할 수 없는 상태까지 이르겠습니까. 신의 작은 희망은 다만 임금께서 쇠약해진 나라의 운명을 다시 일으켜 왜란을 평정하는 일에 굳게 마음을 다져서 신하들은 조금도 게으른 태도가 없도록 하고, 공로가 있는 사람은 상을 주고 죄를 지은 사람은 벌을 준다고 거듭 밝혀 군사들의 기운을 높이고, 흩어진 군사를 모으는 데 있습니다. 명나라 장수들에게도 이익과 손해를 절실하게 말하여 적극적으로 일을 성취하는 규정을 정하여 서로 힘을 모아 죽을 상황에서 살아날 길을 찾아야 오늘날의 위태로운 일을 견뎌 낼 수 있을 것입니다"[46]라고 말했다.

---

45 今者 懲創往事 圖惎後患之策 唯在於鍊兵一事. 《군문등록》, 경기·황해 순찰사와 황해 병사에게 지시하는 공문, 1595년.

46 歷觀前史 凡享國長遠 未有不中衰而復振者. 況我國家 仁深澤厚 宗社之靈長 豈有一爲狂寇所乘 而終至於不可爲哉. 臣之區區所願 惟在堅定聖心 於興衰撥亂之地 軀策群臣 勿使少有懈惰之氣 申明賞罰 振作士氣 收召潰散. 且與唐將 痛陳利害 定爲進取之規 彼此協力 死中求生 然後今日之

임진왜란이 발생한 지 3개월가량 지나 임금이 압록강 국경지대인 의주로 피란한 때였다. 파죽지세로 다가오는 왜적에 대항해야 하는 다급한 상황에서 임금이 흐트러지지 않도록 하기 위해 이같이 말한 것이다.

또한 "예로부터 나라의 운명이 험난한 상태를 만나는 것은 사람에게 사나운 운수가 생기는 것과 마찬가지입니다. 반드시 아주 세밀하게 방어하고 지나칠 정도로 염려해야 보존하기를 바랄 수 있는 것입니다"[47]라고 했다.

임금을 위한 서애의 반구는 막연하게 위로하는 차원이 아니다. 국란을 당한 임금이 위축되지 않고 용기를 내 극복하게 하는 차원이다. 서애는 "'깊은 근심걱정 때문에 임금님의 총명함이 오히려 계발되고 많은 어려움 때문에 오히려 나라가 새롭게 '일어난다'는 말이 있습니다. 세상이 잘 다스려져 태평한 시절에는 사람들의 마음이 옛날의 습관을 편안하게 여기게 되고, 식견이 낮은 사람은 천박한 생각에 빠지게 되며, 편협하고 융통성 없는 논의는 명분과 실질을 어지럽혀 일이 되는 중심을 무너뜨립니다. 비록 미리 계획한 말이 있더라도 신뢰를 얻지 못할까 항상 걱정하면서 시국을 구제할 계책은 언제나 시행되지 못하여 결국 나라가 멸망한 뒤에야 비로소 사람들의 마음은 두려

事 庶可爲也. 《근폭집》, 요동의 자문을 논하고 일의 마땅함을 아뢰는 보고, 1592년.

47 自古國之遇屯運 如人身之有重厄. 必須百分周防 過爲之慮 然後可望保全. 《근폭집》, 은혜에 보답하는 사신 행차에 아울러 아뢰는 보고, 1594년.

위하게 됩니다"**48**라고 했다.

'근심으로 오히려 총명해지고 어려움으로 오히려 나라가 흥하게 된다'는 임금이 새겨야 할 절실한 말이다. 서애가 직접 직언(直言)하면 임금이 불편할 수 있으므로 '신이 들었다'〔신문(臣聞)〕는 우회적 표현을 쓴 점도 소통을 위한 사려 깊은 자세이다. 태평세월이 오래되면 생길 수 있는 부정적 측면을 언급하여 반구해야 할 구체적인 일을 말한 것이다.

임금을 위한 반구는 이어지는 말에서 더욱 명확하다. 서애는 "지난날의 실수는 뉘우치며 징계하지 않을 수 없습니다. 뒷수습을 잘하게 될 계책은 경영하지 않을 수 없습니다. 하늘이 내리는 나라의 운명은 이 때문에 다시 이어지고 국가의 기맥도 이 때문에 다시 튼튼해집니다. 옛날, 나라의 운명을 오랫동안 잘 누린 나라는 중간에 쇠퇴했기 때문에 다시 떨쳐 일어나 천백 년 동안 편안하게 지냈습니다. 이런 일로써 살펴보면 깊은 근심과 많은 어려움이 어찌 나라를 일으키고 임금의 총명을 계발하는 기본이 되지 않겠습니까. 이것은 전하께서 각별히 뜻을 두는 데 달려 있습니다"**49**라고 말했다.

―――――

48 臣聞殷憂啓聖 多難興邦. 蓋以治平之世 人情安於故常 俗士溺於淺見 又有狹小褊滯之論 疑亂名實 破壞大體. 雖有先事之言 常患於不見信 救時之策 常至於不得施 至於敗滅之後 人心危懼.《근폭집》, 급히 해야 할 일을 아뢰는 보고, 1594년.

49 往事之失 不得不懲創. 善後之圖 不得不經營. 天命以此而再續 國脈以此而更固. 古之享國長久者 或因中衰而復振 以至於千百年之安. 以此觀之 殷憂多難 豈不足爲興邦啓聖之資也耶. 此則在殿下加之意而已.

104

지난 잘못이나 실수를 뉘우치고 개선하는〔징창(懲創)〕일을 잘 관리〔경영(經營)〕할 수 있어야 하늘의 도움인 천명(天命)도 받아 나라를 이어갈 수 있다는 말이다. 전쟁으로 인한 근심과 어려움은 오히려 임금으로서 역량을 키우고 나라를 일으키는 계기가 될 수 있다는 것이다. 극단적인 상황에서도 나라를 바르게 지탱하려는 서애의 깊은 충심이다.

군사훈련, 끊임없이 해야

서애는 임금을 위한 반구는 일상생활의 태도까지 바꾸어야 전쟁을 이겨 낼 수 있다고 강조하며 "임금께서는 회복할 수 있는 좋은 대책을 깊이 생각하시고, 국가의 부끄러움을 아직 갚지 못한 것을 원통하게 여기시며, 민심을 바로잡아 나라가 오래도록 수명을 누리도록 하늘에 기원하는 일을 서두르시고, 하루 이틀이라도 재물을 생산하고 병사를 훈련시키는 대책을 자주 생각하시며, 소박한 옷과 음식으로 검소한 생활을 하면서 애를 쓰고 속을 태우셔야 할 것입니다. 또 신하들을 독려하고 이전에 해오던 대로 따라 하는 인순의 습관을 아주 바꿔서 크게 일을 할 수 있다는 뜻을 진작시킨다면 현명하고 지혜로운 사람들이 모두 한곳에 모여 나아가 국가를 위하여 일을 맡는 어려움을 피하지 않을 것입니다"**50**라고 했다.

---

50 聖明深惟恢復之長策 痛念國恥之未復 汲汲於挽回民心 以爲祈天永命之

군사훈련은 당연한 상식이지만 당시에는 이런 일도 제대로 추진되지 못했다. 서애가 전쟁 중에 훈련도감을 만들어 군사훈련을 체계적으로 한 일 또한 임금을 위한 반구의 결과다.

서애는 "요즘 임금님의 뜻이 대단한 기세로 분발하시어 원수를 갚겠다는 한결같은 마음이 위로 하늘에 통하여 군사를 훈련하게 되었습니다. 이런 일로 하늘의 마음이 전쟁이라는 재앙을 내린 것을 뉘우치고 사람들이 마련하는 대책이 잘 이루어지면 국민도 어쩌면 보전될 수 있고 국가 또한 위태로워져 망하는 상태에는 이르지 않을 것입니다"[51]라고 말했다. 군사훈련 등 전쟁을 이겨 내기 위한 노력이 활발해지면 하늘도 이 전쟁을 후회할 것이라고 했다. 하늘에 대한 인격적 인식이 드러난다.

《시경》과 《서경》, 즉 시서(詩書)는 경전의 뿌리다. 시서를 인용해 근거를 말하는 것은 당시에는 가장 권위 있는 방식이었다. 서애는 《서경》을 인용해 임금의 반구 자세를 요청한다.

"《서경》에 말하기를, '생각하지 않으면 무엇을 얻을 수 있으며, 실천하지 않으면 무엇을 이루겠습니까'라고 하였습니다. 모든 일은 반드시 경영하고 노력한 후에야 효과를 볼 수 있습니다. 처음에는 비

本 而一日二日 念念於生財訓鍊之策 惡衣菲食 勞心焦思. 又策勵群臣 一變因循之習 以振大有爲之志 則一時賢智之士 皆將輻湊並進 爲國家任事 而不憚矣. 《근폭집》, 급히 해야 할 일을 아뢰는 보고, 1594년.

51 近日聖意 赫然奮發 復讎一念 上通於天 而敎訓軍士. 萬一因此 而天心悔 禍 人謀與能 生靈庶或可保 而國家亦不至於危亡矣. 《근폭집》, 진관제도를 정비하여 거행하도록 청하는 보고, 1594년.

록 어긋나는 경우가 있어도 결국에는 반드시 이루게 됩니다."[52]

이 구절은 《서경》의 〈상서〉〈태갑〉(太甲) 하편에 나온다. 상나라(은나라)를 건국한 탕 임금을 이어 왕위에 오른 태갑에게 탕 임금을 모셨던 명재상 이윤이 임금의 역할과 자세를 당부한 내용이다. 〈태갑〉편은 국민을 근본으로 여기는 덕치(德治)의 철학이 담겨 있어 예로부터 중시되어 왔다.

《서경》에서는 이 구절에 이어 "한 사람이 매우 훌륭하면 온 나라가 바르게 될 것입니다"(一人元良 萬邦以貞)라고 했다. 여기서 '한 사람'은 임금을 가리킨다. 서애가 이 부분까지 인용하지 않은 이유는 아무리 좋은 충고라고 해도 임금이 부담감을 가지면 소통에 실패할 수 있다는 점을 고려했기 때문일 것이다.

"생각하지 않으면 무엇을 얻을 수 있으며, 실천하지 않으면 무엇을 이루겠습니까?"는 평범한 말이지만 《서경》의 기록을 인용해 권위를 얻고 이윤의 말이라는 점에서 신뢰를 주기에 임금에게 특별한 의미로 다가갈 수 있다. 이윤은 탕 임금을 도와 상나라를 건국하는 데 큰 역할을 한 인물이다. 시서의 인용은 이처럼 식견이 깊어야 가능하다. 서애의 사려 깊은 태도이다.

---

52 書云 不慮胡獲 不爲胡成. 凡事必須經營費力而後 可以見效. 始雖齟齬 而終必有成. 《근폭집》, 강변에 보루를 조치할 것을 청하는 보고, 1595년.

실 질
實質

현실을 직시하면서 실용적으로 문제를 해결

여진족 문제 해결책 5가지

징비력은 현실을 직시하면서 실용적 자세로 문제를 해결하는 능력이다. '현실의 상황은 이렇다', '문제는 이것이다' 같은 진단이 '그럼 어떻게 해야 하는가?'에 대해 어떤 식으로든 해답을 주지 못할 경우에는 공허해진다. 전쟁 같은 극단적 한계상황에서는 더욱 그렇다. 문제의 진단은 대안과 대책으로 연결될 때 비로소 가치가 있다. 실질은 반구가 구체적으로 전개되는 차원이다.

서애는 매우 치밀하다. 현실이 복잡하고 어려울수록 더욱 깊은 차원에서 문제를 찾아내고 진단하고 평가하면서 실용적으로 대안을 보여 준다. 원론적이거나 관념적으로 문제를 진단하는 수준에 그치는 경우가 없다. 현실을 진단할 때는 반드시 "신의 생각은 이렇다"(臣意), "이렇게 한다면"(若是), "그렇게 하지 않으면"(不然), "편리하고 이익이 있음"(便益) 같은 말로 실용적 대책을 제시한다. 현실을 입체적으로, 전면적으로 파악할 수 있을 때만 가능한 능력이다.

서애의 이런 세밀하고 실질적인 태도는 임진왜란이라는 특수한 전쟁 상황에서 갑작스럽게 나타난 것이 아니다. 그렇게 할 수도 없다. 젊은 시절부터 쌓아 온 깊은 식견과 사려 깊은 자세를 통해 가능했다.

임진왜란이 발생하기 9년 전인 1583년(선조 16년, 서애 42세) 겨울부터 여름까지 함경도 두만강 일대에서 일어난 여진족의 반란(니탕개의 난)은 당시 조정에 큰 위협이었다. 선조 임금은 조정의 고위 관리들에게 여진족의 위협에 대한 해결책을 상책, 중책, 하책으로 나누어 제시하라고 지시했다. 이때 서애는 홍문관 부제학이었다.

서애가 올린 "함경도 사변에 관한 대책 보고"(北變獻策議. 《잡저》, 의변논설)에서 그의 실질적 태도가 잘 나타난다. 현실을 진단하면서 근본적인 해결책을 찾는 자세가 명확하다. 명의가 깊은 병의 원인을 찾아내고 치료 방안을 제시하는 듯하다. 이런 태도는 임진왜란 동안 두려운 상황에서도 흐트러지지 않고 드러나는 서애의 입체적인 상황 인식 능력인 전관력(全觀力)을 잘 보여 준다.

서애는 여진족 문제 해결을 위한 방안을 5가지로 제시하면서 그 이유와 현실적 대책 등을 자세하게 설명한다. 5가지는 ① 반란의 근본을 막음[두화원(杜禍源)], ② 공격과 방어를 결정함[정전수(定戰守)], ③ 오랑캐의 실정을 살핌[찰정(察情)], ④ 군량 공급[급궤향(給饋餉)], ⑤ 흉년을 구제하는 행정[수황정(修荒政)]이다. 현상을 세밀하게 살피면서도 피상적이고 관념적인 진단에 그치지 않고 사람들의 내면까지 깊이 살피면서 무엇을 어떻게 하면 실제 효과가 있을

지 보여 주려고 한다.

여진족이 반란을 일으킨 이유에는 오랫동안 쌓인 폐단〔적폐(積弊)〕이 있기 때문에 근본 원인을 제거해야 한다는 것이 서애의 문제의식이다. 여진족이 반란을 꾀한 1차 원인을 여진족이라는 오랑캐〔북로(北虜)〕가 아니라 우리 자신에게서 찾는다.

여진족은 100년 가까이 우리나라에 의지하여 세금을 내고 부역하면서 국경 바깥에 흩어져 살고 있어 이전의 난폭하고 침략적인 오랑캐와는 다르다는 것이 서애의 판단이었다. 다만 육진(六鎭, 세종 때 두만강 쪽 여진족을 다스리기 위해 경원, 경흥, 온성, 회령 등 6개 지역에 설치한 군사제도)이 서울에서 너무 멀어 변경의 일에 소홀하면서 문제가 쌓였다고 진단한다. 무엇보다 이들 지역을 관리하는 지방관들이 여진족과 주민을 약탈하는 등 개인적 욕심을 채우는 데 급급하여 원통함을 호소할 데가 없어 상황이 더욱 나빠졌다고 봤다.

서애는 "오랑캐(여진족)는 분노가 맺혀 살아가는 즐거움이 없었는데, 세월이 오래가자 시기를 기다려 밖으로 발산하여 마침내 미친 듯이 함부로 날뛰는 상태가 되었습니다. 사변이 생긴 뒤에도 조정에서는 그 원인을 깊이 구명하여 적당히 조치함으로써 변방의 민심을 위로해 주지는 않고 다만 오랑캐를 뜻대로 다루는 만족스런 기분만 갖고자 했습니다"1라고 했다.

쾌심(快心)은 일이 뜻대로 되어 만족스럽게 여기는 마음이다. 서

---

1 憤結無聊 積以歲月 待時以發 遂至猖獗. 變生之後 朝廷尙不深究其故 處置得宜 以慰邊情 而徒欲快心於彼.

애가 이 말을 쓴 맥락은 여진족이라는 오랑캐를 다루는 우리의 피상적인 시각을 지적하기 위해서다. 평소든 반란 때든 주도면밀하게 대처하기보다는 오랑캐라며 낮춰 보는 분위기에서 막연히 분풀이를 하는 것으로 만족스럽게 여기는 부적절함을 지적하는 말이다.

서애는 이런 상황을 소와 말을 키우는 일에 비유한다. 쉽고 적절한 비유를 들어 설명함으로써 상황에 대한 인식을 정확하게 하기 위한 서애의 사려 깊은 태도이다. 상황이 단순하지 않기에 비유를 통해 소통을 바르게 하려는 서애의 고민일 것이다.

즉, "집에서 소와 말을 기를 때 먹이를 제대로 주고 굴레와 고삐를 단단히 하여 달리는 데 알맞도록 함으로써 가축이 본성을 잃지 않도록 해야 사람을 태우고 물건을 운반하는 기능을 효과적으로 할 수 있습니다. 그런데 둔하고 욕심 많은 종(하인)이 소와 말에게 줄 마른풀과 콩을 훔치고, 재갈과 고삐는 썩은 것을 매두며, 거기에다 무조건 채찍으로 후려치면 힘센 소와 말은 발로 차거나 뿔로 받고 힘이 약한 소와 말은 달아날 것입니다. 주인은 자기의 종이 이런 일을 저지른 줄 모르고 짐승이 잘 길들여지지 않는 데 화를 내어 쫓아가 죽이고서 그 고기를 모두 포를 뜨고자 하였다면 이것이 될 말이겠습니까. 오늘날 일이 이것과 무엇이 다르겠습니까"[2]라고 했다.

---

2 人家畜養牛馬 時其飲飼 謹其羈絡 節其馳驟 令無失其性 然後可以效乘載之技. 有頑僕焉 盜竊蒭豆 朽腐羈索 又重以鞭策無度 於是 強者蹄觸 弱者逸去. 主人不知僕之所以致此 而徒嗔怒於畜物之不馴 欲追殺而盡脯 可乎. 今日之事 何以異此.

소와 말은 오랑캐(여진족)이며, 둔하고 욕심 많은 종은 함경도 변방에 근무하는 지방관, 주인은 조정을 가리킨다. 여진족에 대한 관리가 왜 잘 안 되는지에 대한 서애의 깊은 진단이다. 조정을 현실 상황을 모르는 주인에 비유하는 것은 쉬운 일이 아니었을 것이다.

여진족을 오랑캐라며 무시하는 태도는 문제를 해결하는 방법이 아니라는 것이 서애의 판단이다. 서애는 "여진족이 비록 어리석고 고집이 세더라도 그들은 옳고 그름을 분별할 수 있습니다. 만약 우리 지방관이 청렴하고 언행을 삼가고 조심스러운 사람이라는 사실을 들으면 반드시 감정을 감추고 머리를 숙이겠지만, 욕심이 많고 포악한 사람이라 들으면 침을 뱉고 욕하기를 그치지 않을 것입니다. 만약 오늘날 변방을 지키는 공직자들이 지시사항을 지키도록 하고, 지난날의 탐욕스럽고 포악하며 원수처럼 세금을 거두는 폐습을 깨끗이 씻어 버리고 위엄과 신의를 널리 베풀고, 청렴하고 바른 품행을 높여 깨끗한 기풍을 힘차게 일으켜서 오랫동안 쌓인 폐단을 깨끗이 제거한다면 우리 국민과 북쪽 오랑캐가 충심으로 기뻐하고 성심으로 복종할 것입니다. 이는 공격하고 싸워서 세우는 공로보다 반드시 못하지 않을 것입니다"3라고 했다.

여진족을 막연히 무시하고 깔보는 태도를 갖지 않고 시시비비를

---

3 胡人雖甚冥頑 其心尙知是非. 如聞官吏廉謹者 必含吐叩頭 其貪暴者 則唾罵不已. 如使今日守邊大小之臣 悉遵約束 一洗前日貪暴讐斂之習 廣布威信 崇尙廉潔 淸風肅然 積幣澄爽 則民夷之所以心悅誠服者. 未必不優於攻戰之功矣.

가릴 줄 아는 분별심이 있다고 본 서애는 인간적 대우를 통해 이들이 복종하도록 만드는 차원을 고민한다. 따라서 이들을 비롯해 변경 지역 주민을 관리하는 지방관의 인격과 언행도 이전과는 아주 달라져야 한다는 것이다.

군사행동에는 요행 없어

그럼 여진족 대책은 무엇인가. 서애는 "3품 이상의 신하들로 하여금 무신 중에서 청렴하고 언행을 삼가고 조심하는 자세로 변방의 임무를 감당할 사람을 추천하여 임명에 대비하고, 근무지에 파견된 후 만약 뇌물을 받아 임무에 실패하면 추천한 사람까지 죄를 물어 조금도 용서하지 않아야 합니다. 이와 같이 해야 조정의 눈과 귀가 변방에까지 널리 배치되어 변방의 사정이 막히고 가려져 임금에게 알려지지 못하는 걱정이 없어질 것입니다. 그렇게 하면 오랫동안 쌓인 폐단이 조금은 제거될 것입니다"4라고 했다.

청렴한 지방관을 추천해서 임명하더라도 현지에서 부정부패를 저지를 가능성은 있다. 그런 경우 추천한 사람까지 연대책임을 묻도록 하는 것은 현실적인 대책이다. '이와 같이 해야'(如此)는 실질적 대

---

4 令朝臣三品以上 各擧武臣之廉謹 可任邊將者 以備差遣 旣遣之後 如以臟敗 則並治擧主之罪 不少饒貸. 如此則朝廷耳目 布列於邊方 無壅蔽不達之患. 而積幣少祛矣.

책을 위한 표현이다.

대책의 실질적 효과를 높이기 위해 서애는 중국의 제도까지 살펴본다. 그는 "중국의 사정을 살펴보니 요동 등은 포정사라는 관직이 있는데도 순무와 순안어사를 두어 잘못을 서로 살피고 조사하여 매우 먼 곳의 일을 눈앞에 있는 것처럼 자세히 알 수 있습니다. 나라가 오래도록 편안해진 것은 반드시 이런 제도가 뒷받침된 것으로 여겨집니다. 이런 일들이 오늘날 북변에서 변란이 일어난 가장 중요한 근본이니 살피지 않을 수 없습니다"5라고 했다. 서애가 말하는 가장 중요한 근본은 여진족에 대한 인간적 대우, 변방을 담당하는 지방관의 품행, 지방관의 비리를 막을 제도적 뒷받침이다.

여진족을 공격할지 우리 영토만 지킬지 결정하는 문제에 대해 서애는 여진족에 대한 다른 차원을 살피고 대책을 모색한다. 인간적 대우가 필요한 차원도 있지만 군사적 차원에서는 어떤 대응이 필요한지 현실적 방안을 살핀다.

공격이나 방어를 위해서는 여진족의 형세가 어떤지 세밀하게 파악해야 한다. 서애는 "병법에 말하기를, 먼저 적이 우리를 이길 수 없는 방비를 한 다음에 우리가 적을 이길 수 있는 기회를 기다린다"6는 《손자병법》을 인용하면서 상대방의 형세를 알고 움직여야 이길 수 있다고 판단한다.

---

5 臣觀中原 如遼東等處 旣有布政司 又有巡撫 巡按御史 以相檢核 萬里之遠 如在目前. 長治久安 應必賴是. 此最今日起禍之本 不可不察也.
6 兵法曰 先爲不可勝 以待敵之可勝.

그렇지 않고 형세 파악은 뒷전인 채 위험을 무릅쓰고 요행을 바라며 군사행동을 하는 것은 '위태로운 방법'〔위도(危道)〕이라고 한다. 서애는 출처를 밝히지 않았지만 이 구절은 《손자병법》〈군형〉(軍形) 편의 첫 구절이다. 원문은 "손자 말하기를, 옛날에 잘 싸우는 자는 먼저 적이 우리를 이길 수 없는 방비를 한 다음에, 우리가 적을 이길 수 있는 기회를 기다린다"[7]이다. 서애는 《손자병법》 등 주요 병법서 내용을 파악하고 이를 현실에 적용하기 위해 고민했을 것이다.

서애는 현실적 대안으로 "오늘날 대책으로는 마땅히 먼저 우리 자신을 지키는 대책을 세우고 군대의 기율을 거듭 밝혀서 오랑캐들이 우리를 감히 침범할 수 없도록 해야 합니다. 그런 다음에 그때의 형세를 살펴본 후 변란을 제압하여 나라의 위력을 떨치며 이길 형세를 보고 진격하며, 어려운 형세를 알고는 멈추도록 해서 군대가 유리한 형편에서 행동한다면 나아가고 물러남이 우리에게 있게 되어 군대가 나아가는 곳마다 뜻대로 되지 않는 일이 없을 것입니다"[8]라고 했다. 성급하게 감정을 앞세워 여진족을 공격하기보다는 전체 상황을 먼저 살피면서 전반적인 형세를 파악하여 우리 자신을 지키는 대책을 마련해야 실질적인 효과를 보장할 수 있다는 뜻이다.

형세 파악을 위한 세부적 행동을 위해 서애는 "또 척후병을 보내서 적의 상황을 파악하고 간첩을 널리 배치하여 여진족의 움직임을 우

---

7 孫子曰 昔之善戰者 先爲不可勝 以待敵之可勝.
8 爲今之計 惟當先爲自守之策 申明紀律 使虜不敢犯. 然後觀視制變 以振國威 見可而進 知難而止 兵以利動 伸縮在我 而所向無 不如意矣.

리가 먼저 알아내도록 해야 합니다. 적의 침범을 알리는 경보가 있으면 급하게 보고를 띄우고 비밀리에 통지하여 시기에 맞추어 즉시 군대가 출동하도록 해야 합니다. 마치 틀을 놓아 토끼를 잡는 것과 같습니다. 이렇게 한두 번만 해도 오랑캐의 침범은 대부분 실패할 것이고 우리가 출동하면 승리할 것이므로 오랑캐의 형세는 나날이 위축되고 우리의 형세는 나날이 강성해질 것입니다"9라고 했다.

서애는 여진족을 감싸는 방법도 필요하지만 다른 측면에서 엄격하게 그들의 잘못된 행동에 대한 책임을 물어 우리를 두려워하도록 해야 한다고 강조한다. 이를 여진족이 잘못을 뉘우치고 삼가며 두려워한다는 뜻으로 '징계'(懲戒) 또는 '징외'(懲畏)라고 표현한다.

여진족이 왜 우리나라에 원한을 가졌는지 모르는 상태에서는 우선 그들의 상황부터 파악해야 한다. 서애는 "옛날에 장수는 대책을 많이 세우고 오랑캐의 상황을 캐내어 알고서 그들을 마음대로 움직일 수 있는 권력을 가지고 미리 대비하였기 때문에 군대를 출동하면 이기지 않은 적이 없었습니다. 만약 그렇지 못하면 당연히 출동해야 하는데도 멈추어 가만히 있고, 당연히 멈추어 가만히 있어야 하는데도 출동하게 됩니다. 이는 이른바 앞을 보지 못하는 사람이 눈이 어두운 말을 타고 밤중에 깊은 못가에 이른다는 것이므로 매우 위험합니다"10라고 했다.

---

9 又明斥候 廣間諜 虜之動靜 皆得先知. 一有警報 則飛報潛通 應期輒至. 如發機掩兎. 不過一二番 虜入多敗 我出多勝 自然虜勢日縮 我勢日張.

10 古之爲將者 多設方略 鉤得虜情 操其屈伸之權 而預爲之備 故動無不利.

'옛날'[고(古)]은 특정 시대가 아니라 바람직한 상황을 말하기 위해 기교적으로 쓰는 표현이다. 앞을 못 보는 사람이 눈이 어두운 말을 타고 간다는 비유도 알아듣기 쉽게 하기 위한 방법적 표현이다.

군량은 넉넉해야

군량 공급은 매우 현실적인 문제이다. 서애의 말대로, 여진족의 반란처럼 특정 지역에서 침략 사건이 생기면 여러 곳의 군대를 집중시켜 대처하는 과정에서 군량 공급은 대단히 어렵다. 그래서 군량을 마련해서 군사들에게 공급하는 문제는 더욱 주도면밀해야 한다. 어디에 있는 군량을 어디로 모아서 군사 몇 명이 얼마 동안 먹을 수 있는지 구체적으로 판단해야 한다.

군량에 사용되는 곡식은 국민이 농사를 지어 마련하므로 군량의 확보와 운반은 나라 전체의 국민 생활에 직접적으로 큰 영향을 미친다. 군량은 비상시를 대비해 평소 비축해 둬야 하는 과제도 있다. 군량 운반과 비축 과정에서 공직자들의 부정부패를 막는 것 또한 중요한 일이다.

서애는 함경도 지역의 군량 공급에 대처하기 위해 "현재까지 함경도에 운송된 양곡은 이미 10만 섬[석(石)]이 넘고 면포도 5만여 필입니다. 이는 1만 명이 수년 동안 먹을 수 있는 양식입니다. 만약 조달

如或不然 則當動而靜 當靜而動. 所謂盲人騎瞎馬 夜半臨深池 其危甚矣.

하고 수송하는 데 법도가 있고 회계를 세밀하게 해서 중간에서 함부로 사용하는 일이 없도록 한다면 4, 5년을 지탱할 수 있는데 어찌 이같이 위태로운 상태가 되었겠습니까. 국민의 이익과 재산을 짜내고 동남 지방의 재력을 다 긁어내어 조금씩 운반하느라고 갖은 고생을 겪고 있습니다. 이것을 탐욕 많고 교활한 공직자들에게 맡겨서 진흙과 모래처럼 함부로 써버립니다. 관리 담당자는 곡식이 있는지 없는지를 가려내지 못하며 조정에서는 군사들이 떠났는지 머물고 있는지 밝혀내지도 못합니다. 모래를 모아 바다에 던져 들어간 곳이 어디인지도 모르는 것과 같습니다. 군사와 나라의 중요한 일이 어찌 어린아이 장난과 같지 않다고 하겠습니까"11라고 했다. 군대를 지탱하는 바탕으로서 군량의 중요성은 말할 수 없을 정도이지만 군량 관리가 허술한 현실이 아이들 장난 같다며 개탄한다.

그와 같은 상황을 서애는 "중앙과 지방의 형세를 살펴보니, 몇 해 동안 허둥지둥하면서 날마다 북쪽 변방의 일로 근심하면서도 군량한 가지 일에 대해서도 어리둥절하게 일의 순서를 알지 못해 노력과 비용은 그치지 않으면서도 사방에서 인심이 동요되고 있습니다. 답답하고 괴로운 일이 어찌 이보다 더한 것이 있겠습니까"12라고 했다.

---

11 北道運穀之數 已過十餘萬石 布五萬餘匹. 此乃萬人數歲之食. 若能調遣有法 會計詳明 不爲中間濫用之歸 則雖支四五歲可也 何至若此廩廩耶. 夫竭生靈之膏血 盡東南之財力 寸寸輪運 艱苦萬狀. 而顧乃委之於貪官猾胥 用之如泥沙. 有司不能鉤檢其有無 朝廷不能推詰其去留. 如聚沙投海 莫知歸處. 軍國重事 寧不同於兒戱耶.

12 臣觀中外 數年遑遑 日以北事爲憂 而兵食一事 茫然莫知頭緒 勞費不息

말로만 그친다면 대책 없는 진단에 불과하다. 서애는 "신의 생각으로는"(臣意), "이와 같이 하면"(如是), "이 문제에 관하여 신에게 또 한 가지 의견이 있습니다"(臣於此 又有一說焉), "한 번 시행에 몇 가지 이익이 있으므로 이것 또한 위급한 실정을 구제하는 한 가지 방책이 될 것입니다"(一擧而 有數利焉 亦救急之一策也) 같은 제안으로 현실적인 대책을 보여 준다.

당장의 군량 확보와 관리가 시급하고 중요하지만 서애는 더 멀리 내다보면서 군량의 저축을 고민한다. '현실'은 지금뿐 아니라 미래와 연결될 때 현실로서 힘을 갖게 된다는 인식이다.

이에 대해 서애는 "지금 눈썹이 타들어 가듯이 위급한 상황인데도 곡식을 모아 쌓아 두어야 한다는 계획을 세우니 비록 현실에 맞지 않고 시기에 늦은 대책인 듯하지만, '7년이나 오래된 병에는 3년 묵은 쑥을 구해야 한다'는 말이 있으니 진실로 곡식을 저축하지 않는다면 군사들이 죽는 것을 어찌 피할 수 있겠습니까"13라고 했다. 일시적이고 표면적인 군량 관리에 그치면 군대를 유지하는 토대가 될 수 없다는 뜻이다. 고질병을 고치려면 오래된 좋은 약초를 사용해야 효과를 기대할 수 있다는 것이다. 일이 실질을 추구하는 자세이다.

흉년에 백성을 구제하는 행정도 실질적인 측면을 살핀다. 서애는 먼저 "흉년에 국민을 구제하는 행정에는 좋은 대책이 없다는 말이 있

而四方動搖. 事之寒心 何以加此.

13 今有燒眉之急 而爲此積粟之計 雖若迂緩 然七年之病 求三年之艾 苟爲不
畜 將何以免於死亡乎.

는데 이는 옛날 사람이 이런 말을 했던 것입니다"14라며 널리 알려진 말로 시작한다. '가난 구제는 나라도 못 한다'는 속담과 비슷하다.

전해 오는 말에 그저 동조하기에 그친다면 반구나 징비는 불가능하다. 서애는 이를 넘어선다. 그는 "그러나 송나라 효종 임금은 가난한 국민을 구제하지 못하는 폐단은 시기를 놓치고 실질에 어긋나는 데 있다고 했습니다"15라며 새로운 차원을 모색한다.

서애는 함경도 지역의 곡식 문제를 해결하려 먼저 실정을 파악한 다음 현실적 대안을 제시한다. 즉, "함경도 길주 이북 지방에서는 주민들이 굶주려 사람의 모습이 아니며 길바닥에 죽은 시신이 넘어져 있다고 하니 매우 비참하고 안타까운 일입니다. 조정에서 이 소식을 듣고 비로소 의논하여 천릿길 먼 곳에서 양곡을 운반하여 이를 구제하려고 하지만 이는 이른바 '먼 곳의 물을 가져와 눈앞의 불을 끌 수 없다'는 것입니다. 이는 위급한 현지 사정에 맞지 않습니다"16라며 함경도 일대의 곡식 상황을 진단한다. 조정에서 추진하는 대책은 너무 비효율적(먼 곳의 물로 가까운 곳의 불을 끄려는 방식)이어서 현실에 맞지 않다는 것이다.

---

14 救荒無善策 古人有是言也.
15 然宋孝宗以爲 不能賑救之弊 在於後時失實.
16 北道自吉州以北 人民飢餓 無復人色 道有餓莩 極爲慘惻. 朝廷聞此事 始 議運糧於千里之外 以求之 所謂遠水不能救近火. 亦何能及哉.

굶주리는 주민 먼저 살려야

현실에 맞는 실질적 대책으로 서애는 "신의 생각으로는, 마땅히 주민의 가난과 부유함을 자세히 조사하여 이를 등급으로 정한 뒤 함경도에 현재 남아 있는 곡식으로 굶주림이 매우 심한 주민을 먼저 구제하고, 그것이 모자라면 이미 운반해 둔 군량을 지급하고, 다음에 운반될 곡식으로 그 모자라는 것을 보충하면 시기를 놓쳐서 효과를 잃는 폐단이 거의 없어질 것입니다"[17]라고 했다.

'거의'[서(庶)]라는 표현에는 그렇게 하더라도 반드시 문제가 해결되는 것은 아니라는 뜻이 들어 있다. 서애는 대체로 이처럼 조심스럽게 표현하는 편인데, 그만큼 사려 깊고 면밀하게 대처해도 복잡한 현실과는 틈새가 생길 수 있기 때문일 것이다. 현실 사정을 단정적으로 판단하기보다는 유연하게 대처하면서 실수를 줄이려는 자세라 할 수 있다. 전쟁이라는 특수한 상황에서는 현실의 상황에 변수가 매우 많기 때문이다.

서애는 또 "산과 못에서 채취하는 것을 금지하는 규정을 늦추고 소금 달이는 길을 넓혀 흉년에 국민을 구제하는 데 편리한 모든 대책을 연구해서 시행하지 않는 것이 없도록 해야 할 것입니다. 마치 불타는 사람을 구조하고 물에 빠진 사람을 건지듯 서둘러 시행한 뒤에야 만분의 일이라도 구제할 수 있을 것이며 함경도가 텅 비는 상태가 되지

---

17 臣意惟當詳分民戶貧富 而等第之 以北道見在之穀 先救飢餓已甚之民 如其不足 亦以已輸軍糧給之 以後運者 充補其缺 庶無後時失實之弊.

않을 것입니다"**18**라며 현실적 대안을 최대한 살핀다. 여기서도 '서'(庶)와 '만일'(萬一)에는 사려 깊게 주도면밀한 자세로 대책을 세우더라도 반드시 뜻대로 되는 것은 아니므로 현실을 계속 살피면서 대처해야 한다는 의미가 있다.

서애의 실질적 태도는 9년 후 임진왜란 때 전쟁 상황을 책임진 위치에서도 다르지 않다. 국경지역에서 발생한 변란이든 나라 전체가 침략을 당한 전쟁이든 서애의 반구와 실질, 징비는 한결같이 그의 삶에 흐른다. 특히 전쟁 상황에서도 그때그때의 상황에 대한 판단과 대책은 물론이고 국가의 위기를 이겨 내기 위해 여러 측면을 종합적으로 파악해 대안을 제시하는 안목은 서애의 역량을 잘 보여 준다.

1592년 6월 평안도 압록강변 의주에서 임금에게 올린 16가지 시무(時務, 시급히 해야 할 일)에서는 위급한 전쟁 상황에서도 사태를 체계적으로 파악해 대처하는 서애의 전관력을 볼 수 있다. 이때는 왜적이 평양을 점거하고 곧 압록강 의주로 닥칠 수 있는 매우 위급한 상태였다.

서애는 임금에게 시무를 보고하기 전에 "나라가 위태롭고 어려움이 극도에 달했지만 깊은 근심은 임금의 밝은 덕을 깨우치고 많은 어려움은 나라를 떨쳐 일으키니 지금 일을 시작하더라도 어찌 나라가 중흥하지 못하겠습니까. 임금께서 마음을 굳게 정하시어 군사들이 용기를 떨치게 하기를 바랄 뿐입니다. 신의 좁은 생각으로 지금 마땅

---

18 弛山澤之禁 廣煮鹽之路 凡可以便於救荒者 無不講究而爲之. 如救焚拯溺 然後庶可存濟於萬一 而北方不至空虛矣.

히 해야 할 사안을 조목별로 말씀드리겠습니다"19라고 했다. 임금이
서애의 말에 귀를 기울이지 않을 수 없는 모습이다.

나라 사정이 매우 위태롭지만 지금부터 힘을 모으면 얼마든지 이
겨 낼 수 있다는 의지이다. 근심과 어려움은 오히려 나라를 중흥시키
는 계기가 될 수 있다는 말을 듣는 임금은 두려움을 이기고 용기를
낼 것이다.

평양 왜적 내쫓는 법

서애가 임금에게 건의한 내용은 ① 평양에 머물고 있는 왜적을 격퇴
시킬 방안, ② 명나라 군대를 안내하는 문제, ③ 토병(지역주민으로 편
성한 군대)의 활용, ④ 평안도 지역의 군량 조달, ⑤ 전투에서 패하는
원인과 그 대책, ⑥ 포장(화포를 만드는 장인) 확보, ⑦ 왜적의 간첩에
대한 대처 등이다.

평양에 있는 왜적을 격퇴시킬 방안에 대하여 서애는 "왜적이 지금
평양에 머물고 있으나 황해도와 강원도에는 온전한 지역이 많습니
다. 남방의 대군이 수원에 있으니 만약 이곳에서 군사를 모으고 명나
라 군대에게 길을 안내하여 여러 길로 나누어 몰아세우면 적군은 머

---

19 國之危難極矣 然殷憂啓聖 多難興邦 及今爲之 豈不足以中興乎. 惟望聖
心堅定 以振士氣而已. 臣謹以管見 條今日所宜行者 陳列于後. 《근폭
집》, 지금 대처할 일을 조목별로 아뢰는 보고, 1592년.

리와 꼬리가 좌우로 끊어져 반드시 평양성을 버리고 남쪽으로 도망갈 것입니다. 우리는 미리 황해도, 경기도, 충청도, 전라도, 경상도에 알려서 길을 따라 군사를 숨겨 두고 왜적이 돌아갈 길을 틔워 주면서 곳곳에서 기습하면 왜적의 형세는 다 없어질 것입니다. 경상수사와 전라수사에게 지시하여 수군을 거느리고 왜적의 배를 막아 끊도록 해야 할 것이니 이것이 지금 왜적을 죽여 없애는 중요한 형세입니다"[20]라고 했다.

평양성뿐 아니라 전국의 상황을 읽고 대처하는 역량이 돋보인다. 8도(道)의 지리와 군사 상황을 손바닥 보듯 파악해야 이런 작전계획이 가능하다. 평양으로 연결되는 지세(地勢) 등도 자세히 파악해야 왜적에 대처할 수 있는데, 서애는 지리적 상황 또한 자세하게 파악하고 있다.

그래서 가령 "명나라 군대의 길을 안내하는 일은, 한 길은 정주, 가산, 안주로 나오게 하고, 한 길은 선천의 선사포에서 배를 타고 함종, 강서로 와서 평양의 서쪽으로 나오도록 하고, 또 우리 대장 한 명에게 명령하여 영변 동쪽의 성천, 양덕, 맹산, 덕천, 개천, 영원, 순천의 군사를 징발하여 평양의 동쪽으로 나오게 한다면 적병이 포위망 속에 있는 것처럼 되어 사방을 돌아봐도 스스로 빠져나갈 길이

---

20 賊兵方住平壤 而黃海江原道郡邑 尙多完全. 南方大軍 而亦在水原 若又自此處 召集散亡 嚮導唐兵 分數道蹙之 則賊首尾橫決 必棄城南走. 預諭黃海京畿忠淸全羅慶尙等道 沿途設伏 開其歸路 而處處抄擊 則其勢可以盡滅. 又令慶尙全羅水使 各率舟師 激截賊船 此今日勦賊大勢.

없어 도망갈 수밖에 없을 것입니다"[21]라고 하는 것처럼 지리를 활용한 방법이 구체적이다.

압록강 지역의 토병(土兵)이 날쌔지만 활과 화살이 부족한 상황에 대해서도 '활과 화살 공급이 시급하다'는 식의 원칙을 말하는 데 그치지 않고 구체적인 방안을 제시한다.

서애는 "강변의 군대진영과 내륙 고을에 활과 화살이 얼마나 있는지 급히 수량을 파악해 시기에 맞춰 쓰도록 할 것입니다. 흙비가 지나간 뒤에는 관청과 개인이 가진 활의 아교가 풀어져 사용하기 어렵게 될 것이므로 지역관청에 지시하여 활 만드는 장인을 별도로 정해 온돌을 많이 설치하여 활을 한곳에 모아 불을 피워 말린 다음에야 쓸 수 있습니다. 도내 각 지역에 있는 활과 화살이 부족하면 남쪽 지방에서 가져와도 될 것입니다. 사용해야 할 시기를 당하면 급해져서 대처하기 어려울 것이니 미리 구분해서 처리하는 것이 좋겠습니다"[22]라고 했다.

활과 화살 상태가 나빠져 사용할 수 없는 상황까지 예상하면서 세밀하게 판단한다. 막연하거나 두루뭉술하지 않아 이 보고대로 시행만 하면 될 정도이다. 반구와 징비는 이렇게 세밀해야 실질적이다.

---

21 唐兵嚮導 一路由定州嘉山安州 一路由宣川宣沙浦 乘船達於咸從江西 出平壤之西 又令我國大將一人 調發寧邊以東 成川陽德孟山德川价川寧遠順川之軍 出於平壤之東 則賊兵如在圍中 四顧無自脫之路 不過走耳.

22 江邊列鎭及內地郡邑 弓箭多寡之數 急宜知數. 且經霾之後 公私所持之弓 率皆膠解難用 宜令各官 別定弓匠 多設溫突 聚合點火 然後可用. 道內各邑弓箭 如不足用 則雖取諸南方可也. 然臨時 則窘迫難及 豫爲區處無妨.

왜적이 우리 쪽 상황을 파악하려 간첩을 많이 보낼 것으로 예상하면서 군중(軍中)에 지시하여 암호를 만들어 서로 구별하도록 하자는 건의도 실질적이다. 서애는 이런 일을 엄중하게 처리하는 태도와 자세를 강조한다.

즉, "일이 돌아가는 형세가 급한데도 상황이 갑작스럽게 바뀌는 시기에는 사람들의 마음이 느슨해지기 쉬워 어쩔 수 없다고 생각하면서 말을 주고받고 계책에 따라 호응하는 것이 시기에 뒤떨어지는 경우가 많습니다. 편안함과 위태로움을 가르는 중요한 형세가 나날이 어긋나는데도 지금처럼 느긋하게 지낸다면 결국 어떻게 되겠습니까. 비변사(국정의결기구)에 지시하여 시행해야 할 모든 일이 신속하게 추진되도록 하는 것이 어떻겠습니까"23라고 말했다.

서애가 임금에게 올리는 보고는 대부분 "하는 것이 어떻겠습니까"(何如)라고 끝맺는다. 아무리 타당하고 시급한 내용이라 하더라도 "해야 한다"처럼 표현하지 않는 것은 결정권이 있는 임금을 존중하는 태도이고 소통의 방법이다.

---

23 事機方急 而倉卒之際 人心易懈 或置於無可奈何之地 酬酌策應 或多後時. 安危之機 相去日遠 若此悠悠 終何歸宿. 宜令備邊司 凡所施行 急速擧行何如.

탁월한 병법서, 《전수도》

1594년 겨울, "군사를 비롯해 국정 전반에 대해 임금에게 올린 10가지 중요한 업무"(進軍國機務十條, 《근폭집》)는 전쟁이 한창인 상황에서 주로 군사적 측면에서 무엇이 문제이고 무엇을 개선해야 하는지 깊이 진단하고 대안을 제시한다. 통유(通儒)로서 서애의 통찰력과 전관력이 잘 나타나는 장문의 보고서이다. 서문에는 병을 앓는 상태에서도 나라의 위급함을 이겨 내기 위한 정성과 문제의식이 잘 나타나 있다.

서애에 따르면 신묘년(1591년) 여름, 대궐에서 《전수도》(戰守圖, 공격과 방어의 요령을 그림으로 설명한 책)라는 병법서를 비변사에 내렸는데, 서애가 그 내용을 보완하고 줄여〔증손(增損)〕 그림으로 된 해설책을 20개 항목으로 만들었다. 임금에게 이 책을 올리려고 했지만 다음 해 전쟁(임진왜란)이 일어나는 바람에 잃어버렸다. 이 보고서는 책 내용 가운데 중요한 부분을 기억해 내 건의한 것이라고 한다.

서애는 새로 편집한 《전수도》를 임진왜란 발생 한 달 전 전라좌수사 이순신에게 먼저 보냈다. 그에게 꼭 필요한 내용이라고 판단했을 것이다. 이 일은 《난중일기》에 기록돼 있다. 1592년 3월 5일 자 일기에서 이순신은 "좌대(좌의정 류성룡)께서 편지와 함께 《증손전수방략》이라는 병법서를 보냈다. 책을 살펴보니 해전과 육전, 불 공격 등이 자세히 정리돼 있다. 참으로 뛰어난 병법서이다"[24]라고 밝혔다.

---

24 左台簡與增損戰守方略冊送來. 見之 則水陸戰火攻等事 一一論議. 誠萬

이순신이 이 책에 대해 "참으로 뛰어나다"고 한 점으로 미뤄 책의 내용을 자세히 살펴본 것이 틀림없다. 이순신은 이 병법서를 실전에서 효과적으로 활용했을 것이다. 《난중일기》에서는 서애가 편지도 보냈다고 했는데 그 내용은 알기 어렵다. 아마 이 병법서를 나라를 지키는 데 잘 활용하라고 당부한 내용이었을 것이다.

서애는 "기무십조"(機務十條)를 올리는 이유에 대해 "지금 왜적의 형세는 여전히 급박하고 나랏일은 더욱 어려운데도 군사를 거느린 신하와 지역을 지키는 지방관들은 여전히 지난 일을 징계하여 뒷날의 어려움을 조심하려는 뜻이 없습니다. 군사를 통솔하는 데도 법도가 없고 국토를 지키는 데는 완전하지 못하면서 문무 공직자들은 편안함을 좋아해 직무를 버리는 행태가 날마다 더하게 되니 혹시 왜적의 기세가 거침없이 몰려온다면 장차 나랏일은 어디 두어야 하겠습니까"**25**라고 했다.

전쟁이 한창인 위태로운 상황인데도 공직자들이 여전히 안일하게 지내고 있어 대책이 시급하다는 뜻이다. 여기서도 지난 잘못을 뉘우치고 뒷날의 걱정에 대비한다는 '징창도비'(懲創圖悲)를 말한다. 징창(懲創)과 징비(懲悲)는 서애의 삶에서 뗄 수 없는 자세이다.

서애가 건의한 10가지는 ① 적군의 움직임을 살피는 척후와 요망,

古之奇論也.

25 今賊勢尙急 國事愈艱 而外間將兵之臣 守土之官 尙無懲創往事 圖悲後患
之意. 馭軍無法 守備未完 恬嬉放廢 日復一日 脫或賊勢衝突長驅 將置國
事於何地.

② 아군과 적군의 장점과 단점, ③ 부대를 통솔하는 속오, ④ 구체적 작전명령인 약속, ⑤ 성 바깥에 만드는 겹해자 중호, ⑥ 성 주변에 나무 울타리를 만드는 설책(設柵), ⑦ 마름쇠를 활용해 여울을 지키는 수탄, ⑧ 포루 등을 이용해 성을 지키는 수성, ⑨ 번갈아 활을 쏘는 질사, ⑩ 형세에 대한 전반적 설명이다. 모두 사례를 통해 구체적인 설명과 대책을 담았다.

전투에서 이기기 위해 기본적으로 가장 중요한 척후(斥候, 적의 상황을 탐색하는 활동) 와 요망(瞭望, 높은 곳에서 적의 움직임을 살핌) 을 보면 서애의 면밀한 자세가 잘 보인다. 척후와 요망은 군대의 귀와 눈인데도 장수들이 그 중요성을 모르고 분별없이 함부로 행동하다가 갑자기 적군을 만나면 어쩔 줄 몰라 싸우기도 전에 패배한다는 것이 서애의 진단이다. 서애는 척후와 요망의 중요성을 《육도》(六韜) 를 인용해 강조한다. 《육도》는 중국 주(周) 나라를 세우고 토대를 마련한 문왕과 무왕의 스승인 태공망(강태공) 의 병법서이다. 서애는 《손자병법》을 비롯해 《육도》 등 중요한 병법서에 통달했다.

척후와 요망의 중요성만 강조하면 단순한 생각이다. 서애는 반구와 징비, 실질의 차원에서 척후와 요망의 실질적 조건에 대해 설명한다. 척후와 요망은 어떤 사람이 맡아야 하는지, 그들을 어떻게 대우해야 하는지를 구체적으로 제시했다.

서애는 "척후와 요망은 아무에게나 시켜서는 해낼 수 없습니다. 반드시 그 성질과 식견이 영리하고 힘도 세고 잘 달리며 해당 지역에서 태어나 자라서 도로의 멀고 가까움, 산과 하천의 실상을 자세히 알아 편리하게 드나들 수 있는 사람 수십 명을 미리 골라 뽑아서 명령을 분명히 하고 큰 보상으로 서로 맺어지게 하며, 그들의 옷과 음식을 푸짐하게 해주어 심복이 되도록 해서 힘을 다해 빨리 달리면서 힘든 일을 기꺼이 하도록 한 다음에야 이익이 있고 일도 실패하지 않을 것입니다"26라고 했다.

척후와 요망을 맡은 사람들이 임무에 충실해서 우리 군대의 심복이 되도록 하려면 막연하게 책임감에 호소해서는 안 되고 현실적인 대우를 해줘야 한다는 뜻이다. 왜적의 상황을 먼저 파악하는 위험한 일을 맡은 사람에 대해서는 포상을 충분히 해야 정성껏 열심히 일한다는 것은 현실적인 판단이다.

서애는 "옛말에 '푸짐하게 상을 주면 반드시 죽음을 각오한 사람이 있게 된다'라고 했습니다. 이런 까닭으로 큰 상을 주면 적군의 사람이라도 반드시 우리가 활용할 수 있으며 포상이 없다면 반대로 우리나라 사람이라도 적군이 활용할 것입니다"27라고 했다. 이에 관한 사례로 왜적이 평양을 점거할 때 우리 국민 40명을 꾀어 모집하여 푸짐한 상을 주면서 우리 군대의 상황을 파악하도록 한 일을 지적했다.

활은 우리의 장점인 무기이지만 전투 중 활을 쏘는 방식에 대해서도 서애는 개선책을 제시한다. 한꺼번에 화살을 쏘는 대신 번갈아 쏘도록 하는 방법이다. 한꺼번에 활을 쏘면 왜적이 칼을 들고 돌진할

---

26 斥候瞭望 不可使人人爲之 必須豫擇其性識伶俐 强力善走 且生長其處 詳知道路遠近 山川迂直 出入便宜者 數十人 明以約束 結以重賞 厚其衣食 使之爲我腹心 而盡力奔走 不憚勞苦 然後可以有益 而不至於敗事也.
27 古語云 重賞之下 必有死夫. 故苟有重賞 則敵國之人 皆爲我用 苟無賞 則我國之人 反爲敵用.

경우 활을 버리고 도망하기 일쑤이지만, 번갈아 쏘는 방법〔질사(迭射)〕을 사용하면 적군이 우리 틈을 노리지 못하도록 할 수 있다는 것이다. 활을 쏘는 병사가 100명일 경우 10명을 1개 조로 짜서 번갈아 쏘면 중간에 끊어지지 않아 전투의 효율이 훨씬 높아진다는 뜻이다.

서애는 "돌아가면서 쉴 새 없이 쏘아 왜적이 틈을 타지 못하도록 하면 먼저 쏜 사람은 뒤에 쏘는 사람을 믿고 마음이 든든해지고 뒤에 쏘는 사람은 다음에 쏘는 사람을 믿고 방어로 삼아 모두가 마음속으로 두려워하고 겁나는 것이 없어지기 때문에 화살을 쏠 때도 반드시 살펴보게 되니 적군을 맞히는 경우도 틀림없이 많아질 것입니다"[28]라고 했다. 활 쏘는 방법을 개선해 전투력을 높이는 구체적 대안이다.

시무에 대한 서애의 건의는 왜적을 정확하게 알고 대처하기 위해서다. 서애는 "왜적은 참으로 강한 도적일 뿐 아니라 우리나라를 오랫동안 점거하고 있으므로 우리의 허실을 자세히 알면서 준비하고 험준한 요충지를 지키고 있습니다. 그들의 간사한 대책은 이미 이루어졌으므로 우리는 어수선하게 함부로 싸워서는 안 되며 마땅히 뛰어난 계책으로써 왜적을 제압해야 할 것입니다"[29]라고 했다. 상대방과 자신을 알고 싸워야 이기거나 위태롭지 않다는 병법의 기본을 실천하는 자세이다.

---

28 循環無窮 使賊無隙可乘 且前發者 恃後發者爲固 後發者 恃次發者爲衛 則可以心無懼怯 而發矢必審 中賊必多.

29 倭眞勁寇 且久據我境 備知虛實 屯守險要. 奸計已成 在我不可浪戰 當以 長策制之.

전공 세우면 포상해야

이미 시행 중인 대책이 제대로 시행되는지, 문제는 없는지를 점검하고 개선을 고민하는 반구의 자세도 실질적 노력이다.

서애는 1593년 봄에 "가만히 오늘날 일이 돌아가는 형편을 보니 전쟁이 몇 달 안에 평정돼 회복되기를 바라기는 어려울 듯합니다. 몇 가지 잘못된 대책을 조목별로 아뢰니 비변사에 내려 서둘러 살펴서 시행하시기 바랍니다"[30]라고 하면서 8가지 사안을 제시(《진사록》, 명나라 군대가 물러나서 평양에 주둔한 후 군대에서 해야 할 일을 조목별로 아뢰는 보고)한다. 잘못된 대책인 유계(謬計)를 말하는 이유는 이전에 도입해 현재 시행 중인 대책을 진단해 개선하기 위해서다.

내용은 ① 경기도, 황해도, 강원도의 군량이 부족하고 충청도와 전라도의 재력이 떨어지고 있음, ② 여러 곳의 물건을 실어 나르는 배가 전쟁 후 대부분 흩어지고 사라짐, ③ 함경도가 수복되었으니 지난날의 실수를 뉘우치고 앞날을 경계하여〔징창전실(懲創前失)〕 군사를 모으고 성을 수리하여 뒷날의 걱정에 대비, ④ 군대에서 지휘 통제하는 명령이 여러 곳에서 나와 효율이 떨어짐, ⑤ 활은 조총을 이길 수 없으므로 명나라 군대의 화약 무기를 배워서 대처, ⑥ 포루 설치 등으로 성을 지키는 노력을 강화, ⑦ 두텁게 상을 내려 죽음을 각오하고 싸우는 병사가 많아지도록 함, ⑧ 지역의 의병이 관군에 편입

---

30 量度今日事勢 兵禍恐未可以時月望其平復. 臣謹條數謬計. 下備邊司 急速商量施行.

되어 명령이 효과적으로 시행되도록 해야 함 등이다.

이 가운데 서애의 실질적 태도가 잘 나타나는 사안은 포상을 통해 전투 의지를 높여야 한다는 부분이다. 조총을 쏘며 돌격전을 잘하는 왜적에 겁을 먹고 도망치는 우리 군대의 실상을 고민하는 현실적 대책이다. 아무런 보상 없이 막연하게 전투 명령을 내린다고 해서 병사들이 죽음을 무릅쓰고 눈앞의 강한 적군과 싸우기를 기대하기는 어렵다. 명령이 엄격하다고 해서 해결되는 문제가 아니다.

서애는 "상을 후하게 주면 반드시 죽음을 각오하는 사람이 있게 마련입니다. 우리나라는 병사들이 왜적의 목을 베거나 사로잡아도 상을 받는 경우가 매우 적을 뿐 아니라 그마저 여러 해가 지나도 시행되지 않습니다. 어찌 군사들의 마음을 격려하고 권장하여 그들로 하여금 시퍼런 칼날을 무릅쓰고 죽음을 피하지 않도록 하겠습니까"[31]라고 했다. 그리고 명나라는 군대에서 세우는 공로를 중시하여 적군의 머리를 1개 베면 상으로 은(銀) 50냥에 잔치 비용으로 은 30냥을 주는데, 이는 보통 사람의 재산에 해당될 정도로 후한 상이라고 소개했다.

서애에 따르면 전쟁이 난 1592년에 왜적의 목을 1개 이상 베면 과거(科擧)에 합격한 것과 같은 상을 주는 규정을 마련했지만, 지나치게 큰 상이어서 그런지 곧 폐지돼 군사들의 사기가 높아지지 못했다.

이런 일에 대해 서애는 "과거시험의 명분이 중요하지만 이는 평상

---

31 重賞之下 必有死士. 我國士卒 雖有斬獲 而得賞甚少 且或經年未施. 其何能激勸士心 而使之冒白刃不避乎.

시에 논의할 문제입니다. 지금은 종묘사직이 의지할 데가 없고 나라의 수도가 함락되었으니 왜적이 물러가지 않으면 비록 과거시험을 소중히 여기고 명분을 아끼더라도 무슨 이익이 있겠습니까. 이는 참으로 이른바 가죽이 닳아 없어지면 털이 붙을 데가 없다는 것과 마찬가지입니다"[32]라고 했다.

병사들을 격려하는 포상제도를 마련한다면서 과거시험 합격과 마찬가지로 너무 거창하게 만들어 오히려 시행되지도 못하고 현실에도 맞지 않아 논란이 적지 않았음을 알 수 있다.

병사 격려를 위한 포상의 필요성만 말한다면 이는 실질적이지 못하다. 서애는 포상을 위한 현실적 대안을 제시한다. 서애의 의견은 이전의 방식을 참고하되 보완해서 시행하자는 것이다. 즉, "양인은 적의 목 1개 이상, 서얼(첩의 자식)은 2개, 노비는 3개를 베면 모두 과거시험에 오른 것처럼 허가하면 될 것입니다. 이와 같이 하면 사람들이 끓는 물이나 불 속으로 뛰어들더라도 왜적을 죽이는 것을 급한 일로 삼을 것이니 열흘이 지나지 않아 왜적의 머리가 수북하게 쌓일 것입니다. 이것이 오늘날 서둘러 먼저 해야 할 일입니다. 신의 의견일 뿐 아니라 여러 사람의 심정도 그렇게 여기는 까닭에 감히 말씀드리지 않을 수 없습니다"[33]라고 했다.

---

32 科擧名分雖重 而此平時所論也. 今宗社無托 神都淪沒 若此賊未退 則雖重科擧惜名分 何益. 此正所謂皮盡 則毛無所附也.
33 良人則一級以上 庶孼則二級 公私賤則三級 皆令許科. 若是則人雖赴湯蹈火 皆以殺賊爲急 不過旬日 而賊首之來積者 可成京觀矣. 此今日急先之務. 非徒臣意 群情同然 故不敢不達.

신분에 따라 차이를 두지만 왜적의 목 몇 개를 벤다고 해서 과거시험 합격자처럼 인정하는 것은 지나친 포상일 수 있다. 하지만 서애가 자신의 생각일 뿐 아니라 여러 사람과 의논한 결과이기도 하다고 말한 것으로 미뤄 당시 상황으로서는 적절한 포상으로 판단했을 것이다. 왜적과 벌이는 전투에서 사기가 크게 떨어진 우리 군대의 분위기를 바꾸기 위해서는 이처럼 파격적인 포상 규정이 필요했을 것으로 보인다.

족식족병

전쟁에 대처하는 조건 중에서 최우선 과제는 식량이다. 병사든 말(馬)이든 먹어야 싸울 수 있기 때문이다. 서애는 "옛날에, 나라의 큰 계획은 반드시 먼저 식량을 넉넉하게 하고 그 다음에 군대를 넉넉하게 했습니다. 이와 같이 할 수 없다면 차라리 군대를 버리더라도 식량은 버릴 수 없었습니다. 지금 식량의 모자람이 이와 같으니 무슨 일을 처리할 수 있겠습니까. 이것이 절박한 걱정입니다"[34]라고 했다. 식량을 먼저 풍족하게 하고 다음에 군사를 충분히 준비한다는 족식족병(足食足兵)은 공자의 말(《논어》〈안연〉편)을 인용하여 식량의

---

[34] 古之爲大計者 必先足食而足兵. 不得已 則寧去兵而不能去食. 今食乏如此 何事可爲. 此乃切迫之虞也. 《군문등록》, 체찰사의 뜻으로 종사관이 올린 보고, 1596년.

중요성을 강조한 것이다.

전쟁 상황에서 식량은 군량과 군마(軍馬)에 먹일 콩이 중심이다. 군량 확보는 기본이고 관리도 중요하다. 서애는 "예로부터 전쟁이 일어난 시기에는 반드시 식량을 먼저 대처할 임무로 삼았습니다. 경계를 정하고 경영하여 처리하는 것이 반드시 미세한 데까지 골고루 미치며 마음과 힘을 다하여 하찮은 부분까지도 빠뜨리지 않아야 군량이 모자라는 일이 없게 될 것입니다"35라고 했다. 이런 자세에 따라 서애는 군량 문제를 다룰 때는 반드시 쌀과 잡곡, 말먹이 콩 등을 구체적인 숫자로 계산하면서 현실 상황을 파악한다.

전쟁이 난 다음 해(1593년), 우리 군대와 명나라 군대에 공급할 군량이 매우 부족하고 민간에 저축된 식량이 크게 줄어드는 절박한 상황에서 서애는 "군량이 없는 것이 오늘날 가장 절박한 걱정입니다. 이 문제를 조치하지 못하면 다른 것은 취할 만한 대책이 없을 것입니다"36라며 몇 가지 대책을 임금에게 보고한다.

이에 따라 서애는 공물(貢物, 나라에 내는 특산물)을 쌀로 내는 작미(作米)를 비롯해 조세 징수, 양곡 모집〔모속(募粟)〕, 무역으로 양곡 확보〔무속(貿粟)〕 등 4가지를 건의한다. 작미는 서울에서 교대로 근무하는 병사라면 한 사람이 쌀이나 좁쌀 중에서 5말〔두(斗)〕을 내

---

35 自古軍興之際 必以糧食爲先. 其所區劃經理 必也纖悉曲盡 不遺錙銖 然後可以無乏.《진사록》, 군수물자를 조달할 중신을 빨리 파견하여 군량을 관리하도록 청하는 보고, 1593년.

36 糧餉竭乏 最今日切迫之患. 此若不爲措置 則他無可爲之策.《근폭집》, 군량을 조치하기를 조목별로 아뢰는 보고.

도록 하고, 관청의 노비와 장인, 악공 등은 쌀 5말을 내도록 하면 물량이 머지않아 10여만 석이 될 것으로 예상했다.

모속은 갑자기 강제로 시행하면 국민의 원망과 고통이 커지므로 호조에서 양곡의 석수(石數)를 헤아려 정한 뒤 국민이 편리하게 내도록 했다. 서애는 "내는 수량의 많고 적음에 따라 즉시 상을 주어 이전처럼 국민의 신뢰를 잃지 않도록 해서 국민이 흔쾌히 따르도록 해야 할 것입니다"37라고 했다. 취지가 좋은 제도라도 국민에게 편리하고 실질적인 도움이 되어야 한다는 뜻이다.

서애는 1593년 여름, 곡식을 확보하려고 압록강 연안 중강(中江)에 국제시장을 열도록 건의해 시행됐다. 이는 우리나라의 소금과 철, 면포 등을 명나라의 양곡과 바꾸는 무역이다. 양곡을 확보하기 위해 서애가 얼마나 고민했는지 잘 보여 주는 사례이다. 서애는 "의주 중강에 시장이 방금 열렸으므로 요동 지방의 곡식도 운반하는 길이 생겼습니다. 금전을 적당히 마련하여 가을철 곡식이 흔해서 값이 내려갈 때 많이 사들여 고을 창고에 쌓아 두도록 해야 할 것입니다"38라고 했다.

이 같은 대책도 저절로 추진되는 것이 아니라 "적절히 헤아려 처리하여 착실히 실행한다면 어쩌면 양곡을 보급할 방도가 있을 것입니다. 이런 내용을 병조와 호조에 지시하여 세부 과제를 자세히 정하고

---

37 隨其所納多少 等時行賞 無使如前失信於民 使民樂從事.
38 義州中江 方爲開市 遼東之穀 頗有轉輸之路. 量發銀兩 乘秋來穀賤時 多數貿得 積置州倉事.

빨리 시행하여 실질적인 효과가 있도록 하는 것이 어떻겠습니까"**39**
라고 했다.

군량 관리가 제대로 안 되는 한 가지 사례에 대해 서애는 "군량을
실은 배가 강에 닿으면 육지에 내리기도 전에 명나라 군사 등이 배에
올라와 함부로 가져가는 것이 매우 많습니다. 한 명이 한 섬을 가져
가기도 하지만 관리 담당자는 그 수량의 많고 적음을 맡아서 검사하
지 못해 이와 같은 상태가 되었습니다. 이는 마치 큰 바다 밑의 구멍
〔미려(尾閭)〕으로 바닷물이 쉴 새 없이 새어 나가는 것과 같습니
다"**40**라고 했다. 군량 관리가 소홀한 이유와 실상을 잘 보여 준다.

미려는 바다 밑에 있다는 구멍으로, 그곳을 통해 바닷물이 계속
빠져나간다고 한다. 《장자》〈추수〉(秋水) 편에 북해신(北海神) 약
(若)이 하는 말에 나온다. 서애가 《장자》 등 노장(老莊) 사상에도
해박했음을 알 수 있다.

군량 운반 과정의 폐단을 줄이기 위해 서애는 "군량을 운반하여 수
송할 때는 강직한 성격으로 명확하게 업무를 처리하는 지방관이나
지위가 높은 지휘관이 운반로를 나누어 담당자를 선정해야 할 것입
니다. 각 관청에서 군량을 받을 때는 일일이 계산하고 날짜를 정하여
각 지역의 입구에 도착하면 낱낱이 검사하여 열람한 다음에 역참에

---

39 若料理得宜 著實行之 則庶有繼粟之路. 已上諸條 令兵曹及戶曹 詳定節
目 急速施行 使有實效何如.

40 蓋緣糧船於江口 未及下陸之際 唐軍等 登船亂取 無有限量. 一人或持一
石而去 官員不能句檢其多少 以至如此. 是尾閭洩之也. 《진사록》, 군량
의 형편을 아뢰는 보고.

서 받아들이면 길에서 흩어져 잃어버리는 폐단은 없어질 것입니다"**41**
라고 했다.

명나라 군사들이 군량을 마음대로 가져가는 문제에 대해서는 "명
나라 군사들이 군량을 함부로 낭비하는 폐단은 신 등이 바로잡기 어
렵습니다. 총사령관인 경략(송응창)과 제독(이여송), 장수 3명(이여
백, 장세작, 양원)의 직속 병사들은 유정과 오유충 같은 장수의 명령
으로도 금지시킬 수 없습니다. 조정에서 명나라 군대와 교류하는 공
직자들에게 글로 지시하고 이 제독의 금지 증명서를 받아 지역별로
공고문을 붙여 알린다면 명나라 군사들이 두려워하여 그만둘 가능성
도 있을 듯합니다"**42**라고 했다.

명나라 군대의 지휘권은 이여송 제독 등 명나라 사령관에게 있으
므로 서애로서도 이처럼 조심스럽게 폐단을 줄이는 방안을 고민했을
것이다. 명나라 군대의 횡포에는 어쩔 수 없다는 식의 소극적이고 회
피적인 대응보다는 현실적인 방안을 하나라도 찾는 것이 실질적 태
도이다.

둔전(屯田, 군대 주둔지의 농사)은 군량뿐 아니라 국민의 양식을 위
해서도 중요한 역할을 했다. 둔전에 대한 서애의 관심은 매우 높았
다. 서애는 둔전의 방식으로 ① 변방의 주둔지에서 전투가 없는 시기

---

41 運軍糧輸運時 則或以剛明守令 或以秩高軍官 分路定差使員. 各官受出時
一一計給 約日到境上點閱 領納于站所 則可無在路散失之弊矣.《진사
록》, 군량 운반에 따른 폐단을 아뢰는 보고.

42 天兵濫費 非臣等所能糾正. 且經略提督三將標下 則劉吳號令 亦不能禁
抑. 自朝廷 下書于接伴使 使得出提督禁標 榜示嶺路 則庶有畏戢之望矣.

에 군사들이 농사를 짓는 둔전(이는 다른 지역에서 군량을 운반하는 불편을 줄이는 장점이 있음), ② 전쟁이 끝난 뒤에는 논밭이 황폐해지고 떠도는 사람이 많으므로 이들을 한곳으로 모아 농기구 등을 지급해 농사를 짓도록 하는 방법, ③ 땅의 특징을 살펴 주민들이 경작하도록 하고 세금을 거두는 방식 등 세 가지를 말한다.

서애는 임금에게 "이 세 가지 외에는 다른 좋은 대책이 없습니다. 이것은 일을 맡은 관청에서 형세를 살피고 힘을 헤아려 해야 할 일이므로 융통성 있게 빨리 처리하여 적절한 때를 잃지 않아야 할 것입니다"**43**라고 했다.

둔전도 관리를 세밀하게 해야 효과를 거둘 수 있다는 것이 서애의 인식이다. 전쟁 중이지만 올해뿐 아니라 내년까지 생각하면서 곡식 생산을 늘려 나가야 하기 때문이다.

서애는 "지난해 곳곳의 둔전을 비롯해 목장을 감독하는 담당자에게 추수 때 생산된 곡식 수량의 많고 적음을 계산하여 상벌을 시행하도록 이미 지시했습니다. 해당 관청에서 일에 부지런하고 태만한 것을 자세히 조사한 뒤 뚜렷한 효과가 있는 사람에게는 상을 주고 그 일을 계속하도록 하여 성과에 책임을 지도록 하고 무능한 사람은 일에서 제외하면 법이 국민에게 신뢰를 주게 됩니다. 그러면 인심이 착한 일은 서로 권장하고 나쁜 일은 서로 삼가고 경계하여 금년에 생산하는 곡식은 지난해보다 반드시 여러 배 더 많을 것입니다"**44**라고 했다.

---

43 此三事外 他無善策. 此在有司相勢度力爲之 早爲區處 無失其時而已. 《근폭집》, 둔전의 편리하고 마땅함을 아뢰는 보고, 1593년.

둔전을 어떻게 관리하느냐를 자세히 살피고 상벌을 엄격히 적용하면 성과가 크게 나타날 것이라는 기대를 보인 것이다. 배사(倍蓰)는 '다섯 배'라는 뜻인데, 실제 5배라기보다는 이전보다 훨씬 높은 성과를 낳을 것이라는 희망을 담은 표현이다.

전쟁 때문에 군량을 비롯한 나라의 재물이 없어지고 국민의 삶이 무너지는 상황을 서애는 이렇게 표현한다.

"오늘날의 형세는 나라의 재물이 떨어지고 힘은 고갈돼 국민은 거의 죽어 없어지는 상태입니다. 봄이 돌아와도 농사를 지을 형편이 전혀 되지 못하니 왜적이 물러가든 다시 오든 우리에게는 이미 지탱할 만한 형세가 없어졌습니다. 조금이라도 계획을 세워 싸우면서 한편으로는 지키는 계책을 마련하지 않으면 몇 달 후에는 국민이 없어질 것이고 나라의 일도 다시는 쉬면서 기댈 곳이 없게 될 것입니다. 신은 답답한 괴로움을 견딜 수 없습니다."[45]

---

44 前年各處屯田及監牧官 已令於秋成 計其穀數多少 以行賞罰. 若該曹詳考勤慢 其有顯效者 襃嘉而使仍爲其事 責其成效 其不能者汰去 則法信於民. 而人心勸懲 今年得粟 必倍蓰於前年矣. 《근폭집》, 왜적을 막고 국토를 지키기 위해 해야 할 일의 조치를 아뢰는 보고, 1595년.

45 今日之勢 財殫力竭 人民死亡殆盡. 春回頓無耕作之意 勿論賊去賊來 而已無可支之勢. 若不梢爲區劃 爲且戰且守之計 數月之後 生類將盡 國事更無稅駕之地矣. 臣不勝寒心. 《근폭집》, 급히 해야 할 일을 아뢰는 보고, 1593년.

소금은 중요한 국가재정

죽을 상황에서 살아날 길을 찾는 사중구생(死中求生)을 위해서는 우선 현실을 깊이 진단해야 한다. 어렵고 복잡한 현실을 깊이 진단할수록 그 속에서 실질적인 대안을 마련할 가능성도 높기 때문이다.

서애는 "참으로 재물을 생산하고 국민을 모으지 않으면 비록 좋은 대책이 있더라도 어디서 시행하겠습니까. 오늘날의 일은 마땅히 자잘한 곁가지 일을 버리고 형식적이고 실속 없는 공문서는 줄여 근본과 실질에 힘쓰도록 해야 할 것입니다. 10년을 정하여 군량 저축과 병사 훈련에 힘을 집중하여 아주 작은 일도 거기에 뒤섞여 방해받지 않도록 해야 큰 원수(왜적)를 통쾌하게 갚고 나라의 어려움을 널리 구제할 수 있을 것입니다"46라고 임금에게 말했다.

이어 "지금 국민의 힘겨움은 이미 극도에 달했고 일이 돌아가는 형편은 위급하여 도탄에 빠지고 거꾸로 매달린 것 같은 고통은 이루 말할 수 없습니다. 신의 이 말이 시행된다면 나라에도 남은 저축이 있게 되고 국민에게도 남은 힘이 있게 될 것입니다. 몇 년 후에는 기운차게 뻗어나가는 분위기가 빨리 퍼져, 하고 싶은 대로 해도 어려움이 없을 것입니다"47라고 했다.

---

46 苟不生財而聚民 則雖有善策 將何所施. 故今日之事 當損去雜事 略浮文 敦本實. 限十餘年 惟致力於糧餉訓兵 不以一毫他事參錯撓奪於其間 然後 可以快復大讐 而弘濟艱難矣. 《근폭집》, 급히 해야 할 일을 아뢰는 보고, 1594년.

47 今民窮已極 事勢危迫 塗炭倒懸之苦 不足言也. 臣之此言若行 則國有餘

나라가 거꾸로 매달린 고통〔도현지고(倒懸之苦)〕을 겪는 상황이지만 절망하지 않고 힘을 모아 새로운 희망을 찾는 사중구생의 의지를 볼 수 있다. 어려움을 어렵다고 말하고 진단하는 데 그치지 않고 극복하는 의지와 대책을 찾을 때 반구와 징비를 위한 실질적 태도는 비로소 돋아난다.

소금을 만들어 국가재정을 확보하는 대책을 보면 서애가 얼마나 세밀하게 현실을 파악하는지 잘 나타난다. 당시에는 소금이 곡식만큼 중요한 생필품이었다. 소금은 전국 해안에서 생산할 수 있지만 유통이 쉽지 않아 소금의 이익이 국부(國富)로 이어지지 못했다.

서애에 따르면, 조정에서 소금과 철을 담당하는 염철사(鹽鐵使)라는 관직을 만들었지만 지역의 지방관들이 소금의 이익을 독점하는 등 폐습에 젖어 있었고 소금 생산 등을 담당하는 관염사들도 요령 있게 일을 처리하지 못해 폐지됐다.

서애는 "소금의 이익이 나도록 하는 데는 특별히 다른 방법이 없습니다. 해변에서 소금을 만드는 염호(鹽戶)들을 불러 모아 그들이 안정된 상태에서 일하도록 하는 데 달려 있습니다. 지방관들이 그들의 잡역을 면제하여 침해하지 못하도록 하고 그들과 약속하여 소금 양을 계산해 조금 거두어들이고 나머지는 염호들이 마음대로 팔거나 먹도록 하면 염호들이 해변에 모여 소금 생산이 나날이 늘어나고 관청에 들어오는 분량도 한정 없게 될 것입니다. 곳곳의 배를 이용해 강을 따라 운반해 판매하면 육지 사람들이 바다로 가는 폐단이 없어

蓄 民有餘力. 數年之後 氣勢駁駁 惟所欲爲而不難矣.

져 기뻐하는 소리가 곳곳에서 들릴 것입니다"[48]라고 했다. 서애의 말대로 추진하면 순조로울 정도로 실질적인 대책을 제안하였다.

소금의 유통과 무역을 위해 서애는 선박을 활용한 운송로까지 자세하게 설명한다. 즉, 금강에서 소금을 싣고 가면 임천, 청양, 부여, 이산, 공주, 정산, 연기, 문의, 청주, 회덕, 옥천, 황간, 영동의 주민이 거래하기에 편리하다. 한강을 따라 소금을 싣고 가면 단양, 청풍, 영춘, 제천, 충주, 괴산, 연풍, 음성, 원주, 양근, 여주의 주민이 편해진다. 임진강을 따라가면 파주, 양주, 장단, 적성, 마전, 포천, 영평, 삭령, 이천, 안협, 평강, 철원의 주민이 이익을 본다. 벽란도를 따라가면 강음, 우봉, 평산, 토산의 주민이, 대동강을 따라가면 강동, 자산, 평양, 성천의 주민이, 청천강을 따라가면 안주, 영변, 개천 등의 주민이 와서 무역을 하면 된다. 전국의 지리를 손바닥처럼 잘 파악하지 못하면 이처럼 구체적으로 설명하기 어렵다.

서애는 "이런 것이 오늘날 재물을 생산하는 큰 방법입니다"(此其今日生財之大者)라고 했다. 나라의 재물 생산이 급하다는 원칙을 말하는 것이 아니라 그 구체적 방법을 제시하는 실질적 태도이다.

군대의 일은 식량과 뗄 수 없을 정도로 실질적인 대책이 필요하다.

---

48 興起鹽利 別無他方. 只是先爲招集海邊鹽戶 使之安集而已. 若使守令 除其雜役 不得侵撓 而又與之相約 計日月所煮之數 薄取分數 而其餘使之自賣自食 則鹽戶皆集於海邊 鹽盆日多 而入於官者 無限矣. 因以各處船隻 從江路輸運 從市直散賣 則陸地之民 無提携入海之弊 而歡聲四起矣.

군량이 공급되더라도 군사들이 실제 전투에서 패하면 아무 소용이 없기 때문이다. 우리 군대는 작전도 없이 오합지졸로 우왕좌왕하다 싸움에서 패배를 거듭한다는 것이 서애의 진단이다.

문무겸전(文武兼全)한 서애

서애는 군사지식이 뛰어났고 실제 활용을 잘했다. 평소 광범위한 독서를 한 데다 전쟁이 발생하자 《손자병법》 등 주요 병법서를 탐독하면서 우리 실정에 맞도록 응용했을 것으로 추측된다. 문신과 무신을 융합한 통유의 차원이다.

군사(軍事)에도 그의 실질적 태도가 잘 드러난다. 서애가 군사 식견을 갖추지 못했다면 전국 곳곳에서 왜적과 대결하는 장수들에게 구체적이고 효과적인 지휘를 하지 못했으리라. 서애가 명나라 장수 척계광(戚繼光)이 지은 병법서 《기효신서》(紀效新書)를 토대로 훈련도감을 설치하고 지방군을 속오군으로 편성하는 등 신속하게 활용한 것도 실질적 태도에서 가능했다.

서애가 1592년 10월 임금에게 올린 보고에 따르면, 평안도 안주와 영변에서 사용하지 않던 화차(火車) 22량을 찾아내 구조를 편리하게 개량해 1대에 승자총통 대포를 15대씩 싣도록 했다. 이를 기준으로 화차 100대를 만들어 왜적을 향해 집중적으로 공격하면 효과적이라는 점과 대포를 쏘는 사수도 화차에 몸을 숨기면 조총 탄환을 피하는 방패 역할도 할 수 있음을 임금에게 건의했다. 서애의 실험적 태도 또한 군사에 적극적 관심을 갖는 바탕이 됐을 것이다.

군사에 대한 서애의 인식은 '세력'(勢力)이 있느냐 없느냐가 중심이다. 세력이 있으면 이기고 없으면 패한다. '세'(勢)는 살아 움직이는 기운이고 상황에 맞는 기회이다. 서애는 "세상의 일은 오직 세력에 달려 있을 뿐입니다"[49]라고 했다. 이이(而已)는 강한 단정이다. 전쟁 상황에서 군사에 관한 일은 더욱 그렇다. 그래서 서애는 "병법의 대체적인 요지는 먼저 형세를 얻는 데 있으니 형세를 얻느냐 잃느냐에 따라 승패가 결정됩니다. 형세를 얻지 못하고 헛되이 승부를 결정하려는 싸움과 함부로 하는 싸움을 일삼는 경우 반드시 적군에게 사로잡힙니다"[50]라고 했다. 낭전(狼戰)은 어수선하고 어지러운 싸움이다.

또 "군사를 이용해 승리하기 위해서는 마땅히 먼저 형세를 얻어야 합니다. 형세를 먼저 얻으면 비록 약한 군대라도 강한 군대를 제압할 수 있습니다"[51]라고 했다. 서애가 형세를 얼마나 중시했는지 알 수 있다.

---

49 天下之事 惟勢而已. 《진사록》, 심유격이 왜적과 문답한 것을 급히 아뢰는 보고.

50 兵家之事 大要在先得形勢 形勢得失 而勝負以決. 若徒以決鬪狼戰爲務者 適足爲敵所擒而已. 《진사록》, 오유격의 서간을 올리면서 적군을 방어하는 형세를 겸하여 아뢰는 보고, 1593년.

51 用兵制勝 惟當先得形勢而已. 形勢旣得 則雖弱可以制强. 《진사록》, 서울에 있는 왜적의 형세를 논하고 여러 장수들을 지휘하고 관할하여 각자 소속이 있도록 해서 적병을 막도록 하는 보고, 1593년.

일의 세력, 즉 형세는 대략 다음과 같은 측면이 있다. 산성이 중요한 우리 군대로서는 높고 험한 위치를 먼저 점거한 유리한 상황에서 왜적과 대결하는 지리적 형세가 있다. 또 군사들이 얼마나 훈련되었는지, 무기는 충분한지, 사기(士氣)는 높은지 같은 형세가 있다. 또 중요한 형세는 상황에 따라 바뀌는 기회를 파악해 대처하는 능력인 시세(時勢)이다. 시(時)는 기회가 되는 알맞은 상황이므로 파악하여 활용하기가 더 어렵다. 그래서 서애는 "상황에 맞는 기회를 얻기는 어렵지만 잃기는 쉽습니다. 상황에 맞는 일은 사라지기 쉽지만 따라가 이루기는 어렵습니다. 얻고 잃는 기회가 서로 떨어지는 것이 나날이 멀어집니다"[52]라고 했다.

어떤 형세든 오합지졸로는 군대의 형세를 만들기 어렵기 때문에 훈련된 병사가 필수적 조건이다. 장수와 병사의 명령 체계와 화합도 중요하다. 적절한 신상필벌, 특히 공로를 세웠을 때 신속하게 포상하여 사기를 높이는 체계가 필요하다. 왜적에 비해 거의 절대적으로 불리한 상황에서 우리 군대의 세력을 만들면서 동시에 병사를 훈련시켜야 하는 어려운 문제를 해결해야 했다.

이런 사정에 대해 서애는 "왜적의 꾀는 교활하여 전쟁을 위해 여러 가지를 헤아리면서 예상되는 걱정거리도 잘 준비했습니다. 우리나라의 장수라는 사람들은 왜적의 이런 의도는 전혀 모릅니다. 우리 장수들은 왜적의 형세가 어디 있는지 몰라 살피지도 못하면서 수십 수

---

52 時難得而易失. 事易去而難追. 得失之幾 相距日遠.《근폭집》, 급히 해야 할 일을 아뢰는 보고, 1592년.

백 명의 오합지졸을 모으고는 뽐내어 팔을 휘두르고 눈을 부릅뜨면서 왜적과 싸울 만하다고 말하다가 왜적을 만나면 달아나는 데 뒤처질까 봐 두려워합니다. 우리 군대는 먼저 정해진 계책도 없고 꼭 지켜야 할 곳도 없으므로, 떠돌아다니기를 마치 부평초가 강과 호수에서 서로 밀려다니는 것처럼 하면서 가야 할 곳을 모릅니다. 이런 상태로 큰 왜적을 막는다는 것은 비록 어린 아이라고 할지라도 그것이 불가능함을 알 수 있습니다"[53]라고 했다.

우리 군대의 상태가 이렇다면 형세의 중요성을 말하는 것조차 별 의미가 없을 것이다. 그런데도 현실을 탓하지 않고 실현 가능한 대책을 찾는 태도가 실질적 능력이다.

군사훈련, 오합지졸에서 벗어나야

군대에 관한 모든 일이 시급하지 않은 분야가 없지만 서애가 군사훈련을 먼저 실시한 이유는 최소한 부평초 같은 오합지졸 상태는 벗어나야 했기 때문이다. 이에 대해 서애는 "군사는 많고 적음을 말할 것 없이 잘 훈련되면 쓸 수 있습니다. 싸움은 일정한 형세를 말할 것 없

---

53 賊謀狡黠 多般揣摩 慮患備悉. 而我國所謂將帥之類 全不知此意. 其於形勢所在 冥然莫察 而徒聚十百烏合之卒 奮臂瞋目 謂可以戰 及其遇賊 則奔北恐後. 無先定之計 無必守之地 遊移往來 如浮萍之相推於江湖 而莫知所適. 以此能禦大賊 雖童稚 猶知其未可也.《근폭집》, 급히 해야 할 일을 아뢰는 보고, 1593년.

이 좋은 기회를 타면 이길 수 있습니다. 우리 군대는 왜적과 대결한 지가 벌써 5개월이 넘었지만 군사는 아직도 훈련이 되지 못했고 기회 또한 여러 번 잃었으며 무기와 여러 가지 군용기구는 한 가지도 준비되지 못했습니다. 오늘날 답답하고 괴로운 것이 한두 가지가 아닙니다"[54]라고 했다. 전쟁 초기의 이런 진단은 절박한 위기의식을 반영한다. 전쟁 중이라도 군사훈련에 집중하지 못하면 싸울 때마다 패배할 수밖에 없다는 진단이다.

군사훈련에 대한 위기의식이 높지 않았다면 훈련도감(訓練都監)을 임금에게 건의해 설치(1593년)하기는 어려웠을 것이다. 서애는 "지금 가장 중요하고 시급한 일은 병사 훈련입니다. 병사를 훈련하지 못하면 비록 병력으로 활용할 사람이 백만 명 있더라도, 비유하건대 양을 몰아 호랑이를 공격하는 것과 같아 대결하지 못할 것이 명백합니다. 요즘 훈련도감을 별도로 설치하여 화포 쏘는 방법을 훈련시키고 있습니다. 당초 의논한 사람들은 생각이 서로 어긋나 훈련 성과를 이루기 어려울 것이라고 했습니다만 서너 달 뒤에는 상당히 효과가 있게 되었습니다. 그중에 기술을 습득한 사람은 중국 절강 출신으로 화포를 잘 쏘는 사람과 차이가 없게 되었습니다. 이런 일을 보면서 훈련은 하지 않을 수 없다는 것을 알게 되었습니다"[55]라고 했다.

---

54 兵無多寡 精練則可用. 戰無常勢 乘機則可勝. 我兵與賊相持 已五月餘 兵猶未鍊 機又屢失 至於器械諸具 一皆未備. 今日之事 寒心者非一. 《진사록》, 심유격이 지나간 뒤에 왕명을 받았음을 아뢰는 보고, 1592년.

55 今之至重至急者 莫過於練兵一事. 兵若未鍊 則雖有人丁百萬 比如驅羊攻虎 其不格明矣. 近者別設都監 訓練火砲. 當初論者 皆以爲齟齬難成 數月

우리 군사가 왜적과 대결할 역량이 너무 떨어진다면 당연히 훈련을 통해 실력을 쌓아야 하는데도 서애의 이 말을 들어 보면 군사훈련에 대한 반대가 많았던 것으로 보인다. 당장 눈앞에 적군이 몰려오는 상황에서 언제 군사훈련을 해서 전쟁에 대처하겠느냐는 조급한 분위기였다. 반대를 이기고 훈련도감을 설치하고 체계적인 훈련을 시도한 서애의 자세가 반구와 징비, 실질이다. 훈련 성과를 중국 절강성 군사에 비유한 이유는 절강성을 중심으로 한 남방 출신 군사들이 척계광의 《기효신서》에 따라 훈련하여 정예 병사가 많았기 때문이다. 서애가 훈련도감을 설치한 배경도 《기효신서》의 훈련법을 도입하기 위해서였다.

군사훈련이 당장은 둘러 가는 길 같지만 결국에는 전쟁에 대처하는 지름길이라는 명확한 인식이 없었다면 서애 또한 훈련 반대 분위기에 동조했을지 모른다. 그래서 서애는 "군사훈련은 쇠붙이를 달구어 단단하게 단련하는 일과 마찬가지입니다. 쇠는 백 번이나 불에 달구어 두드리지 않으면 쓸 수 없습니다. 군사훈련도 마찬가지여서 매우 지극히 잘 훈련된 다음에라야 활과 돌이 날아오고 죽음을 각오해야 하는 전쟁터에 들어가서도 헤매지 않을 것입니다. 처음에는 각자 익숙한 기능을 연마하고 결국에는 많은 사람을 합하여 한마음으로 만드는 것입니다. 이 같은 과정을 거쳐 절도와 규범이 있는 군대가 되면 천하무적이 될 것입니다"[56]라고 했다.

之後 亦頗有效. 其中成材者 與浙江之善手者無異. 以此知訓練之不可不爲也. 《근폭집》, 군사훈련을 청하는 보고, 1594년.

군사훈련의 필요성을 쇠붙이를 단련하는 일에 비유하는 것은 평범
하게 느껴지지만 호소력 있다. 훈련이 안 된 병사에게 죽음을 각오하
고 싸우라고 명령하는 것은 비현실적이다. 훈련을 받아 실력이 있을
때 비로소 자신감도 생겨 전투도 두려워하지 않게 된다. 서애가 제시
한 훈련내용은 군사를 움직이는 신호인 징과 북, 깃발을 비롯해 칼과
창, 쇠뇌, 총, 명령체계, 전진과 후퇴, 정탐 등 거의 모든 분야이다.

군사훈련에는 누구나 노력하면 일정 수준의 실력을 갖출 수 있다
는 기대가 놓여 있다. 그래서 서애는 "근세 중국에서도 조총이 없었
지만 왜적이 절강성을 침범했을 때 처음으로 조총을 사용하는 방법
을 알게 되었습니다. 척계광이 조총으로 군사를 훈련시켜 몇 년 동안
에 조총이 오히려 중국의 실력이 되어 마침내 조총으로 왜적과 싸워
이기게 되었습니다. 이 일로 살펴보면 사람의 성품은 그다지 서로 차
이가 나지 않는데도 익히는 수준이 각각 다릅니다. 많이 익혔는데도
실력을 갖추지 못했다는 말은 아직 듣지 못했습니다"57라고 했다.

임진왜란 극복에 큰 영향을 미친 병법서인 《기효신서》를 저술한
척계광이 군사들에게 조총 훈련을 체계적으로 시킨 덕분에 조총이

---

56 鍊兵如鍊金. 金非百鍊 不可用. 鍊兵亦必極致其精 然後可以投之矢石爭
死之地 而不亂矣. 故其初 人各致其精 其終也 能使合萬人 爲一心. 此節
制之兵 所以無敵於天下也. 《근폭집》, 임금의 지시에 따라 군사훈련의 세
부사항을 논의한 보고, 1594년.

57 近世中原 無鳥銃 自倭寇浙江 始得其法. 戚繼光以此訓鍊 數年之間 反爲
中國之技 遂以勝倭. 由是觀之 人性不甚相遠 而所習各異耳. 習慣而未成
者 非臣等之所聞也. 《근폭집》, 유조인의 상소에 대한 보고, 1595년.

중국의 장점이 되었다는 사례를 들어 군사훈련의 중요성을 말한 것이다. 군사훈련을 비롯해 사람의 실력은 타고난 성품보다는 연습이 좌우한다는 신념도 중요하다. 《논어》〈양화〉편에 공자의 말로 "사람의 타고난 성품은 서로 비슷하지만 익히는 정도에 따라 차이가 생긴다"(性相近也 習相遠也)는 기록이 있다. 노력에 의한 성취를 중요하게 여기는 서애에게 공자의 이런 말도 영향을 미쳤을 것이다.

전쟁 중 군사훈련은 전투가 없는 틈을 활용해야 하므로 체계적으로 추진하기 어렵다. 하지만 아무리 전쟁 상황이라 하더라도 훈련에 계통이 없다면 성과를 거두기 어렵다. 그래서 서애는 임금에게 "훈련의 성과는 전적으로 병조에 책임지우고 병조는 장관에게, 장관은 초관(초급 지휘관)에게, 초관은 기총과 대총에게 각각 책임지워 체제가 갖춰지고 마음과 힘이 오로지 한곳으로 쓰이면 무엇을 시작하더라도 이루어지지 않겠으며 무엇을 명령하더라도 시행되지 않겠습니까. 이렇게 하지 않으면 사람들의 마음이 평소 해오던 일에 익숙해져 마음을 쓰지 않아 해이해지고 결국 포기해 버릴 것이니 비록 아침저녁으로 엄중히 명령을 내리더라도 일이 되지 않을 것입니다"[58]라고 했다. 계통을 세워 훈련을 하지 않으면 질서가 잡히지 않아 전쟁 이전의 상태로 돌아가 버릴 수 있다는 점을 경계한 말이다.

---

58 以訓鍊成效 專責本兵之官 而本兵之官 責將官 將官責哨官 哨官責旗隊總 體統旣立 而心力專一 則何爲不成 何令不行. 不然則人情狃於尋常 自至 弛廢 雖朝夕嚴令 不可爲矣. 《근폭집》, 병조가 군사훈련을 전적으로 맡도록 청하는 보고, 1594년.

지방관에게도 군사훈련과 관련해서 구체적으로 지시한다. 서애는 "군사훈련의 요령은 오직 지방관에게 달려 있다. 마음을 다하여 힘을 모아 상사의 지시를 따르고 자신의 임무를 직시하여 초급 지휘관들을 부지런히 연습시키고 잡역의 고통을 어루만져 주어 군사들이 흩어지거나 원망하는 마음이 들지 않도록 해야 훈련이 비로소 성취되어 폐단이 없을 것이다"[59]라고 했다. 훈련은 군사들을 피곤하게 할 수 있으므로 지휘관들이 그들의 심정을 헤아리고 보듬는 자세가 필요하다는 당부이다.

공로를 세운 병사에게는 신속하게 포상하여 사기를 높이는 일은 훈련 효과뿐 아니라 전투력을 위해 중요하다. 서애는 "전투에서 세운 공로에 대한 상은 신속하게 처리하여 사람들이 권장되고 격려되도록 해야 합니다. 옛말에 '포상은 시기를 넘겨서는 안 된다'라고 했습니다"[60]라고 말했다. 위급한 전쟁 상황에서 공로를 세워도 포상이 미뤄지면 의욕이 떨어지는 것은 인지상정이다. 반구와 징비, 실질을 위해서는 이런 측면에 대해서도 구체적으로 관심을 가져야 한다.

---

59 鍊兵之要 惟在守令. 盡心協力 聽從上司號令 視之爲己任 戒勅把總哨官 勤勤練習 撫摩雜役 使無離散怨苦之心 然後操鍊之事 始可成就而無弊. 《군문등록》, 경기도 순찰사와 좌우방어사·황해도 순찰사에게 지시하는 공문, 1596년.

60 軍賞在速 使人有所勸勵. 故古有賞不踰時之戒. 《진사록》, 고언백의 군인들이 세운 공로를 서둘러 시상하도록 아뢰는 보고, 1593년.

간첩을 잡아라

간첩 문제에 대해서 이런 측면이 더욱 명확하게 나타난다. 간첩은 적군의 움직임을 미리 파악하고 대처하는 데 결정적인 역할을 하므로 간첩 운용은 군사에서 대단히 중요하다. 이에 대해서도 서애는 실질적으로 인식한다. 전쟁 초기에는 왜적이 우리 국민을 붙잡아 간첩으로 활용한 사례가 있었고, 전쟁이 계속되면서 우리 국민 중에 왜적의 간첩이 되는 경우도 있었다.

1592년 겨울에 발생한 간첩 김순량 사건은 평양성 공격 작전에 큰 차질을 빚게 할 뻔한 중대한 사안이었다. 서애는 "요즘 우리나라의 움직임을 왜적이 먼저 모르는 것이 없어 산천의 형세와 도로의 길이 및 모양, 행군하는 날짜까지 알고 있습니다. 이 고장의 간사한 주민들이 왜적의 간첩이 되었을 것이라고 의심되니 평소 분통이 터졌습니다. 이제 김순량의 말을 듣고 보니 왜적의 간첩이 먼 지역까지 곳곳에 퍼져 있어 더욱 답답하고 괴롭습니다"[61]라고 임금에게 보고했다.

이 간첩 사건은 서애가 수군대장에게 내린 공문이 중간에서 사라진 것을 의심하는 과정에서 드러났다. 서애가 직접 김순량을 조사한 결과 우리 국민 40여 명이 왜적에게 붙잡혀 평양 주변의 순안, 안주, 의주 일대에서 간첩으로 활동했다. 서애는 임금에게 올린 보고서 뒤

---

61 邇來凡我國動靜 賊無不先知至於山川形勢 道里迂直 行軍日期 亦無不知. 固疑本處奸民 爲之耳目 尋常痛憤 今聞順良之言 賊間無遠不布 益加寒心. 《진사록》, 간첩 김순량을 잡아 숙천에 가두었음을 아뢰는 보고, 1592년.

에 "며칠 후 김순량을 베어 죽이고 목을 안주성 밖 높은 곳에 매달아 사람들에게 보이니 간첩 무리들이 놀라서 흩어졌다. 오래 지나지 않아 명나라 군대가 압록강을 건너왔으나 왜적은 군대의 도착을 몰랐다. 이튿날 명나라 군대가 나아가 평양을 포위하여 공격에 성공할 수 있었다. 왜적의 간첩이 아직 남아 있어서 왜적이 미리 방비했다면 일이 어떻게 됐을지 알 수 없다. 간첩이 군사상 기밀에 관계되는 것이 이렇게 중요하다"[62]라고 기록했다. 전쟁에서 적군의 움직임을 미리 알고 모르고가 일의 성패를 좌우한다는 사례를 보여 주기 위해 이같이 기록했을 것이다.

《손자병법》〈용간〉편에서는 "적군의 움직임을 모르는 것만큼 둔감한 일이 없다"(不知敵之情者 不仁之至也)라고 했다. 여기서 불인(不仁)은 '어질지 않다'가 아니라 '둔감하다'로 풀이해야 적절하다. 김순량 간첩사건은 서애가 왜적의 간첩 활용에 매우 민감한, 즉 인(仁)한 태도를 평소 견지했음을 보여 주는 사례이다.

---

62 數日後 斬順良於安州城外 梟首示衆 自是其黨驚散. 未久唐兵渡江 而賊不知兵至. 翌日進圍平壤 得以成功. 如賊間尙在 而預爲之備 則事未可知. 間諜之有關於兵機如此.

득인
得人

오직 능력을 기준으로 임무의 적임자를 구함

인재를 찾아라

징비력은 능력을 기준으로 일의 적임자(適任者)를 구해 실질적인 성
과를 이루는 힘이다. 임무에 알맞은 사람을 구하느냐 못 구하느냐가
일의 성패를 좌우한다. 전쟁이라는 극도로 위태로운 상황에서 각 분
야의 적임자들이 임무를 맡느냐 여부는 전쟁을 이겨 내는 데 큰 영향
을 미친다. 반구와 징비는 결국 사람의 문제라는 점에서 적임자를 얻
는 득인의 특별한 가치가 있다.

적임자는 인재(人才)이다. 특정 계층의 소수 엘리트로서 인재가
아니라 어떤 분야든 그 일을 잘 해내는 사람으로서 인재이다. 서애는
보편적 차원의 인재 관점이 명확하다. 이는 서애가 신분제 사회라는
시대적 한계를 넘어 보편적 인간관을 확고하게 가졌음을 증명한다.
보편적 차원에서 사람을 바라보고 잠재력을 신뢰하는 자세가 없다면

득인은 불가능하다. 서애가 임진왜란이 일어나기 전에 이순신과 권율을 추천해 발탁되도록 한 사례나 전쟁 중에 공로를 세운 노비를 면천(免賤)하고 관직을 준 사례에서 이를 알 수 있다.

서애는 '인재는 어디에나 있지만 적극적으로 찾아 쓰는 노력이 부족할 뿐'이라는 인식이 분명했다. 평소에도 그렇지만 전쟁 상황에서는 더욱 그렇게 해야 한다는 것은 서애에게 당연했다. 평상시 기준을 깨고 인재를 찾는 '파격'(破格)이 필요했다.

서애는 인재를 아쉬워하면서 "넓은 세상에 인재가 이전에 없던 것도 아니지만 공로를 세워 스스로 세상에 나타난 사람은 많지 않았으니, 숨어 있어 나타나지 않은 인재는 어찌 한정이 있겠는가. 이런 일로써 살펴보면 그 당시에 천하에 재주와 도술을 가지고도 큰 산 깊은 골짜기에 자기의 재능을 숨기고 세상에 나타나지 않은 채 세상에서 버림받은 사람이 어찌 이들뿐이겠는가. 옛사람이 현인을 찾는 일을 조급히 서두르면서 초야에 빠뜨려진 현인이 있을까 두려워한 까닭은 진실로 이 때문이다. 한유가 말하기를, 천리마는 언제나 세상에 있지만 말을 잘 알아보는 백락은 언제나 세상에 있지는 않다고 했으니 참으로 옳은 말이다"1라고 했다.

서애는 뛰어난 재능을 가졌으면서도 세상에 쓰이지 못한 역사 속

---

1 天下之大 未嘗無才 其中以功業 自見於世者無幾 隱而不見者何限. 以此觀之 則當時天下懷才抱道 韜光鏟彩於泰山長谷之間 而爲世所棄者 豈止此三人. 古人所以汲汲於求賢 而猶恐野有遺賢者 良以此也. 韓子云 千里馬常有 而伯樂不常有 眞知言哉. 《잡저》, 의변논설 - 인재설.

사람들을 아쉬워하면서 인재에 대한 생각을 드러낸다. 인재를 알아보는 뜻으로 널리 알려진 당나라 시대 학자 한유(韓愈)의 앞서 구절 앞에는 "세상에 백락이 있고 난 뒤에야 천리마가 있게 되니"(世有伯樂 然後有千里馬)라는 말이 있다. 백락은 춘추시대 손양(孫陽)으로, 좋은 말을 잘 알아본 사람이다. 천리마가 이미 있어서 백락이 알아보는지, 백락이 있어 천리마가 좋은 말로 알려지는지 우선을 정하기는 어렵다. 서애는 한유와 마찬가지로 백락이 우선이라고 본다. 서애가 한유의 말에 대해 "참으로 옳다"고 평가한 것은 서애 자신이 백락처럼 인재를 찾아내려는 의지를 보여 주는 사례이다.

다른 글에서도 서애는 "집이 열 채 정도인 작은 동네에도 반드시 성실하고 신의 있는 사람이 있게 마련인데 천하에 어찌 인재가 없겠는가. 이 일로써 인재가 숨어서 세상에 나타나지 않는 것이 헤아릴 수 없이 많았음을 알 수 있다. 그중에서 세상에 나와 큰일을 한 사람은 단지 백 명에 한 명뿐이다"[2]라고 했다.

서애가 북송시대 신종 임금 때의 일을 살펴보면서 인재관을 드러낸 내용이다. 인재가 부족하다고 탄식했지만 실제로는 인재를 적극적으로 찾는 노력을 하지 못했다는 뜻이다. "십실지읍 필유충신"(十室之邑 必有忠信)은 《논어》〈공야장〉편에 나오는 공자의 말이다.

서애가 인재에 대해 관심을 갖는 이유는 인재가 나라의 흥망을 좌

---

2 十室之邑 必有忠信 天下之大 豈曰無人. 是知人才之隱 而不見於世者 蓋不可數計. 其出而有爲者 特百中一耳. 《잡저》, 독사여측 - 신종이 인재 없음을 탄식하다.

우한다는 신념 때문이다. 서애는 "기술자가 자신이 맡은 일을 잘하려고 하면 반드시 먼저 공구를 날카롭게 다듬어야 한다. 인재는 나라의 예리한 공구와 마찬가지다. 제갈무후(제갈량)는 새 임금에게 다른 일은 언급하지 않고 다만 '현명한 신하를 가까이 하고 소인은 멀리 하십시오'라고 했다. 내가 송나라의 당시 형세를 살펴보고는 일찍이 책을 덮고 한숨을 쉬지 않은 적이 없었다"3라고 했다.

기술자가 자신이 맡은 일을 잘하려고 하면 먼저 공구를 예리하게 다듬어야 한다는 말은 《논어》〈위령공〉편에 공자의 말로 나온다. 공자가 지어낸 말이라기보다는 이전부터 전해 온 성어일 것이다. 제자 자공이 인(仁)을 실천하는 방법을 묻자 공자가 이 말을 하면서 "현자를 높이고 인자를 가까이 한다"(事賢者 友仁者)고 답했다. 서애는 이런 관점에서도 인재를 보는 안목에 영향을 받았을 것이다. 기술자에게 필요한 날카로운 공구처럼 나라에는 그런 공구 역할을 하는 사람, 즉 인재가 필요하다는 게 서애의 강한 희망이다.

제갈량의 말을 인용하면서 임금은 소인(小人)을 멀리해야 함을 강조한 이유는 소인들이 인재의 등용을 막을 수 있기 때문이다. 서애는 송나라가 위기에 놓인 이유도 인재를 멀리했기 때문으로 보고 몹시 안타까워한다. 이런 역사적 상황을 살피면서 서애는 인재가 국가의 흥망을 좌우한다는 신념을 더욱 굳혔다.

---

3 工欲善其事 必先利其器. 人才國家之利器. 諸葛武候爲後主言 不及他事 惟曰親賢臣 遠小人. 余觀宋當日之勢 未嘗不掩卷太息. 《잡저》, 독사여 측 - 이강과 장준.

서애가 42세 때(1583년) 함경도에서 발생한 여진족의 반란과 관련해 임금에게 올린 보고에서도 적임자 찾기가 절실한 과제임을 강조한다. 서애는 "가장 중요한 일은 적임자를 얻는 데 있습니다. 조정에서는 인재를 임용하는 일을 마땅히 자세히 살펴야 할 것입니다. 재능이 있더라도 임용되지 못하고 임용된 사람도 재능이 없는 경우가 있습니다. 전하께서는 인재가 한정 있다고 여기지 마시고 다시 널리 찾아내어 비록 지위가 낮은 장수라도 부실한지 충실한지 자세히 살펴서 각각 그 직책에 맞도록 임용한다면 한 시대의 인재 중 어찌 임용할 만한 사람이 없겠습니까"[4]라고 했다. 임금에게 천리마를 알아보는 백락의 눈을 가져 달라고 요청한다. 이는 백락처럼 인재를 적극적으로 찾으려 한 서애의 자세와 마찬가지다.

인재 등용엔 신분 타파해야

왜적의 침략전쟁으로 나라가 망할 수 있는 상황에서 서애는 인재 구하기를 절박한 과제로 인식한다. 서애는 임금에게 "모든 일은 오직 적임자를 얻는 데 달려 있을 뿐입니다. 적임자를 얻지 못한다면 공문

---

4 其要在得人而已. 朝廷於用人一事 固當致詳. 或才者不用 用者非才. 臣願殿下勿以爲人才有限 而更加搜訪 雖鎭堡小將 審於虛實之際 而用之各當其任 則一世人才 豈無可用者哉.《잡저》, 의변논설 - 함경도 사변에 관한 대책을 올리는 보고, 1583년.

은 단지 폐단만 더하게 할 뿐이고 결국 아무 도움도 안 될 것입니다"⁵라고 했다. 적임자를 적극적으로 널리 구하는 것이 일의 성공과 실패를 좌우함을 거듭 밝힌 것이다.

서애의 인재관은 구체적이며 실질적이다. 반구와 징비를 위해서는 인재에 대한 관점도 이처럼 명확해야 가능하다. 1594년 9월 임금에게 올린 "인재를 널리 구하여 뽑을 것을 청하는 보고"(請廣取人才啓, 《근폭집》)에서는 서애의 인재에 대한 신념과 방식이 잘 나타난다. 서애는 "난리를 평정하여 평화롭고 질서 있는 세상을 회복하는 데는 인재를 구하는 것이 급한 일입니다"(撥亂反正 人才爲急)라고 하면서 《시경》 등을 근거로 인재에 관한 세 가지 근본적인 기준을 제시한다. ① 작은 재능도 반드시 뽑아 씀(小才必取), ② 신분이 낮은 사람도 버리지 않음(賤者不遺), ③ 단점을 버리고 장점을 씀(舍短錄長)이 그것이다. 서애는 "이 세 가지를 지키면 사람을 쓰는 방법은 모두 갖추게 된다"(執此三說 而用人之道盡矣)고 했다.

인재와 적임자가 중요하다는 식으로 원칙만 강조한다면 반구와 징비는 불가능하다. 서애는 이런 기준을 우리의 현실에 비판적으로 적용한다. 서애는 "지금은 사람들에게 반드시 갖추어야 할 것을 요구하면서 비록 백 가지 장점이 있더라도 한 가지가 부족하면 임용하지 않습니다. 또 집안의 지위로 제한하고 신분과 명망으로 서로 비교하여 비록 매우 뛰어난 재능이 있더라도 불행하게도 볼품없는 집안에

---

5 但凡事 惟在得人. 如未得人 則一張文移 只益弊端 終無一分之補. 《진사록》, 소금을 달여 굶주린 국민을 구제하기를 청하는 보고, 1593년.

서 태어나면 사람들은 이를 업신여겨 돌아보지도 않습니다. 이와 같이 하면서 남의 작은 허물을 억지로 들춰내고 교묘하게 찾아내는 일은 잘하여 세상 사람들을 비방 속에 몰아넣어 한 사람도 완전한 이가 없게 됩니다. 이렇게 되면 민간에서 찾는 인재가 없게 되어 많은 사업이 잘 이루어지기를 바라는 것은 어렵지 않겠습니까"[6]라고 했다. 차분한 성품의 서애도 인재에 둔감한 현실을 격렬하게 비판한다.

이어 서애는 "옛날에는 인재를 선발하는 방법이 매우 넓었습니다. 노예에서 선발하고 군대의 병졸에서 뽑기도 하고 장사꾼에게 추천을 받기도 했습니다. 오직 재능만을 판단했을 뿐 그 밖의 다른 것은 묻지 않았는데 이는 참으로 까닭이 있었습니다"[7]라고 했다.

여기서 옛날[고자(古者)]은 과거의 특정 시대가 아니라 서애가 생각하는 바람직한 인재 선발의 기준이 되는 상황을 기교적으로 나타내는 표현이다. 인재는 오직 능력과 재능을 기준으로 선발해야 하고 타고난 신분 등 본인 능력과는 관계없는 기준을 적용해서는 안 된다고 강조한다.

여기까지도 아직은 원론적이다. 적임자를 찾기 위한 실질적 효과를 위해서는 더 세밀하고 구체적인 기준과 방법이 필요하다. 그래서

---

6 今則於人 必欲其備 雖有百長 而一事不足 則棄而不取. 又以門地限之 以位望相較 雖有卓越之才 不幸而出於冗卑之中 則人皆屑越而不顧. 如此而又工於吹毛 巧於索瘢 舉一世之人 皆在訾謗之中 無一全人. 以此而求其野無遺賢 庶績咸熙者 不亦難乎.

7 古者 取人之道甚廣. 或拔於奴隷 或出於行伍 或奮於賈豎. 惟才是取不問其他 良有以也.

서애는 "지금의 상황에서 쓰임에 절실한 인재를 10가지 항목으로 나누어 제시합니다. 2품 이상의 문무 신하와 사헌부, 사간원, 홍문관에 지시하여 각자 자기가 아는 사람을 추천하되 관직이 있든 없든, 첩의 자손이나 노비, 승려, 평민을 논할 것 없이 실제로 재능 있는 사람을 최선을 다해 추천하도록 하고, 뜻이 있는데도 알려지지 않은 사람은 지방관들에게 명령하여 모두 찾아내어 조정에 보고하도록 해야 할 것입니다. 이와 같이 하는데도 또 빠뜨려져 나타나지 않는 사람이 있다면 스스로 추천하는 방법도 필요합니다. 이렇게 하여 많은 인재가 모이고 특별한 재능을 가진 사람들이 모두 나타나서 세상에 활발하게 쓰인다면 참으로 큰 행운이 될 것입니다"**8**라고 했다.

적임자로서 인재를 찾기 위해 서애가 얼마나 구체적으로 고민하는지를 잘 보여 준다. 이런 인재를 재능을 기준으로 실재(實才)와 이인(異人)이라고 표현했다.

---

8 謹以切於時用者 分爲十條 開列于後. 令二品以上 文武宰臣 兩司弘文館 各薦所知者 無論有職無職 庶孽公私賤僧俗 務擧實才 其有抱負 而不爲見知於人者 令外方監兵使守令 皆搜訪啓聞 或申報本司. 如此而又有遺漏不現者 許令自擧. 庶幾因此 群材輻湊 異人並出 蔚爲世用 誠爲幸甚.

인재의 10가지 기준

서애가 제시한 적임자 인재의 10가지 기준은 다음과 같다. 전쟁 상황에서 분야별로 적임자를 선발해 위기를 극복하는 데 필요한 인재의 모습이다.

- 재능과 슬기, 식견, 사려 깊음이 있고 병법을 잘 알아 장수의 임무를 맡을 수 있는 사람(有才智識慮 通曉兵法 可堪將帥之任者)
- 학문하는 방법이 있고, 지금 시대에 시급히 해야 할 일을 잘 알며, 인정스럽고, 세밀하게 일을 하는 자세, 청렴 검소하고 언행을 삼가는 자세가 있어 주민을 다스리는 능력이 지방관의 임무를 맡을 수 있는 사람(有學術 識時務 慈詳廉謹 治民才堪守令者)
- 용감하면서 도량이 넓고 말솜씨가 뛰어나 외국에 사신으로 가거나 왜적의 진중에 드나들며 움직임을 정탐할 수 있는 사람(有膽量 善於言辭 能奉使外國 及出入賊中 哨探動靜者)
- 집에서 부모에게 효도하고 형제간에 우애가 있어 지역에서 모범이 되고, 의롭지 못한 현실을 분통해하며 나라를 위해서는 목숨을 바치며 관직을 맡을 수 있는 사람(居家孝悌 爲一鄕矜式 慷慨殉國 可堪入官者)
- 문장이 아주 뛰어나 외교문서를 잘 짓는 사람(文章特異 善於辭命者)
- 용기가 있어 활을 잘 쏘고, 칼과 창을 잘 쓰고, 무거운 것을 짊어지고 빨리 달리며, 겁이 없고 용감하여 적군 속으로 들어가는

것을 두려워하지 않는 사람(有勇力善射 或善用刀槍 或能負重疾
走 或有膽氣 不怕登陣者)

• 농사일을 잘 알아서 주민에게 밭 갈고 씨 뿌리는 것을 권장하고,
땅의 마름과 축축함을 분별하여 버려진 토지를 개간하여 둔전을
만들 수 있는 사람(能知稼穡之務 勸民耕種 辨燥濕之宜 開墾荒廢
作爲屯田者)

• 재산을 잘 관리하고, 바닷물을 달여 소금을 만들고, 산에서 쇠
를 만들고, 이곳저곳의 물건을 바꾸어 서로 무역하며, 상품을
판매하고 이익을 늘려 재산을 넉넉하게 만들 수 있는 사람(善於
理財 或煮海爲鹽 或卽山鑄鐵 或能移此易彼 變遷貿易 商物辨賣 興
利足用者)

• 계산에 밝아서 회계를 잘하여 군량을 알맞게 처리하고 조금도
틀리지 않도록 하는 사람(能通曉籌法 善於會計 調度軍食 不失錙
銖者)

• 기술에 소질이 있어 창과 칼을 잘 만들고, 화약을 달여 만들 줄 알
며, 조총, 대포, 소포와 성을 지킬 무기를 만들 수 있는 사람(有
巧性 能制造槍刀 或曉解煮取焰硝 能造鳥銃大小砲及守城器械者)

이 10가지 인재의 기준에는 신분제도를 넘어 국가경영에 필요한
분야별 재능이 골고루 들어 있다. 첫 번째부터 다섯 번째까지는 장수
와 지방관, 외교관, 공직 분야에서의 인재이다. 장수와 지방관의 자
격을 가장 먼저 제시한 이유는 전쟁 상황에서 그 역할이 특히 중요하
기 때문이다. 나머지 다섯 가지는 농업과 상업, 기술 분야의 인재를

제시한다. 인재를 구하는 폭이 매우 넓어야 한다는 점도 보여 준다. 전쟁 상황에 급히 필요한 인재뿐 아니라 전쟁을 이겨 낸 후 정상적으로 국가를 운영하기 위해 필요한 인재까지 고려했다.

아무리 전쟁 상황이더라도 이처럼 각 분야의 적임자 인재가 시급하다는 주장에 공감대가 빨리 형성되기는 어렵다. 가령, 신분적 차별이 제도적으로 오랫동안 이어진 것도 큰 걸림돌이다. 이 10가지 인재의 기준만 보더라도 예컨대 장수와 외교관, 농부와 병졸 등 신분적 차별이 없다. 해당 분야에서 적임자인가 아닌가 하는 구별이 있을 뿐이다. 이런 보편적 관점을 당시 지배층에서 받아들이기는 어려웠을 것이다. 그래서 서애는 다양한 방식으로 호소하면서 실제로 적임자를 발탁하거나 추천하는 적극적 노력을 한다.

서애는 "전쟁으로 일이 급하게 되면 평소처럼 대응해서는 안 됩니다. 사람을 쓰는 방법은 넓게 선발하는 것을 소중하게 여기고 좁게 뽑는 것은 소중하게 여기지 않습니다. '현명한 사람을 임용할 때는 출신으로 구별하지 않는다'고 했습니다"9라고 임금에게 말했다. 서애는 임금부터 적임자로서 인재는 넓은 시각으로 찾아야 한다는 인식을 분명히 하도록 요청한다. '입현무방'(立賢無方)이라는 맹자의 말을 근거로 제시한 것은 서애가 소통하는 방식이다. 이런 말을 듣는 임금도 서애의 말에 더욱 귀를 기울일 수 있다.

---

9 蓋云事變旣急 則不可尋常應之也. 蓋用人之道 貴廣而不貴狹. 故云立賢無方. 《근폭집》, 왜적을 막고 국토를 지키기 위해 마땅히 해야 할 일을 아뢰는 보고, 1595년.

입현무방은 유능한 사람을 등용하는 데는 신분이나 출신 등에 '차별'(方)이 없다는 뜻이다. 맹자는 성인(聖人)으로 칭송 받는 우왕, 탕왕, 문왕, 무왕, 주공의 덕을 말하면서 탕왕에 대해서는 "중용을 지키면서 인재를 등용하는 데는 출신을 가리지 않았다"(湯執中 立賢無方. 《맹자》〈이루〉하편)고 했다. 서애는 탕왕이 농사를 짓던 이윤을 재상으로 등용하여 하(夏)나라를 멸망시키고 상(商)나라를 건국한 일을 인재 등용의 사례로서 든다. 또한 주공이 선비를 추천할 때는 가난한 사람들이 사는 집을 먼저 찾았고, 제(齊)나라 재상 관중과 안영이 도적과 마부를 등용한 사례를 임금에게 아뢴다.

그러면서 서애는 "지금 세상에서 사람을 쓸 때는 반드시 대대로 내려오는 그 집안의 문벌을 살펴봅니다. 문벌이나 지위가 왜적을 공격해서 물리칠 수 있다는 것입니까"[10]라며 강한 어조로 인재 등용의 폭을 넓혀야 한다고 주장한다. 서애의 인재관에 대한 반대 분위기가 적지 않았기 때문일 것이다. 나라가 위태로운 상황인데도 문벌부터 따지는 분위기에 서애가 대결하는 모양이다.

서애의 입장은 명확하다. 임무에 적합한 인재는 오직 실력을 기준으로 해야 한다는 것이다. 그래서 "문벌과 지위, 낮은 신분을 따질 것 없이 오직 실력 있는 사람만 찾아 쓸 따름입니다. 지금 우리나라가 이전에 없던 전쟁을 만났으니 이를 이겨 내기 위해서는 평소와 같은 구습에 매달려서는 안 될 것입니다. 다른 일도 모두 그렇게 해야겠지만 사람을 쓰는 일은 더욱 중요합니다"[11]라고 했다. 사람을 등용

---

10 今世用人 必先論門地. 夫門地果能擊賊乎.

하는 용인(用人)의 핵심은 '실력 있는 사람', 즉 실재(實才)여야 나라를 살릴 수 있다는 주장이다.

파격적 발탁의 필요성

전쟁이라는 특수한 상황에서는 파격(破格)과 발탁(拔擢)이라는 특수한 방식이 필요하다는 게 서애의 판단이다. 서애는 "오늘날 일을 이루기 위해서는 발탁하지 않으면 적임자를 얻기가 어렵습니다. 적임자를 얻지 못하면 일을 이루기 어렵습니다. 신이 이전부터 매번 청하기를 평소의 일반적 규정에 얽매이지 말고 인재를 널리 거두어 쓰자고 한 것은 그 뜻이 결코 우연스럽게 말씀 드린 것이 아닙니다"[12]라고 했다.

뽑아 올린다는 의미의 '발탁'은 비상조치의 일종이다. 평소처럼 복잡한 절차를 거쳐 적임자를 선발할 상황이 되지 못할 때에 적용하는 방식이다. 일상적인 방식으로는 신속을 요하는 전쟁 상황에 대처할 수 없기 때문이다.

서애는 전쟁 초기에 "지금 올리는 이 보고는 진실로 앞으로의 일을

---

11 勿論門地與賤流 惟實才是求而已. 今國家値前古所無之變 其所以救之 不可循常守舊. 他事皆然 而用人一事尤重.

12 今日之事 非拔擢難以得人. 非得人 難以濟事. 故臣從前每請不拘常規 廣收人才者 其意實非偶然也.《근폭집》, 조광익과 김시약을 충청도로 보내 군사를 모아 지키도록 청하는 보고, 1595년.

헤아리는 뜻을 담았습니다. 이렇게 위태롭고 어려운 시기에는 마땅히 격식을 깨뜨려 인재를 모아 실질적 효과를 찾아야 할 것입니다"[13] 라고 했다.

군대나 민간에 인재가 있다고 하더라도 배고픔과 추위 같은 현실적 어려움 때문에 인재로서의 패기와 기운이 꺾일 가능성이 있다. 서애는 이런 현실을 인정하면서도 여전히 인재에 대한 기대감을 포기하지 않는다. 그래서 "인재는 비록 큰 인재와 작은 인재가 있지만 모두 장점과 단점이 있습니다. 참으로 재능에 따라 선발하여 각자 분발하여 떨쳐 일어나도록 한다면 쓸 만한 인재가 아닌 경우가 없을 것입니다. 걱정되는 것은 인재를 널리 구하지도 않고 적절하게 쓰지도 못하는 현실입니다"[14]라며 어떤 상황이라도 인재에 대한 적극적인 발굴과 선발을 포기해서는 안 된다고 역설한다. 지방관들에게도 인재에 대한 추천을 활발하게 할 것을 알려 조정이 "사람 쓰는 길을 넓힌다"(以廣用人之路事)는 뜻을 보여 달라고 임금에게 요청한다.

그런데도 조정에서는 적임자 발탁에 대해 머뭇거리는 분위기가 여전했을 것이다. 서애는 "지금 나랏일을 논의하는 사람들은 번번이 인재가 모자란다고 걱정합니다. 인재를 구하면서 참으로 그 이치를 얻어 청렴하고 검소한 사람을 버리지 않는다면 한 시대의 뜻있는 사

---

13 今此狀啓辭緣 實有遠慮. 當此危難之際 所當破格收才 以求實效. 《근폭집》, 격식을 깨뜨리고 널리 인재를 뽑아 지방관과 변방의 장수로 삼도록 청하는 보고.
14 人才雖有大小 而皆有所長短. 苟能隨才甄拔 使各奮勵 則莫非可用之才. 所患求之不廣 用之失宜耳.

람으로서 시대의 쓰임에 충분히 기여할 수 있을 것이니 어찌 인재가 없다고 걱정하겠습니까"[15]라고 했다.

인재가 부족한 게 아니라 적극적으로 찾지 않는 자세부터 바꾸자는 뜻이다. 백락의 안목을 갖고 찾으면 얼마든지 확보할 수 있다는 기대와 확신이다. 그래서 서애는 "지금 그렇게 하지 않고 인재를 높고 중요한 직책에서만 구한다면 그들은 의지와 욕망이 이미 충족되어 나라의 은혜에 보답하여 힘을 쏟는 데는 관심이 없을 것입니다. 좋은 평판에 따라 구한다면 비방과 칭찬이 서로 다투어 나오게 되어 이름과 실상이 서로 어긋나게 될 것입니다. 신분과 지위 같은 자격으로 구한다면 사소한 일에 얽매어 기존 관행을 버리지 못하여 훌륭하고 탁월한 재능을 가진 사람은 한 명도 직책을 맡을 수 없을 것입니다. 이는 인재가 항상 부족하고 끊어져 없어지는 걱정이며 동시에 세상일이 나날이 어렵게 되는 원인이 됩니다"[16]라고 했다.

---

15 今之論者 每患人才乏少. 然求之苟得其道 不棄寒素 則一世之士 自足供一世之用 何患乎無才哉.

16 今則不然 求之於高顯 則志欲已滿 無意於報效. 求之於聲望 則毀譽競進 名實背馳. 求之於資格 則齷齪因循 而卓犖奇偉之才 未嘗一進. 此所以人才常患於乏絶 世事日至於難爲者也.

적재적소에 인재 배치해야

인재를 높고 중요한 직책에 한정하거나 세상의 평판, 가문과 지위 등 좁은 기준을 정해 놓고 찾으면 각 분야의 실력 있는 사람을 발굴하기가 어렵다. 발탁이 필요한 이유는 기존 장수들의 안일한 자세 때문이기도 하다. 서애는 "지금 장수 가운데 이미 직위가 높은 사람은 대체로 자기 몸을 아끼며 편안하게 지내려고 하면서 나라를 위해 일을 맡는 것을 좋게 여기지 않습니다. 마땅히 보통의 일반적 규정에 얽매이지 말고 옛날 사람들이 말하는 '병졸을 발탁하여 장수로 삼는다'와 같이 해야 할 것입니다"[17]라고 했다.

아무리 전쟁 상황이더라도 병졸을 장수로 발탁하는 일은 간단하지 않다. 장수가 무능하더라도 과연 우수한 병졸을 지휘관으로 발탁하는 것이 필요한지, 바람직한지는 복잡한 사정이 얽힌다. 그러나 서애는 그런 문제는 나라가 망하지 않을 때 사정일 뿐이라는 생각이 강하다. 반대를 무릅쓰고 이순신을 파격적으로 추천해 발탁되도록 한 배경에도 이런 신념이 놓여 있었을 것이 틀림없다.

서애는 전·현직 지방관인 조광익, 김시약, 권인룡, 한현 등은 충청도 출신으로 용감하고 재능이 있으므로 관직을 주어 충청도로 보내 관찰사의 지휘를 받도록 요청하며 "성과를 기다려 특별히 승진시켜 인심이 감동하여 떨쳐 일어나도록 하면 반드시 이익이 있을 것입

---

17 今武將中 已在高位者 多惜身占便 不肯爲國任事. 惟當勿拘常規 如古人所謂拔卒爲將. 《근폭집》, 시급히 해야 할 일을 아뢰는 보고, 1592년.

니다"**18**라고 했다. 지역 실정을 잘 아는 인재를 배치해 왜적을 방어하도록 한다면 실질적인 효과를 거둘 뿐 아니라 사람들도 흔쾌히 따를 수 있다는 기대이다.

적임자를 선발해 배치하는 일도 중요하지만 이미 맡은 일을 잘 해내는 인재를 파격적으로 승진시키고 격려하는 일도 득인의 차원이다. 경우에 따라서는 죄를 용서하고 임무를 맡겨야 할 상황도 있다. 지방관에게 보낸 공문에서 서애는 "기술자가 일을 잘하기 위해서는 반드시 먼저 도구를 날카롭게 만들어야 한다. 이런 일은 모두 변방의 장수에 적임자를 얻느냐 못 얻느냐에 달려 있다"**19**고 강조한 뒤, 구체적으로 변방 장수의 인품과 재능이 우수한지, 직위에 적합한지 자세히 조사하여 신속하게 보고하되, 만약 욕심이 많아 뇌물을 받거나 마음이 약해 임무를 감당하기 어려운 경우에는 낱낱이 보고하라고 지시했다.

이미 변방의 장수로 근무하는 경우라도 실제 적임자로서 임무를 수행하는지도 파악해야 한다. 득인은 1회성 발탁으로 끝나지 않고 계속 관리가 필요한 '과정'이다. 서애는 다른 지방관에게도 "기술자가 일을 잘하기 위해서는 반드시 먼저 도구를 날카롭게 만들어야 한다. 초관(초급 지휘관)은 반드시 임무를 감당할 만한 사람을 신중하게 가려 뽑아야 병사 훈련을 성취할 수 있다"**20**라고 강조했다.

---

18 侯其成效 別爲陞擢 使人心興起 則必有利益.
19 工欲善其事 必先利其器. 如此等事 皆在於邊將之得人與否.《군문등록》, 황해도 순찰사에게 지시하는 공문, 1595년.

적임자가 중요한 이유는 현실의 상황이 고정적이지 않고 계속 바뀌기 때문이다. 적임자는 변화에 신속하고 유연하게 대처할 수 있다. 그래서 서애는 "일은 마땅히 알맞은 때에 맞춰 처리해야 할 것이며 통상적인 규정을 아교풀처럼 융통성 없이 지켜서는 안 될 것입니다. 반드시 적임자를 얻어서 그 일을 전적으로 맡겨야 나라든 민간이든 이익이 겨우 있을 수 있으며, 그렇지 못하면 아마 이익이 없을 것입니다"[21]라고 했다. '겨우'〔서기(庶幾)〕 또는 '아마'〔공(恐)〕는 기교적 표현이 아니라 이렇게 치밀하게 적임자를 찾아 활용하더라도 반드시 성과가 나오는 것은 아니라는 엄격한 의미를 담고 있다.

신상필벌(信賞必罰)의 필요성

상벌(賞罰)을 분명하게 시행하는 원칙은 적임자로서 인재를 유지하는 데 중요한 요소이다. 발탁한 인재가 나태해져 임무를 소홀히 하면 벌로써 경계하고 더욱 성과를 내면 상으로써 권장해야 하기 때문이다. 무능한 사람을 쫓아내고 유능한 사람은 등용하는 것이 출척(黜陟)의 원칙이다.

---

20 工欲善其事 必先利其器. 哨官必爲愼擇可堪之人 然後鍊兵之事 可以有成.《군문등록》, 양주목사에게 지시하는 공문.

21 事當隨時 不可膠守常規. 但必須得人 專委其事 然後庶幾有益於公私 不然則恐無利益.《진사록》, 굶주린 국민을 구호한 일을 아뢰는 보고, 1593년.

군사훈련이 성과를 거두기 위해서도 상벌은 중요하다. 서애는 "무예 연습에 능숙하거나 초급 지휘관인 초관, 기총, 대총으로서 성심껏 일을 잘 처리하는 경우에는 격식을 깨뜨리고 상을 주거나 집안의 쇄마(공무용 말을 관리하는 일)와 잡역을 면제해 주는 특별한 뜻을 보여야 한다"22라고 지방관에게 지시했다.

서애는 또한 임금에게 "군사를 모아 훈련으로 바로잡고 보완한 뒤에는 반드시 공로와 잘못을 밝혀 상벌을 시행해야 군사들의 마음가짐이 한결같이 엄숙해져 분위기가 느슨해지는 상태가 되지 않을 것입니다"23라고 했다.

현장에서 왜적을 방어하는 하급 지방관이 의욕적으로 임무를 수행하도록 격려하는 일은 필요한 인재 관리술이다. 서애는 함안군수 안옥에 대해 "상당히 임무를 잘 처리하여 사람들이 마음속으로 싫어하거나 고통스럽게 여기지 않습니다. 정성스러운 마음가짐으로 이 일(둔전)을 하면 함안지역 주민뿐 아니라 사방에 있는 주민까지 소문을 듣고 모여 머지않아 큰 진영을 이룰 것입니다. 안옥이 이 임무를 잘 처리하여 눈에 띄는 성과를 거두면 차례에 따르지 않고 뛰어 넘어 승진시켜 여러 사람들에게 권장하고 격려가 되도록 하는 것이 옳을 것입니다"24라고 했다. 작은 지역의 지방관이 책임 있게 일하면서 왜적

에 대처하는 힘을 키우는 노력을 격려하고 보상하는 것은 득인의 과
정이다.

서애는 함안과 같은 사례가 확대되도록 해야 한다면서 "흩어진 주
민을 올해 몇 명이나 모았는지, 토지를 개간해 경작한 면적이 어느
정도인지, 방어하는 일에 관한 대책이 어떠한지 낱낱이 실적으로 파
악해야 할 것이며, 지난날과 같이 한가롭게 세월만 보내도록 해서는
안 될 것입니다. 이들 가운데 성과가 있는 사람은 뚜렷이 드러나게
승진시키고, 태만하여 일하지 않는 사람은 규정을 넘어 무거운 형벌
을 주고, 나약하여 임무를 감당하지 못하는 사람은 낱낱이 파악해 임
무를 맡지 못하도록 도원수와 순안어사, 순찰사에게 지시하는 것이
어떻겠습니까"25라고 했다. 보직자가 두드러진 성과를 내면 승진시
키고, 게을러서 일을 하지 않으면 규정보다 더욱 엄하게 벌을 주고,
임무에 대한 의지가 부족해 나약하면 해직하는 것은 모두 파격의 여
러 가지 방식이다.

---

24 頗善於其任 人心不至厭苦. 如使誠心爲此 不獨咸安之民也 四方之民 聞
風來會 不久將成大陣. 若安沃 善於此任 而顯有成效 則不次超擢 以爲諸
人之勸 亦無不可.《근폭집》, 경상도에서 마땅히 해야 할 일을 아뢰는 보
고, 1595년.

25 今年招集人民多少 耕墾廣狹 措置防守方略能否 一一考課 無得悠悠泛泛
如前日之爲. 其有成效者 顯然陞擢 其惰慢不事者 律外行罰 疲軟不能勝
任者 一一汰去事 都元帥及巡按御史巡察使處 下諭何如.

노비도 국민

노비도 전쟁 상황에서 성과를 내면 면천하여 관직을 주는 서애의 결단은 인재를 신분제도를 넘어 보편적 인간관의 차원에서 대우한다는 사실을 잘 보여 준다.

서애는 "고언백의 지휘를 받는 군인으로 노비에서 벗어난 노송은 왜적을 잡아 머리를 벤 것이 매우 많습니다. 목이 10여 개이고, 활로 쏘아 죽인 왜적은 24명, 생포한 왜적은 1명이며, 빼앗은 왜적의 깃발은 5개입니다. 요즘에는 군사 100여 명을 거느리고 서울 안팎을 드나들면서 싸울 때마다 왜적에게 먼저 나아가 용맹과 담력이 다른 사람보다 뛰어납니다. 신이 봉사 관직(종8품)이 될 수 있는 백지 임명장(공명첩)을 만들어 주었습니다"**26**라고 말했다. 구체적인 성과를 파악한 뒤 노비 신분에서 벗어나 관직까지 주는 파격적인 보상을 한 사례이다.

이어 서애는 노비라는 신분보다는 전쟁을 이겨 내는 데 필요한 노력이 중요하다고 강조한다. 즉, "노송은 비록 천한 신분이지만 공로가 이미 나타나 벌써 면천되어 이 같은 상을 주었더니 이후 왜적과 싸움에서 공로가 더욱 두드러지게 나타났습니다. 조정에서도 적절

---

26 高彦伯軍人免賤盧松 前後捕斬賊首甚多. 至於十餘級 而射殺二十四 生擒一奪旗五. 近日率軍百餘人 出入於京城內外 每戰先等 勇膽出人. 臣成給空名奉事告身.《진사록》, 군인의 공로를 논공행상하도록 청하는 보고, 1593년.

히 살펴 상을 주어 분발하여 떨쳐 일어나도록 하는 것이 괜찮을 듯합니다"27라고 했다. 막연한 애국심에 호소하면서 독려하는 게 아니라 정확한 성과에 기초해서 포상할 때 실질적인 성과를 낸다는 점을 강조한 것이다. 이 같은 원칙에는 장수든 병졸이든, 양민이든 노비든 아무런 차별이 없다. 오직 임무를 잘 해낼 적임자인가 아닌가의 구별이 있을 뿐이다.

노비를 부당하게 차별하는 것은 정당하지 않다는 서애의 가치관은 노비제를 당연시하는 지배층의 인식과 충돌할 수 있다. 서애의 이런 가치관은 전쟁이 끝날 무렵 서애가 반대 세력에 의해 탄핵될 때 보이지 않는 반감으로 작용했을 수 있다.

서애는 노비제도에 대해 근본적인 의문을 제기하면서 현실을 강하게 비판한다. "개인이 소유한 노비를 군대에 편입하는 데 따르는 폐단에 대해 요즘의 관습으로 말하면 (군사훈련은 서두를 필요가 없다는) 이 같은 말을 할 수 있습니다. 그러나 함께 살아가는 세상의 이치를 기준으로 말하면 개인 노비는 국민이 아니라는 말입니까"28라고 임금에게 말한 것이다.

여기서 "함께 살아가는 세상의 이치를 기준으로 말하면"이라는 서애의 인식은 중요하다. 노비 같은 신분제가 당시에는 제도로 정착돼

---

27 松雖賤隷 而功勞已著 且已免賤 故如此施賞 其後戰功尤著. 朝廷亦量宜行賞 使之激勵興起 恐或無妨.

28 至於私賤爲軍之弊 自近日之習論之 則誠有如此言也. 若以天下公共之理言之 則私賤獨非國民乎. 《근폭집》, 유조인의 상소에 대한 보고, 1595년.

서애도 이를 인정한다. 그러나 현실적 제도라 하더라도 보편적 차원에서는 정당하지 못하다는 것이다. 공(公)은 사사롭지 않다는 뜻이다. 공(共)은 함께 한다는 뜻이다. 공공(公共)은 인간으로서 함께 살아가는 차원이라는 의미다. 노비를 소유한 당시 기득권자들에게 서애의 인식은 상당한 거부감을 주었으리라.

"노예는 국민이 아니라는 말입니까?"에서 국민(國民)이라는 표현이 눈에 띈다. 《서애전서》에는 이곳에 한 번 나오는 말이다. 서애는 민(民), 인민(人民), 생령(生靈), 소민(小民), 적자(赤子) 같은 말을 주로 사용한다. 백성(百姓)은 거의 쓰지 않는다. 《시경》과 《서경》 등 옛 문헌에는 백성(百姓)과 같은 뜻으로 하민(下民), 서민(庶民), 증민(烝民), 창생(蒼生), 만성(萬姓), 중민(衆民), 만민(萬民), 조민(兆民), 여민(黎民) 등이 쓰였다. 대체로 백성을 쓰고 국민은 찾기 어렵다. 국민은 국가공동체의 구성원을 뜻한다. 모든 구성원이 평등하다는 의미가 들어 있다. 반면 백성은 피지배층 다수를 뜻하는 의미가 강하여 지금 시대와는 거리감이 있는 말이다. 이런 점을 고려하면 서애가 쓴 '국민' 개념에는 보편적 차원에서 사람에 대한 인식이 들어 있다.

서애는 전쟁이라는 극단적 위기상황을 이겨 내기 위해서라도 타협할 수 없는 입장을 지킨다. 서애는 사노비가 늘어나는 현실과 이들을 군대에 편입시키는 것을 반대하는 소유주 때문에 얼마나 큰 폐단이 생기는지 다음과 같이 임금에게 직언한다.

"우리나라는 본래 지역이 좁은데, 거기다 양반과 상민으로 나누어지고 귀족과 천민의 차별이 생기면서 이른바 개인 노비는 점점 불어나 아주 많아졌지만 한 사람도 노역을 하는 경우가 없습니다. 양민은 부역이 번거롭고 무거워 의지하며 살아갈 수 없어 점점 흩어져 없어지고 마침내 중앙과 지방의 낮은 사람들은 모두 개인의 문중으로 들어가게 되고, 집집마다 작위 같은 귀족의 혜택이 있습니다만 공공기관에는 일할 수 있는 국민이 없게 되었습니다. "29

나라가 바람 앞 등불처럼 위태로운 상황이어서 군인 1명이 아쉬운 형편인데도 사노비를 군인으로 편입시키는 것을 반대하는 현실에 대해 서애는 분노한다.

"지금 나라의 형편은 종묘사직이 폐허가 되었고 국민은 다 죽어 가고 있습니다. 국가는 대책이 나올 데가 없어 고생스럽게 몇백 몇천 명의 병사를 모아 훈련시켜 왜적을 방어할 대책으로 삼아 몇 해를 지내면서 부족한 곳을 보충하였습니다. 하지만 모양을 이루지 못하여 여전히 속을 태우며 고생하는 군대가 되어 있습니다. 어려운 걱정이 눈앞에 가득하여 뜻있는 사람들이라면 눈물을 흘려야 할 텐데 이에 대한 인식이 없는 무리들은 종종 그의 노비가 군대에 나가는 것을 싫어하여 말을 부풀려 다른 의견을 부추기는 행태를 하지 않는 곳이 없습니다. "30

---

29 我國本來褊小 其間分爲兩班常人 貴賤有異 而所謂私賤者 日滋月盛 千萬爲群 一無所役. 而良民則役煩賦重 不能聊生 漸就耗散 卒至中外人物 盡歸私門 家家有公侯之奉 而公室無民. 《근폭집》, 앞의 보고.
30 今社稷墟矣 生靈盡矣. 國家於是計無所出 艱難收拾數十千百之卒 以爲訓鍊禦敵之計 經年補綴. 不成模樣 草草軍容. 艱虞溢目 有志之士 可以隕涕 而乃有無識之輩 往往厭其奴僕之他役 張皇辭說 鼓動異議 無所不至. 《근

180

왜적의 침략으로 나라의 종묘사직이 폐허가 되는 비참한 현실은 남의 일일 뿐 개인 소유 노비는 군대에 보내지 않으려는 지배층의 행태는 결코 용납할 수 없다는 강한 의지를 드러낸 것이다.

적임자 없다고 공석은 곤란

긴급한 상황에서 적임자를 찾기는 매우 어렵다. 그렇더라도 적임자가 없다고 단정하기보다는 최대한 실정에 맞게 찾는 유연함이 필요하다. 그래서 서애는 "신이 이전에 비변사에 있을 때 방어사 임무를 감당할 만한 사람을 찾아보아도 적임자를 얻기 어려워 임명하지 못했습니다. 적임자가 될 만한 사람이 없다고 해서 그 직책을 비워 두면 일이 되어 가는 중요한 고비를 그르칠 수 있습니다"[31]라고 했다. 경기도 방어에 필요한 방어사를 찾으려 했지만 적임자를 얻지 못한 사정을 말하는 것이다.

꼭 들어맞는 적임자가 당장 없다고 해서 그냥 직책을 비워 두면 일이 더욱 곤란해질 수 있다. 그래서 서애는 현실 사정에 최대한 맞추는 유연한 건의를 한다. "부사를 지낸 오언량이 지금 맡은 직책이 없

폭집》, 앞의 보고.

31 臣前在備邊司 見防禦使可堪者 難得其人 未得差出. 然不可以無其人 而 闕其任 以誤事機. 《진사록》, 음죽과 죽산은 잠시 비워 두고 여주 방어를 먼저 조치할 것과 우방어사 오언량을 빨리 임명해 보내기를 청하는 보고, 1597년.

다고 합니다. 현재 어디에 있는지 모르지만 혹시 가까운 곳에 있다면
이 사람을 임명해서 보내면 되지 않을까 싶습니다. 신은 오언량의 인
품을 모르지만 일이 돌아가는 형편이 몹시 절박하므로 어쩔 수 없이
이 사람의 이름을 들어 아뢰오니 비변사가 나서서 적임자인지 빨리
분별하여 처리하도록 해주십시오"[32]라고 한 것이다.

서애는 직접 해당 직위의 적임자를 찾지 못했지만 그렇다고 방치
하는 것이 아니라 주변의 평판 등을 파악해 상황에 맞는 인물을 간접
적으로 추천하였다. 적임자로서 인재를 얻는 과정은 사람의 가능성
과 잠재력을 중요하게 여기는 자세와 관련 있다.

또한 서애는 "경기도에는 장수가 1명도 없어 전 이천부사 변응성
이 혼자 방어사 임무를 겸하고 있었는데 지금 사소한 일로 직무가 박
탈되었습니다. 신의 생각으로는 변응성을 그대로 방어사로 삼아 그
가 여러 지역을 다니면서 왜적을 막을 조치를 하고 아울러 수원, 이
천, 양근, 광주 등지에서 흩어진 관군과 의병을 불러 모아 훈련을 시
켜서 갑작스럽게 일어나는 일에 대비하도록 한다면 장수가 1명도 없
어 서로 잊어버리는 상태로 버려두는 것보다는 나을 것입니다"[33]라

---

32 聞前府使吳彦良 時無所任云. 未知今在何處 若在近地 則此人或可差送.
臣未知彦良之爲人 而事勢悶迫 不得已擧名陳稟 亦令備邊司 商量可合與
否 急速區處.

33 京畿無一將官 獨有前利川府使邊應星 兼防禦之任 而今又以微事見罷. 臣
意應星 當使仍爲防禦使 使之往來諸邑 措置防備等事 並於水原利川楊根
廣州等處 召集舊時官義之兵 稍加訓鍊 以爲倉卒之備 猶勝於全無一人 而
付諸相忘也.《근폭집》, 지금 해야 할 일을 조목별로 아뢰는 보고, 1593년.

고 했다.

현장 임무를 맡은 장수가 작은 일〔미사(微事)〕로 직무가 박탈되자 서애는 후임자가 없는 상황에서 그 사람이 임무를 계속 맡도록 하는 것이 필요하다고 건의한다. 징계를 받은 작은 일이 무엇인지는 알 수 없지만 서애는 비상시이므로 임무를 계속 맡겨도 될 정도라고 판단했을 것이다. 득인에는 이처럼 상황에 유연하게 대처하는 판단이 필요하다.

서애가 경기도 곳곳을 다니면서 지방관의 근무 상태를 파악하는 모습에서 치밀해야 할 득인의 자세를 볼 수 있다. 임무에 충실하면 권장하고 소홀히 하면 잘못을 뉘우치도록 하는 권징(勸懲), 즉 권선징악이 판단 기준이다.

이에 따라 서애는 "남양부사 이경함은 너그럽고 검소하게 행정을 펼쳐 관청의 직원들과 주민들이 모두 편안하게 여깁니다. 이천부사 성영은 검소한 생활을 하면서 주민은 정성껏 아낍니다. 그는 한결같이 은혜와 사랑을 베푸는데도 일이 더러 이루어지지 않는 경우가 있지만 주민을 아끼며 잘살도록 하는 데 노력하므로 구하기 어려운 사람입니다. 두 사람의 공로를 헤아려 칭찬하고 기록해야 될 듯합니다"**34**라고 말했다. 두 지방관이 전쟁 상황에서도 행정에 모범을 보

---

34 南陽府使李慶涵 政尙寬簡 一境吏民 皆共便之. 利川府使成泳 自奉簡約 愛民以誠. 雖政專惠愛 事或不擧 而撫字心勞 亦自難得. 此二人 似當量加 襃錄. 《진사록》, 남양부사 이경함과 이천부사 성영을 격려하는 것과 진위현령 유대형을 파직하고 죽산현감 강응문을 교체하기를 청하는 보고, 1597년.

이는 사례를 직접 확인하고 이같이 건의한다.

이와 반대로 임무 수행에 문제가 있는 경우에는 엄하게 처리한다. 예를 들어, "진위현령 유대형은 군사훈련 등은 실천할 생각도 하지 않고 마음대로 초급 지휘관을 자주 바꿔 군사행정을 어지럽게 했습니다. 마땅히 파면해야 할 것입니다. 죽산현감 강응문은 비록 드러난 잘못은 없지만 나약하여 임무를 감당할 수 없는 상태이니 교체해야 할 것입니다"35라고 했다.

파면하거나 교체한 뒤 파견할 지방관의 자질과 조건에 대해 서애는 "문관, 무관, 음관을 가릴 것 없이 부지런하고 굳세며 인정스럽고 꼼꼼하게 일을 할 수 있는 사람으로 평판이 좋고 실적이 있는 관리를 충분히 가려서 며칠 안으로 보내야 할 것입니다"36라고 했다. 문관이나 무관, 문음(공신이나 고위 관리의 자식에게 과거시험을 통하지 않고 관직을 주는 제도) 같은 기존의 구분을 넘어 실제 일을 잘할 수 있는 사람이 필요하다는 뜻이다.

적임자 선발은 매우 중요한 일이지만 서애는 임금에게 단정적으로 말하지 않고 적임자의 후보를 제안하고 건의하는 방식으로 말한다. 서애의 관점에서 적임자라 하더라도 임용 결정은 임금이 하기 때문이다. 서애는 "하는 것이 어떻겠습니까"〔하여(何如)〕 또는 "아마"〔공(恐), 서(庶)〕 같은 표현을 많이 쓴다. 이에 대해 선조 임금은 대부

---

35 振威縣令兪大衡 鍊兵等事 無意擧行 擅自數易哨官 以紊軍政. 所當罷黜. 竹山縣監姜應文 雖無顯然過尤 而疲軟不能勝任 所當遞差.
36 勿論文武門蔭 以勤幹慈祥 曾有聲積者 十分擇差 數日內下送.

분 "보고대로 하겠다"[의계(依啓)]라고 답한다. 1595년에 올린 한 보고에 대해 선조 임금은 서애에게 대답하기를 "병 때문에 몸이 불편한데도 나라를 걱정하는 마음이 이와 같으니 깊이깊이 거듭 감동하고 고맙게 여긴다. 마땅히 보고대로 하겠다"[37]며 깊은 신뢰를 보인다.

전쟁 상황에서도 차분하고 지나치지 않게 말하는 서애의 태도는 임금과 소통이 가능하도록 만들어 서애가 일을 효과적으로 추진하는 바탕이 됐을 것이다. 과거시험 합격(25세)을 기준으로 하면 서애는 선조 임금을 30년가량 신하로서 모신 셈이다. 《근폭집》과 《진사록》을 중심으로 서애가 임금에게 올린 각종 보고서를 보면 임금에 대한 서애의 태도가 조금도 흐트러짐이 없었다는 사실을 느낄 수 있다. 서애가 전쟁을 이겨 내기 위해 하루가 멀다 하고 올린 보고에 선조 임금이 귀를 기울이며 나라를 위해 함께 고민할 수 있었던 것도 평소 신뢰가 쌓였기 때문일 것이다.

함경도 순변사를 추천하는 사안에 대해 서애는 임금에게 다음과 같이 말한다. "신의 생각으로는 이일이 오랫동안 함경도에 있었기 때문에 사람들이 그에게 기대를 걸고 있습니다. 서둘러 이 사람을 함경도와 강원도의 순변사로 임명하여 두 지역을 오가면서 일을 계획하고 경영하도록 하는 것이 어떻겠습니까. 이일은 비록 재주와 기량은 다른 사람보다 나은 것이 없지만 나라의 일에는 정성을 쏟는 자세가 있습니다. 함경도 사정을 오랫동안 잘 알고 있으니 지금 상황을 볼 때 현재의 무장 중에는 이 임무를 맡을 사람은 이일보다 나은 경

---

37 病中憂國如此 深感深感 當依所啓.

우가 없을 듯합니다."[38]

적임자를 판단하는 기준이 상황에 맞게 유연함을 알 수 있다. 여기서 언급한 사람은 좁은 의미에서 재능은 특별히 나을 것이 없다고 해도 나라를 위하는 정성과 지역 실정을 잘 파악하는 점을 높이 평가하였다. 이 정도 사람이라면 지방관의 임무를 충실히 수행할 수 있다는 것이 서애의 판단이다.

서애는 또 "지난번에 신충원을 보냈는데 거의 맨손으로 많은 군사와 주민을 불러 모아 조령에 관문을 쌓았습니다. 이 사람도 쉽게 얻을 수 없는 인재입니다. 이 사람이 아직 명망과 지위가 낮기 때문에 만약 모여드는 군사가 점점 많아지는데도 이를 관리할 지휘관이 따로 없다면 군대의 분위기가 서로 깔보며 쇠퇴하고 명령도 약해져 일이 이루어지지 못할 것입니다. 충주목사는 본래 진관절제사이니 만약 목사로 적임자를 구하면 신충원 같은 사람도 충주에 배속시켜 절제사로 삼아 그가 모은 군사들은 나누어 훈련시켜 상등과 하등의 성적을 매기고 또 조령과 가까운 비옥한 땅을 경작하여 둔전을 만들면 1, 2년 사이에 관문의 방어가 저절로 튼튼해질 것입니다"[39]라고 했다.

---

38 臣意李鎰久在北道 人所屬望 急以鎰爲咸鏡江原道巡邊使 往來二道 經略其事 何如. 鎰雖才器無以踰人 而頗有誠心於國事. 且於咸鏡之事 久所諳悉 今之見在武將中 當此任者 恐無踰此. 《진사록》, 명나라 군대가 물러나 평양에 주둔한 후 군중에서 해야 할 일을 조목별로 아뢰는 보고, 1593년.

39 往時遣辛忠元 以空手頗能招集軍民 築關嶺上. 亦未易得. 但此人 名位卑微 如所聚之軍漸多 而他無指揮之官 則氣象凌替 號令衰殘 將不能成事. 忠州牧使 元是鎭管節制使 若牧使得人 則如忠元者 亦當統屬忠州 而並爲

신충원이 나라의 지원 없이 거의 혼자 힘으로 주민과 함께 요충지인 조령(문경새재)에 성을 쌓고 흩어진 군사와 주민을 많이 모은 성과를 서애는 막연하게 격려하지 않는다. 대신 그에 상응하는 관직을 주어 늘어나는 군사들이 자부심을 갖고 훈련하면서 왜적을 막도록하는 실질적 조치를 해달라고 조정에 건의한다. 그렇게 해야 모여든 사람들과 함께 둔전을 일궈 군량을 조달하는 등 체계적인 방어도 가능할 것으로 서애는 판단한다. 1, 2년을 내다보면서 적임자 문제를 살피는 태도 또한 사려 깊다.

이순신 천거

이순신을 추천해 발탁되도록 한 과정도 서애의 보편적 인간관과 적임자를 가장 중요한 기준으로 삼는 인재관에서 자연스럽게 나타난 것이다. 서애가 이순신을 추천한 행위는 특별한 경우라기보다는 각 분야에서 임무를 잘 수행할 수 있는 사람이 곧 인재라는 가치관과 부합한다. '인재는 나라의 훌륭한 기구'(人才國家利器)라는 공공(公共)의 신념을 실천하려고 한 것이다.

서애는 이순신이 전라좌수사로 발탁된 후 병법서를 보내 활용토록했다. 적임자로서 인재가 임무에서 성과를 낼 수 있도록 계속 관심을

節制 以其所聚軍兵 分部鍊習 課其上下 又能耕治近嶺膏地 作爲屯田 一二年間 關防自固. 《근폭집》, 강변에 보루를 조치하도록 청하는 보고, 1595년.

가진 것이다. 득(得)은 '얻다'와 함께 '일을 이루다'는 뜻이 있다. 따라서 득인은 적임자를 구해서 임무를 맡기는 행위에 그치는 게 아니라 실제 일이 이루어지도록 관심을 갖는 활동까지 포함한다.

서애는 임진왜란 발생 직후인 1592년 8월 학봉 김성일에게 보낸 편지에서 "전라좌수사공(이순신)은 담력과 도량이 뛰어남을 제가 아주 잘 압니다. 오늘날 장수 가운데 아마 그만한 사람이 없을 것입니다. 바다에서 왜적을 방어하는 책임은 전적으로 그 사람에게 달려 있습니다. 영공께서도 서로 연락을 하면서 의논하고 힘을 모아 서로 도운다면 이익이 반드시 많을 것입니다"[40]라고 했다.

이 편지에서 서애는 학봉에게 이순신과 의논하면서 협력할 것을 요청했다. 학봉과 이순신은 평소 친분이 있는 것으로 보인다. 서애는 학봉보다 네 살 아래인데, 두 사람은 퇴계 이황의 뛰어난 제자로 20대부터 가까운 관계를 이어 왔다. 또한 이순신과 그보다 세 살 위인 서애는 어릴 때부터 서로 가까운 사이였다. 육지의 학봉과 바다의 이순신이 왜적을 막아 내기 위해 구체적으로 어떻게 협력했는지는 알기 어렵다. 하지만 이 편지를 통해 짐작해 보면 학봉과 이순신은 서애를 가교로 전쟁 상황에 대한 의견을 주고받으며 서로 조언하는 등 교류했을 것이다.

서애가 이순신에게 보낸 편지 가운데 전쟁이 막바지에 이른 1598년 여름에 보낸 것이 있다. 내용은 "무더운 날씨에 바다 한가운데서

---

40 全羅左水使公 膽量出人 僕知之甚悉. 今日武將中 似無其比. 水上之責 專在其人. 令公亦相通論議 協力共濟 爲益必不少矣. 《서》, 편지.

부모의 상(喪)을 살피지 못한 채 견디시는지요. 그립고 그립습니다. 명나라 진린 제독이 곧 거기서 진영을 합할 것입니다. 여러 작전계획을 서로 협력하는 일은 오직 공께서 잘 처리할 것으로 믿습니다. 바라건대 마음을 합하고 힘을 모아 큰 공을 세우십시오. 훈련도감의 포수 100명이 내려갑니다. 그 편으로 공의 안부를 묻습니다. 부디 나라를 위하여 몸을 아껴 잘 보전하기 바랍니다"41이다.

짧은 내용이지만 서애가 이순신을 생각한 깊은 뜻을 느낄 수 있다. 서애는 임진왜란 발생 한 달 전 병법서를 보내 활용하도록 한 데 이어, 전국의 전쟁 상황을 챙기는 복잡하고 어려운 임무 속에서도 이순신이 전쟁을 이겨 내는 데 큰 역할을 하도록 꾸준히 격려했다. 편지에서 '효리'(孝履)는 부모의 상(喪)을 겪는다는 뜻인데, 이순신의 어머니가 별세한 지 얼마 지나지 않은 때여서 이렇게 표현했다. '현앙'(懸仰)은 마음에 두고 늘 그리워한다는 뜻으로, 이순신에 대한 그리움을 이중으로 표현한 것이다.

훈련도감에서 교육받은 포수(砲手) 100명을 보내는 것은 중요한 일이다. 포는 각도와 거리 등을 정확하게 계산해서 신속하게 발사해야 왜적에게 큰 타격을 가할 수 있다. 이 포수들은 이순신의 군대에 배치돼 실전에서 큰 역할을 했을 것이다. 훈련도감은 전쟁 중이라도 군사훈련을 병행해야 한다는 서애의 강한 건의에 따라 설치됐다. 서

---

41 瀉暑海中 不審孝履 支勝否. 懸仰懸仰. 陳提督 又將合陣於其處. 凡百策應調度之事 專恃令善處. 望須協心同力 以成大勳. 都監砲手百名下去 憑候動靜 伏惟爲國保重. 《서》, 편지.

애로서는 이순신을 자신이 추천해 발탁한 만큼 적임자로서 임무를 잘 수행하도록 최선을 다하고 싶은 심정이었을 것이다.

이 편지에서 서애가 이순신에게 명나라 진린 제독과 긴밀히 협력해서 큰 공을 세워 달라고 당부한 점은 특별한 의미가 있어 보인다. 진린의 군대와 이순신의 군대가 협력할 가능성이 낮았기 때문이다. 이런 사정을 두고 서애는 "이윽고 명나라 수군 제독 진린이 우리나라에 와서 남쪽 고금도(전남 완도군에 있는 섬)에 내려와 순신과 군사를 합쳤다. 진린은 성품이 난폭하고 사나워서 다른 사람들과 대부분 뜻이 맞지 않아 사람들이 그를 두려워했다"[42]라고 했다.

진린의 군사들도 우리나라 지방관을 피투성이가 되도록 때리는 등 난폭한 행동을 했다. 이 때문에 서애는 함께 있던 신하들에게 "'안타깝게도 이순신의 군대는 왜적에게 패배할 것이다. 진린과 함께 군사 진영에 있으면 행동이 방해를 받아 제지되고 의견은 서로 어긋나 반드시 장수의 권한은 빼앗기고 군사들은 학대당할 것이다. 진린 부대가 이런 행태를 못 하도록 거부하면 더욱 분노할 것이고, 그냥 두면 그런 행동이 멈추지 않을 것이므로 순신의 군대가 어찌 패하지 않겠는가'라고 하니 여러 사람들이 그럴 것이라고 하면서 탄식할 뿐이었다"[43]라고 했다.

---

42 旣而 天朝水兵都督陳璘出來 南下古今島 與舜臣合兵. 璘性暴猛 與人多忤 人多畏之.《징비록》, 권2.

43 可惜 李舜臣軍 又將敗矣. 與璘同在軍中 製肘矛盾 必侵奪將權 縱暴軍士. 逆之則增怒 順之則無厭 軍何由不敗 衆曰然 相與嗟歎而已.《징비록》, 권2.

서애가 이순신에게 편지를 보냈을 때는 진린의 수군이 이순신과 합류하기 조금 전이었을 것이다. 서애가 이순신에게 진린과 뜻을 모아 공을 세우기를 당부한 배경에는 진린에 대한 이와 같은 걱정이 있었을 것이고, 이순신은 서애의 염려를 충분히 고민했을 것이다. 진린의 군대가 우리나라를 지원한다는 이유로 행패를 부린다면 강직한 성품을 가진 이순신은 결코 타협하지 않았을 것으로 짐작된다.

이순신은 진린을 아주 다른 방식으로 맞이했다. 서애의 기록(《징비록》, 권2)에 따르면, 이순신은 진린이 온다는 소식을 듣고 푸짐한 잔치를 준비하고 바다 멀리 나아가 영접했다. 부근의 왜적을 습격하여 목 40개를 베고 이를 진린 군사들의 공로로 돌렸다. 진린은 기대 이상의 대접에 기뻐했고 모든 일을 이순신과 의논했다. 이에 대해 서애는 "진린이 임금에게 글을 올려 말하기를, '통제사(이순신)는 세상을 다스릴 수 있는 역량과 나라를 살리는 공이 있습니다'고 하였으니 마음속으로 감복한 것이다"**44**라고 했다.

결과적으로 난폭한 성격의 진린이 이순신을 크게 칭찬한 것은 이순신이 서애의 당부를 깊이 새겨 사려 깊게 대처했기 때문일 것이다. 이순신은 "진린과 협력해 공을 세워 달라"는 서애의 고뇌 어린 요청을 실천한 셈이다. 서애와 이순신, 진린이 모두 득인의 차원에서 실질적인 성과를 거둔 사례라고 할 수 있다.

이순신이 서애를 얼마나 깊이 생각했는지 엿볼 수 있는 기록이 있

---

44 璘上書於上 言統制使 有經天緯地之才 補天浴日之功 蓋心服也. 《징비록》, 권2.

다. 서애의 삭탈관직에 이순신이 매우 좌절했다는 것이다. 서애의 기록은 다음과 같다. "내가 경기도 남양부에서 정극기를 우연히 만났다. 그가 말하기를 '이여해(여해는 이순신의 자)가 전라도 고금도에 있을 때 대감께서 탄핵을 당하여 관직에서 파면되어 떠났다는 소식을 듣자 말을 잃고 한숨을 쉬고 오늘날 나라의 일이 이 상태가 되었구나 하면서 이때부터 매일 배 안에서 물을 떠놓고 하늘에게 자신을 죽게 해달라고 빌었습니다. 전투가 벌어진 그날에는 몸소 화살과 돌이 날아오는 곳에 나가려 하자 참모 장수들이 말렸지만 여해는 듣지 않고 나가서 싸웠는데 날아온 왜적의 탄환에 맞아 죽었습니다'라고 하였다. 참으로 슬픈 일이다."[45]

정극기라는 사람이 누구인지 알기 어렵지만 이순신의 군대 상황을 잘 아는 인물로 보인다. 이순신은 평소 서애에 대한 인간적 교감이 각별하여 늘 마음으로 의지했을 것이다. 그런 서애가 죄인이 되고 삭탈관직됐다는 소식을 접한 이순신은 조정에 대한 실망감이 감당하기 어려울 정도로 컸으리라. 이순신은 서애가 삭탈관직된 1598년 11월 노량해전에서 숨졌다. 이순신은 마지막 전투인 노량해전에서 호위를 받지 않고 앞장서 지휘하는 위험한 상황을 스스로 만들었을 수 있다. 서애 같은 충신이 쫓겨나는 현실에서 자신 또한 더 살아갈 이유가 없다고 판단했을 수도 있지 않을까.

---

45 南陽遇鄭克己. 鄭克己言. 李汝諧在古今島 聞余被論罷去 失聲太息曰 時事一至於此乎 自是 每於船中 酌水禱死 當戰日 親當矢石 褊裨諫止 汝諧不聽 旣而 爲流丸所中而死 嗚呼悲夫. 《잡저》.

서애와 이순신

이순신은 《난중일기》에서 서애를 28회 언급하였다. 대부분 편지를 보내고 받은 내용인데, 꿈에 서애를 만나 이야기했다는 내용도 3회 기록하였으며, 서애의 안부를 걱정하면서 점을 쳤다는 내용도 2회 언급하였다.

이순신이 서애가 국란을 이겨 내는 데 얼마나 중요한 인물이라고 생각했고 자신 또한 그런 사람을 얼마나 존경했는지 엿볼 수 있는 내용이 몇 곳 있다. 이순신은 서애의 편지를 받고 "조정에서 나라를 염려하면서 부지런히 애쓰는 모습을 알 수 있다. 떨쳐 일어나는 그리움에 어찌 끝이 있겠는가"[46]라고 했다. 또한 "나라 걱정을 이분만큼 하는 사람은 없을 것이다"[47]라고 했다. 짧은 말이지만 이순신이 서애에 대해 느끼는 깊은 정감이 잘 보인다. 이순신의 이런 감정은 왜적을 물리치는 데 실제로 도움이 됐을 것이다.

다음과 같은 내용은 서애를 기둥처럼 여긴 이순신의 인식을 보여 준다. "류 정승이 숨졌다는 부고가 순변사에게 왔다고 한다. 이는 류 정승을 시기해서 미워하고 질투하는 사람들이 헐뜯기 위해 지어낸 말일 것이다. 괴롭고 북받치는 감정을 이기지 못하겠다. 이날 밤 마음이 매우 어지러워 혼자 빈집에 앉아 있으니 온갖 생각을 억제할 수 없었다. 걱정으로 더욱 답답해 밤이 깊도록 잠을 이루지 못했다. 만

---

46 自上憂勤宵旰事聞來. 慨戀何極. 1594년 2월 12일.
47 憂國無踰於此. 1594년 6월 15일.

약 류 정승이 나라를 위해 쓰이지 못하면 나라의 일은 어찌될 것인가."**48**

마음이 무척 불편했던지 이순신은 다음 날 서애에 대해 점을 친 내용을 다음과 같이 기록했다. "류 정승의 점을 쳐보니 '바다에서 배를 얻은 것과 같다'는 괘가 나왔다. 다시 점을 치니 '의심하다가 기쁨을 얻은 것과 같다'는 괘가 나왔다. 아주 좋다."**49**

이순신은 중요한 일을 앞두고 점을 치곤 해서 이에 관한 내용이 《난중일기》에 많이 기록돼 있다. 서애의 안전함과 위태로움에 대해 두 번이나 점을 쳤다는 것은 그만큼 서애의 무사를 바라는 마음이 강했기 때문일 것이다. 이순신이 왜적을 물리치기 위해 현실을 탓하지 않고 한결같이 최선을 다할 수 있었던 데에는 서애의 우국충정이 큰 영향을 주었으리라. 이순신으로서는 나라 전체를 구하기 위해 애쓰는 서애에 비하면 바다를 지키는 자신의 역할은 그보다 훨씬 적다고 생각했을 수 있다.

서애는 이순신을 애도하는 시(哀李統制, 이 통제사를 애도함)를 남겼다. 삭탈관직되고 고향 안동으로 내려온 뒤 지었을 것이다. 일부 내용은 다음과 같다.

---

48 柳相之卒音 亦到巡邊使處云. 是嫉之者 作言毁之. 不勝痛憤痛憤. 是昏 心緒極亂 獨坐空軒 懷不自勝. 念慮尤煩 夜闌不寐. 柳相若不稱 則於國 事奈何奈何. 1594년 7월 12일.
49 占柳相 卜得如海得船之卦. 再占 得如疑得喜之卦. 極吉極吉.

한산도와 고금도는 큰 바다에 떠 있는 몇몇 푸른 섬이네.

당시 온갖 전투를 겪은 이 장군은 혼자 힘으로 하늘의 절반을 지탱했네.

고래 같은 흉악한 적을 죽여 거친 물결 피로 물들였고

맹렬한 불길로 물의 신 같은 왜적의 소굴을 모두 태웠네.

공로는 컸지만 모함과 질투의 덫 피하지 못하고

목숨은 깃털처럼 여겼으니 얼마나 안타까운가. **50**

명나라 병부상서 석성

임진왜란을 극복한 득인의 사례로 명나라 병부상서(국방부장관) 석
성(石星)을 언급할 필요가 있다. 서애는 "석 상서는 성실하고 현명하
다는 명성이 세상에 널리 알려졌습니다. 우리나라에 전쟁이 난 초기
에 그가 마침 병부에 있으면서 깊이 근심하고 답답하게 생각하기를
같은 집안의 일처럼 여겼을 뿐 아니라 우리나라가 요구하는 것들을
정성껏 따르지 않는 것이 없었습니다. 우리나라가 오늘날까지 있게
된 것은 모두 석 상서의 힘이었으니 그 은혜를 어떻게 잊을 수 있겠
습니까"**51**라고 임금에게 말했다. 석성은 전쟁 초기에 명나라의 병부

---

50 閑山島古今島 大海之中數點碧 當時百戰李將軍 隻手親扶天半壁 鯨鯢戮
盡血殷波 烈火燒竭馮夷窟 功高不免讒妒構 性命鴻毛安足惜.

51 石尙書 以忠賢名聞天下. 當本國事變之初 適在兵部 深憂悶念 不啻如一
家之事 凡有所請 無不曲從. 使我國得至今日 皆石尙書之力 此恩何可忘
也.《근폭집》, 호참장을 접대하고 그가 말하는 바를 들어줄 것을 청하는 보

상서였는데, 우리나라에 대한 군사 지원을 적극적으로 주장해 이루어지도록 하는 데 중요한 역할을 했다.

석성이 명나라 조정의 반대 분위기에도 불구하고 지원군을 보내야 한다고 강하게 주장한 데는 여러 요인이 있을 것이다. 서애는 "파주목사를 지낸 허징이 남쪽 지방을 지나가다가 하회에 있는 나를 찾아와 전쟁이 일어난 초기의 일을 말해 주었다"[52]라고 했다.

서애가 허징에게 들은 내용을 종합하면 이렇다. 허징은 임진왜란이 발생하기 1년 전인 1591년에 사신을 따라 중국 북경에 갔다. 유능한 통역관 홍순언이 동행했다. 임진왜란이 일어났을 때 허징은 북경에서 왜적이 조선을 침략해 임금이 피란했다는 소식을 들었다. 당시 명나라 조정에는 왜적의 조선 침략에 대해 압록강을 지키면서 사태의 추이를 관망하거나 일본과 조선이 싸우고 있으니 중국이 구원할 필요가 없고 강한 군대를 출동시켜 압록강을 건너 명나라의 위엄을 과시하자는 의견이 주류였다. 오직 병부상서 석성만이 조선을 구원해야 한다면서 왜적을 막을 무기부터 먼저 보내기를 주장했다. 무기를 외국에 주는 것은 국법으로 금지되어 있다는 반론에 대해 석성은 왜적이 조선을 점령한 뒤 요동을 침략하면 북경까지 위험하다는 논리로 물리쳤다. 결국 석성의 주장에 따라 조선을 지원키로 결정되었고, 국왕을 호위하는 군사부터 파견하고 군사를 위로하도록 은 3만

고, 1594년.

52 前坡州牧使許澂 因事南遊 過余河上 爲余言變初事. 《징비록》, 관련 기사 - 잡기.

낭을 주었다. 당시 재정상태가 매우 어려웠던 명나라가 조선에 지원군을 파병한 데는 왜적이 명나라 영토까지 넘어오지 않도록 하기 위한 방어 조치 목적도 있었겠지만 우리나라로서는 명나라 군대의 지원이 절실한 상황이었다.

서애는 허징의 말을 인용해 "만약 그때 병권을 주관하는 위치에 석성이 있지 않고 다른 의견이 우세했다면 우리나라의 일은 매우 위태로웠을 것입니다"[53]라고 했다. 석성은 국가 차원의 득인이라고 할 수 있다.

석성의 사례는 고려시대 화약을 발명한 최무선(崔茂宣)의 경우와 맥락이 비슷하다. 서애는 "고려 때 송나라 상인 이원이라는 사람이 재상 최무선의 노비가 사는 집에 머물렀는데 최무선이 매우 두텁게 그를 대접하고 화약을 만드는 방법을 배웠습니다. 우리나라의 화약은 이때 비롯됐습니다"[54]라고 했다.

《징비록》에는 같은 내용이 다음과 같이 조금 다르게 기록돼 있다. "살펴보니 우리나라에는 본래 화약이 없었다. 고려 말기에 중국 상인 이원의 배가 개성 예성강에 닿아 이원이 군기감 최무선의 노비의 집에서 머물렀다. 무선이 노비로 하여금 이원을 후하게 대접하도록 했더니 그가 화약을 만드는 방법을 가르쳐 주었다. 우리나라에 화약

---

53 使此時主兵之地 無此人 而異論乘之 則我國之事 危亦甚矣.
54 高麗時 有宋商李元者 來寓於宰相崔茂宣奴家 茂宣待之甚厚 因學焰硝火藥煮取之法. 我國之有火藥 實自此始. 《근폭집》, 명나라 사람을 후하게 대접할 것을 아뢰는 보고, 1593년.

이 있게 된 것은 최무선으로부터 시작됐다.”55 최무선은 이렇게 화약
제조법을 중국 상인에게서 배운 뒤 훗날 화약무기로 왜적을 격퇴하
는 데 큰 역할을 한다. 이 또한 득인의 결과이다.

55 按我國 本無火藥. 前朝末 有唐商李元 船到開城禮成江 寄寓於軍器監崔
茂宣奴家. 茂宣令其奴厚遇之 李元敎以煮焰硝法. 我國之有火藥 自茂宣
始. 《징비록》, 관련 기사 - 화포의 시초를 기록.

2-5

득심
得心

어려움을 이겨 내는 근본적인 힘으로서 민심

민심은 최대의 무기

징비력은 죽을 상황에서 사람들의 마음을 모아 어려움을 이겨 내는 힘을 만든다. 두렵고 잔인한 침략전쟁 앞에서 사람들의 마음이 쉽게 흐트러지는 것은 인지상정이다. 사람들의 마음, 즉 인심(人心) 또는 민심(民心)의 뒷받침이 없이는 무슨 일이든 이루기 어렵다. 나라는 국민의 마음을 얻어야 하고, 장수는 병졸의 마음을 얻어야 하며, 상관은 부하의 마음을 얻어야 한다.

인심(민심)은 일정하지 않다. 쉬운가 어려운가, 유리한가 불리한가, 이익인가 손해인가 같은 상황에 따라 흔들린다. 일정한 생계가 없으면 일정한 마음을 갖기 어렵다는 무항산 무항심(無恒産 無恒心, 《맹자》〈양혜왕〉상편)은 보통사람의 마음이 생활환경에 따라 흔들리는 성향을 잘 보여 준다. 삶이 파괴되는 전쟁에서 쉽게 흐트러지는

199

마음을 모으기는 매우 어렵다. 불가능할 수도 있다. 그렇지만 마지막까지 포기할 수 없는 것이 인심이고 민심이다. 나라가 무너지는 위태로운 상황에서도 의지할 곳이 있으면 마음도 기댄다. 서애는 민심이 믿고 의지할 수 있는 상황을 포기하지 않는다.

나라의 최고 지도자인 임금의 마음도 흐트러질 가능성이 높다. 나라를 삼킬 듯 순식간에 몰려온 왜적에 힘없이 밀려 압록강 국경에 피란한 임금이다. 이런 상황에서도 임금의 마음이 굳건하다면 곳곳에서 왜적과 대결하고 있는 군사, 두려움 속에 고향을 버리고 흩어진 국민의 마음도 전쟁을 이겨 내려는 의지를 가질 수 있다. 임금의 마음이 흔들려 어쩔 줄 모르면서 흐트러지면 나라 전체의 마음이라고 할 수 있는 국심(國心)도 절망하게 된다.

아무리 두려운 상황이라도 민심이 나라의 어려움을 이겨 내는 근본이라는 믿음은 임금부터 확고해야 한다. 전쟁이 발생하고 6개월이 지났을 때 서애는 임금에게 "나랏일의 위급함이 이렇게 됐지만 믿을 곳이 있고 만 분의 일이라도 희망을 가질 수 있는 것은 민심입니다. 민심이 흐트러지면 더욱 아무 일도 할 수 없을 것입니다"[1]라고 했다. 왜적이 평양을 점령하고 임금은 압록강 의주로 피란했을 무렵이다. 왜적은 파죽지세로 올라오고 명나라 지원군은 불투명한 상황에서 임금은 마음을 굳건히 하기도 어렵고 서애 또한 비슷한 심정이었을 것이다. 전국 곳곳의 군사와 국민의 마음도 마찬가지였을 것이다.

---

1 國事危急至此 所賴而有萬一之望者 人心也. 人心若解 則益無可爲.《근폭집》, 급히 해야 할 일을 아뢰는 보고, 1592년.

그럼에도 서애는 임금부터 마음을 굳게 다져서 민심을 모으는 중심 역할을 해야 한다고 강하게 요청한다. 죽을 것 같은 상황이지만 민심까지 무너지면 한 가닥 희망도 가질 수 없다는 절박함이다. '만일'(萬一)이라는 표현은 한 가닥 실낱같은 희망을 나타낸다.

민심을 모으기 위해 "나라를 위해 싸워 달라"는 말처럼 막연한 지시나 호소로는 실질적인 효과를 기대하기 어렵다. 민심이 기댈 수 있는 현실적 언덕이 있어야 한다. 왜적과 싸움에서 공을 세우면 신속하게 보상해 주는 것은 민심을 독려하는 중요한 계기가 될 수 있다. 매우 어지러웠을 전쟁 초기에는 군공(軍功)을 세워도 신속하게 상을 주는 경우가 드물었다.

그래서 서애는 "군공에 따른 포상과 노비 신분 면제, 부역 면제 같은 일은 명확하게 통일된 규정을 만들어 담당자가 당일 시행함으로써 옛사람이 말한 '상을 줄 때는 적당한 때를 넘기지 않는다'는 뜻에 맞도록 해야 할 것입니다. 군인과 주민이 왜적을 잡아 얻는 물품은 많고 적음을 따지지 말고 금과 옥, 비단, 소, 말이라도 왜적을 잡은 사람이 즉시 갖도록 해야 할 것입니다"[2]라고 했다.

전쟁 상황에 맞는 현실적인 규정을 만들어 신속하게 보상을 해야 민심이 움직인다는 뜻이다. 왜적을 무찌르는 과정에서 확보하는 물품은 공을 세운 사람이 누구든 그 사람에게 주도록 해야 한다는 것은 현실적인 조치다. 평소라면 이렇게 하는 것이 부적절하지만 전쟁이

---

[2] 軍功爵賞 及免賤免役等事 皆爲畫一之規 有司卽日施行 以應古人賞不踰 時之義. 又軍民之捕賊所獲者 勿論多少 雖金玉錦繡牛馬 則與捕賊之人.

라는 특수하고 극단적인 상황에서는 다르다. 너무나 두려워 도망가고 싶은 충동에 휩쓸리는 현실에서 이런 보상조차 신속하게 처리되지 못하면 아무도 적진을 향해 돌진하려는 사람이 없을 것이라는 게 서애의 인식이다.

서애는 "전쟁이 발생한 후 나라의 어려움을 위해 목숨을 바친 신하가 한 명도 없고 모두 도망쳐 숨는 것이 대책이라고 여깁니다. 심한 사람은 지역의 우수한 병졸을 모아 자기 몸을 지키게 하다가 왜적이 온다는 말을 듣자마자 먼 곳으로 도망가 피합니다. 용맹한 군사를 대장군의 군대에 불러 모아 아무런 일이 없는 곳에 한가로이 앉아 팔을 걷어 올리고 탄식하고 있습니다. 이런 것을 시급히 경계하고 단속하여 상벌을 시행해야 비로소 민심이 떨쳐 일어날 수 있을 것입니다"[3]라고 했다.

이렇게 우왕좌왕하는 현실에서 전공(戰功)을 세우면 신속하게 상을 주고 적에게서 빼앗은 물품은 본인이 갖도록 하는 보상이 따른다면 군민(軍民)의 태도가 적극적으로 바뀔 가능성이 훨씬 높아질 것이다. 서애는 이 같은 현실을 직시한다.

---

3 自生變以來 無一死難之臣 皆以奔竄爲得計. 甚者聚道內精兵 自衛其身 纔聞賊報 遠遠逃避. 勁兵猛士 召集牙下 閒坐無事之地 扼腕歎息. 此亦 急急戒勅 而賞罰加焉 然後人心 庶可肅厲也.

천심(天心)을 얻기 위한 노력

민심이 흐트러지지 않도록 하기 위해 서애는 임금에게 더 적극적인 방식으로 호소한다. 전쟁 초기의 현실이 그만큼 위태롭게 돌아가고 있었다. 서애는 "오늘날 믿는 것은 민심뿐입니다. 옛사람은 한 병의 술로써 군사를 감동시켰습니다. 초나라 임금이 군사를 위로하고 격려하니 '모든 군사들이 솜옷을 입은 것과 같다'고 하였습니다. 중요한 것은 거짓 없는 순수한 마음을 옮겨 다른 사람의 마음속에 베푸는 것입니다"4라고 했다. 민심을 모아 북돋우는 일은 순수한 자세로 가능하다는 것을 말한다.

민심이 중요해도 민심을 바르게 하는 일이 어렵고 복잡하면 임금으로서도 시행하기가 어렵다. 이런 사정을 고려하여 서애는 임금에게 술 한 병이나 순수한 격려 같은 소박한 비유를 들어 부담을 덜어주는 현실적 방식을 취한다. 술 한 병으로 군사를 감동시켰다는 이야기는 훌륭한 장수가 어려운 상황에서도 군사에게 용기를 돋우는 내용이다. 태공망(강태공)의 병법서 《육도삼략》(六韜三略) 중 삼략에 다음 같은 이야기가 실려 있다.

옛날에 훌륭한 장수가 적국과 전쟁을 하는데, 어떤 사람이 소쿠리에 탁주를 보냈다. 장수는 그것을 강물에 던지게 하고 자신도 병사들

---

4 今日之所恃者人心. 古人以單醪感士. 楚王撫慰戰士 三軍如挾纊. 所貴推赤心 置人腹而已. 《진사록》, 곳곳의 상황과 그에 대한 처치가 적당하지 못했음을 조목별로 아뢰는 보고, 1592년.

과 함께 흐르는 강물을 마셨다. 한 소쿠리에 담긴 탁주의 양으로는 강물을 술처럼 맛들일 수 없다. 그러나 모든 군사들이 장수를 위해 죽을힘을 다하겠다고 다짐한 이유는 그 술을 병졸과 나눈 배려에 감동했기 때문이다. 단료투하(簞醪投河)라고 한다.

초나라 임금의 위로는 《춘추좌씨전》 선공 12년 기사에 나온다. 초나라가 겨울에 소(蕭)나라를 공격했을 때 군사들이 추위에 떨자 "초왕이 삼군을 순찰하여 병사들의 어깨를 두드리며 위로하고 격려하니, 병사들이 모두 솜옷을 입은 것 같이 여겼다"[5]는 기록이 있다. 초나라 군사들은 곧바로 소나라 도성에 들어가 점령했다. 추위에 떨던 군사들이 임금의 격려를 솜옷을 입은 것처럼 여겼다는 것은 군대의 사기가 임금의 정성에 감동했다는 뜻이다. 서애는 《춘추좌씨전》을 읽으면서 협광(挾纊, 솜옷을 몸에 지녀 따뜻함)이라는 비유를 새겼을 것이다.

서애가 말하고자 한 점은 임금으로서 적심(赤心), 즉 순수하고 정성된 마음이 전쟁 상황에서 더욱 필요하다는 것이다. 신하로서 임금에게 이런 직언을 하는 것은 쉬운 일이 아니었겠지만 민심을 모아 전쟁을 이겨 내야 한다는 절실함에서 가능했을 것이다. 적심은 갓난아이〔적자(赤子)〕와 같은 순수한 마음을 뜻하는 적자지심(赤子之心)이다. 갓난아이는 얼굴이 붉다는 뜻에서 적자라고 한다. 맹자는 "대인은 적자지심을 잃지 않은 사람이다"[6]고 했다. 여기서 대인은 임금,

---

5 王巡三軍 附而勉之 三軍之士 皆如挾纊.
6 大人者 不失其赤子之心. 《맹자》〈이루〉하편.

적자는 국민으로 볼 수 있다. 서애는 평소 "왕도정치의 근본은 민심을 얻는 것을 귀중하게 여기는 것이다. 민심을 얻으면 세상이 편안해진다"7라는 인식을 가지고 있었다.

서애는 임금이 구체적으로 실행해야 할 사안으로 왜적과 싸우는 군사와 의병을 왕명으로 위로하고 군공을 자세히 파악하여 상을 주어 감격하는 마음이 생기도록 해야 하는 점을 제시했다.

서애의 다음 같은 말을 들어 보면 전쟁으로 민심이 얼마나 흐트러지기 쉬운가를 엿볼 수 있다. 서애는 같은 보고에서 "요즘 왜적의 수가 점점 늘어나는데 그 실상은 우리 국민이 투항하여 적진에 들어가는 경우가 절반 이상이나 됩니다. 전해 들으니 금산 싸움에서 왜적이 쏜 화살이 빗발처럼 쏟아졌는데 이것은 모두 우리 국민이 쏜 것이라고 하니 매우 놀라운 일입니다"8라고 했다. 우리 국민이나 군사가 왜적에 투항하는 이유는 예컨대 굶주리다 보면 먹는 문제를 해결하려고 마음이 흐트러져 왜적의 진영으로 갈 수 있다. 서애는 이런 현실을 고려하면서 민심을 모으는 방안을 임금에게 말했다.

서애는 다음과 같이 민심의 중요성을 더욱 명확하게 임금에게 강조한다. "국가의 쇠퇴를 다시 일으키고 혼란을 바로잡는 가장 중요한 계기는 반드시 먼저 민심을 얻는 것을 임무로 삼는 것입니다. 민심을 이미 얻으면 하늘의 뜻도 저절로 우리나라에 재앙(전쟁)을 내린

---

7 王道之本 貴乎得民心. 民心得 而天下順矣. 《잡저》, 의변논설 - 격물설.
8 近日賊兵漸加 其實我民投入者太半. 傳聞錦山之戰 賊陣射矢如雨 此皆我民耳 極爲可駭. 《진사록》, 앞의 보고.

것을 후회할 것입니다. 이는 반드시 그렇게 되는 이치입니다."⁹

서애는 민심 수습의 근거를 '하늘의 뜻'(천의(天意))과 연결한다. 민심을 모으는 일은 해도 그만, 안 해도 그만이 아니라 반드시 해야 하는 사안이며, 그 근거는 하늘의 뜻이라는 말이다. 임금부터 노력하여 흐트러진 민심을 바로잡으면 하늘도 우리나라에 전쟁이 일어나도록 한 일을 후회할 것이라는 믿음이다. 임금이 민심 수습에 대해 훨씬 깊은 책임을 갖도록 하는 차원이다.

'하늘이 재앙을 내린 것을 후회한다'(회화(悔禍))는 서애가 임금에게 민심을 잘 다스려 줄 것을 요청하는 근거이다. 전쟁 같은 큰 재앙을 내리는 것도 하늘의 뜻이고, 재앙을 잘못 내렸다는 후회를 하는 것도 하늘의 뜻이라는 인식이다. 선조 임금은 서애의 이런 말을 듣고 민심에 대해 깊은 책임을 느낄 것이다. 하늘이 재앙을 내린 것을 후회한다는 말은 《춘추좌씨전》 은공(隱公) 11년 기록에 나온다. 정(鄭)나라 임금은 허(許)나라 대부에게 "하늘이 허나라에 재앙을 내리고 … 하늘이 허나라에 재앙을 내린 것을 예의로써 후회하게 된다면 … "¹⁰이라고 했다.

서애는 1592년에 학봉 김성일에게 보낸 편지에서 "온갖 일이 무너지고 갈라지고 있으니 다만 하늘이 우리나라에 재앙을 내린 것을 후

---

9 國家興衰撥亂之機 必以先得民心爲務. 民心旣得 則天意亦自然悔禍. 此
   必至之理也. 《진사록》, 산성을 수리하고 나라를 방어하는 계획을 세우고 지
   방관을 신중히 뽑아 민심을 수습하기를 청하는 보고, 1593년.
10 天禍許國 … 天其以禮悔禍于許 ….

회하기를 바랄 뿐입니다"11라는 심정을 밝힌다. 하늘에 요행, 즉 뜻 밖의 행운을 바라는 것이 아니라 어려운 상황에서도 전쟁을 이겨 내는 최선의 노력을 하면 하늘도 전쟁을 후회할 것이라는 의지이다.

이는 하늘의 마음〔천심(天心)〕을 얻기 위한 노력이다. 하늘의 마음을 움직여 얻는 것은 득심(得心)의 가장 높은 차원이라고 할 수 있다. 서애는 "나라에 닥친 재앙이 위급하고 언제 멈출지는 몇 달 동안으로는 계산할 수 없으니 앞으로 닥칠 일은 여러 가지가 매우 걱정이 됩니다. 감히 바라건대 조정에서는 먼 앞일을 경영하는 계획을 깊이 생각하여 일이 지나치고 극단적으로 되기 전에 서로 얽어매고 수리하여, 이로써 하늘의 마음을 맞아 이어 나가게 하고 국민의 생활을 보전해 주시기 바랍니다"12라고 했다.

비참한 전쟁 때문에 나라의 모든 일이 흐트러지고 앞날을 내다볼 수 없는 위태로운 상황이지만 임금과 조정은 멀리 내다보며 민심을 수습하고 하나씩 계획을 세워야 한다는 뜻이다. 그렇게 해야 비로소 하늘도 우리의 정성과 노력을 인정하고 함께할 것이라는 심정을 보여 준다. "하늘의 마음을 맞이하여 계속 이어가고 국민의 삶을 보전한다"(迓續天心 保全民生)는 말에서 서애가 국민과 국가공동체를 얼마나 깊이 생각했는지 느낄 수 있다.

---

11 萬事潰裂 只望天心悔禍而已.
12 國家厄運非常 兵禍之熄 未可以時月計 前頭之事 有千可慮萬可憂. 敢望 朝廷深思遠之慮 綢繆補葺於未甚未極之前 以之迓續天心 保全民生. 《진사록》, 소금을 달여 굶주린 국민을 구제하기를 청하는 보고, 1593년.

왜적 공포, 민심 흔들어

민심은 추상적이고 관념적인 방식으로는 모으기 어렵다. 현실적인 보상이 있을 때 민심을 일정하게 움직일 수 있다. 그래서 서애는 "난리를 다스려 질서 있고 평화로운 세상으로 회복하는 일은 군대와 식량을 넉넉하게 하는 일에 달려 있지만 그 요령은 더욱 민심을 얻는 데 있습니다. 민심을 얻는 근본은 다른 데서 찾을 수 없고 다만 요역(공공 노동)을 줄이고 세금을 적게 거두어 국민과 함께 쉴 수 있도록 하는 것입니다"[13]라고 했다. 평소에도 그렇지만 전쟁 상황에서는 더욱 부역 동원과 세금을 줄여서 민심이 기댈 수 있는 언덕을 만들 때 비로소 민심의 안정을 기대할 수 있다.

이런 사정을 살피면서 서애는 "지역 특산물을 나라에 내는 진상의 폐단으로 국민은 더욱 괴로워합니다. 이것도 처음 법을 만들 때는 지금 상태와 같지 않았을 것입니다. 하지만 시행한 지가 100년이 지나면서 사람들의 속임도 더욱 늘어나 폐단이 훨씬 많아졌습니다. 지금 형편에 따라 바꾸지 않으면 국민은 다시 살아나기 어려울 것이며 나라의 저축도 쌓아 두는 방도가 없게 될 것입니다"[14]라고 했다. 어떤 제도의 폐단이 많을수록 사람들은 이를 피하는 꾀를 부린다. 그러면

---

13 撥亂反正 雖在於足兵足食 而其要尤在於得民心. 得民心之本 不可以他求 惟當輕徭薄賦 與之休息而已. 《근폭집》, 급히 해야 할 일을 아뢰는 보고, 1594년.

14 至於進上之弊 病民益甚. 此亦當初制法 則未必如此. 而行之百年 人僞滋勝 弊端萬千. 今若卽未變通 則民生更無蘇息之望 而國儲無積峙之路.

이를 막는 제도가 새로 생기는 악순환이 빚어진다. 국민 생활은 점점 더 어려워지고 나라의 살림도 빈약해지므로 현실에 맞도록 제도를 개선해야 한다.

나라를 위한 마음이 강하더라도 그날그날 살아가기가 너무 어려우면 개인적 이익을 국가공동체의 그것보다 우선하기 쉽다. 서애는 민심의 양면성을 세심하게 살피면서 다음과 같이 현실적 대안을 모색한다. "서울과 지방에서 민심이 흔들리는 것이 나날이 더욱 심해져 왜적이 침입했다는 소식을 듣자마자 시끄럽게 떠들며 두려워하지 않는 사람이 없어 모두 무너져 흩어지려는 마음이 있습니다. 민심이 이와 같다면 높이 쌓은 튼튼한 성과 깊은 못과 견고한 갑옷과 날카로운 무기가 있더라도 소용이 없고 서로 이끌면서 흙이 무너지듯 수습할 수 없게 됩니다. 요즘 유언비어가 자주 나돌면서 민심의 소란스러움이 나날이 더욱 심하니 장수와 지방관에게 지시하여 각별히 진정시키기에 힘써 지난날처럼 나라가 어지러워져서 수습할 수 없는 상태에 이르지 않도록 해야 할 것입니다."**15**

민심이 흔들리는 이유는 국민의 의지력이 약하기 때문이 아니라 밀려오는 왜적이 너무나 무섭기 때문이다. 두려움 속에서 유언비어[와언(訛言)]까지 난무하니 민심이 흐트러지는 현실을 막기는 어렵

---

15 中外人心 動搖日甚 纔聞賊報 無不洶懼 皆有潰散之心. 人心若此 則雖有 高城深池堅甲利兵 無所用之 相率土崩而已. 近來訛言屢騰 民情之騷動 日以益甚 令主將及郡邑守令等 各別務加鎭定 毋使如前日之板蕩 不可收 拾事.《근폭집》, 싸우고 방어하는 일과 기회에 적절히 대처할 것을 조목별로 열거하는 보고, 1594년.

다. 판탕(板蕩)은 정치가 잘못되어 세상이 어지러운 상태이다. 서애
는 "나라를 지탱하는 힘은 민심뿐입니다. 위태롭고 어지러운 때에도
민심이 뭉치고 단단하면 나라가 편안하고, 민심이 떨어져나가 흩어
지면 나라가 위태로워집니다. 지난 일이 모두 그렇게 되지 않은 것이
없었습니다"16라고 했다. 민심이 나라의 운명을 좌우한다는 뜻을 임
금에게 말하면서도 민심의 불안정한 측면을 강조한다.

"임진년에 일어난 왜적의 침략 때 임금을 가까이에서 모시던 사람
과 뒤따르며 호위하던 사람들이 중간에서 도망간 경우가 많았습니
다. 당시 일은 매우 한심했지만 국민이 어리석어 그렇게 한 것으로
죄를 물을 수는 없습니다."17 임금을 모시고 피란 가던 사람들조차
상황이 너무 어렵고 두려우면 임금을 버리고 도망갈 수 있다. 이런
행동을 호위한 사람들의 잘못으로만 탓할 수 없다는 현실적인 판단
이다.

전쟁이 일어난 지 5년이 지난 때에도 민심의 위태로운 분위기는
전쟁 초기와 별로 다르지 않다. 이런 현실을 직시해야 민심을 바르게
할 대책도 고민할 수 있다. 그래서 서애는 말한다. "민심이 몹시 어
수선해져서, 달리는 파도나 솟구치는 물결처럼 멈출 수가 없어 며칠
사이에 도성을 떠난 사람들이 절반이 넘었습니다. 민심은 이와 같고

---

16 國家之所以維持者 人心而已. 雖危亂之際 人心凝固則國安 人心離散則
   國危. 已然之事 莫不皆然. 《근폭집》, 인심을 진정시키기를 청하는 보고,
   1596년.
17 壬辰之變 侍從扈衛之人 率多中路逃走. 當時之事 已極寒心 不可歸罪於
   小民之無知者也.

210

기강은 느슨해져 오직 자기 자신을 지킬 계획만 알고 나라를 위해 목숨을 바칠 생각은 없습니다. 사방에 있는 장수와 병사들에게 무엇으로써 분발해서 왜적과 싸우기를 요구하겠으며 시골 길거리의 국민에게는 또 무엇으로 안심하고 모여서 흩어지지 않기를 요구할 수 있겠습니까. 이런 민심을 다스리지 못하면 방비가 튼튼한 성곽과 견고한 갑옷과 날카로운 무기가 있더라도 모두 소용이 없을 것입니다. 이런 일의 마음 아픈 것을 어찌 말로 다 할 수 있겠습니까."[18]

국민은 지푸라기가 아니다

민심이 너무나 흐트러진 현실을 직시하는 서애의 심정은 말로 표현하기 어렵다. 그렇지만 정면돌파해야 대책을 만들 수 있다는 것이 서애의 인식이다. 군인과 민간인들이 기댈 언덕을 마련해 주지 못한 상태에서는 마음을 굳건히 가지라고 요구하는 것도 통하지 않고 성능이 좋은 무기도 소용이 없다는 것이다.

누구나 마음이 흐트러지면 분별력이 흔들려 정상적 판단을 하기 어렵다. 굶어죽을 지경이면 왜적이 주는 밥 한 그릇에 고마움을 느낄 수

---

18 人心洶洶 如驚濤駭浪 不可止息 數日之內 去者太半. 人心如此 紀綱解弛 惟知保身之計 略無殉國之意. 彼四方將士 其何以責奮勵向敵 村巷愚民 亦何以責其安集不散乎. 此而不治 則雖有金城湯池 堅甲利兵 皆無可爲. 其爲痛心 可勝言哉.

있다. 그래서 서애는 "국민이 평소의 정상적인 품성을 잃으면 이익이 있는 곳을 따르게 됩니다. 왜적은 이런 우리 국민을 여러 가지 방법으로 유혹하고 속여 자기들의 앞잡이로 만들고 있습니다. 이런 사정으로 몇 년 동안 국민들은 왜적에게 미혹되어 돌아올 줄 모르고 이 같은 상태가 되었습니다. 이는 작은 걱정이 아닙니다"[19]라고 했다.

상성(常性), 즉 일정한 마음가짐은 어려운 상황에서도 쉽게 이리 저리 휩쓸리지 않는다. 보통 사람의 상성은 의지로만 지탱하기 어렵다. 굶주린 국민에게 밥은 가장 절박한 유혹이다. 왜적이 우리 국민의 어려운 사정을 이용해 유인하고 그들의 앞잡이로 삼는다는 것은 서애의 인식처럼 결코 작은 걱정이 아니지만 그렇다고 막연하게 호소할 수도 없다.

맹자는 "일정한 생계가 없이도 일정한 마음을 가질 수 있는 사람은 오직 관직에 있는 사람들뿐입니다. 보통 국민은 일정한 생계가 없으면 그 때문에 일정한 마음도 없어집니다. 일정한 마음이 없으면 어긋나고 치우치고 간사하고 절제 없는 행동으로 못 하는 게 없습니다. 노인은 비단옷에 고기를 먹고 국민은 굶주리지 않고 춥지 않은데도 왕을 하지 못한 경우는 아직 없습니다"[20]라고 했다.

---

19 民失常性 惟便利處是從. 而倭賊多般誘哄 使爲己用. 故數年之間 愚民迷 不知反 至於如此. 此非小慮也. 《근폭집》, 왜적을 막고 나라를 지키기 위해 해야 할 일을 조치할 것을 청하는 보고, 1595년.

20 無恒產而有恒心者 惟士爲能. 若民 則無恒產 因無恒心. 苟無恒心 放辟 邪侈 無不爲已. 老者衣帛 黎民不飢不寒 然而不王者 未之有也. 《맹자》, 〈양혜왕〉상편.

맹자의 이 말은 의식주가 해결되어야 도덕적인 마음가짐처럼 상성이 나올 수 있다는 것이다. 그렇지 않을 수 있는 사람으로 '사'(士)를 드는데, 여기서 '사'는 학식과 덕행이 있는 선비라기보다는 관직에 진출한 사람(계층), 즉 공직자로 보는 것이 타당하다. 그래야 국민(여민)과 비교된다. 공직자들은 일반 국민에 비해 생계가 상대적으로 안정되기 때문이다. 의식주 문제를 해결했는데도 왕을 하지 못하는 경우는 없다는 말은 통치자로서 왕의 역할에서 의식주가 차지하는 비중이 가장 크다는 뜻이다.

서애가 이 같은 말을 하는 이유는 동래(부산) 등지를 다니며 정탐하던 사람이 보고하기를, 왜적이 흩어져 돌아다니던 우리 국민 1천 5백여 명을 잡아 농사를 지으며 군사 일을 돕는 농군(農軍)으로 만들고 5명 단위로 소 한 마리를 주어 동래와 부산 사이에서 농사를 짓도록 하고 수확을 차지한다는 말에 따른 것이다.

서애가 임금과 국민에 대해 전쟁을 이겨 내는 힘으로 막연한 도덕적 감정에 호소하지 않는 이유도 맹자와 같은 맥락이다. 우리 국민이 원수인 왜적의 유혹에 넘어가지 않을 수 없는 현실을 직시해야 대책을 세울 수 있다. 왜적에 동조하는 우리 국민을 탓하면 문제 해결이 불가능하다.

그래서 서애는 같은 보고에서 다음과 같이 더욱 냉정하게 현실을 진단한다. "옛날부터 전쟁이 일어나 나라가 어지러운 시기에는 오직 민심이 따르느냐 등지느냐가 일의 성공과 실패를 결정했습니다. 우리나라의 장수와 지방관은 이전부터 국민에 관한 일에는 뜻을 두지 않고 국민 보기를 하찮은 지푸라기처럼 여겼습니다. 지금 위태로움이 극도에 이른 시기에도 이런 잘못된 인식이 그대로 남아 국민을 위로하지 않고 있으니 곳곳에서 국민들이 얼굴을 찡그리고 원망하며 욕을 하고 있습니다. 큰일을 이룬 사람은 민심을 근본으로 삼았는데 민심을 이와 같이 만들고서 어찌 일을 이룰 수 있겠습니까."[21]

민심의 향배(向背, 따름과 등짐)가 일을 이루는 결정적 조건이 되는데도 이런 사정조차 모르니 장수나 지방관들은 평소는 물론이고 전쟁이라는 급박한 상황에서도 국민을 지푸라기처럼 낮춰 보는 현실이 계속된다는 진단이다.

장수와 병졸 사이의 신뢰가 중요

민심은 아무리 어려운 상황이라도 믿을 데가 있으면 두려워하지 않고 용기와 희망을 가질 수 있다. 전쟁 상황이어서 조정의 지시와 당부가 지역의 현장에 신속하게 전파되지 않을 수 있기 때문에 지방관들의 인식과 역할이 매우 중요하다. 그래서 서애는 지방관들에게 민심을 바르게 하는 노력에 특별히 관심을 기울이도록 당부한다.

"국민을 괴롭히는 일을 바로잡고 고쳐 나라의 근본을 튼튼하게 해

---

21 自古用兵搶攘之際 專以人心向背 決成敗. 我國將官及守令等 自前無意民事 視之如草芥. 今雖當危亂之極 而此習猶存 不加存撫 到處民皆蹙頞怨詈. 成大事者 以人心爲本 豈有使人心如此 而可以濟事者乎.《근폭집》, 앞의 보고.

야 한다. 예로부터 행정을 하는 방법은 너그러움과 엄격함을 이용해서 일의 마땅함을 얻는 데 힘쓰는 것이다. 한쪽만 못쓰게 하면 안 된다. 전쟁이 난 후에 국민들이 뿔뿔이 흩어져 떠나는 상황에서는 반드시 죽은 사람은 애도하고 살아 있는 사람은 위로하며 인정스럽게 구제하여 민심이 다시 살아갈 뜻을 가지도록 하여 나라의 근본이 흔들리는 걱정이 없도록 해야 나머지 조치하는 일도 이뤄질 수 있다. 이런 때를 당하여 지방관과 장수들이 마음을 다하여 국민을 위로하고 자기 몸이 다친 것처럼 하지 않고 또다시 번거롭고 까다로운 행정으로 다스린다면 변방 국민들의 원망이 반드시 더 많아질 것이다."[22]

국민이 나라의 근본[방본(邦本)]이라는 점을 명시한 것이다. 생활이 흐트러지는 전쟁 상황에서 지방관들은 국민이 원망하지 않도록 더욱 세심하게 국민을 위한 행정을 펴야 한다는 점을 강조한다. '시지여상'(視之如傷, 국민을 다친 사람처럼 여김)은 앞 절의 인용문에 나온 '시지초개'(視之草芥, 국민을 지푸라기처럼 여김)와 대조적인 태도이다. 맹자는 주(周) 나라 문왕의 애민(愛民) 자세를 가리켜 "문왕은 국민을 다친 사람 보듯 했다"[23]라고 말했다. 서애는 맹자의 이 말에 영향을 받았을 것이다.

---

22 爲釐革民弊 以固邦本事. 自古爲政 寬猛相濟 務在得宜 不可偏廢. 然若亂離之後 小民蕩析流離之後 則必須弔死問生 慈詳惻怛 使民心懷再生之意 邦本無動搖之憂 然後他餘措置之事. 當此之時 守令邊將 若不盡心撫輯 視之如傷 而更以煩苛之政繩之 則非徒塞下之民 怨咨必甚. 《군문등록》, 함경도 순찰사와 남도병사에게 지시하는 공문.
23 文王 視民如傷. 《맹자》〈이루〉하편.

서애는 "모든 행정을 처리할 때는 국민의 마음을 따르는 것이 소중하다. 국민의 마음을 따르면 일은 반드시 이뤄질 것이다. 전쟁으로 나라가 어지럽게 되면서 상처를 입은 사람은 일어나지 못하고 고향을 떠난 사람은 모이지 않고 있다. 오늘날 행정은 마땅히 국민을 보듬어 보호하고 죽은 사람은 애도하며 외로운 사람들을 위로하는 일을 우선적으로 해야 한다. 아끼고 소중히 하는 자세로 민심을 만족스럽게 한 다음에야 병졸 훈련과 험준한 곳의 방어, 무기 수리 같은 일이 차례대로 정돈될 것이다. 이런 사정을 충분히 살펴서 시행해야 한다"[24]라고 당부했다.

실제 전투를 하는 장수와 부하 사이의 화합과 신뢰는 더욱 절실하다. 비록 군사들의 훈련이 부족해 전투력이 떨어지더라도 장수는 부하 군사들이 용맹스럽게 전투하도록 용기를 북돋워 주어야 할 책임이 있다. 이와 관련해 서애는 임금에게 "군사는 잘 훈련되지 않았는데도 장수는 군사를 평소 어루만져 주는 일이 없습니다. 아랫사람은 대부분 굶주리는데도 윗사람은 피부의 상처를 입으로 빨아 주는 사랑이 없습니다. 장수와 병졸의 마음이 서로 합쳐 하나가 되지 못하니 어찌 그들을 끓는 물과 뜨거운 불 속으로 들여보낼 수 있겠습니까"[25]

---

24 凡政事施措之間 貴在於順民之情. 民情旣順 則事必有濟. 況當此兵革板蕩之後 瘡痍者未起 流亡者未集. 今日之政 當以懷保小民 弔死問孤爲先. 愛治於民心 然後其他鍊兵據險器械修措等事 次第可擧. 此等緣由 本道十分詳審施行爲乎矣. 《군문등록》, 황해도 순찰사에게 지시하는 공문.
25 軍不精鍊 而將無撫循之素. 下多飢困 而上無吮疽之惠. 將卒之心 不相合一 何能使之赴蹈湯火乎. 《진사록》, 임금의 지시를 받은 후 벽제관에서 패

라고 했다.

서애는 '연저지혜'(吮疽之惠) 라는 비유로 화합과 신뢰의 가치를 웅변한다. 전국시대에 활약한 뛰어난 장수이자 《오자병법》(吳子兵法)을 남긴 오기(吳起) 가 부하의 등창을 고치려 입으로 고름을 빨아냈다는 이야기다. 장수가 부하를 위해 이런 감동을 주지 못하면 병졸이 왜적과 목숨을 걸고 싸울 수 없다는 뜻이다. 서애는 이러한 연저지혜의 사례를 임금에게 말한다.

"요즘 여러 군대를 살펴보니 고언백이 거느린 양주 군사는 그의 지휘에 따라 전투를 하면서 삶과 죽음을 피하지 않습니다. 이는 고언백이 평소 군사들의 마음을 얻어 즐거움과 괴로움을 함께하고 일을 할 때는 명령이 확실하고 분명하기 때문입니다. 다만 군사가 적어 많은 왜적을 물리치지 못하는 것이 안타까울 따름입니다. 다른 장수들은 군율을 어기는 부하 군사를 베어 죽이는 일이 많은데도 병졸들은 오히려 더 명령에 따르지 않습니다. 이런 일을 보면 훌륭한 장수의 도리는 엄격하고 가혹한 행동에만 있는 것은 아님을 알 수 있습니다."26

"장수와 병졸이 뜻을 함께 추구하면 승리한다"27는 말이 있다. 서애는 고언백의 군대가 이런 경우에 해당한다고 보면서 이렇게 말했

전한 이유를 논하는 보고, 1593년.
26 近觀諸陣中 惟高彦伯所率楊州之軍 頗從彦伯指揮 出入戰陣 不避死生.
蓋緣彦伯平時 頗得士心 與同甘苦 臨事約束堅明 故如此. 只恨其軍數少
不能摧却大敵耳. 至於他將 則誅殺軍士非不多 而士卒益不用命. 以此知
爲將之道 不專在於嚴酷也.
27 上下同欲者勝. 《손자병법》〈모공〉편.

을 것이다. 장수와 지방관은 더욱 섬세한 자세로 국민의 삶을 살펴보듬는 노력을 먼저 실천해야 왜적을 막을 수 있다는 뜻이다. 충분히 정밀하게 살펴서 실천해야 한다는 십분상심(十分詳審)의 자세부터 필수적이다.

군대 분위기와 관련해 서애는 화합을 강조한다. 즉, "예로부터 싸우고 지키는 대책은 식량과 군대, 성곽, 무기를 갖추는 것이다. 이 네 가지가 갖춰지더라도 반드시 서로 화합하는 인화의 분위기가 있어야 마음을 굳게 단결시킬 수 있다. 또 훌륭한 장수가 있어야 일을 성공시킬 수 있다"28라고 했다. 식량과 군대, 튼튼한 성, 무기는 전쟁의 필수 요소이다. 하지만 이들 요소를 다루는 사람의 마음이 흐트러지고 서로 불신하면 효과적으로 전쟁에 대처할 수 없다. "마음이 없으면 보아도 보이지 않고 들어도 들리지 않고 먹어도 맛을 모른다"29는 차원이다. 서애는 이런 차원에서 사람끼리 마음이 통하는 화합을 강조한다.

모든 상황이 극도로 어렵지만 그래도 화합에 희망을 걸어야 한다. 서애는 이어 "지금의 형편은, 식량은 곳곳마다 모두 없어져 서너 달도 지탱하기 어렵다. 군사는 지방관들이 게을러 돌보지 않아 매우 문란해지고 앞뒤가 전혀 없게 되었다. 성곽은 들쭉날쭉하며 규격에 어

---

28 自古戰守之計 不過糧餉軍兵城池器械而已. 四者具備 而必又有人和 固結其心. 更有良將 然後可以濟事.《군문등록》, 평안도 병마절도사에게 지시하는 공문.
29 心不在焉 視而不見 聽而不聞 食而不知其味.《예기》〈대학〉전 7장.

218

굿난 것이 너무 심하여 튼튼한 곳이 없다. 무기는 모두 흩어져 화포와 화약 등 여러 가지가 갖춰지지 못했고 활과 화살도 모두 없어졌다. 네 가지(식량, 군대, 성곽, 무기) 중 한 가지도 말할 만한 것이 없고 국민의 원망은 극도에 이르러 화합까지도 믿을 만한 것이 없다. 위태롭고 절박한 형상은 한두 가지로 말할 수가 없게 되었다"[30]라고 했다. 식량을 비롯해 병졸과 성곽, 무기 등 전투에 필수적인 요소들이 모두 엉망인 상태에서 화합마저 흔들려 한 가지도 희망을 가질 수 없는 위태로운 상태를 설명한 것이다.

그렇더라도 이 정도 진단에 그치면 반구와 징비는 멀어진다. 서애는 "형편이 어렵다고 핑계 대면서 계획을 세우지 않아서는 안 된다. 순찰사는 마땅히 무능한 사람을 물리치고 유능한 사람에게 임무를 맡기는 원칙을 밝혀 국가의 기강을 엄격하게 바로잡아 탐욕 많고 간사한 공직자들이 국민을 괴롭히지 못하도록 해야 한다. 모든 잘못된 일을 개혁해야 할 것과 이익을 일으켜야 할 것을 하나씩 방법을 찾아 폐단이 모두 그치도록 해야 할 것이다"[31]라고 했다. 어려운 상황이라도 인화를 위해서는 공직자의 무능과 유능을 엄격하게 가리는 출척(黜陟)의 원칙을 지켜야 한다는 것이다.

---

30 今以糧則處處竭乏 不足以支數月之用. 以兵則守令惰慢不顧 十分紊亂 不成頭緖. 城池則齟齬已甚 無金湯可固之處. 器械則散失殆盡 銃筒火藥諸具未備 至於弓矢 亦皆散失. 四者無一可言 而民怨極天 人和又無可恃. 其爲危迫之狀 不可一二以言也.《군문등록》, 앞의 공문.
31 不可諉諸勢難而不圖. 巡察使當嚴明黜陟 以肅綱紀 使貪官猾吏 不得侵剝於下. 凡弊所當革者 利所當興者 逐一講究 悉罷行之.

국민에게 이익이 된다는 것은 믿고 의지할 수 있는 환경을 만드는 것이다. 그래서 서애는 임금에게 "수원의 독성은 성첩(성가퀴)을 이미 수축하고 무기를 대략 갖추었습니다. 그래서 지역 주민들은 안정된 마음을 갖고 있으며 개인의 힘으로 오두막집을 짓고 들어와 살고 싶어 하는 사람이 매우 많습니다. 이런 일을 보면 민심은 믿을 곳이 있으면 저절로 무너져 흩어지는 염려가 없어짐을 알 수 있습니다"[32] 라고 했다.

명나라 군대와의 신뢰도 중요

명나라 군대의 마음을 얻는 일도 중요했다. 조선을 지원할 목적으로 군대를 보냈지만 군량은 부족하고 전쟁은 지루하게 이어지는 상황에서 명나라 군대가 자기 나라 일처럼 적극적으로 군사행동을 하기는 쉽지 않았다. 하루라도 일찍 본국으로 돌아가고 싶은 마음도 절실했을 것이다. 우리로서도 전쟁으로 더욱 어려워진 형편에 명나라 군대를 위한 물자 지원을 제대로 하기 어려웠다. 명나라 군대로서는 이런 점도 서운했으리라.

서애는 이런 상황을 깊이 고민한다. 명나라가 우리나라를 지원한

---

32 水原禿城 則城堞已修 器械粗完. 故一府之民 皆有定志 時方以私力 蓋造廬舍 欲爲入處者太多. 以此知民心有所恃 則自無潰散之慮也.《군문등록》, 도체찰사의 뜻으로 종사관이 올린 보고, 1596년.

다고 해서 무조건 대접하는 자세가 아니라 어떻게 현실적으로 그들을 활용하느냐는 문제이다. 명나라의 군사훈련과 진법(陣法), 무기활용 같은 실용적 기술을 우리나라가 배워서 왜적과 대결하는 데 활용해야 하는 점이다. 서애의 건의로 우리나라가 훈련도감을 설치해 군사훈련을 체계적으로 실시하게 된 것도 명나라의 병법서인 《기효신서》 덕분이었다.

서애는 "병사를 훈련하는 항목은 《기효신서》에 아주 자세하고 정밀하게 나와 있습니다. 이제 그 내용을 모두 모방하여 만들고자 하는데 설명과 무기, 사물의 명칭에 이해하기 어려운 부분이 있습니다. 명나라 장수들이 본국으로 돌아가기 전에 똑똑한 사람을 뽑아 여러 방면으로 질문을 하여 의문이 없도록 해야 우리가 훈련을 잘할 수 있습니다"[33]라고 했다. 명나라 장수들의 군사훈련 및 무기사용 방법 등을 우리가 활용하려면 그들의 마음을 얻어야 했다.

서애가 명나라 장수에게 부하를 보내 사정을 알아보도록 하니 명나라 장수는 우리나라 군사를 훈련시킬 계획이 있지만 군량 공급에 불평했다. 서애의 부하는 "명나라 진영에는 원망하는 분위기가 많았으며 본국으로 돌아가겠다고 했습니다. 이 때문에 말도 꺼내지 못하고 물러났습니다"[34]라고 보고했다. 이런 사정을 살핀 서애는 "우리

---

33 訓鍊節目 其載紀效新書者 至詳至密. 今方一切依倣爲之 但其文字及器械名物 有難曉處. 趁此天將未還之前 令聰敏之人 多般辨質 洞然無疑 然後可以訓習. 《근폭집》, 명나라 사람을 두텁게 대우할 것을 청하는 보고, 1593년.

34 多有怨恨之色 至欲還去. 以此未得發言而退.

나라에서 명나라 사람을 대접하는 모습을 보면, 마땅히 아주 은근하고 세심하게 해야 그들이 기뻐하는 마음을 얻을 수 있는데도 요즘 여러 가지 일이 바쁘기 때문인지 담당 관청에서 명나라 사람을 접대하는 데 지나치게 늦어지는 경우가 많습니다"[35]라고 임금에게 말했다.

전쟁 상황이라 명나라 사람을 대접하는 일을 맡은 관청이 매우 바쁠 수 있지만 그래도 성의가 부족하다는 의미다. 정성을 다해 살뜰하게 살피는 모습〔은근(慇懃)〕과 기뻐하는 마음〔환심(懽心)〕이라는 표현이 서애의 섬세한 태도를 보여 준다. 명나라 군대가 우월한 태도를 보이겠지만 실용적 차원에서 중요한 것은 그들이 우리나라에 반감을 갖지 않도록 하는 것이었다.

서애는 "지금 중국 남방 출신 사람들이 이곳에 많이 있습니다. 그 중에 군사에 관한 일을 잘 아는 사람이 얼마나 많겠습니까. 반드시 예의바르게 대접하고 인정스럽게 사귀어 그들이 아는 지식을 모두 우리에게 전해 주도록 한다면 뒷날 이익이 얼마나 크겠습니까"[36]라고 했다. 절강성 등 중국 남방지역 출신 군대는 왜적 방어에 뛰어났기 때문에 서애로서는 이들에게서 더 많은 군사기술을 배워야 한다고 생각했다. 그러기 위해서는 이들과 아주 인정스럽게 사귀는 자세가 먼저라는 뜻이다.

---

35 我國接待唐人 所當極致慇懃 然後可以得其懽心 而近因多事 該掌之官 其
於支給供頓之際 甚多稽緩.

36 今則南方之人 多聚于此. 其間諳鍊軍機者何限. 必須待之以禮 結之以惠
使之傾倒所有 傳授於我 則其爲後日之利 庸有旣乎.

명나라, 갈수록 소극적으로 되다

대규모 침략전쟁으로 나라가 극도로 위태로운 상황에서는 인간관계도 흐트러져 차분하게 신뢰를 쌓아 득심하는 차원은 어렵게 된다. 그러나 상황이 어렵다 해서 그런 인간관계를 아무렇게나 하면 현실은 더욱 어려워지곤 한다.

서애는 "옛날부터 나라가 어렵고 고난을 겪을 때 일을 처리하고 상대방에게 대응하는 방식은 허리를 굽히며 따르고 포용하는 자세를 갖춰 자신의 의도를 상대방이 모르도록 하여 한 사람이라도 우리 자신을 못마땅하게 여기는 마음을 갖지 않도록 하는 것이 옳은 계책입니다"[37]라고 했다. 서애의 사려 깊고 실용적인 생각이 잘 보인다. 명나라의 지원을 많이 받아 내려면 상대방이 기분 나쁘지 않도록 해야 한다는 뜻이다. 임금부터 이런 자세가 있어야 나랏일을 지휘할 수 있기 때문에 한 말일 것이다.

서애는 "송경략(송응창)과 이제독(이여송)이 모두 파면되어 돌아가고 고시랑(고양겸)이 방금 도착했습니다. 고양겸이 말하는 것을 모두 강하게 거절한다면 우리는 본래 중국을 믿고 의지하면서 나라의 회복을 도모해 왔는데 일을 맡은 명나라 사람들이 발끈 화를 내면서 우리와 마음을 같이하기를 꺼리도록 만들어 우리나라가 이웃나라

---

[37] 自古艱難迍塞之際 處置酬應 委曲包含 不覺其有幾微 使無一人有向我不平之心可也. 《근폭집》, 호참장을 접대하고 그가 말하는 내용을 수용해 주기를 청하는 보고, 1594년.

와 멀어져 더욱 고립되지 않겠습니까. 그런 까닭으로 신의 어리석은 생각으로는 국가를 위하여 이런 응접을 소중하게 해야 합니다"[38]라고 했다.

우리나라에 온 명나라 장수들의 사정이 복잡함을 알 수 있다. 이런 상황에서 새로 부임한 명나라 장수가 요청하는 일에 대해 우리의 처지를 앞세워 소홀히 한다면 결국 우리 형편이 더욱 어려워질 수 있는 현실을 서애는 걱정한다.

그래서 서애는 "지금 호참장(호택)도 총독의 명령으로 우리나라에 왔는데 잔치를 베풀어 위로하는 일은 물질적인 것으로만 처리할 게 아닙니다. 마땅히 여러 신하들이 날마다 돌아가면서 뵙도록 하여 그가 쓸쓸한 마음으로 돌아가지 않도록 하는 것이 명나라 지휘관을 공경하게 대접하는 도리에 맞을 것입니다"[39]라고 했다. 평소 같으면 명나라 장수를 후대하는 일이 지나칠 수 있다. 하지만 전쟁을 이겨 내야 하는 절박한 상황에서는 그들의 마음을 얻기 위한 노력을 훨씬 더 치밀하게 해서 우리에게 도움이 되도록 해야 한다는 것이 서애의 판단이다.

외교문서도 사려 깊게 처리해야 명나라의 호감을 얻을 수 있다. 서애는 이런 부분에 대해서도 치밀하다. 우리나라를 지원하는 사안

---

38 今宋經略李提督 皆已罷去 顧侍郞纔至. 所言之事 一切堅拒 本欲倚仗大國 以圖恢復 而使大國任事之人 率皆背手怫然 莫肯同心 則我國之勢 無乃益爲瞹孤乎. 故臣之愚意 竊爲國家 重此應接也.

39 今此胡參將 亦以總督之命出來 宴慰等事 非物力所辨. 似當令諸臣 逐日輪流參見 無使落莫而還 亦恐合於敬待天官之體也.

을 둘러싸고 명나라 조정의 의견이 갈라지고 호의적이지 않은 분위기를 파악했기 때문이다. 왜적을 우리나라와 명나라가 함께 물리쳐야 할 공동의 적이라고 보는 인식은 대체로 같지만 세부적으로는 의견이 미묘하게 충돌하는 경우가 많았다. 이런 사정은 서애의 다음과 같은 말에서 느낄 수 있다.

"요동 도사(장관)의 외교문서를 살펴보니 우리나라가 불공대천지 원수를 갚고자 하는 사정은 명나라 조정도 압니다. 하지만 그렇게 하기에는 송경략(송응창)이 당초 이미 기회를 잃었고 이제는 머물러 있던 명나라 군대도 벌써 돌아가 다시 군대를 동원할 형편이 어렵게 되었습니다."**40**

1594년에 작성된 것으로 추정되는 이 보고는 명나라 조정에서 임진왜란을 보는 시각이 꽤 복잡함을 보여 준다. 평양성을 탈환하는 등 적극적으로 움직여 성과를 내던 초기와는 달리 전쟁이 계속되면서 명나라도 소극적인 자세로 바뀌었다. 그래서 서애는 명나라 조정의 분위기를 가리켜 "당초에는 분명하게 말하지 않다가 이제는 곧바로 말하기를 '조선의 일은 버려졌는데도 그 나라(조선) 사람들은 어떻게 그처럼 어리석은지 알 수 없다'고 하니, 그들의 의도를 충분히 파악할 수 있습니다"**41**라고 했다.

---

40 伏見遼東都司咨文 我國欲復不共戴天之讎 天朝亦非不諒其情. 而亦以如此者 不過宋經略當初已失機會 今則留兵已撤 再擧勢難. 《근폭집》, 요동으로 보내는 문서에 사용하는 말투에 관한 보고.

41 當初 猶不分明說破 而今則直說 朝鮮之事去矣 不知彼國之人 何其愚也云云 其意可見矣.

명나라의 마음을 얻어 지원을 받아 내려면 외교문서에 유연한 분위기를 담아내는 방법이 필요했다. 그래서 서애는 "전쟁으로 일이 돌아가는 형편이 위급함이 날마다 더 심해지는데 왜적이 물러가지 않는다면 나라가 반드시 망할 처지에 놓입니다. 그런 상황이 되면 지원 요청을 부지런히 하더라도 결국 소용이 없을 것입니다. 마땅히 잠시 동안 정성껏 대접하며 그들이 하는 대로 맡겨 두고, 다시 일이 어떻게 돌아가는지 살펴보는 것이 한 가지 방법입니다. 외교문서에 답하는 내용은 '원컨대 훌륭한 대책을 깊이 생각하시고 작은 나라가 반드시 보전되도록 해주십시오'처럼 말하고, 한 가지로 단정하는 말투로 그들의 분노만 일으키고 일에는 이익이 없도록 만드는 것은 편리하고 마땅한 방법이 아닌 듯합니다"[42]라고 했다.

우리의 입장만 주장하면 오히려 명나라의 반감을 일으키므로 겸손한 분위기로 지원을 요청하는 실리적 자세가 필요하다는 것이다. '일정지언'(一定之言)은 단정적인 말투이다. 상대방의 입장은 고려하지 않은 채 우리에게 필요한 사항만 일방적으로 요구하는 방식은 외교의 효과를 떨어뜨릴 수 있으니 유연한 분위기가 낫다는 것이 서애의 판단이다.

서애는 임금에게 올리는 보고의 끝에는 대부분 '공'(恐)이나 '사'

---

42 事勢危急 日甚一日 賊若未退 則國有必亡之勢. 到此雖請之勤勤 終無所益也. 惟當姑爲款待 任其所爲 更觀事勢如何 又一節也. 今此回答 惟願深思長策 使小邦期於保全云云 而勿爲一定之言 浪觸彼怒 而無益於事 似爲便當.

(似), '하여'(何如)를 넣었다. 단정적인 말투가 아니라 '~인 듯합니다', '~하는 게 어떻겠습니까'의 뜻이다. 이 보고서의 끝에 쓴 '사'도 마찬가지다. 아무리 좋은 생각과 의견이라도 너무 단정하는 말투로 강요하면 효과적인 소통이 되지 않는다는 점을 서애는 잘 알았을 것이다. 명나라의 지원이 필요한 상황에서 외교문서의 문구 하나라도 세심하게 표현해서 명나라를 움직이는 데 도움이 되도록 해야 한다는 것이다. 어떤 관계든 마음을 얻느냐 얻지 못하느냐에 따라 일의 성패가 갈린다는 차원을 서애는 매우 잘 알고 실천했다.

진 심
盡心

각자 맡은 일에 한결같이 정성을 쏟는 자세

진심(盡心)과 진심(眞心)

징비력은 각자 맡은 일에 정성을 쏟는 진심(盡心)의 자세이다. 일에 진심이 있는가 없는가에 따라 마음을 얻는 득심도 좌우된다. 진심은 상황이 어렵더라도 정성을 다할 수 있는 자세이다. 인성 차원에서 참된 마음인 진심(眞心)과는 다르다.

전쟁 상황이어서 모든 것이 어렵고 두렵고 불편하지만 진심을 쏟아야 일의 성과를 기대할 수 있고, 결국 전쟁을 이겨 낼 수 있다는 점에서 진심(盡心)은 반구와 징비에 스며 있어야 할 요소이다. 적임자로 판단되는 사람을 발탁해도 진심으로 일하지 않으면 성과를 내기 어렵다. 국가와 국민, 윗사람과 아랫사람이 진심을 갖고 임무를 추진해야 어려움을 이겨 낸다.

서애가 진심이라는 마음가짐을 특별히 강조하는 이유는 맹자의 영향일 수도 있다. 《맹자》 8편 중 마지막 편인 〈진심〉(盡心)은 사람의 품성으로서 마음, 보편성의 상징이라고 할 수 있는 하늘, 하늘의 뜻인 천명(天命)의 문제를 깊은 차원에서 다룬다. 맹자의 말로 기록된 다음의 첫 문장은 〈진심〉편 전체의 대의를 담고 있다. "마음을 다해 정성을 기울이면 사람의 성품을 알게 된다. 그런 성품을 알면 하늘이 무엇인지 알게 된다. 그런 마음을 살피고 성품을 기르는 것이 곧 하늘에 마음을 쏟는 방법이다. 일찍 죽거나 오래 살거나 하는 데 마음이 흐트러지지 않고 자신을 닦아 하늘을 기다리는 것이 하늘의 뜻을 바르게 지키는 것이다."1

서애는 하늘[천(天)]을 인격적 차원에서 이해한다. 왜적의 침입도 하늘이 내린 재앙으로 본다. 그렇지만 하늘을 원망하거나 현실을 탓하지 않고 최선을 다해 노력하면 하늘도 이런 전쟁이라는 재앙을 내린 것을 후회할 것이라는 믿음이 있다. 서애는 맹자의 이런 말에서 위안을 얻고 각자 맡은 일에서 진심을 쏟는 자세가 더욱 절실하다는 신념을 가졌을 수 있다. 진심은 사람으로서 일에 최선을 다하고 하늘의 뜻에 기대를 거는 진인사대천명(盡人事待天命)의 자세이다.

전쟁이 발생하고 서너 달이 지났을 무렵, 군량 공급을 비롯해 전투 지원 등 모든 일이 어렵고 힘겨웠다. 서애는 "17일 왜적과 전투를 벌였을 때 다친 명나라 군사들이 상처를 싸매고 발을 끌면서 평양에서 나오는 경우가 끊이지 않았습니다. 군사들이 지나는 길의 관청에

1 盡其心者 知其性也. 知其性 則知天矣. 存其心 養其性 所以事天也. 殀壽不貳 修身以俟之 所以立命也.

서 정성을 쏟아 구조하여 치료하도록 하였습니다. 말을 잃어버리고 걸어가는 군사들에게는 소와 말을 마련해 주어 실어 보내도록 했습니다"[2]라고 했다. 1592년 가을 상황으로, 명나라 장수 조승훈이 7월 17일 왜적이 점거한 평양성을 1차 공격했다가 패배한 후 다친 명나라 군사들을 정성껏 돌본 내용이다. 평양성은 명나라 장수 이여송을 중심으로 한 군사가 이듬해 1월 탈환했다.

마음을 모아 정성을 쏟는 진심은 하늘의 뜻이 우리와 함께하기를 기대하는 마음에 닿아 있다. 하늘의 뜻, 하늘의 마음, 하늘의 명령과 함께할 수 있는 조건은 우리 자신이 지금 상황에서 모든 일에 정성을 쏟고 있느냐이다. 그래서 서애는 "때마침 비가 개고 날씨가 맑아서 행군하기에 편리합니다. 다행스럽게도 하늘의 뜻이 다시 재앙을 내리려고 하지 않는다면 약해진 왜적을 쓸어 없애 버리고 평양에서 남쪽으로 북을 치며 진군하여 막히는 곳이 없을 것입니다. 가을벼가 지금 익으니 군량도 곳에 따라 어렵지 않게 마련할 수 있을 것으로 기대하는 마음 가득합니다"[3]라고 했다.

진심은 억지로 일하면서 요행을 바라는 자세가 아니다. 어렵더라도 희망을 갖고 최선을 다하는 의지와 노력이다. 맑은 날씨는 우리뿐

---

2 十七日 接戰時 被傷唐兵 裏瘡曳足 自平壤出來者 連續不絕. 令一路各官 盡心救療. 其失馬徒行者 使之出牛馬載送. 《진사록》, 군량을 미리 조치하여 명나라 군대가 다시 파병되기를 기다리고 정탐하는 사람을 황해도와 함경도에 보낼 것 등을 청하는 보고, 1592년.

3 適又雨勢快晴 行師便利. 幸而天意悔禍 殘寇掃蕩 平壤以南 可以鼓行無阻. 秋禾方熟 糧餉之事 亦可隨處取辨 不勝佇望之至.

아니라 왜적에게도 똑같이 좋은 조건이지만 우리 스스로 용기를 내
왜적을 소탕할 수 있다는 기대감을 보인다. 여기다 곡식이 익는 계절
이어서 군량미 확보에도 도움이 될 수 있는 상황이다. 진인사대천명
은 이처럼 스스로 힘껏 노력할 때 비로소 닿을 수 있는 차원이다.

왜적을 물리칠 작전계획을 세우더라도 부대끼리 서로 힘을 모을
수 있어야 실질적인 효과를 기대할 수 있다. 서애는 "서울을 회복하
는 형세는 마땅히 세 갈래 길로 나누어야 한다고 판단합니다. 강원도
군대는 동쪽 군대와, 강화 의병 등은 서쪽 군대와, 충청도와 전라도
군대는 남쪽 군대와 각각 합세하도록 합니다. 앞에서 유인하고 뒤에
서 공격하면서 기회를 보고 편리한 상황에 따라, 마음을 가지런히 함
께하고 힘을 모아 사방에서 구름처럼 한꺼번에 모여든다면 왜적은
그물 속에 걸린 토끼와 같이 될 것입니다. 그러면 서울에서도 우리
국민이 반드시 외부와 통하여 왜적을 무찔러 죽이는 경우가 생길 것
입니다"**4**라고 했다. 제심일력(齊心一力)은 곧 진심이다.

---

4 京城收復之勢 臣意亦當分爲三道. 因使江原道軍 與東面之軍合 江華義
兵等 與西面之軍合 忠淸全羅之軍 與南面之軍合. 或引其前 或推其後 相
機乘便 齊心一力 四方雲合 賊如罝中之兎. 而京城之中 亦必有內應相屠
者矣.《근폭집》, 지금 해야 할 일을 아뢰는 보고, 1592년.

훈련도감 설치

진심은 죽을 상황에서 살아날 길을 찾는 사중구생(死中求生)의 마음 씀이다. 서애는 임금에게 "지금 상황은 재물과 힘이 다 떨어지고 사람들도 모두 죽어 가고 있습니다. 봄이 돌아와도 농사를 지을 뜻이 전혀 없어 왜적이 물러가든 다시 오든 우리에게는 이미 지탱할 만한 힘이 없어졌습니다"라고 했다. 전쟁이 일어난 지 2년 만에 벌어진 절망적인 현실을 보여 준다.

그러나 서애는 "산성을 고쳐 쌓는 일만 하더라도 그동안 여러 번 말씀 드렸습니다. 장성현감 이귀는 작은 지역의 지방관이지만 오히려 입암산성을 수축하였습니다. 이런 일을 보면 모든 일은 시작하지 않는 것이 걱정일 뿐 시작한다면 반드시 효과가 있을 것입니다. 중요한 것은 일을 맡은 사람들이 마음을 모아 정성을 쏟느냐에 달려 있습니다"[5]라고 했다.

서애가 진심을 단정적으로 강조〔이이(而已)〕한 이유는 현실이 어렵다고 이런저런 핑계와 구실을 대면 할 수 있는 일이 하나도 없을 것이기 때문이다. 산성을 고쳐 쌓는 일은 왜적 방어에 중요한데도 현실적으로는 인력과 물자를 확보하기 어렵다. 서애가 작은 지역 지방관의 사례를 든 이유도 진심이 낳는 실질적 효과를 보여 주려는 의도였을 것이다.

---

5 至如山城修築事 前此屢啓. 如長城縣監李貴 乃一小邑之守 尙能修築笠巖山城. 以此觀之 凡事患不爲耳 爲則必有其效. 要在當事者 盡心與否而已.

임진왜란을 이겨 내는 데 중요한 역할을 한 훈련도감 설치도 진심의 자세가 계기가 됐다. 서애가 명나라 군대를 통해 군사훈련의 중요성을 절실하게 느끼지 못했다면 훈련도감이라는 임시 관청을 신속하게 설치하도록 선조 임금에게 건의하지 못했을 것이다. 특히 우리나라에 애정이 많았던 명나라 남방 출신 장수 낙상지와 쌓은 인연이 결정적으로 작용했다. 서애는 "요즘 낙 참장은 신이 병을 앓고 있다는 말을 듣고 매번 통역관을 보내 병의 상태를 묻고 또 지금 우리나라가 해야 할 일을 자세히 말합니다. 그 뜻이 매우 정성스럽습니다"[6]라고 했다.

이때는 전쟁이 발생하고 1년이 지났을 무렵인데, 명나라 장수들이 왜적에 대한 공격에 소극적인 데다 본국으로 돌아간다는 이야기가 나도는 상황이었다. 서애는 "어느 날 아침에 명나라 군대가 다 떠나 버리면 왜적의 기세는 더욱 교만해질 것입니다. 그러면 영남지역의 형세가 매우 위태롭게 되어 호남과 충청이 차례로 피해를 당할 것입니다. 이는 곧 나라가 존속하느냐 멸망하느냐 하는 위급한 시기이므로 답답하고 괴로운 심정을 견딜 수 없습니다"[7]라고 했다.

낙 참장(낙상지 장군)이 서애에게 한 이야기는 이렇다. 명나라 군대가 돌아간 뒤에 왜적이 공격하면 방어하기가 어려우므로 왜적을

---

6 近日駱參將聞臣有病 每遣譯官問訊 且言今日我國之所當行者 縷縷不已. 意甚誠款.《진사록》, 군사를 훈련하고 절강의 무기를 본떠 화포 등 여러 무기를 만들어 훗날 쓰임에 대비하기를 다시 청하는 보고, 1593년.

7 一朝天兵盡去 而賊氣益驕. 嶺南一道之勢 岌岌甚殆 而湖南湖西 當次第 受兵. 此乃危急存亡之秋也 不勝寒心.

잘 막는 중국 절강 등 남방지역 군대가 있는 동안 조총 등 무기 사용법과 진법을 자세히 배워서 몇 년 뒤에는 정예 군사가 수만 명이 되도록 해야 한다는 것이다.

서애는 낙 참장의 조언에 대해 임금에게 "그의 말은 매우 많았는데 모두 우리나라를 위해 깊이 근심하고 먼 장래를 생각하여 뒷날의 근심에 대비하려고 한 것이었습니다. 신은 그의 말을 듣고 감동하여 눈물을 참을 수 없었습니다. 오늘날 남쪽 지방의 형세를 살펴보면 큰 위험이 닥쳤으니 왜적을 막고 나라를 지키는 대책은 마땅히 불에 타는 것을 구하고 물에 빠진 것을 건지는 것과 같이 해야 할 것입니다. 나라에서는 최우선으로 왜적 방어에 오로지 마음을 다해서 낙 참장이 말하는 것과 같이 한 뒤에야 만 분의 일이라도 성과를 기대할 수 있을 것입니다"[8]라고 했다.

낙상지 장군의 말을 들은 서애는 즉시 임금에게 건의해 훈련도감이 설치됐다. 서애는 《징비록》에서 "나는 그(낙 참장)의 말에 감동되어 즉시 행재소(임금이 임시로 머무는 곳)에 보고했다. 임금께서 보고서를 보시고 비변사에 내려 보내 별도로 도감(군사훈련을 위한 임시 관청)을 설치하여 훈련하도록 하고 좌의정 윤두수가 그 일을 맡도록 했다. 그해(1593년) 9월 내가 남쪽 지방에서 행재소로 불려 가다가 임금의 행차를 해주에서 맞이하여 모시고 서울로 돌아오던 중 연안에

---

8 其說甚多 而無非爲我國深憂遠慮 欲備後患. 臣聞之 不勝感泣. 計今日南方之勢 大段危迫 防守之策 當如救焚拯溺. 國家掃置萬事 專心於禦賊一事 如駱參將所言 然後庶或有望於萬一矣.

이르자 다시 나에게 훈련도감 일을 주관하라고 명령하셨다"9라고 기록했다.

낙상지 장군이 우리나라를 위해 체계적인 군사훈련이 시급하다고 제안한 것이나 서애가 그의 말을 민감하게 듣고 즉시 실천에 옮긴 일이나 모두 일에 마음을 쏟는 진심의 자세이다. 훈련도감은 군사훈련뿐 아니라 각종 무기 제조와 활용을 가르쳐, 무기를 전문적으로 다루는 사람을 양성하는 종합군사학교 역할을 했다. 전심(專心)은 진심과 같은 뜻이다.

서애는 낙상지 장군과 좋은 관계를 맺었다. 낙 장군이 우리나라에 대해 특별히 애정을 갖고 왜적 방어에 적극적으로 나선 데는 서애에 대한 인간적 호감도 영향을 미쳤으리라. 서애는 임금에게 "신은 요즈음 낙 참장과 함께 도성에서 의논하여 화포를 만드는 장인 10여 명을 비롯해 기술을 배울 만한 젊은 사람 30여 명을 모집했습니다. 오늘부터 낙 참장이 머무는 곳에 보내 그들로 하여금 배우고 익히도록 할 것입니다"10라고 했다.

군사훈련은 우리 군대의 전투력을 높이는 데 반드시 필요한 일이지만 당시 상황에서는 필요성에 대한 공감이 높지 않았다. 그래서 서

---

9 余感其言 卽馳啓于行在. 上見狀啓 下備邊司 令別設都監訓鍊 以尹相斗壽 領其事. 其年九月 余自南 召赴行在 迎駕於海州 扈從還都 至延安 更命余 代領都監事. 《징비록》, 녹후잡기.

10 臣近與參將 議於城中 募得火砲匠十餘人 年少可教者三十餘人. 今日爲始 送于駱參將處 使之學習. 《진사록》, 병졸을 모집하여 연습하도록 청하는 보고.

애는 다양한 방식으로 군사훈련의 시급함을 호소했다.

서애는 보고서에서 "나라가 지금처럼 전에 없던 재앙을 만나 이제라도 군대를 훈련시켜 왜적을 막아 나라를 회복시킬 대책을 마련하려고 하지만 일이 돌아가는 형편이 어렵습니다. 만약 떨쳐 일어나 격려하고 분발하여 조정에서 애를 태우면서 짧은 시간도 함께 아끼지 않는다면 시간이 빨리 지나서 일을 할 기회가 더욱 멀어질 것이니 앞으로 끊임없이 뉘우침이 있을 것입니다"[11]라고 했다.

이처럼 어려운 상황에서 조정에서부터 직책의 높고 낮음에 관계없이 서로 격려하면서 떨치고 일어나는 분위기를 만들어 당장 시급한 군사훈련을 적극적으로 추진해야 한다는 뜻이다. 서애는 그렇지 않으면 전쟁으로 인해 온갖 어려움에 부딪혀 온갖 후회가 이어질 것이라고 판단한다. 군사훈련이라는 근본책을 소홀히 하면 뉘우칠 일이 계속 나타날 것이라는 '무궁지회'(無窮之悔)라는 말의 뜻이 깊다.

서애는 또 "지금 가장 중요하고 시급한 일은 군사를 훈련시키는 한 가지 일일 뿐입니다. 군사를 훈련시키지 않는다면 군인이 될 수 있는 사람이 백만 명이 있더라도, 비유하건대 양을 몰아 호랑이를 공격하는 것과 같아서 왜적과 대결하지 못할 것이 분명합니다. 요즘 훈련도감을 설치하여 화포를 쏘는 방법을 훈련하고 있습니다. 당초 군사훈련에 대해 말한 사람들은 대개 생각이 서로 어긋나 성과를 거두기 어

---

11 國家遭此無前之禍 今欲治兵制敵 以爲恢復之計 其勢可謂難矣. 若非振勵奮發 朝廷上下 勞心焦思 共惜分陰 則日月易過 事機愈遠 將有無窮之悔矣. 《근폭집》, 군사훈련을 청하는 보고, 1594년.

려울 것이라고 하였지만 서너 달 뒤에는 꽤 효과가 나타났습니다. 그
중에 기술을 습득한 사람은 중국 절강 지방 출신으로 화포를 잘 쏘는
사람과 실력 차이가 없습니다. 이런 일을 겪어 보니 훈련이 반드시
필요함을 알게 되었습니다"12라고 했다.

훈련을 하지 않은 군대는 오합지졸일 뿐인데도 훈련을 둘러싸고
조정에서 논란이 많았다. 중국 절강성 지역 출신 군사들은 그곳 출신
인 척계광 장군이 저술한 병법서 《기효신서》에 따라 훈련해서 왜적
방어에 뛰어났다. 낙상지 장군도 남방 출신이다. 척계광의 《기효신
서》와 낙상지 장군 덕분에 서애는 군사훈련의 효과를 확신했다. 우
리 군대는 몇 달 동안 집중적인 훈련으로 화포를 쏘는 실력이 절강
지방 출신 군사들과 차이가 없을 정도가 됐다.

엄격한 군율, 천하무적

훈련도감을 설치하고 그에 따라 새로운 군사조직〔속오군(束伍軍)〕을
만들었다고 해서 훈련이 저절로 되는 것은 아니다. 훈련을 맡은 지방
관의 노력과 적절한 상벌이 따라야 효과를 기대할 수 있다. 그래서

---

12 今之至重至急者 莫過於鍊兵一事. 兵若未鍊 則雖有人丁百萬 比如驅羊攻
虎 其不格明矣. 近者別設都監 訓鍊火砲. 當初議者 皆以爲齟齬難成 數月
之後 亦頗有效. 其中成材者 與浙江之善手者無異. 以此知訓鍊之不可不
爲也.

서애는 다음과 같이 말했다.

"지방의 관찰사와 병마절도사, 수군 진영, 각 지역 관청은 사람의 많고 적음을 보고 편리한 방식으로 군사를 모아 포수가 되고 싶은 사람에게는 포 쏘기를 가르쳐 익히도록 하되, 요즘 훈련도감에서 권장하는 규율을 따르게 해야 합니다. 그중에서 뛰어난 기술을 익힌 사람은 우등으로 구분하거나 궁중경비병으로 임명하고, 또는 노비 신분이나 부역을 면제해서 그들이 기꺼이 따르도록 해야 할 것입니다. 훈련하는 동안 관찰사와 지방관, 병마절도사, 수군절도사는 마음을 모아 정성을 쏟아 가르쳐서 명백하게 효과가 나타난 사람이 있으면 조정에서 특별히 포상을 하고, 게을러서 부지런히 훈련하지 않아 뛰어난 기술을 익힌 경우가 적거나 가르쳐도 효과가 없는 사람들은 꾸짖고 벌을 준다면 사방에서 소문을 듣고 나날이 찾아와 포수가 크게 늘어날 것입니다."[13]

훈련을 받는 군사들의 자세가 흐트러질 수 있기 때문에 신상필벌의 원칙을 명확하게 해야 했다. 승진이나 노비 신분에서 벗어나도록 하는 등 상에 대한 비중이 컸다. 교육훈련의 효과에 따른 상벌의 전제 조건은 훈련을 맡은 지방관들의 진심 여부이다. 이들이 마음을 쏟아 교육훈련을 지도하지 않고 병사들의 성과만 기대해서는 안 된다

---

13 外方監兵使水營及各官 各以人衆多寡 隨便招集 願爲砲手之人 敎習放砲 一依近日訓鍊都監勸奬之規. 其有成材者 分其優等 或爲禁軍 或免賤免役 使人樂屬. 其間監司守令兵水使 如有盡心訓誨 灼有成效者 朝廷別加褒賞 怠慢不勤奉行 成材數少 而敎誨無效者 輒施譴罰 則四方聞風 不多日內 砲手成群矣.

는 서애의 의지가 분명히 보인다. 또한 육군뿐 아니라 수군 진영도 포 쏘기 등 훈련을 적극적으로 하도록 했는데, 이는 이순신 장군의 부대를 비롯한 수군의 전투력을 높이는 데 크게 기여했다.

군사훈련에 대한 서애의 집념은 임금에게도 큰 영향을 미쳤다. 선조 임금은 서애의 건의에 따라 훈련도감을 설치한 후 실제 군사훈련이 어떻게 되고 있는지 구체적으로 관심을 가졌다.

선조 임금은 서애에게 내린 〈비망기〉(備忘記, 임금의 명령을 적은 문서)에서 군사훈련을 격려하면서도 "군사훈련을 부지런히 하더라도 병졸을 가려 뽑는 것은 마땅히 정밀해야 한다. 옛사람의 군사훈련은 정예 병사를 키우는 데 힘썼고 군사의 숫자만 늘리는 데 힘쓰지는 않았다. 척계광이 말하기를 '군사는 뛰면서 발로 차는 동작을 꼭 배워야 한다'고 했는데 《기효신서》에 손과 발, 신체를 단련하는 방법이 있다. 군사훈련에도 많은 기술이 있는데 지금 훈련으로는 그런 기술을 모두 연습하지는 못하는 것 같다. 이런 뜻을 훈련도감에 말하라"14라고 했다.

선조 임금은 척계광과 《기효신서》의 내용을 구체적으로 언급한 점으로 미뤄 군사훈련에 대한 식견이 상당히 있었던 것으로 보인다. 또 훈련도감의 교육이 어떻게 진행되는지 관심을 기울였다.

---

14 第鍊兵雖勤 揀兵當精. 古人鍊兵 惟務精 而不務多. 戚繼光曰 兵須學跑 新書有鍊手鍊足鍊身之法. 教兵亦多術矣 今之教兵 或似未盡. 此意言于 訓鍊都監事.《근폭집》, 〈비망기〉에 따라 군사훈련의 항목을 아뢰는 보고, 1594년.

임금의 걱정에 대해 서애는 믿음직한 대답을 올린다. 서애는 "군사훈련은 쇠를 달궈 단단하게 하는 이치와 같습니다. 쇠는 백 번을 불에 달궈 두드리지 않으면 쓸 수 없습니다. 군사훈련도 반드시 최고 수준으로 충분히 연습한 뒤에야 화살과 돌이 날아오고 죽음을 각오해야 하는 전쟁터에서도 우왕좌왕하지 않을 것입니다"[15]라고 군사훈련의 원칙을 밝힌다. 훈련 내용은 징과 북을 이용한 신호법을 비롯해 쇠뇌와 총, 칼, 창 사용법, 명령체계, 전진과 후퇴, 정탐과 척후 등 전투에 필요한 모든 분야이다.

서애는 이어 "한 가지씩 차례차례 연습하여 익숙하지 않은 분야가 없도록 해서 마치 손발이 움직이는 것과 마찬가지가 되어야 비로소 싸울 수 있는 군사가 될 것입니다. 처음에는 각자 익숙한 기능을 연마하고 마침내 모든 사람을 합하여 한마음이 되도록 하는 것입니다. 이렇게 하여 규율이 엄정한 군사가 되면 천하무적일 것입니다"[16]라고 했다.

---

15 錬兵如錬金. 金非百錬 不可用. 錬兵亦必極致其精 然後可以投之矢石爭死之地 而不亂矣.
16 節節無不錬習精熟 如手持而足行 然後始可爲可用之兵. 故其初 人各致其精 其終也 能使合萬人 爲一心. 此節制之兵 所以無敵於天下也.

국민은 나라의 근본

군사훈련은 기능을 최고 수준으로 연습해야 하지만 거기서 그쳐서는 안 된다. 단련을 통해 군사들이 한마음으로 뭉쳐 싸우는 진심의 자세를 갖추는 것이 최고의 목적이다. 서애는 군사훈련의 최종 목표를 군대의 마음을 모으는 데 두었다. 이를 위해서는 기본적으로 군사훈련에 대한 개개인의 숙달이 바탕이 돼야 한다.

교육을 맡은 지휘관들은 마음을 모아 정성을 쏟는 진심의 자세를 가져야 한다. 그래서 서애는 "군사훈련의 요령은 세세한 항목은 큰 원칙에 따르고 가지와 잎은 줄기에 따르는 것과 같습니다. 초관, 대장, 오장 등 지휘관들이 각자 마음을 모으고 정성을 쏟아 소속된 군사를 훈련하고 밤낮으로 의지를 새겨 수준이 낮은 경우는 제쳐 놓고 연습이 부족한 경우는 익숙하도록 하면서 목표에 도달하지 못하는 게 아닐까 하는 염려 속에 노력하면 몇 달 안에 거의 모든 군사들이 능숙해질 것입니다. 지금부터 다시 엄격한 자세로 시행해야 할 것입니다. 이는 병조와 장수들이 마음을 다하여 실천하는 데 달려 있습니다"[17]라고 했다.

교육훈련도 배우는 태도가 중요하다. 서애가 말하는 '여공불급'(如恐不及)은 사려 깊은 배움의 자세를 말한다. 노력하지만 목표에 도

---

17 其道也 如目之隸綱 如枝葉之附幹. 所謂哨官隊長伍長等 各盡其心 各操其屬 晝夜刻意 其庸劣者汰之 未習者熟之 如恐不及 而時月之間 兵無有不精者矣. 今後更加申勅施行. 在兵曹與將官 盡心擧行而已.

달하지 못하는 것은 아닐까 하는 마음가짐이다. 조급하게 배우는 것이 아니라 차분하게, 꾸준히 노력한다는 의미다. 《논어》〈태백〉편에서 공자는 "배움은 목표에 도달하지 못할 듯하면서도 오히려 배운 내용을 잃어버리지나 않을까 염려한다"(學如不及 猶恐失之)라고 했다. 공(恐)은 두려워하며 삼가는 태도이다.

관찰사와 순찰사 등 지방행정 책임자들의 진심은 군사와 국민의 마음가짐에 직접 영향을 미치므로 이들의 태도는 중요하다. 힘겨운 전쟁 상황에서 지방관들은 현장에서 주민들을 위로하면서 다시 살아날 의욕을 갖도록 할 책임이 있다.

서애는 지방관에게 "뛰어난 국민이 되는가 보통의 국민이 되는가는 지방관들이 어떻게 위로하여 편안하게 해주느냐에 달려 있다. 전쟁이 일어난 뒤로 얼마 안 되는 국민이 전쟁에 죽고 굶주림으로 죽은 경우가 이미 열에 여덟아홉이다. 이런 때를 당하여 지방관과 변방의 장수들이 마음을 다하여 위로하며 국민을 다친 사람 보듯 하지 않고 괴롭히면서 까다로운 행정으로 다스린다면 국민의 원망이 반드시 더욱 클 뿐 아니라 변방 오랑캐가 배반하고 복종하는 모양도 이 때문에 달라질 수 있다"[18]라고 했다.

굶주림에 허덕이면 밥 한 그릇에 왜적을 이롭게 할 수도 있는 상황

---

18 龍蛇赤子 在於撫綏之如何. 節變生以後 些少人民 死於兵戎 死於饑饉者 固已十九八. 當此之時 守令邊將 若不盡心撫輯 視之如傷 而更以煩苛之 政繩之 則非徒塞下之民 怨咨必甚 而藩胡叛服之形 亦將因此而有異. 《군문등록》, 함경도 순찰사와 남도병사에게 지시하는 공문.

에서 지방관이 국민을 세심하게 위로하면 전쟁을 이겨 낼 용기와 희망이 생길 것이다. '용사'(龍蛇)와 '적자'(赤子) 중 용사는 보통의 국민보다 뛰어난 사람으로 볼 수도 있고 난폭한 국민으로 볼 수도 있다. 서애가 어떤 의미로 썼는지 알 수 없지만 이 책에서는 뛰어난 국민, 즉 전쟁을 이겨 내는 용기를 내는 뜻으로 본다.

지방관들이 '국민이 나라의 근본'이라는 인식을 명확히 가져야 진심으로 위로하고 용기를 북돋우는 자세도 나온다. 그래서 서애는 지방관들에게 이렇게 말했다.

"오늘날 조치할 일은 비록 세세하게 많지만 고치기 어려운 폐단을 고치고 바로잡는 일이 중요하다. 국민을 보듬고 보호하여 나라의 근본을 다시 튼튼하게 해야 군량을 조치하고 병졸을 훈련하며 성을 수리하는 일도 가능하다. 지형이 험한지 평평한지 살펴서 험준한 곳을 지키는 계획을 세우고 무기를 준비하고 봉수대 관리를 단단히 하도록 해야 하는 것이 일의 큰 뼈대이다. 관찰사는 부하 지방관을 감독하고 병마절도사와 수군절도사는 변방의 장수를 단단히 조심시켜 마음과 힘을 다하여 몸이 마르도록 밤낮 정성을 쏟아 바로잡고 부족한 곳을 보충하면 나랏일이 위급하더라도 구제할 수 있는 희망이 있다. 만약 이전의 잘못된 습관을 그대로 하면서 일을 그만두고 그저 그렇게 세월만 보낸다면 나랏일은 어쩔 수 없는 상태가 될 것이다. "[19]

---

19 今日措處之事 雖曰多端 不過釐革弊瘼. 懷保小民 使邦本更固 然後措置 糧餉 訓鍊軍兵 修緝城池. 且察地勢險夷 以爲控扼之計 措備器械 申飭烽 火 此其大段節目. 若監司督率守令 閫帥申飭邊將竭其心力 盡瘁晝夜 收

서애가 국민을 '나라의 뿌리이자 근본이고 바탕'〔방본(邦本)〕이라
고 인식한 점은 중요하다. 이런 민본(民本) 의식이 확고하지 못하면
전쟁 때 진심으로 힘을 모으기가 어렵다. 국민을 나라의 근본으로 본
표현은 《서경》의 〈하서〉(夏書) 오자지가(五子之歌)에 보인다. "국
민은 가까이 해야 하고 낮춰 보면 안 된다. 국민이야말로 나라의 근
본이며, 근본이 튼튼해야 나라가 평안하다"[20]는 것이다.

맹자도 국민의 위치를 국가와 군주 위에 놓는다. 그래서 "국민이
가장 소중하고 종묘사직(나라)이 그 다음이며 제후국의 군주는 가벼
운 존재이다. 그래서 많은 국민의 뜻을 얻는 사람이 황제(천자)가 된
다"[21]고 했다. 이 같은 민본 사상은 서애에게 강한 영향을 미쳤을 것
이다.

상호 신뢰의 중요성

국민과 군사를 위해 진심을 다하려면 윗사람과 아랫사람이 서로 믿
는 분위기가 필요하다. 서애는 "윗사람과 아랫사람이 서로 믿고 정
성스런 마음으로 실속 있는 일을 하도록 힘써야 한다. 공문을 받고

拾補綴 則國事雖急 尙有可濟之望. 萬一因循廢墜 玩愒度日 置國事於無
可奈何之地. 《군문등록》, 경기·황해·평안·함경도 순찰사에게 지시하는
공문, 1595년.
20 民可近 不可下. 民惟邦本 本固邦寧.
21 民爲貴 社稷次之 君爲輕. 是故得乎丘民而爲天子.

그 내용에 책임을 다하려고 하지 않고 눈앞의 편안함을 탐내어 그럭저럭 살아가는 습관을 키워서는 안 된다. 농사철에는 농사에 힘쓰고 전쟁이 나면 마음을 모아 적군을 방어한다면 아래로는 부모와 가족을 보전할 수 있고 위로는 국가를 지킬 수 있으므로 매우 좋은 일이 될 것이다. 그렇지 못하면 고향을 떠나 뿔뿔이 흩어져 가족이 서로 돌보고 보호하지 못할 것이고 또는 구렁에 빠져서 죽고 집안일을 모조리 잃어 자기 자신도 보전하지 못할 것인데 하물며 다른 일을 돌볼 수 있겠는가. 이는 이해득실이 명확하게 드러나는 것이니 각자 마음을 모아 정성껏 시행해야 할 것이다"[22]라고 했다.

서로 신뢰하는 분위기에서 정성스러운 마음〔실심(實心)〕과 실속 있는 일〔실사(實事)〕을 하는 것은 이익과 손해, 얻음과 잃음이 명확하기 때문에 진심(盡心), 즉 최선을 다해야 한다는 것이다.

국민을 군인으로 선발해 군사훈련을 하는 목적은 국민이 편안해지도록 하기 위해서다. 오합지졸로는 왜적을 이길 수 없기 때문이다. 이런 뜻이 지방관과 국민 사이에 공감되어야 효과를 거둘 수 있다.

서애는 "먼저 서로 의견을 맞춰 각자 진심으로 실천하여 군사에 관한 일을 성취해야 한다. 옛사람이 말하기를 '세상이 편안하더라도 전쟁을 잊으면 반드시 위태롭다'고 했다. 하물며 지금처럼 전쟁이 일어

---

22 務在上下相信 以實心行實事. 無得應文塞責 以長苟且之習. 農時則力於耕種 有事則一心捍禦 自此以往 下可以保全父母妻子 上可以捍衛國家 有無限好事. 不然則流離分散 不相顧護 或陷於溝壑 或蕩失家業 其身且不能保 況於他事乎. 此利害得失之較然明著者 其各盡心施行.《군문등록》, 경기도 관찰사에게 지시하는 공문.

났을 때는 더 말할 것도 없다. 군사훈련이 급선무이다. 각자 마음을 깨끗이 씻고 두려워하며 삼가는 자세로 힘껏 실천해야 한다. 군사를 훈련하는 규정은 국민을 괴롭히는 것이 아니고 편리함을 주려고 하는 것이다. 평소에는 이웃 마을끼리 서로 보호하고 토적을 방어하며 전쟁이 나면 마음과 힘을 모아 국가의 위급한 사태를 막아 내려는 것이다. 반드시 이와 같이 해야 할 것이다"[23]라고 말했다.

군사훈련이 중요하더라도 이를 피곤하게 여기는 국민과 군사가 적지 않을 것이므로 진심을 담아 그 취지에 공감하도록 지방관들이 노력해야 한다. 마음을 씻고 삼가는 자세인 세심척려(洗心惕慮)는 곧 진심이다.

부대를 편성해 군사훈련을 하는 목적은 훈련을 숙달하는 차원을 넘어 서로 의지하면서 전쟁을 이겨 내는 마음을 다지는 데 있다. 그래서 서애는 "지금 각 지역에 초급 지휘관을 배치하여 군사가 몇 명인지 파악하도록 한 이유는 단지 군사훈련을 위한 것만은 아니다. 같은 마을 사람이 같은 부대에서 훈련을 하면 어려운 일을 서로 도울수 있고 누가 있는지 없는지도 알 수 있다. 이에 따라 서로 친근해지고 아끼는 마음을 평소 갖도록 하면 군사훈련뿐 아니라 다른 일을 할 때도 저절로 손발처럼 되거나 서로 믿고 의지하는 사이가 되어 무너

---

23 爲先行約束 各自盡心遵行 以成軍務事. 古人云 天下雖安 忘戰必危 況於今日乎. 鍊兵之爲急務. 其各洗心惕慮 悉意遵行. 今次鍊兵之規 非欲其病民 只欲其便民. 使平居則隣里相保 扞禦土賊 有事則同心一力 以衛國家之急. 如斯而已. 《군문등록》, 지방관과 장수에게 의견을 맞출 것을 지시하는 공문, 1596년.

져 흩어지지 않도록 하려는 것이다. 지휘관인 초관, 기총, 대총은 거느리고 있는 군사들이 깨닫도록 각별히 타일러 마음을 쏟아 실천해야 할 것이다"[24]라고 했다.

군사훈련은 오로지 전투력을 높이기 위해 강제적으로 추진하는 게 아니다. 서로 마음을 모으고 의지하면서 용기를 가지도록 지휘관들이 진심을 갖고 국민과 소통하라는 뜻이다.

도원수 권율의 책임

진심은 개인을 넘어 여러 사람의 마음을 모아 함께 협력하는 동심(同心)의 차원이다. 그렇지 못하면 각자 눈앞의 작은 성취에 만족하고 큰일을 이루기 어렵게 된다. 서애는 다음과 같이 말했다.

"장수가 모자라는 것은 아닙니다. 아쉬운 점은 장수들의 관직 품계가 대체로 같아서 각자 명령을 마음대로 하면서 세력을 합치고 힘을 같이하려는 마음이 없습니다. 상황에 따라 적절하게 대응해야 할 때에도 모두 자기 뜻대로 하여 진격해야 할 때도 함께 진격하지 않고 패배하는 상황에서도 서로 구원하지 않습니다. 이 때문에 왜적과 2

---

24 今於各村 設爲哨官 使知軍數者 其意不但在於鍊兵而已. 蓋欲其同隊共里之人 患難相救 有無相資. 使相親相愛之心 結於平日 則臨事自能如手足心腹 不相潰散. 哨官旗隊總以下 各別曉諭率下之軍 盡心施行. 《군문등록》, 경기도 방어사와 각 진영의 장수에게 지시하는 공문, 1596년.

년 동안 서로 버티고 있지만 그동안 한 번도 왜적의 기세를 꺾는 공로를 세우지 못하고 있습니다. 그 이유는 군사가 겁을 내거나 나약한 점도 있지만 실제로는 장수의 명령이 여러 곳에서 나와 군대의 힘이 통일되지 못하기 때문입니다."**25**

서애는 경상도를 방어하는 장수 7명을 언급하면서 이들의 문제를 진단한다. 이들의 계급 등 위치가 서로 비슷한 데다 서로 공을 세우려는 흩어진 마음 때문에 명령도 제각각이어서 효과적인 전투를 하지 못한다는 것이다. 최함지공(摧陷之功)은 상대방의 기를 꺾어 함정에 빠뜨리는 공로이다. 진심을 발휘하기 위해서는 좁은 자세를 넘어설 수 있어야 한다.

서애는 "많은 사람을 합하여 한마음으로 만들어야 성공할 수 있습니다. 장수들이 서로 오가면서 협력하지 않아 뜻을 함께하지 못한다면 이는 마치 강과 바다 한가운데서 배를 운행할 때 배를 조종하는 사람이 한 명은 남쪽으로 가려고 하고 한 명은 북쪽으로 가려는 것과 같은 것입니다. 그 배가 뒤집히고 부서지는 것을 피할 수 있겠습니까"**26**라고 했다.

---

25 將非不足 只恨諸將 名位爵秩 大槪相同 各欲自專號令 而無協勢同力之心. 故臨機應變 皆任其意 進不俱進 敗不相救. 以此與賊 相持二年 未嘗一立 摧陷之功. 非徒軍卒恸弱 實由於將令多門 而軍力不齊也. 《근폭집》, 도원수에게 지시하여 장수들을 화목하게 해서 힘을 모아 나랏일을 성공시키도록 청하는 보고, 1594년.
26 合萬人 爲一心 然後可以成功. 若使諸將 不相上下 而志不同行 則如運舟於江海之中 而操舟者 一南一北. 其能免於覆敗乎.

마음을 모아 정성껏 임무를 수행하는 진심의 자세가 목적인데도 장수들이 비슷한 계급 등을 이유로 화합하지 못하고 결과적으로 전투력을 발휘하지 못하는 현실을 지적한 것이다.

　구체적인 대책이 필요하다. 서애는 이렇게 말한다. "장수들을 가만히 살펴보니 모두 나이와 지위가 서로 비슷하여 전체를 맡아 다스릴 만한 사람이 없어 처리하기가 어렵습니다. 이런 일에 대해 생각을 공유하고 적절하게 처리하는 것은 오직 도원수에게 책임이 있습니다. 권율에게 지시하여 충분히 잘 처리하고 명령을 거듭 밝혀서 장수들을 화목하게 하여 그들이 마음을 같이하고 힘을 합하여 큰 공을 함께 이루도록 하는 것이 어떻겠습니까."27

　장수들의 화합도 군사업무를 총괄하는 도원수 권율의 책임이므로 이를 다시 명확하게 해야 개선할 수 있다는 뜻이다. 마음을 함께하고 힘을 모으는 동심합력(同心合力)은 곧 진심이다.

　지방관들의 가슴에 진심이 흐르면 맡은 지역의 생산을 넉넉하게 만드는 데도 기여한다. 전쟁 중의 농사는 지방관이 어떤 자세로 국민을 위로하면서 짓도록 하느냐가 중요하다. 서애는 "올해는 비가 알맞게 내렸으니 전국의 지방관들이 정성을 쏟아 농사를 권장하고 논밭을 개간하도록 독려한다면 얼마 남지 않은 국민이 살아갈 길이 어느 정도 있을 것 같습니다"28라고 했다.

---

27 默察諸將 皆等夷 無可統攝之才 難於處置. 此等約束善處 專在於都元帥.
　　請下書于權慄 十分善處 申明號令 濈和諸將 使之同心合力 共濟大勳何如.
28 今年雨水適中 若各道守令 盡心勸課 使之耕墾 則孑遺之民 庶有資生之

지방관들이 노력하더라도 전쟁 중이어서 모두가 성과를 내기는 어려울 것이다. 진심을 다하는지, 부지런한지 등을 파악해 상벌과 출척의 원칙을 적용해야 실질적인 효과를 높일 수 있다. 그래서 서애는 이렇게 말한다.

"황해도의 지방관은 해주와 백천에서 농사를 잘 지었다고 합니다. 백천은 도내에서 가장 황폐했는데도 군수 남궁제가 직무에 마음을 다하여 백성을 모으고 둔전을 해서 벌써 300석의 씨를 뿌렸다고 하니 매우 훌륭합니다. 충청도에는 천안, 덕산, 단양 등에서 농사를 짓는데 청안현감 전유형은 흩어진 국민을 불러 모아 곡식의 씨앗을 마련해 주고 맡은 지역을 부지런히 다니면서 농사를 권장하여 청안 지역은 황폐한 곳이 없다고 합니다."29

지역마다 사정이 다를 수 있지만 지방관이 진심을 갖고 임무를 수행하면 어려운 상황을 딛고 성과를 낳을 수 있다는 사례이다. 현장을 부지런히 뛰어다니는 분주(奔走) 한 자세에서 마음을 쏟는 진심도 비로소 나온다.

진심은 적임자로서 인재의 모습이다. 그래서 서애는 "이런 사례를 살펴보면 지역이 무너지는지 온전한지, 관청이 가난한지 넉넉한지

路. 《근폭집》, 국민에게 농사를 권장하고 지방관의 부지런함과 게으름을 조사할 것을 청하는 보고, 1594년.

29 黃海道守令 惟海州白川 頗爲耕種云. 白川則蕩敗甚於道內 而郡守南宮悌 盡心職事 聚民爲屯田 已種三百石云 極爲可嘉. 忠淸道則天安德山丹陽等 邑 亦爲耕墾 而淸安縣監全有亨 招集流亡 措置種子 奔走境內 勸課農作 故淸安一邑 幾無陳廢之處.

는 다만 지방관들이 마음을 모아 정성을 쏟는지 아닌지에 달려 있습니다. 조정이 천 리 먼 곳에서 비록 국민을 위해 인정스런 명령과 은혜를 베푸는 정치를 하더라도 반드시 뛰어난 사람을 임명해야 실행이 됩니다. 관찰사는 지방관을 총괄하므로 조정은 관찰사를 바로잡고 관찰사는 지방관을 바로잡도록 해서 무능한 사람은 배제하고 유능한 사람은 승진시키는 원칙을 분명하게 하고 좋은 일은 권장하고 나쁜 일은 징계하는 원칙을 크게 실천한 뒤에야 국민의 삶이 실질적인 혜택을 볼 수 있을 것입니다"30라고 했다.

대인(待人)은 뛰어난 사람을 임명한다는 뜻이다. 적임자로서 인재를 선발해 임무를 맡기는 것은 진심을 발휘하기 위한 중요한 조건이다. 출척과 권징은 진심을 확산시키는 원칙이다.

---

30 由此觀之 邑無殘完 官無貧富 只在於守令 盡心與否而已. 朝廷遠於千里 雖有仁民之令 惠鮮之政 必須待人乃行. 而監司者 乃守令之綱 朝廷專責 監司 而監司責守令 黜陟分明 勸懲大行 然後民生 庶蒙實惠矣.

원 려
遠 慮

앞날을 준비하면서 지금의 어려움을 이겨냄

명나라, 조선을 의심하다

징비력은 미래를 내다보면서 현실을 개선하는 자세이다. 원려(遠慮)는 막연하게 미래를 내다보는 인식이 아니다. 현실에 대한 깊은 진단과 대응에는 원려의 자세가 이미 들어 있다. 원(遠)은 '멀다'와 함께 '깊다'는 뜻이 있다. 현실의 상황을 깊이 자세히 살피면서 판단하면 그 현실에서 무엇이 부족한지 파악할 수 있다. 앞날을 내다보는 원려의 식견이 없으면 현실에 대한 냉정한 판단과 분석이 어렵다. '앞날'은 길게는 1년, 10년, 20년, 수백 년을 가리키지만 짧게는 내일, 다음 달, 몇 달 뒤를 가리킨다.

원려는 지금 더 애쓰고 노력하면 반드시 나아질 것이라는 기대와 확신이 있어야 가능하다. 원려는 희망의 감정이지만 반드시 지금 현실을 딛고 서야 한다는 점에서 관념적 희망이 아니라 구체적 희망이다. 원려는 나중에 생길 수 있는 후회와 뉘우침을 막기 위한 안전장치이기도 하다.

평소에도 지금 당장의 현실을 넘어 앞날을 내다보는 자세는 쉽지 않다. 개인과 공동체가 무너지는 전쟁 상황에서 원려의 자세를 요구하는 것은 더욱 비현실적으로 느껴질 수 있다. 서애는 오늘이라는 현재 속에 내일이라는 미래가 들어 있다고 본다. 원려는 현실의 어려운 상황을 더욱 확고하게 이겨 내기 위한 노력에 필요한 자세이다. 이 땅은 오늘과 올해라는 현재만 살아갈 일회적 공간이 아니라 영원한 건정지(乾淨地)이기 때문이다.

서애는 전쟁 초기인 1592년 6월 의주 피란길에서 임금에게 다음과 같이 말한다. 왜적은 거침없이 북상하고 명나라 조정에서는 우리나라의 태도를 의심하면서 지원군 문제를 적극적으로 다루지 않는 위급한 상황이었다.

"지금 보통 사람들의 좁은 소견은 나라를 위해 앞을 내다보지 못하고, 왜적의 기세가 상당히 날쌔다는 말만 듣고서는 나랏일은 어쩔 수 없다며 도무지 앞으로 나아가려는 의지는 없고 우물쭈물 머뭇거리며 겨우 시간만 보내고 있습니다. 이미 명나라 조정에 군대를 요청해 놓고서도 모든 일을 아직 조치하지 못하니 국민의 마음을 아프게 하여 차라리 태어나지 않은 것만 못하게 만들고 있습니다."[1]

---

1 今庸人淺見 不能爲國長慮 徒聞賊兵頗銳 置國事於無可奈何之地 都無向前振作之氣 依違苟且 僅度時日. 旣請天朝之兵 而百事未措 令人痛心 不如無生.《근폭집》, 요동의 외교문서를 논의하고 일을 형편에 맞도록 해야

무엇을 어떻게 해야 할지 결정하기 어려운 위태로운 상황에서 이같은 주장을 강하게 하는 것은 결코 쉽지 않다. 무엇을 결정하지 못하고 우물쭈물 주저한다는 뜻인 의위(依違)라는 표현이 이 상황을 잘 보여 준다. 장려(長慮)는 원려(遠慮)이다.

왜적이 강하다는 말을 들으면 두려워 어쩔 줄 모르는 것은 보통사람의 감정일 수 있다. 나라의 미래를 위해 대책을 고민해야 한다는 서애의 주장은 절실하고 타당하지만 주위 사람들에게는 잘 와닿지 않을 수도 있다. 서애도 "예로부터 앞날을 헤아리는 사람은 적고 눈앞의 일시적인 편안함을 찾는 사람은 많습니다"[2]라고 했다. 전쟁 상황에서는 더욱 그렇게 될 가능성이 높다.

서애의 이 보고는 임진왜란 초기의 절박하고 답답한 상황을 볼 수있어 중요하다. 서애의 보고를 살펴보면 명나라가 보낸 외교문서에는 우리나라를 오해하고 의심하는 내용이 많았다. 서애는 명나라의 문서를 살펴본 뒤 답답한 심정을 드러낸다.

"우리나라는 어떤 도리를 어겨 침략전쟁을 당할 만한 이유가 특별히 없었습니다. 처음부터 끝까지 중국을 위하여 의리를 지키다가 이같은 상황이 된 데 불과합니다. 이는 참으로 하늘과 땅의 신령이 살펴보고 있는 것입니다. 다만 최근 사람들이 명나라와 외교를 하면서

함을 아뢰는 보고, 1592년.

2 自古遠慮者少 姑息者多. 《진사록》, 임금의 명령을 받은 후 장수들에게 지시하여 적군을 막아 끊도록 할 것과 명나라 군대의 소식을 탐지하고 무기를 수송해 주도록 급히 아뢰는 보고, 1592년.

사실에 근거한 그대로 분명하고 확실하게 말하지 못하고 늘 숨기고 덮으려고 하여, 하고 싶은 말을 하지 못하고 우리의 참된 마음을 알리지 못했습니다. 그래서 중국 조정에서는 우리나라에 대해 처음부터 칭찬하고 장려하며 안타깝게 여기는 뜻은 없고 도리어 잘못을 꾸짖는 말만 있게 되었으니 참으로 마음이 아픕니다."[3]

억울하고 답답한 심정을 드러낸 것이다. 그러나 전쟁이 일어난 후 명나라와 우리가 긴밀한 협조를 신속하게 이뤄 내지 못한 이유에 대해 서애는 우리 조정이 명나라와 외교적 소통에 있어 문제가 많았다고 진단한다.

"들리는 바로는 명나라 조정에서 왜적과 말이 통하는 사람을 왜적이 점령하고 있는 평양으로 보내 전쟁을 일으킨 이유를 파악하도록 한다고 합니다. 그렇게 되면 우리나라는 아래로는 왜적에게 위협을 당하고 위로는 명나라 조정에 우리의 상황을 밝히지 못할 것이니 일이 무척 딱하게 될 것은 말하기조차 어려울 것입니다."[4] 위급한 상황에서 우리나라와 명나라 사이에 큰 불신이 형성되는 분위기를 서애는 매우 우려하였다.

서애는 명나라가 우리나라를 의심하는 내용(中原之疑我者)으로 7

---

3 我國別無失道致兵之由. 終始不過爲中國 守義不回 以至於此. 是則天地神祇 實所鑑臨. 惟其近日人情 於應對辭命之間 不能據事直說 明白痛快 而每欲遮藏掩覆 欲說不說 使我國本情 無以暴白. 故中朝於我 初無嘉獎 矜悶之意 而反有督過之語 良可痛心.

4 聞中朝 將令解倭語者 直抵平壤 與倭人相對 問其緣由云. 則是我下見逼 於倭賊 上不白於天朝 其爲狼狽 尤不可勝道矣.

가지를 꼽는다. ① 왜적의 침략 보고를 늦게 한 것, ② 지원군 요청을 빨리 하지 않은 것, ③ 정탐하는 명나라 사람을 접대하지 않고 길에서 굶주리도록 만든 것, ④ 이미 병력을 요청하고도 군량이 모자란다고 말한 것, ⑤ 명나라 정탐자가 우리 조정에 길을 안내해 줄 사람을 요청했는데도 한 명의 군사도 나타나지 않은 것, ⑥ 예로부터 비록 위태롭고 어려움이 극도에 달하더라도 임금이 있는 곳에는 반드시 지키는 군사가 있어야 하는데 지금 텅 비어 아무도 없으니, 다른 사람의 처지에서 이를 본다면 편안하기가 평소와 다를 바 없는 점, ⑦ 나라가 위태로워져 망하려고 하는 상황에서는 반드시 소매를 떨치고 일어나 피눈물을 흘리면서 자기 몸은 잊고 나라의 위태로움을 구하려고 달려 나가는 신하가 있어야 하는데도 분위기가 느리고 느슨하며 외교적 사안을 응대하는 일이 대부분 시기에 늦는 점 등이 그것이다. 5 세밀하고 엄격하게 사태를 진단하는 모습이다.

명나라가 우리나라를 의심하는 상황에서 외교문서에 대한 답장은 나라의 운명까지 좌우할 수 있다. 그래서 서애는 "이제 이 외교문서에 대한 회답은, 관계되는 일들이 가볍지 않으므로 보통 때처럼 처리

---

5 ① 緩於報變. ② 請兵不早.
③ 不存接唐人之哨探者 使之飢困道路. ④ 旣請兵 而又言糧餉匱乏.
⑤ 唐人請我國嚮導之人 而時無一將一卒 立於眼前.
⑥ 自古雖危難之極 而乘輿所在之處 必有扈衛之兵 今則蕩然無存 自他人視之 晏然如平日.
⑦ 國將危亡 則必有投袂泣血 忘身赴急之臣 而一時氣像 徐緩寬縱 應對酬酢 率多後時.

하기는 어렵습니다. 해당 관청들이 신속하게 보고하도록 하고 힘껏 명확하게 말해야 할 것입니다. 명나라 장수들과도 이익과 손해에 관한 내용을 간절히 말하고 일을 이룰 수 있는 규정을 정해서 서로 힘을 모아, 죽을 상황에서 살아날 길을 찾아야만 오늘날의 일이 어쩌면 성취될 수 있을 것입니다"**6**라고 했다.

명나라 조정에 우리나라의 사정을 명확하게 설명해서 오해와 의심을 하지 않도록 해야 한다는 것이다. 죽을 상황에서 살아날 길을 찾는 사중구생(死中求生)의 자세는 앞날을 내다보는 원려의 자세이다.

전쟁 때도 밭에 씨앗 뿌려야

원려는 당장 화살을 확보해야 하는 눈앞의 문제부터 10년, 20년을 내다보면서 지금 현실에 대처해야 하는 문제 등 다양한 방식으로 나타난다.

서애는 "화살에 관한 일은 신이 여러 번 보고하여 하삼도(충청, 경상, 전라)의 화살대를 수송해 주기를 요청하였습니다. 지금은 여러 진영에서 거의 대부분 모자라 겨우 수백 묶음 남아 있어 하루 동안 쓸 수 있는 분량도 되지 못합니다. 병졸 백만 명이 있더라도 활과 화

---

6 今此咨文回答 所係非輕 難同汎常. 惟望令該司 登時速報 痛陳明白而已.
且與唐將 痛陳利害 定爲進取之規 彼此協力 死中求生 然後今日之事 庶可爲也.

살이 없으면 팔짱만 끼고서 아무 일도 할 수 없으니 매우 위급합니다. 조정에서는 보통의 일로 보지 마시고 모든 일을 빨리 융통성 있게 처리하여 뒷날에 이미 늦어 소용이 없게 되는 뉘우침이 없도록 하시기 바랍니다"[7]라고 했다.

전쟁 초기에 곳곳에서 전투가 벌어져 화살이 떨어지는 형편이다. 서애는 화살 보급을 여러 번 임금에게 말씀드렸지만 제때 마련되지 못했음을 알 수 있다. 이 문제를 빨리 해결하지 못하면 곳곳의 군사들은 빈손이 되어 왜적에 대항할 수단이 없어진다. 서애는 '서제난추의 뉘우침'(噬臍難追之悔)이라는 비유로 원려의 자세를 강조한다. 서제난추는 배꼽을 깨물려고 해도 입이 닿지 않는다는 뜻으로, 무슨 일이든 어긋난 뒤에는 후회해도 소용없다는 의미이다.

근심 걱정을 나타내는 '우'(虞, 憂)나 후회와 뉘우침을 나타내는 '회'(悔), 일이 어긋나 몹시 딱하게 되는 '낭패'(狼狽)를 막기 위한 원려는 부정적이고 소극적인 의미이다. 원려는 근심 걱정을 막는 데 그치지 않고 긍정적이고 적극적으로 이익을 가져올 수 있을 때 진정한 가치가 생긴다. 걱정이 없도록 하는 원려를 넘어 이익을 가져오는 원려가 희망을 준다.

특히 전쟁 때에는 임금 스스로 원려할 수 있어야 한다. 그래서 서

---

7 弓箭事 則臣累爲狀啓 至於請輸下三道箭竹. 今則諸處各陣 擧皆垂乏 僅有數百餘部 不足以備一日之用 雖有百萬兵 無弓矢 則將拱手而無爲 事甚危急. 朝廷毋視尋常 凡事急急區處 使無噬臍難追之悔. 《진사록》, 걱정스러운 왜적의 정세를 급히 아뢰고 남방의 화살대를 빨리 가져오기를 청하는 보고, 1592년.

애는 역사 사례를 통해 선조 임금을 위로하면서 멀리 내다보는 식견으로 즐거운 삶의 공동체, 즉 낙토(樂土)의 꿈을 말한다. 나라가 벼랑 끝에 서 있는 위태롭고도 위태로운 상황에서 임금에게 낙토를 이야기하는 것은 서애의 깊고도 깊은 충심이요 식견이다.

"옛날 위나라(주나라의 제후국)가 북쪽의 오랑캐에게 망했을 때 문공은 소박한 옷차림으로 흩어진 국민을 위로하고 곡식을 소중히 여겨 농사에 힘썼습니다. 그가 펼친 정치를 읊은 시에 '때 맞춰 비가 내리니, 수레를 모는 사람에게 말하여, 비가 그치고 별이 나오면, 새벽에 수레를 몰아, 뽕밭에 나가 농사를 살피네'라고 하였습니다. 이런 모습을 임금께서는 더욱 마음에 새겨 나라의 근본인 국민을 정성스럽게 생각하기 바랍니다. 이와 같이 부지런하기를 10년 동안 계속하면 가시나무 잡목 숲이 변하여 즐겁고 행복하게 살 수 있는 땅이 되어 나라가 오래도록 편안할 것입니다."8

여기서 서애가 인용한 시는 《시경》〈국풍〉편 중 용풍(鄘風) '정지방중'(定之方中, 영실성이 남쪽 하늘에 빛나네)의 한 구절이다. 기원전 660년에 위(衛)나라가 오랑캐의 침입으로 망한 후 문공 때 제(齊)나라의 도움으로 새 도읍지를 정하고 나라를 튼튼하게 했다는 내용이다. 그 다음 구절은 "저 곧고 굳센 사람은 마음가짐이 충만하고 깊

---

8 昔衛爲狄所滅 文公以大帛之冠 大布之衣 撫摩遺民 重穀務農. 其詩曰 靈雨旣零 命彼倌人 星言夙駕 說于桑田. 此則自上尤當留念 以厚邦本. 如此孜孜 其以十年 則荊榛變爲樂土 邦其永孚于休矣. 《근폭집》, 지금 해야 할 일을 조목별로 아뢰는 보고, 1593년.

어, 큰 말 수천 마리를 가진 부강한 나라를 만드셨네"(匪直也人 秉心 塞淵 騋牝三千)이다.

서애가 이 시를 인용해 임금이 원려의 마음을 갖도록 한 이유는 시의 배경이 당시 조선의 처지와 비슷했기 때문일 것이다. 최고 권위의 문헌인 《시경》을 인용함으로써 임금이 거부감 없이 시의 뜻을 생각하도록 한 것도 서애의 소통 방식이다. 시를 활용하지 않고 임금에게 급하고 거친 목소리로 나라의 근본인 국민을 소중히 여기면서 10년 동안 부지런히 노력해서 낙토를 만들어야 한다고 강조했다면 아무리 뜻이 좋더라도 임금은 귀를 기울이지 않고 오히려 거부감을 가졌을 수도 있다.

서애가 임금에게 나라의 근본으로서 국민을 아끼면서 10년을 노력하면 즐겁고 행복한 나라가 될 것이라는 희망을 말한 자체가 원려의 결과이다. 10년을 내다보면서 지금의 어려움을 이겨 내 낙토를 만들어야 한다는 절실함이 없다면 이런 말을 임금에게 아뢰기 어렵다.

서애는 임금에게 이 말을 하기 전에 당장의 현실을 개선하는 가까운 원려에 대해 구체적으로 이야기한다. 훗날의 낙토 건설도 지금의 구체적 현실과 동떨어져서는 공허하기 때문이다.

"내년에 쓸 곡식의 종자는 물이 얼어 통행할 수 없게 되기 전에 모두 수량을 알아서 운반한 뒤에야 내년 봄 때에 맞춰 파종할 수 있을 것입니다. 섬지역의 둔전은 이를 실행하면 반드시 이익이 있을 것입니다. (강화도는) 전쟁이 끝난 뒤 말 관련 행정을 중심으로 운영하면 다시 목장을 만들더라도 안 될 일이 있겠습니까."9

내년 곡식을 위해 올해 종자를 뿌리는 일, 섬을 활용해 둔전으로 농사를 짓는 일, 전쟁 후를 예상하며 섬에 목장을 가꾸는 일 등이 모두 훗날 낙토를 위한 씨앗이다. 낙토는 관념적으로 이루어지는 것이 아니라 지금의 현실을 조금씩 개선해 쌓아 올려야 하는 과제이다.

포루는 겨울에 준비, 봄에 설치

미래를 내다보며 준비하는 원려는 지금의 현실을 하나씩 구체적으로 다져 나갈 때 비로소 의미 있게 다가온다. 이런 점에서 미래의 현실을 위한 원려는 '지금 현실'의 다른 이름이라고도 할 수 있다.

서애는 "왜적이라는 원수를 갚는 일도 공허한 말과 아무런 일도 하지 않는 것으로는 될 수 없습니다. 반드시 안으로는 굳게 참고 견디는 의지가 있고 밖으로는 오랫동안 실천할 정책을 임금과 신하, 윗사람과 아랫사람이 변하지 않는 한마음으로 먼저 본보기를 세워 먼 미래를 향해 목표로 삼아야 할 것입니다. 옛날 월나라처럼 10년 동안은 재물을 생산하고 국민을 모으고, 다음 10년은 군대를 훈련해서 20년 동안을 한결같은 생각으로 계획을 중단하지 않고 때를 기다려 행동해야 할 것입니다. 이를 위해 얼마나 많은 정성과 노력이 필요하겠습니까"**10**라고 했다.

---

9 明年種子 於水路通行之前 盡爲知數輸到 然後明春 庶可及時播種. 且海島屯田 爲之則亦必有利. 事定之後 若以馬政爲重 則還爲牧場 有何不可.

10 復讐亦不可空言無事 而可爲也. 必內有堅忍之志 外有悠久之政 君臣上下

원수인 왜적을 물리치고, 나아가 나라를 영원히 발전시키는 일은 막연하고 추상적이고 관념적인 말로 되지 않는다. 강한 의지를 바탕으로 공동체를 발전시킬 정책을 만들어 멀리 내다보며 꾸준히 추진해야 비로소 가능하다. 춘추시대 월나라가 했던 것처럼 20년 계획을 세우고 하나씩 추진해야 한다는 것이다. 한결같은 마음(斷斷一心)으로 아주 먼 미래(久遠)를 목표로 하는 원려를 말한다.

앞을 내다보면서 일을 하지 못할 경우 나타나는 문제는 당장의 현실마저 부실하게 만든다. 원려가 없이 지금 현실에 대처하면 훗날 후회와 뉘우침이 생길 가능성이 높다. 그래서 서애는 이렇게 말한다.

"조정과 지방의 신하들은 긴 안목으로 생각하면서 시간을 아껴 일을 추진할 생각은 깊이 하지 않고 대부분 편안한 것만 좋아하며 재물을 탐내고 시간을 그냥 보내면서 왜적을 몰아낼 책임은 명나라 군대에 맡겨 두고는 자신들이 해야 할 일은 전혀 찾지 않습니다. 이런 이유로 군정은 정돈되지 못하고 군량은 처리되지 못하며 민심도 바르게 하지 못하여 온갖 일이 어수선하게 어지럽고 거꾸로 된 것이 마치 구름과 안개 속을 걸어가는 것처럼 되었으므로 외롭게 남아 있던 국민의 힘도 다시 조금이라도 남은 것이 없게 되었으니 참으로 마음이 아픕니다."11

斷斷一心 先立規模 以久遠爲期. 如越十年生聚 十年敎訓 二十年間 一念 無所作輟 待時以動. 此是什麼精誠 什麼筋骨.《근폭집》, 왜적을 막고 나라를 지키기 위해 해야 할 일을 조치할 것을 청하는 보고, 1595년.
11 中外之臣 不能深惟長遠之慮 惜陰圖事 而一切玩愒 浪費時日 專以討賊之 責 付諸天兵 而自己所當爲事 專不講究. 軍政未嘗修繕 糧餉未嘗經紀 民

앞일을 내다보면서 일을 하지 못하면 안개 속을 걸어가는 것처럼 방향을 잃어 온갖 현실의 일이 흐트러진다. 그런 상황에서는 그나마 조금 남아 있는 국민의 힘마저 모을 수 없게 된다. 원려는 막연한 미래가 아니라 절실한 현실 문제에 닿아 있다.

현장을 지키는 지방관들에게 원려의 자세가 있느냐 없느냐는 일의 성패에 큰 영향을 미친다. 막연하게 지시해서는 안 되고 반드시 구체적으로 지시해서 지방관이나 군사 지휘관들이 그대로 따르도록 해야 성과를 기대할 수 있다.

서애는 "성을 지키는 데는 포루 설치가 매우 중요하다. 포루를 준공한 뒤 천지현황의 화포와 불랑기 대포를 많이 갖추고 포루 안에 설치해 미리 화포 발사 연습을 한다면 한번 힘껏 노력해서 오랫동안 만족스럽고 반드시 두고두고 이로울 것이다. 지금은 날씨가 춥고 물이 얼어 작업을 시작하기가 어려울 것이므로 미리 목재를 준비해 두고 내년 봄에 독려하여 포루를 만들도록 해야 할 것이다"[12]라고 했다.

성에 대포를 쏘는 구조물인 포루(砲樓)를 설치하는 작업은 상당히 어려운 일이지만 그렇다고 설치하지 않으면 성을 지키기가 어렵다. 한번 힘껏 노력해서 오랫동안 만족스럽고 반드시 두고두고 이롭다는

心未嘗收拾 百事紛紜 眩亂顚倒 如行雲霧之途 而子遺民力 更無分寸之餘 誠可痛心. 《근폭집》, 지금 해야 할 일을 아뢰는 보고, 1594년.

12 守成之際 砲樓一事 最爲關重. 若成此制 而多備天地玄黃及佛狼機大砲 各置砲樓之中 豫爲習放 一勞永逸 必爲萬世之利. 節天寒氷凍 始役爲難 豫備材木 明春以督令造成. 《군문등록》, 평안도 병마절도사에게 지시하는 공문, 1595년.

'일로영일 필위만세지리'(一勞永逸 必爲萬世之利)는 원려의 결과이다. 포루 설치는 당장은 귀찮고 힘든 작업이지만 한번 만들면 오랫동안 편리하고 이롭다는 기대감을 명확하게 해줘야 현장에서도 지휘관을 중심으로 구체적으로 움직일 수 있다. 그렇다고 무조건 재촉해서는 불만을 살 수 있다. 그래서 서애는 겨울이라는 날씨를 고려해 재료부터 준비해 뒀다가 내년 봄에 작업하는 게 적당하다는 의견을 제시한다. 오랫동안 이로운 일이 된다 하더라도 이처럼 당장의 현실부터 하나씩 순차적으로 처리할 때 비로소 원려의 실질적 효과를 기대할 수 있다.

포루 같은 구조물 설치뿐 아니라 식량과 무기, 군사훈련 등 대처해야 할 일이 한두 가지가 아니다. 서애가 지방관에게 지시하는 내용은 다음과 같이 현재와 미래를 연결하면서도 현장에서 막연하게 받아들이지 않도록 구체적이다.

"먼 곳의 일을 멀리서 헤아리기 어려워 자세하게 대책을 지시할 수 없으니 군량 등 일을 충분히 계획하고 시기에 맞춰 시행해서 뒤늦어지는 폐단이 없도록 해야 할 것이다. 대체로 3년 동안 먹을 저축이 없으면 옛사람도 '나라가 나라 역할을 할 수 없다'고 했다. 올해 아무런 사고가 없을지라도 지금 전쟁이 그치지 않은 시기에 도내에서 곡식을 확보할 계획을 충분히 분별하고 처리해서 군량 공급 계획을 세우지 않을 수 없다. 군량을 공급하는 대책으로는 달리 좋은 방법이 없고 둔전을 널리 개척하는 것뿐이다."[13]

---

13 遠處之事 遙度爲難 ——指授不得 此等辭緣 十分計度 及時施行 俾無後

멀리 떨어져 있는 현장 상황을 조정에서 일일이 지시하기 어려우니 지방관들이 세심하게 살펴서 식량 확보 등 중요한 문제에 대처해야 한다는 뜻이다. 지방관들도 나라 살림에 책임을 갖고 3년 동안 식량과 재물을 저축하는 자세로 현실을 개선하는 구체적인 노력을 해 달라는 당부이다.

이런 지시를 하면서 식량이 중요하고 이를 위해서는 둔전 개간이 필요하다는 주장에 그치면 구체적이지 못하다. 지시가 막연하면 공문을 받는 지방관들도 막연하게 받아들인다. 여건이 좋든 나쁘든 구체적이어야 겉돌지 않는다. 그래서 서애는 "도내 비옥하고 넓은 땅으로는 안주의 3천 평과 정주, 박천의 갈대밭 등 경작할 만한 곳이 많으므로 내년에 개간해 경작하면 곡식을 얻을 수 있을 것이다. 다만 농민이 나올 만한 곳이 없고 농사를 짓는 동안 먹을 양식과 종자 확보가 어려울 것이다. 이런 사정 때문에 시행이 쉽지는 않을 듯하다"[14]라고 했다.

서애는 지방관들에게 업무 지시 공문을 보내기 전에 현지 사정을 미리 자세히 파악했음이 틀림없다. 둔전을 개간할 만한 땅을 말하는 데 그치지 않고 예상되는 어려움까지 이야기함으로써 지방관들이 자신의 위치에서 무엇을 할 수 있을지 구체적으로 고민하도록 만든다.

時之弊. 大抵無三年之蓄 則古人以爲國非其國 假使今年無事 當此干戈未息之時 道內得粟之計 不可不十分區處 以爲繼餉之計. 但繼餉之計 他無善策 只有廣開屯田而已.

14 道內沃饒 閑廣之地 如安州三千坪 定州博川之境蘆田 及他可耕之處 非一二 明年耕墾 可以得粟. 唯只農軍無出處 農糧種子 亦難備. 似是難行之條.

산성 수축, 주민에게 이익

서애는 또 "화약은 가장 중요하다. 도내에 현재 얼마나 있는지 파악하고 지난달 중국에서 수입한 화약을 의주와 평양, 영변 등 세 곳에 나누어 둔 것을 다시 제조하여 쓸 수 있는지 없는지를 조사해야 할 것이다. 다시 제조하지 않았다면 이런 일에 익숙한 화약 장인을 시켜 기간을 정한 뒤 최대한 다시 제조하여 강변에 방비가 급하고 화약이 모자라는 곳에 빨리 보내야 한다. 이원이 거느린 화포 장인이 있는 곳에 강변의 영리한 사람을 뽑아 보내 화포 만드는 법을 익히도록 하여 뜻밖에 발생하는 사고에 대비해야 할 것이다"[15]라고 했다.

화약은 당장 확보해서 왜적에 대처해야 할 시급한 과제이지만 막연하게 재촉해서 될 일이 아니다. 화약 제조와 화포 제작까지 익혀야 뜻밖의 사고에 대비할 수 있다. 원려의 차원에서 대비하지 않으면 지금의 현실에도 제대로 대처하기 어렵다는 점을 서애는 강조한다.

아무리 원려에 따른 이로움이 분명하더라도 지금 당장의 현실이 어려우면 원려에 따른 기대도 귀찮을 수 있다. 이런 점을 이겨 내는 것이 중요하지만 현실과 미래의 충돌을 조정하기가 결코 쉽지 않다. 유일한 방법은 앞날을 내다보며 지금의 현실을 개선하는 일이 확실

---

15 火藥最爲關重 道內時存幾斤 往日唐焰硝 分置於義州平壤寧邊三處者 改煉可用與否 亦爲相考. 如未改煉 則事知焰硝匠 以刻日盡數煉成火藥 依法劑造 江邊防緊火藥不足處 急急添送. 李源所率事知火砲匠處 江邊伶俐人抄擇 火砲劑法傳習 以備不虞.

하고 구체적으로 이롭다는 인식에 사람들이 공감하도록 만드는 길 뿐이다. 그래서 서애는 다음과 같이 말한다.

"수원 주민들은 독성을 튼튼하게 만들었기 때문에 지난날 다른 곳에서는 모두 놀라 어수선할 때도 차분할 수 있었다. 이는 믿는 곳이 있으면 놀라 어수선해지지 않는다는 증거이다. 오늘날 왜적을 막아내고 주민을 보호하는 요령은 오직 이 일이 좋은 대책이 될 것이니 조금이라도 늦추어서는 안 된다. 걱정은 사람들이 앞날을 염려하며 준비하는 생각이 없어서 이런 일에 힘쓰기를 좋아하지 않고 도망쳐 숨는 것만을 좋은 대책처럼 여긴다. 이는 도망한 뒤에는 결국 갈 곳이 없다는 현실을 모르기 때문이다."16

민심은 일정하지 않다. 엄청난 공포 속에 살아야 하는 전쟁 상황에서는 더욱 그렇다. 믿을 곳〔시처(恃處)〕이 있으면 민심은 안정되고 믿을 곳이 없으면 민심은 흐트러진다. 수원 주민들이 동요하지 않은 이유는 독성을 수리하고 곡식을 저장하고 곳곳에 진영(陣營)을 설치해서 왜적에 대비했기 때문이다. 그렇지만 사람들은 대체로 앞날을 내다보며 대비하는 준비성이 없기 때문에〔인무원려(人無遠慮)〕 성을 튼튼하게 만들어 지키기보다는 도망가려는 조급성이 앞서기 쉽다. 도망하더라도 실제 마땅히 갈 곳이 없다는 사실조차 내다보지 못

---

16 如水原之民 則以禿城爲固 故往日驚動之時 一府之民 獨不動搖. 此有所恃而不動之驗也. 今日禦賊保民之要 唯此爲長策 不可少緩. 特患人無遠慮 不肯致力於此事 只以奔竄爲得計. 未知奔竄之後 將無往也. 《군문등록》, 경기도 순찰사와 좌우방어사에게 지시하는 공문, 1596년.

한다.

서애는 이런 짧은 소견이 가져올 위험한 현실을 직시했다. 《논어》〈위령공〉편에 "사람이 멀리 내다보는 깊은 생각이 없으면 반드시 가까운 날에 걱정거리가 생긴다"(人無遠慮 必有近憂)는 공자의 말이 있다. 북송(北宋)의 유학자 정이천(程伊川)은 공자의 이 말을 "당면한 일을 넘어서는 차원을 생각해야 한다"(思慮當在事外. 《근사록》〈정사류〉편)고 풀이했다.

서애는 "수원 독성은 이미 군대가 주둔하는 군영이 되었다. 이 군영에 소속된 군사를 나누어 다섯 개 관청으로 만들고 이들 관청에 가까운 곳에서 주민을 잘 알아듣도록 타일러 농사가 한가할 때는 차례대로 조금씩 성으로 들어와 지킬 곳을 수축해야 할 것이다. 한 곳에서 이와 같이 한다면 다른 곳에서도 그렇게 될 것이다. 1년 또는 반년이 지나지 않아 일의 형편이 저절로 나아질 것이다. 그것은 팔짱을 끼고 아무 일도 하지 않고서 앉아서 죽기만 기다리는 것과는 이익과 손해의 차이가 분명하게 나타난다"[17]라고 했다.

수원 독성의 사례를 다른 곳의 국민에게 분명하게 설명하면 공감을 얻어 1년 안에 비슷한 상황이 될 수 있다는 것이다. 이익이 명확하다는 점을 사람들이 깨치면 성을 지키는 일에 국민들이 자발적으로 나서리라. 효유(曉諭)는 깨쳐서 명확하게 안다는 뜻인데, 이런

---

17 水原禿城 旣爲右營. 營所屬之軍 分爲五司 亦當以五司所近之處 曉諭人民 於農隙務閒之際 漸次修葺入保之處. 一處如此 他處亦然. 不過一年半年 而形勢自成. 其與拱手而坐待死亡者 利害較然矣.

차원에서 서로 이해가 되어야 소통과 공감이 된다.

산성 수축은 많은 사람이 힘을 모아야 하므로 지방관들이 주민의 공감을 얻어 능동적으로 참여할 수 있도록 하는 분위기가 중요하다. 그래서 서애는 "현장을 두루 다니면서 적당한지 아닌지 살펴보고 낱낱이 보고해야 한다. 주민들이 산성 수축은 주민을 위하는 일이고 국가만을 위한 일은 아니라는 점을 알아듣도록 해야 한다. 주민들이 비록 상황 판단을 제대로 못 하더라도 그 이익과 손해의 실상을 알게 되면 서로 명령을 듣고 따르는 사람이 있을 것이므로 더욱 정성껏 타일러서 시행해야 할 것이다. 파사성(경기 여주)도 마땅히 이런 경우에 의거하여 여주, 이천, 양근의 군인을 활용해서 수축한다면 하루 이틀 작업에 불과하지만 오래도록 이익이 될 수 있으며 민심도 반드시 싫어하거나 고통스럽게 여기지 않을 것이다"**18**라고 했다.

이 지시대로 따라 하면 성과가 나올 만큼 구체적인 내용이다. 주민을 타일러 동원하라고 막연하게 지시하지 않는다. 지방관은 현장을 자세히 살펴서 산성 수축 등 작업이 적당한지 파악한 뒤 주민에게 거듭 정성껏 설명하여 공감을 얻으라고 지시한다.

서애는 산성 수축이 나라만을 위한 일이 아니라 국민에게도 이롭다는 점을 강조한다. 평소든 전쟁 때든 공공노동(노역)을 애국심에

---

18 遍可巡歷 看審便否 這這馳報. 且曉諭人民 以此乃爲民 非但爲國也. 民雖至愚 必有知其利害之實 而卽相聽從者 更加至誠告諭施行. 婆娑城段置亦當依此 以驪州利川楊根軍人修築 此不過一二日之役 而可爲萬世之利 民心亦必不至於厭苦.

만 호소해서는 성과를 거두기 어렵다. 그래서 서애는 "국민은 앞날을 내다보는 생각을 알지 못하므로 곡식이 흔하면 함부로 소비하여 앞날에 닥칠 수 있는 낭패가 되는 걱정을 생각하지 않는다. 윗사람이 먼저 사람들이 알아들을 수 있도록 하고 이익과 손해로써 깨우치지 않는다면 국민은 스스로 알지 못할 것이다"[19]라고 했다. 그날그날 생계가 급한 국민에게 원려의 자세를 요구하는 것은 비현실적이다.

산성에 대한 서애의 식견은 구체적이고 깊다. 산성은 왜적으로부터 국민을 지키는 최선의 방어여서 그만큼 절실하다. 남한산성 수축을 순찰사에게 지시하는 문서에서는 남한산성을 손바닥 보듯 자세히 살피면서 수축 작업을 구체적으로 말한다. 그대로 따라 하면 될 정도다. '남한산성은 서울을 지키는 매우 중요한 산성이므로 철저히 수축하라'는 식의 막연한 지시는 한마디도 없다.

서애는 남한산성의 상태에 대해 "남한산성을 전체적으로 계산하면 주위가 1만 5,900여 척(尺)인데 그 가운데 흠이 없는 부분은 4천 척이다. 남문과 서쪽 면, 북쪽 면은 매우 높은 험준한 곳이므로 큰 힘을 쓸 필요는 없다. 남문에서 동쪽으로 물이 흘러나오는 곳까지는 그 사이가 150걸음 정도인데 약간 평평하니 성을 쌓는 작업은 이곳에 집중적으로 힘을 써야 할 것이다"[20]라고 했다. 남한산성의 전체 규

---

19 小民不識遠慮 穀賤則濫費無節 不念前頭 狼狽之憂. 若非在上之人 先爲
   曉告 開以利害 則愚民必不能自知. 《군문등록》, 경기도 순찰사와 황해도
   순찰사에게 지시하는 공문.

20 總計南漢山城 周廻一萬五千九百與尺 其中完全者四千尺. 又南門及西北
   面 皆是億丈之險 不必大段用力. 只南門以東至水口 其間半馬場量 而稍

모 중에서 수축이 필요한 부분이 구체적으로 어디인지 정확하게 파악하고 있다.

산성을 누가 얼마나 고쳐 쌓을 것인가에 대해서도 서애는 매우 구체적으로 말한다. "지금 광주의 군사를 계산하면 속오군에 편입된 사람이 1천 명이다. 50명마다 곡성(성문 밖으로 둘러 구부러지게 쌓는 성) 1좌를 쌓도록 하면 20좌가 될 것이며, 유정(사명당)의 승군 100명으로 곡성 2좌를 쌓도록 하고 … 두 곡성 사이의 거리가 각각 100보가 되도록 하면 곡성 1좌가 각각 45, 46보가 된다. 산꼭대기의 형세가 나란히 이어져 닿으므로 성을 모두 쌓지 않더라도 저절로 왜적이 침입할 수 없는 형세가 될 것이다. 또 50명이 곡성 1좌를 쌓으면 인력이 넉넉하여 며칠 안에 이루어질 것이다. 이와 같이 된다면 이성의 큰 형세는 이미 이루어지는 것이다."[21] 그림을 보여 주듯 구체적으로 남한산성 수축 방법을 설명한다.

산성 수축에는 많은 돌이 필요하다. 이 문제에 대해서도 서애의 방식은 매우 구체적이다. "성에서 무너진 돌이 산 아래쪽에 많이 있으므로 반드시 먼저 산 위로 운반해서 올려놓아야 성을 쌓기가 쉬울 것이다. 사람을 시켜 산 아래에서 굴리거나 짊어지고 산 위쪽으로 운

爲平低云 築城之役 當專力於此. 《군문등록》, 경기도 순찰사에게 광주 남한산성 수축을 지시하는 공문, 1596년.

21 今計廣州之軍 入於束伍者一千名. 每五十名 令築一曲城 則曲城當有二十矣 又使惟政僧軍百名 築曲城二坐 … 每兩間相距各百步 則一曲城 各占四十五六步. 而山頭形勢 列置聯絡 不待盡築城 而自有不可犯之勢. 且五十人 築一曲城 人力有饒 不日可成. 若是則一城之大勢 已成矣.

반한다면 힘이 많이 들어 불가능할 것이다. 마땅히 기계를 이용해 돌을 옮겨야 할 것이다. 기계 만드는 방법은 먼저 두 기둥을 산 위에 세우고 기둥 위에 가로로 댄 나무를 얹어서 그 나무를 돌리기를 실을 켜는 물레 모양과 같이 하고, 굵은 칡으로 만든 줄을 세 겹으로 해서 튼튼하게 묶고 … 돌이 비록 매우 무겁더라도 짧은 시간에 올릴 수 있으니, 하루 동안에 산 아래에 있는 돌을 모두 옮길 수 있으므로 작업이 매우 간편할 것이다."22

섬세하고 실용적이며 사려 깊은 서애의 자세가 잘 나타난다. 산성 수축에는 당연히 많은 돌이 필요한데, 이전에 무너진 돌을 옮겨서 쌓으라고 막연하게 지시하면 지시를 받는 지방관도 막연하게 받아들일 것이다. 산 아래쪽에 있는 돌을 기구를 사용해서 옮기는 게 좋다는 식으로 말해도 마찬가지다. 서애는 돌 운반 기계(기구)를 어떻게 만들지도 구체적으로 알려 준다. 이 기구를 서애가 발명한 것은 아닐 것이다. 큰 돌을 산성 아래에서 위로 운반하는 데 필요한 기구를 위해 여러 문헌 등을 살피면서 연구했을 것이다. 이런 지시를 받고서도 산성 수축을 하지 못하는 지방관은 없을 것이다.

---

22 舊城頹圮之石 多在山下 必須先爲 輸到山上 然後築之甚易. 若欲使人 從山下推轉負載以上 則人力多入 不可爲也. 當爲器械以輸之. 其法先立兩柱於上山 柱上加橫木 使之轉環如繰車之狀 而又作大葛三甲緊緻 … 石雖甚重 而頃刻可上矣 一日之間 山下之石 盡在上面 而役事甚便矣.

작업 중 막걸리 한 모금은 큰 힘

서애는 1593년 봄에 임진강에 칡덩굴로 부교(浮橋, 널조각을 연결한 다리)를 만들어 명나라 군대가 건너도록 했다. 이해 1월 명나라 군대가 평양성을 탈환한 뒤 왜적을 쫓아서 서울 가까이 왔는데 임진강의 얼음이 녹아 건널 수 없는 상태였다. 모두 대책이 없어 손을 놓은 상태에서 서애는 관청에 지시하여 칡덩굴을 많이 준비하도록 했다. 칡덩굴로 어떻게 다리를 만들겠냐는 의문이 많았지만, 서애는 칡덩굴로 만든 동아줄에 나무토막을 연결하는 방식으로 부교를 완성했다. 이 일은 "임진강에 부교 놓은 일을 기록하다"(記臨津江浮橋事. 《징비록》, 관련 기사)에 실려 있다. 이런 일은 문무를 두루 갖춘 통유(通儒)로서 서애의 모습을 잘 보여 준다.

산성 수축 작업에는 벅찬 노동이 필요하므로 작업자들이 금세 지친다. 작업 중에 막걸리 한 모금은 큰 힘이 되기에 막걸리 마련이 또한 중요한 일이다. 서애는 해당 지방관에게 '수축 노역자들에게 막걸리 등으로 격려하라' 식으로 막연하게 지시하는 대신에 다음과 같이 말한다.

"막걸리를 많이 만들어 군인을 격려하는 용도로 써야 하는데 쌀은 구하기가 어렵지 않을 것이다. 본부(체찰부)에서도 쌀 100석가량을 보낼 수 있으나 술 빚는 기구는 갑작스럽게 준비하기가 어려울 것 같다. 술 빚을 쌀과 누룩의 수량을 계산하여 광주 읍내의 관리와 그 하인 그리고 부근의 승려들 가운데 큰 항아리가 있는 사람에게 나눠 주고, 각자 두서너 술동이의 원료를 계산해 주어서 그때 가서 가져다

쓰도록 하여 여러 사람의 힘을 모은다면 주민에게 피해를 주지 않을 것이다. 소금 100여 석도 아울러 산성으로 운반해서 군인 중에 부지런히 일한 경우에는 일일이 상을 주는 것도 작업을 격려하는 한 가지 방법이 될 것이다."[23]

이렇게까지 자세하게 지시하는데도 산성 수축작업을 지휘하는 지방관이 군인과 주민에게 막걸리를 공급하지 못한다면 무능력자가 아닐 수 없다.

산성은 왜적을 막아 나라를 지키는 든든한 울타리가 되어야 하므로 부서진 곳은 마땅히 수축해야 한다는 원칙을 말하기는 쉽다. 서애는 수축에 필요한 돌을 마련하는 방법부터 작업하는 사람들의 의욕까지 매우 구체적인 방식을 제시하므로 그 지시를 따르지 않을 수 없도록 만든다.

이런 과정을 거쳐 서애는 "남한산성은 천혜의 험준한 곳으로 우리나라 산성 중에서 으뜸이다. 광주 주민이 여기에 산성을 잘 쌓으면 편안하게 누워도 걱정이 없을 것이다. 반드시 모든 사람이 서로 힘을 합쳐 자기 자신의 일과 같이 하여 한번 힘껏 일하고 오래도록 편안할 수 있는 대책을 세운다면 훗날 비록 전쟁 같은 일이 있더라도 마땅히 편안하게 베개를 베고 누워 잘 수 있을 것이다. 충분히 경계하고 조

---

23 欲多釀濁醪 以爲勸軍之用 米則似不難得. 從本府百餘石量亦可 但釀酒器 具 難可猝辨. 若以酒米麴圓 計數分給於廣州邑內人吏品官官屬 及近處僧 人 稍有瓮器者 每人量給數盆之資 臨時取用 衆力合湊 不至胎弊. 鹽石百 餘石量 幷爲輸到山城 軍人中勤役者 這這賞給 亦是勸役之一端.

심하여 사람들에게 알아듣도록 잘 설명하여 시행하도록 해야 할 것이다"24라고 했다.

　서애가 앞에서 말한 것처럼 산성 수축에 필요한 구체적인 방법에 대한 이야기 없이 원려의 원칙만 말했다면 현장 지휘관들은 우왕좌왕했으리라. 원려는 현실을 구체적으로 개선하는 연장선에서 가능함을 잘 보여 준다.

높은 곳을 점거한 자, 싸움에 이긴다

현장을 직접 살피고 이를 지도나 그림으로 만들어 소통하는 방식에 재능이 있었던 서애는 직접 그린 평양 지도를 놓고 명나라 장수 이여송과 평양성 탈환 작전을 이야기했다. 이여송은 서애의 지도를 보면서 작전 계획을 구체적으로 설명했다.25 서애의 이런 행동은 우리나라 지리에 어두운 명나라 군대에 큰 도움을 줘 평양성 탈환 작전에 기여했다. 남한산성 수축을 위해 현장 실태를 파악하던 서애가 산성의 형세를 직접 그림으로 그려 임금에게 보고했다는 기록도 있다.26

---

24 此城 乃是天險 八道山城中 最爲第一. 廣州之民 若能城此 則可以安臥無
　憂. 必須大小戮力 如爲私事 爲一勞永逸之計 則後來雖有事變 當安枕而
　臥. 十分更加戒勅曉諭施行.
25 《진사록》, 명나라 대군이 안주에 도착하여 이여송 제독을 만나 군사에 관한
　일을 의논했음을 아뢰는 보고, 1593년.
26 《진사록》, 남한산성 수축을 청하는 보고, 1597년.

그 외 많은 산성과 조령(문경새재) 등 국방에 중요한 요충지 등을 직접 살핀 기록이 많다. 이런 사정을 보더라도 서애가 현장의 지방관에게 보낸 공문이 공허하지 않고 구체적이어서 바로 적용할 수 있었으리라.

서애는 산성에 대해 특별히 글을 지었을 정도로 산성의 중요성을 절실하게 인식하고 현실적으로 대처하려고 했다. 그의 현실 분석과 원려의 식견이 잘 담긴 내용이다.

서애는 "우리나라가 옛날부터 국경을 지키고 외적을 막아 낸 것은 모두 산성을 이용했기 때문이며 적군이 망설이며 공격을 꺼리는 이유도 산성에 있었다. 병법에 '먼저 높은 곳을 점거한 사람은 싸움에 이긴다'고 하였고 손자도 말하기를 '적군이 고지에 있으면 피하고 공격하지 말라'고 했으니 그 뜻을 알 수 있다. 병법을 잘 아는 사람들은 지형을 얻느냐 잃느냐를 승패의 가장 중요한 요소로 여겼다. 지형을 잃고서도 성공한 사람은 없었으며 지형을 얻고서도 싸움에 패한 경우는 없었다"[27]라고 했다.

서애는 당(唐)나라와 거란이 고구려를 공격하려고 했지만 고구려가 산성을 잘 지킨다는 이유로 꺼려했다는 사례를 들어 산성의 중요성을 이렇게 말했다. 서애가 인용한 《손자병법》〈구변〉(九變) 편에

---

[27] 我國自古 保境禦敵 皆以山城爲利 敵人之所憚者 亦有在於山城也. 兵法 先據高地者勝 孫子亦言 敵居高地 則避而勿攻 其意可見也. 蓋地形得失 於兵家勝敗之數最重. 未有失其地形而能濟者 亦未有得其地形而陷敗者. 《잡저》, 의변논설 - 산성설, 1597년.

"높은 언덕에 있는 적을 쳐다보면서 공격하지 말라"(高陵勿向), 〈행군〉(行軍) 편에 "시야가 트이고 높은 곳을 점거해야 하며, 높은 곳에서 싸움을 걸면 올라가지 말아야 한다"(視生處高 戰隆無登) 라는 내용이 있다. 적보다 반드시 높은 곳에 위치해야 유리하다는 의미다. 서애는 산성을 이용하는 지형의 중요성을 아주 잘 알았다.

우리나라는 옛날부터 험준한 곳에 산성을 쌓아 생활하면서 나라도 지켰는데, 평화로운 세월이 200년(조선 개국부터 임진왜란까지) 가량 이어지면서 산성은 무너지고 방치됐으며 그나마 많은 성은 평지에 만들어졌다. 서애에 따르면, 임진왜란이 발생하기 1년 전(1591년)에 조정에서는 왜구가 일어날 것에 대비해 호남과 영남 지방의 성을 수축하도록 했으나 공사를 서둘러 제대로 추진되지 않은 데다 수축한 성도 대부분 평지에 있는 성이었다.

전쟁을 일으킨 왜적의 조총은 우리의 장기인 화살과는 비교가 안 될 만큼 위력이 세다. 왜적이 평지의 성을 둘러싸고 조총을 쏘아 대면 순식간에 성이 함락된다. 서애는 "오늘날 왜적은 옛날의 왜적이 아니다. 이 왜적을 막기 위해서는 오직 산성만이 있을 뿐이다. 어찌하여 사람들은 이런 사정을 살피지 못하고 산성은 이로움이 없다고 하는가"**28**라고 했다. 당시에는 산성의 이로움과 효능에 대해 공감대가 형성되지 못했던 것으로 보인다.

서애는 산성의 장점으로, 높은 곳에서 아래를 내려다보기 때문에 (山城居高臨下) 왜적의 조총도 하늘을 향해 쏘는 수밖에 없어 기능이

---

28 今之倭 非昔之倭也. 欲禦此 獨有山城 奈何人不能察 以山城爲無益也.

떨어지고, 사다리를 설치하기 어려워 성 안의 움직임을 살펴볼 수 없으며, 돌격전을 잘하는 왜적이라도 산성 아래까지 도달하면 힘이 빠지므로 대항하기가 쉽다는 점을 꼽았다. 서애는 또한 산성을 이용해 왜적을 물리친 사례로 황해도 황주 주민 400여 명이 산성에서 왜적 1만 명을 물리친 경우와 권율이 행주 전투에서 이긴 경우를 들었다.

전쟁 후에도 산성 살펴야

산성이라고 해서 모두 적군 방어에 효과적이지는 않다는 게 서애의 판단이다. 사람이 숨는 곳으로는 적당해도 적군 방어에는 도움이 되지 않는 산성도 많다. 그래서 서애는 "적군이 강하고 약함은 옛날과 오늘날에 다름이 있으며 싸우고 지키는 형세에 어렵고 쉬움도 아주 다른 경우가 있으니, 옛날 사람이 쌓은 산성도 지금으로서는 대부분 고쳐서 쓸 수 없는 형편이다. 그렇기 때문에 만약 계획을 고쳐서 새로 만들 줄 모르고 옛날 그대로 따르게 된다면 이는 사리에 어둡고 융통성 없는 각주구검(刻舟求劍)과 다를 바 없다. 산성을 만들 때는 반드시 형세가 편리한 곳을 선택해서 막아 지켜야 한다. 형세가 편리하다는 것은 무엇인가. 적군은 반드시 지나가야 하고 우리는 반드시 지켜야 할 곳이다"[29]라고 했다.

───

29 敵之强弱 古今有異 而戰守之形 難易頓別 古人所築山城 今多不可繕修而
　用之. 若不知改圖 而惟古之從 則胎無異於刻舟求劍也. 蓋爲城 必擇形便

산성이 국민의 삶과 나라를 지키는 데 중요하지만 형세에 맞지 않은 산성이 많으므로 이를 자세히 살펴 수축해야 한다는 주장이다. 현실적이고 구체적인 판단이다.

서애의 걱정은 산성은 무조건 중요하니 고쳐 쌓아야 한다는 것이 아니다. 산성으로서 가치가 충분한지부터 세밀하게 파악해야 전쟁 같은 특수한 상황에서도 효과를 발휘한다는 것이다. 그래서 서애는 "여기는 중요한 곳인가 중요하지 않은 곳인가. 이곳을 잃으면 어떻게 되며 이곳을 얻으면 어떻게 되는가. 옛날의 일을 살피면서 오늘날의 일을 생각해 보니 마음이 오싹해진다. 이런 대책을 그만두고 특별히 아주 다른 대책이 있어 나라를 보전할 수 있고 국민을 편안하게 할 수 있다고 한다면 이는 하늘에 오르거나 땅 속에 들어가지 않고서는 할 수 없는 것이다"**30**라고 했다.

서애의 판단으로는 형세에 맞는 산성의 이로움이야말로 나라를 지키는 최선의 방법이지만 그의 이런 주장을 부정하는 의견도 적지 않았던 것 같다. 그래서 서애는 아쉬워하면서도 훗날을 기대하는 심정을 드러낸다. 깊은 원려의 심정일 것이다. 즉, "아아, 양을 잃고 난 뒤에 우리를 고치고 말을 잃은 후에 마구간을 고친다. 지난 일은 바로잡을 수 없지만 앞으로 마주치는 일은 잘 해낼 수 있을 것이다. 훗날 반드시 내 말을 옳게 여길 사람이 있을 것이나 지금 정치하는 사

之處而據之. 所謂形便者 何也. 敵所必由 而我所必守者.
30 重乎 不重乎 失之而如何. 得之而如何. 監古撫今 可爲寒心. 若謂捨此 別有奇策 可以保邦 可以安民 則除升天入地 不可.

람들에게 기대하는 것은 아니다. 슬픈 일이다"[31]라고 했다.

지금은 산성이 왜 중요한지, 어떤 산성을 어떻게 지켜야 하는지 등에 대한 공감이 부족하더라도 훗날 이를 제대로 알아주는 사람이 있으리라는 기대감을 보인다. 여기서 군자(君子)는 인격 높은 사람이 아니라 신하 등 관직이 높은 사람이다.

서애는 임진왜란이 끝난 뒤에도 다음과 같이 성을 잘 만드는 일에 대한 아쉬움을 보일 정도였다. "이것(곡성을 만들고 포루를 지키는 새로운 방법)은 성을 지키는 참으로 좋은 방법이다. 그 구조는 비록 곡성(성문 밖으로 둘러쌓는 작은 성)을 모방했지만 효과는 곡성보다 훨씬 낫다. 이 일은 내가 우연히 생각해 내어서 즉시 행재소에 보고하고 이후 경연에서도 여러 번 제안했다. 사람들에게도 그 방법이 쓸 만함을 보이기 위해 병신년(1596년) 봄에 서울 동쪽 수구문 밖에 장소를 골라 돌을 모아 만드는 중에 성공을 둘러싼 논란이 많이 일어나 폐지하고 만들지 못했다. 훗날 원대한 생각을 가진 사람이 있다면 나 같은 사람의 생각이라고 버리지 말고 이 구조를 정비하고 실행한다면 적군을 방어하는 방법으로서 이익이 많을 것이다."[32]

서애의 실험정신이 잘 드러난다. 서애 자신이 원려의 식견에 따라

---

31 嗚呼 亡洋補牢 失馬修廄. 往者不諫 來者可追. 後必有是吾言者 非所望 於今之君子也. 噫.

32 此實守城妙法. 其制雖倣於雉 而功勝於雉萬萬矣. 此事余偶思得之 其時 卽啓聞行在 後於經席 屢發之. 又欲使人 見其必可用 丙申春 京城東水口 門外 擇地聚石 作之未成 而異論紛起 廢而不修. 後日如有遠慮者 勿以廢 言 修擧此制 則其於備禦之道 所益不少矣. 《징비록》, 녹후잡기.

이 방안을 생각해 냈지만 제도적으로 적용되지 못했다. 그렇지만 서애는 훗날의 원려자(遠慮者)를 기다린다고 했다. 이런 태도 또한 앞을 내다보는 원려라고 할 수 있다.

2-8

생 민
生民

개인과 공동체의 삶을 보듬고 지키는 노력

진상품 물량, 20%로 줄여야

징비력은 어려움을 이겨 내고 개인과 공동체의 삶을 보듬고 지키고 살리는 노력이다. 공분, 반구, 실질, 득인, 득심, 진심, 원려 등 징비력을 구성하는 요소들은 모두 생민(生民)을 위한 관심이고 실천이다. 잔인한 침략전쟁으로 개인과 공동체의 삶이 소멸될 위기에도 이를 이겨 내려는 사중구생(死中求生)의 의지는 포기할 수 없는 책임이다.

국민의 삶이 고통스러울수록 생민을 향한 의지는 오히려 더 강해지는 것이 징비력이다. 전쟁이 일어나고 1년 정도 지났을 무렵 국민의 삶은 내일을 기약할 수 없을 정도로 위태로웠다. 서애는 임금에게 "왜적은 평양성 전투에서 패전(1593년 1월)한 후 분노한 기분으로 악독한 짓을 마음대로 저질렀습니다. 지난달 24일 밤에 도성에 불을 질러 모조리 태우고 국민을 칼로 죽인 경우가 헤아릴 수 없었습니다. 여기다 너무나 가난하여 굶주려 죽은 사람이 서로 베고 누웠을 정도이니 참혹해서 차마 볼 수 없었습니다. 신이 이미 군관을 보내 전라 순찰사 권율과 광주목사 변응성 등에게 공문을 보내 곡물을 가지고 가서 온갖 대책을 써서 구제하여 살리도록 하였습니다만 먹을 것이 없기 때문에 살아난 사람은 끝내 얼마 되지 않았습니다"[1]라고 했다. 왜적의 흉악한 짓으로 우리 국민의 삶이 비참하게 파괴된 모습이 눈에 선하다.

국민의 비참한 현실은 묘사하기도 어려울 정도다. 서애는 "국민의 삶이 마치 수레바퀴 자국에 고인 물에 모여 있는 물고기처럼 몹시 어려운 처지여서 날짜만 헤아리면서 죽기를 기다리고 있습니다. 구제하자니 곡식이 없고 구제를 외면하자니 차마 그대로 볼 수 없는 상태입니다"[2]라고 했다. 목숨이 위태로운 상황을 잘 나타내는 표현이 '학철지어' 또는 '학철부어'(涸轍鮒魚)이다. 부어(鮒魚)는 붕어이다. 수레바퀴 자국에 괸 몇 방울의 물에서 숨을 허덕이는 물고기의 형편은 죽음이 시시각각 다가오는 모습이다.

농사를 지으려고 해도 소도 없고 농기구도 없어 죽을 상황이지만 한 가닥 살아날 길을 찾지 않을 수 없다. 서애는 "전쟁이 당장 급하지

---

1 賊於平壤敗遁之後 發憤肆毒. 乃於去月二十四日夜中 同時焚蕩城中 屠殺人民 不可數計. 重以飢餓赤脫 死者相枕 慘不忍見. 臣前已分遣軍官 及通文于全羅巡察使權慄 廣州牧使邊應星等 責持穀物 百計賑活 而緣無食物 所活終是不廣. 《진사록》, 굶주린 국민을 구한 일을 아뢰는 보고, 1593년.
2 民生如聚涸轍之魚 計日待盡. 欲救則無穀 不救則難忍.

만 국민을 구제하는 일은 조금이라도 늦출 수 없습니다. 금년 일은
여러 방면으로 분별해서 처리하지 않는다면 국민을 구제하여 살리기
어려울 것입니다. 일은 마땅히 알맞은 때에 맞춰 처리해야 할 것이며
통상적인 규정을 아교풀처럼 융통성 없이 지켜서는 안 될 것입니다.
조정에서는 다시 깊이 생각해서 서둘러 분별 처리하여 일을 늦추어
시기에 이르지 못하는 걱정이 없도록 해야 할 것입니다. 장단(옛 경
기도 장단군)의 호곶 같은 곳은 땅이 비옥한데 목장의 말이 왜적에게
약탈당하여 한 필도 없습니다. 이런 곳도 올해는 국민에게 경작을 허
용하여 3, 4년 후 국민에게 안정된 보금자리가 생긴 뒤 다시 목장으
로 운영해도 될 것입니다"**3**라고 했다.

전쟁은 매우 특수한 상황이므로 평소의 통상적인 규정은 현실에
맞지 않을 가능성이 높다. 평시에는 말을 키우는 목장에서는 말만 키
우는 것이 규정에 맞겠지만 전쟁 때는 융통성 있게 활용해야 한다.
목장은 땅이 좋아 농사에 적합한데 목장이라는 이유로 비워 둔다면
비현실적이다. 서애가 "통상적인 규정을 아교풀처럼 단단하게 융통
성 없이 지켜서는 안 된다"(不可膠守常規)고 하는 이유다. 이처럼 간
단한 사안도 규정에 얽매여 신속하게 처리되지 못할 수 있다. 국민을
살리기 위한 계획으로 평소의 규정을 융통성 있게 적용하고 몇 년 뒤

---

3 不可以兵事之方急 而少緩於救民. 今年之事 若非多般區處 難以濟活. 事
當隨時 不可膠守常規. 朝廷更加深思 急速區處 俾無緩不及時之憂. 如長
湍壺串 土地肥饒 場馬爲賊所掠 已無一匹. 此亦於今年 許民耕作 數年之
後 民有定棲 然後還爲牧場 亦無不可.

를 내다보는 생각을 전쟁이 한창일 때 하기는 결코 쉽지 않다.

국민의 삶을 구제하는 대책을 세우려면 비참한 현실을 절박하게 인식해야 한다. 서애는 "국민이 하늘처럼 받들어 의지하는 것은 오직 식량입니다. 식량 문제에 있어 이미 믿고 생활할 수 있는 길이 없다면 비록 실행할 수 없는 빈말로써 밤낮으로 어루만져 편안하게 하더라도 흩어져 떠나 버린 국민의 마음을 어떻게 수습할 수 있겠습니까. 하물며 군용 물자를 조달하는 데 온갖 폐해가 번잡하게 일어나니 전쟁을 겪고 외롭게 살아남아 기운이 빠져 버린 국민은 넘어져 죽기만을 기다리고 있습니다. 눈앞에 보이는 들판에는 한 곳도 논밭을 갈아 씨를 뿌린 데가 없습니다"[4]라고 했다.

국민에게 식량은 최고의 가치를 가진 하늘이므로 어떤 식으로든 식량을 마련하도록 해야 한다. 이런 상황에서 국민이 군수물자 동원에 괴로움을 겪는다면 벼랑 끝으로 더욱 내몰린다. 들판에 곡식 심을 형편도 안 되면 국민의 삶은 어떤 희망도 없어진다.

나라가 국민과 고통을 함께하면서 세금과 부역이라도 최대한 줄이면 사람들은 새로운 마음을 가질 수 있다. 서애의 생각도 그렇다. 그래서 서애는 "민심이 나라를 믿고 따르느냐 등을 돌리고 떠나느냐 하는 갈림길에 서 있습니다. 조정에서는 국민을 괴롭히는 일과 관련된 모든 것을 면제해야 합니다. 불가피하게 시행한 경우에는 마땅히 임

---

4 民之所天 惟在於食. 在此旣無資活之路 則雖以空言 日夕撫綏 其能收拾散去之民心乎. 況軍興調度 百弊旁午 孑遺殘民 顚仆待盡. 田野極目 無一處耕種. 《진사록》, 군량과 국민의 식량에 관해 아뢰는 보고, 1593년.

금의 은혜로운 말을 널리 알리는 한편 지역 공직자들이 가혹하고 사나운 행위를 못 하도록 하면 국민들은 작은 은혜라도 입을 것이며 나라의 미래를 위한 계획도 이루어질 것입니다"[5]라고 했다.

조정은 물론이고 지방관들도 국민의 삶이 얼마나 위태로운지 절실하게 느껴야 하나라도 실질적인 대책을 고민할 수 있다. 서애는 "전쟁이 일어난 뒤 거듭되는 굶주림과 전염병으로 사방에 밥 짓는 연기가 나는 집이 없고 몇 달도 안 되어 사람들이 거의 다 죽어 가고 있습니다. 너무나 마음 아프고 위급한 실정입니다. 국민에게 편리하고 마땅한 행정은 크고 작은 것을 말할 필요 없이 빨리 시행하기를 마치 불타는 사람을 구제하고 물에 빠진 사람을 건지는 것처럼 해야 작은 효과라도 기대할 수 있을 것입니다"[6]라고 말했다.

불에 타고 있거나 물에 빠져 허우적거리는 사람을 구하듯 신속한 행정이 필요한 상황이다. 서애는 "국민의 원망이 하늘까지 닿아 세상에 태어나 삶을 편안하게 느끼는 뜻이 전혀 없으니 너무나 불쌍합니다"[7]라고 국민의 고통스러운 삶을 묘사했다. 낙생(樂生)이라는 표

---

5 民心向背之際. 朝廷凡事之涉於病民者 一切蠲除. 其有不得已興發 亦宜宣布德音 禁止苛暴 庶生民蒙一分之惠 爲國家長遠之慮.

6 兵亂之後 重以飢饉疾疫 千里之內 無復人煙 不過數月 生類殆盡. 事之痛迫 莫過於此. 凡便民之政 所當勿論大小 急急擧行 如救焚拯溺 然後庶可有一分之效. 《근폭집》, 국민의 노역을 줄여 힘을 펴주기를 청하는 보고, 1593년.

7 民怨極天 頓無樂生之意 極爲矜惻. 《군문등록》, 체찰사의 뜻으로 종사관이 올린 보고, 1595년.

현이 강렬하다. 사람은 세상에 태어난 즐거움이 있어야 하는데 그런 게 없는 삶이라면 의미가 없다는 것이다.

국민에게 편리하고 필요한 행정은 예를 들면 이렇다. 서애는 "전쟁이 없던 평소에는 각 지역의 민가에서 공물(나라에 내는 지역 특산물)을 내는 명목이 많았습니다. 지금 일을 새로 시작하는 상황에서는 나라의 여러 가지 제사부터 공물 진상 등을 모두 줄여서 이전과 비교하면 10분의 2, 3 정도만 남기고 호조는 실제로 쓰일 수량을 빨리 융통성 있게 헤아려 비용을 아끼고 옳고 그름을 판단해야 할 것입니다"[8]라고 했다.

평상시에도 국민은 나라에 내는 여러 공물이 상당히 부담스러웠다. 하물며 전쟁 때에도 공물을 평소처럼 낸다면 국민은 견디지 못한다. 서애는 공물 진상을 평소의 20% 선으로 줄여야 한다고 구체적인 기준을 제시한다. 조정의 담당부처인 호조에 대해서는 이런 사정을 충분히 헤아려서 융통성 있게 대처할 것을 주문한다. 통융(通融), 즉 융통이라는 말이 중요하다. 전쟁으로 기존의 질서가 무너지는 상황에서는 유연하게 대처하는 자세가 특히 필요하다는 뜻이다.

---

8 常時各官民戶 貢物進上 名目多端. 今於草創之際 凡百祭享 以至供上等事 一切從簡 比舊只存十分之二三 戶曹急急通融商量 實用之數 撙節裁定.《근폭집》, 국민의 노역을 줄여 힘을 펴주기를 청하는 보고, 1593년.

국민을 다친 사람처럼 여겨야

서애는 이어 "작은 행정구역인 군읍에는 전쟁의 피해가 가장 심한 곳과 좀 나은 곳을 살펴서 부역 등을 줄일 곳은 줄이고 그냥 둘 곳은 그대로 두어서 이를 명령으로 분명하게 알려 국민이 구체적으로 알도록 해야 할 것입니다. 그렇게 한 다음에야 탐욕스럽고 교활한 공직자나 관청의 하인 등이 감히 교묘하게 속여 국민에게 피해를 주는 경우가 없어지고 외롭게 살아남은 국민은 아주 작은 은혜라도 입을 것입니다. 이 일은 매우 시급하므로 조금도 미룰 수 없습니다"9라고 했다. 현실에 대해 매우 구체적이고 세밀한 태도가 잘 보인다. 탐관오리가 국민을 괴롭히지 못하도록 차단하는 방법까지 구체적으로 제시한다.

서애는 국가(조정)와 지방관, 지방의 관청과 소속 공직자들이 일반 국민보다 신분적으로 높은 데 따른 부작용을 깊이 고민했다. 전쟁 고통을 겪는 국민을 절실하게 보듬는 태도가 부족하다고 봤다. 그래서 서애는 "요즘 지방관들이 국민을 다친 사람을 보듯이 한다는 뜻을 받들지 않는다"10라고 하거나 "우리나라의 장수와 지방관은 국민을

---

9 於郡邑察其焚蕩 最甚及稍完處 可減者減之 可存者存之 明白知委 使人民 曉然知之. 然後貪官猾吏及各司下人等 不敢刁蹬作弊 子遺之民 得蒙一 分之惠. 此事最急 一刻不可遲緩.

10 近日非徒守令 不體如傷之意. 《진사록》, 산성을 고치고 왜적을 공격해 나라를 지키는 계획을 세우며 또한 지방관을 신중히 뽑아 인심을 수습하기를 청하는 보고, 1593년.

지푸라기처럼 하찮게 여긴다"11라고 했다.

여상(如傷)은 '시민여상'(視民如傷)이다. 위정자가 국민을 아끼는 태도를 나타내는 말이다. 맹자는 이를 주나라 무왕이 국민을 다스린 자세로 기록(《맹자》〈이루〉하편)했다.

국민의 삶을 살리는 생민은 신분제도를 넘어서는 인식이 바탕이 되지 않으면 효과를 거두기 어렵다. 서애는 사람에 대한 보편적 시각이 명확했다. 그래서 "병들고 지친 국민을 위로하기를 마치 자기 몸에 고통과 병이 있는 것처럼 하여 곳곳에서 국민의 마음이 나라가 자신들을 따뜻하게 구제한다는 뜻을 받들어 다시 살아나는 것과 같이 한다면 비록 힘겨운 일을 하더라도 원망하지 않을 것입니다"12라고 했다.

통환재기(痛瘝在己)는 시민여상(視民如傷)과 같은 뜻이다. 인휼(仁恤)이라는 말이 중요하다. 여기서 인(仁)은 상대방과 대등한 시각에서 그의 형편을 헤아리는 자세이다. 상대방(국민)을 불쌍히 여겨 구제하는 기능적 자세가 아니라 국민의 형편을 국가가 세심하게 살펴 정성을 담아 도움을 주는 태도이다.

민심이 흩어지지 않고 국가의 힘으로 작용하는 문제는 서애가 잠시도 소홀히 할 수 없는 과제이다. 서애는 "지금 급하게 해야 할 일

---

11 我國將官守令 則視之如草芥. 《근폭집》, 변방의 일을 도원수 종사관 황여일에게 지시하기를 청하는 보고.

12 撫摩凋瘵 若痛瘝之在己 使四方民情 仰承國家仁恤之意 如得更生 則雖勞而不怨矣. 《진사록》, 산성을 고치고 왜적을 공격해 나라를 지키는 계획을 세우며 또한 지방관을 신중히 뽑아 인심을 수습하기를 청하는 보고, 1593년.

은, 많은 말을 할 필요 없이 국민에게 편리한 행정을 빨리 펼쳐 사방에서 소문만 듣고서도 다시 살아날 수 있다는 희망이 분명하게 생기도록 하는 것입니다. 그렇게 한 뒤에는 사정에 따라 융통성 있게 군량을 조치하여 서울의 군대에 모아 두고, 그 식량으로 날쌔고 용감한 군사를 모집하여 밤낮으로 훈련시켜 모두 규율이 엄정한 군대가 된다면 외적의 침략을 받는 치욕을 막을 수 있고 나라 안에서 생기는 어려움도 이겨 낼 수 있어 국가의 모습이 반듯하게 안정될 것입니다"[13]라고 했다.

진상제도, 빨리 바꿔야

평소에도 그렇지만 국가의 행정은 국민을 편안하게 하는 '편민지정'(便民之政)이 최고의 가치인데 전쟁 때는 편민지정을 더욱 절실하게 추구해야 한다. 민심이 평시보다 훨씬 더 쉽게 흔들리고 무너질 수 있기 때문이다. 서애는 "관청에서 하는 모든 행정업무의 목적은 국민을 편안하게 하는 데 있다"[14]라고 할 정도로 편민지정에 대한 인식

---

13 今日急務 亦不在多言 惟急行便民之政 使四方聞風 曉然有再生之望. 然後又因時變通 措置糧餉 聚諸京師 以其食招募精勇之士 晝夜訓鍊 皆成節制之師 可以禦外侮 可以消內變 國家之勢 安如磐石矣. 《근폭집》, 시급히 해야 할 일을 아뢰는 보고, 1594년.

14 一切務在便民. 《군문등록》, 평안도 순찰사와 병사에게 지시하는 공문, 1596년.

이 확고했다. 죽을 상황에서 다시 살아날 수 있는 희망, 즉 재생지망(再生之望)은 국민이 편민지정을 느낄 때 비로소 가능해진다.

국민의 일상과 늘 마주하는 지방관의 책임 있는 자세와 역할은 이를 위한 바탕이다. 서애는 "형편이 어렵다는 핑계를 대며 계획을 세우지 않아서는 안 된다. 순찰사는 마땅히 무능한 사람을 물리치고 유능한 사람을 높이는 출척의 원칙을 엄중하게 밝혀 나라의 기강을 바로잡아 탐욕스럽고 간사한 공직자들이 국민을 괴롭히지 못하도록 해야 한다. 모든 잘못된 사안은 마땅히 개혁해야 하며 이익은 마땅히 일으켜야 한다. 하나하나 방법을 궁리해서 잘못된 일을 모두 줄이도록 해야 할 것이다"15라고 했다.

위(誘)는 '핑계를 대다', '다른 사람의 탓으로 돌리다'는 뜻이다. 지방관으로서는 인력과 물자 등 모든 것이 부족한 전쟁 상황에서 이런저런 핑계를 대고 싶을 것이다. 하지만 지방관은 어떤 상황에서든 유능과 무능에 따른 인사, 즉 출척(黜陟)의 원칙을 지켜 탐관오리가 국민을 괴롭히지 못하도록 해야 한다. 지방관의 흐트러지기 쉬운 자세를 다시 명확하게 강조하는 것이다.

지역 특산물을 나라 또는 지방관청에 올리는 공물(貢物)과 방물(方物)의 진상은 평상시에도 백성에게 큰 부담인데 전쟁 중에도 거의 그대로 부과된 것 같다. 서애는 이런 부담을 줄여야 한다는 인식

---

15 不可諉諸勢難而不圖. 巡察使當嚴明黜陟 以肅綱紀 使貪官猾吏 不得侵剝於下. 凡弊所當革者 利所當興者. 逐一講究 悉罷行之.《군문등록》, 평안도 병마절도사에게 지시하는 공문.

이 분명하다. 그래서 "공물 진상의 폐단은 국민을 더욱 괴롭히는 일입니다. 이 제도가 처음 만들어졌을 때에는 지금과 같지 않았겠지만 시행한 지 100년이 지나면서 사람들이 속이는 경우가 더욱 늘어나면서 폐단도 매우 많아졌습니다. 지금 융통성 있게 바꾸지 않으면 국민은 다시 살아날 희망이 없을 것이며 나라의 저축도 쌓아 두는 방도가 없을 것입니다"16라고 했다.

서애의 말에 따르면, 전쟁으로 국민의 삶이 무너지고 있는데도 공물과 방물 진상제도는 온갖 부조리 속에서도 그대로 계속됐다. 전쟁이라는 특수 상황을 고려해 융통성 있게 빨리 바꿔야 한다. 숨이 끊어질 것 같은 위태로운 상황에서 숨을 다시 쉴 수 있다는 희망을 뜻하는 소식지망(蘇息之望)이란 표현이 진상의 폐단을 잘 보여 준다.

공물 진상의 폐단을 지적하고 개선해야 한다는 당위성만으로는 부족하다. 다른 경우와 마찬가지로 서애는 다음과 같이 구체적인 대안을 제시한다. "공물의 처리는 한 지역에서 공물로 내는 숫자가 얼마인지 모두 계산하고 논밭의 면적을 계산한 뒤 자세히 헤아려 일정하게 한 다음, 많은 것은 줄이고 적은 것은 보태 큰 지역이든 작은 지역이든 모두 동일하게 갖춰야 합니다. 갑읍에서 1결에 1말을 내도록 하면 을읍과 병읍에서도 1말을 내도록 하고, 2말을 내도록 한다면 도내 여러 지역에서도 모두 2말을 내도록 해야 할 것입니다. 이와 같

---

16 至於進上之弊 病民益甚. 此亦當初制法 則未必如此 而行之百年 人僞滋勝 弊端萬千. 今若卽未變通 則民生更無蘇息之望 而國儲無積峙之路. 《근폭집》, 시급히 해야 할 일을 아뢰는 보고, 1594년.

이 한다면 국민의 힘이 공평해져서 상납하는 분량이 같아질 것입니다. 방물의 값도 이에 따라 골고루 공평하게 해서 쌀이나 콩을 내도록 하는데 그해 1년에 1개 도(道)에서 내는 방물의 수량을 논밭의 면적에 따라 받도록 공평하게 정하면 결마다 내는 것이 되 또는 홉 정도로 매우 작아 국민은 방물이 있는지조차 모를 것입니다."[17]

서애가 평소 공물과 방물 진상에 따른 국민의 부담에 대해 세밀하게 살피면서 개선을 구체적으로 고민했음을 알 수 있다. '이와 같이 한다면'〔여차(如此)〕처럼 반드시 대안을 제시하는 태도가 중요하다. 이런 방식으로 개선하면 국민들은 방물이라는 조세가 있는지조차 모를 것이라는 말은 국민의 심정까지 깊이 헤아리는 자세이다.

승병, 왜적 퇴치의 주인공

유학자인 서애가 승려에 대해 보여 준 인식은 그에게 보편적 인간관이 확고함을 드러낸다. 조선시대는 제도적으로 유교와 유학이 중심이었고 불교와 승려는 사회적으로 대우가 낮았다. 이런 상황에서도 승려들은 승병을 조직해 왜적을 물리치는 데 활약했다. 특히 휴정

---

17 處置貢物 則當以一道貢物元數 總計幾許 而又計道內田結之數 參商畫一 袞多益寡 勿論大小邑 皆一樣磨鍊. 如甲邑一結出一斗 則乙邑丙邑 亦出一斗 出二斗 則道內之邑 皆出二斗. 如此則民力均平 而所出如一矣. 方物之價 亦依此均布 或米或豆 以其一年 一道所出方物之數 從田結均定所納 每結不過升合之微 而民不知有方物矣.

(서산대사)과 유정(사명당)은 승병장으로서 중요한 역할을 해냈다. 승려들이 이처럼 적극적으로 나선 데는 총사령관 위치에 있는 서애가 승려에게 보여 준 보편적 인식이 한 계기가 됐을 수 있다.

서애는 "승려 유정은 금강산 표훈사에 있었는데, 왜적이 금강산에 들어오자 절에 있던 승려들은 모두 피했지만 유정은 움직이지 않았다. 왜적은 감히 다가와 위협하지 못했으며 손바닥을 합쳐 경의를 보이다가 돌아갔다. 내가 평안도 안주에 있을 때 곳곳에 공문을 보내 군사를 일으켜 국란을 구원하러 나올 것을 요청했다. 이 공문이 금강산에 이르자 유정은 공문을 불상 앞 탁자에 펴놓고 여러 승려와 함께 읽으면서 눈물을 흘렸다. 마침내 승군을 일으켜 서쪽으로 향하여 나랏일에 최선을 다하기 위해 평양에 이르니 승병이 1천여 명이었다. 평양성 동쪽에 주둔하여 순안의 군사와 더불어 형세를 이루었다"[18]라고 했다.

유정이 지휘한 승군은 명나라 군대와 함께 평양성을 탈환하고 이후 권율 장군과 합동작전 등으로 왜적을 물리치는 데 큰 역할을 했으며, 임진왜란 후에는 일본에 가서 우리나라 포로 수천 명을 데려오는 공을 세웠다. 유정의 사람됨이 출중했겠지만 금강산에서 받은 서애의 공문에 감동해 승병을 조직해 평양으로 달려갔을 수 있다. 공문의

---

[18] 僧人惟政 在金剛山表訓寺 賊入山中 寺僧皆走 惟政不動. 賊不敢逼 或合掌致敬而去. 余在安州 移文四方 使各起兵赴難 文至山中 惟政展佛卓上 呼諸僧 讀之流涕. 遂起僧軍 西赴勤王 比至平壤 衆千餘人. 屯平壤城東 與順安軍 作爲形勢.《징비록》, 권1.

내용은 확인할 수 없지만 유정이 읽으면서 눈물을 흘렸다는 기록으로 볼 때 서애의 글은 나라의 어려움을 이겨 내도록 힘을 모으자는 뜻을 절실하게 담았을 것이다.

서애는 유정의 상황보고를 받고 작전을 지시하는 등 왜적을 물리치는 과정에서 밀접한 관계를 맺는다. 임금에게 보고한 내용에서 서애는 "승군 장수 유정이 방금 용기산성(경북 성주 가야산)을 수축하려 하는데 자신의 힘이 부족함을 걱정하니 경상도 순찰사에게 지시하여 형편에 따라 도와주도록 할 것이며 종자를 구해서 유정이 군사 백여 명을 거느리고 산 아래에 둔전을 해서 곡식을 마련할 계획을 세우도록 할 것입니다"[19]라고 했다. 남한산성 수축에도 유정의 승병이 참여하도록 한 기록[20]도 있다.

서애는 승려를 신분제도를 넘어 보편적이고 평등한 삶의 차원에서 생각했다. 이런 인식은 유정을 비롯해 승병 사이에도 널리 공유됐을 것이다. 서애는 지방관에게 지시한 공문에서 "전쟁이 일어난 후 사람들을 징발하고 물자를 운반하는 일이 평소보다 훨씬 더하니 국민의 생활이 피곤하고 괴로운 것은 이미 말할 수 없을 정도이다. 산에 사는 승려들도 모두 성을 쌓는 부역에 동원돼 휴식을 할 수 없는 형편이다. 흩어져 달아나는 승려도 아주 많아 여러 사찰이 텅 비게 되

---

19 僧將惟政 方欲修葺龍起山城 而患其私力不足 令本道巡察使 隨便助力 且
覓給種子 使惟政率其軍百餘 屯田山下 以爲積粟之計事. 《근폭집》, 경상
도에서 해야 할 일을 아뢰는 보고, 1595년.

20 《군문등록》, 남한산성 수축을 위해 경기도 순찰사에게 지시하는 공문,
1596년.

었다. 여기다 지방관들은 이들을 위로하며 도와주지 않고 관청의 부역에 동원하고 종이나 간장, 된장 제조 등 승려에게 부담지우지 않는 것이 없다. 이런 일 때문에 승역(승려를 공공노동에 동원)의 고통이 평민보다 더 심하여 원망하고 괴롭게 여기는 모습이 차마 들을 수 없는 형편이다"[21]라고 했다.

서애는 산에서 생활하는 승려의 특수한 측면을 세심하게 고려하였다. 산중 생활은 일반 평민보다 생계가 더 어려운 편인데도 관청에서 승려를 온갖 부역에 동원하는 현실을 지적하면서 지방관들의 세심한 관심을 당부한 것이다.

서애는 이 같은 지적에 그치지 않고 구체적으로 어떻게 승려들이 부당한 괴로움을 당하지 않도록 해야 하는지 다음과 같이 알려 준다. "그들의 생계가 갑작스럽게 끊어지면 건장한 사람은 도적 떼가 될 것이고 허약한 사람은 산골짜기에 넘어져 죽을 것이니 어찌 가련하지 않겠는가. 이제부터 지방관들을 단단히 타일러 관할 지역에 있는 사찰의 승려를 각별히 보호하고 위로하여 편안하게 하고 규정 밖의 이치에 어긋나는 일로 그들의 생활을 침범하여 원망을 낳지 않도록 해야 할 것이다. 성을 쌓는 일도 형편과 시기를 살펴서 가을이나 겨울에 승려들이 생계를 준비하는 시간에는 부역을 하지 않도록 해야 할

---

21 兵興以後 調發轉運之事 百倍於常時 民生之困悴 已不可言. 至於山中僧人 亦皆被侵於築城等役 不得休息. 流散甚多 諸刹一空. 加以守令 不爲撫恤 凡干官中雜役造紙造醬等事 無不侵責於此輩. 以此僧役之苦 又甚於平民 怨苦之狀 有不忍聞.《군문등록》, 황해도 순찰사에게 지시하는 공문, 1596년.

것이다. 이런 뜻을 빨리 도내에 알리고 사찰의 벽과 문에 크게 써서
걸어 놓고 모든 승려들이 내용을 알도록 해야 할 것이다."22

승려의 생활에 대한 배려가 세심하고 구체적이다. 승려를 위로하
고 그들의 삶을 평안하게 하라는 식의 막연한 지시는 현장에서 실천
하기가 쉽지 않을 수 있다. 승려를 낮춰 보는 사회적 분위기에다 전
쟁이라는 특수한 상황 때문이다. 승려의 삶을 보듬는 자세를 지방관
들이 책임 있게 실천하도록 한 서애의 자세는 신분을 넘어 모든 사람
의 삶을 소중히 여기는 보편적 인간관에서 비롯된 것이다.

서애는 젊은 시절부터 승려들과 두루 사귀면서 시(詩)를 주고받거
나 절에서 머무는 등 불교에 대한 관심이 깊었다. 임진왜란 중에는
파사성(경기 여주시) 수축에 힘쓴 승병을 위한 시를 지어 승병장 의엄
에게 주었다. 의엄은 휴정의 제자이다. 시의 서문에서 서애는 "(내
가) 황해도 승병장 의엄에게 지시하기를 곳곳의 승려를 모아 그 성을
고쳐 쌓도록 했다. 몇 년 만에 수축이 완성되고 망루와 무기도 갖춰
져 튼튼한 요새가 되었다. 나는 파사성에 가서 수축이 잘된 것이 기
뻐 이 시를 의엄에게 주었다"23라고 했다. 시의 마지막 구절은 "수많

---

22 其生理頓絶 則壯者化爲盜賊 弱者顚仆丘壑 寧不矜惻. 今後申勅守令 所
在寺刹僧人 各別完護撫集 勿以法外非理之事 侵責致怨. 築城等事 亦觀
勢相時 如秋冬僧人動鈴資活之時 勿爲服役. 右良事意 急速曉諭道內 於
寺刹墻壁門間 皆爲大書張掛 使各僧無不聞知.
23 令黃海道僧軍總攝義嚴 收遊僧築之. 數年而城成 樓櫓及軍器皆備 儼然
成一關防矣. 余往見之喜其有成 作詩與之. 《시》, 파사성에서 의엄 승병장
에게 써주다, 1595년.

은 금강역사들이 지휘를 받들고 강변의 누대에서 큰 칼을 차고 우렁
찬 목소리를 외치네"[24]이다. 많은 승병이 의엄의 지휘에 맞춰 성을
수축한 든든한 모습을 표현한 것이다.

《징비록》을 집필하는 등 서애의 삶에서 매우 중요한 공간인 하회
옥연서당도 승려 탄홍이 10년에 걸쳐 지었다. 서애의 스승인 퇴계
이황의 삶에서 매우 중요한 공간인 도산서당 건축 또한 승려들이 맡
아 추진하고 완성했다. 신분제도라는 좁은 틀을 넘은 보편적 인간관
에 따른 인간적 사귐으로 가능한 일이었다.

압록강변 중강 무역시장 개장

압록강 연안의 중강(中江)에 무역시장을 개설한 일은 서애의 생민
정신을 잘 보여 주는 사례이다. 중강 개시 과정은 전쟁이 끝난 뒤 서
애가 정리한 글에 다음과 같이 구체적으로 기록돼 있다.

"압록강 중강에 시장을 열었다. 당시 흉년이 매우 심하여 굶어 죽
은 시체가 들판에 가득했다. 관청이나 민간에 저축된 곡식이 떨어져
구제하려고 해도 방법이 없었다. 내가 요동에 문서를 보내 중강진에
시장을 열어 무역을 해달라고 요청하니 중국에서도 우리나라에 흉년
이 심한 것을 알고 황제에게 아뢰어 이를 허락했다. 이렇게 하여 요
동 지방의 쌀이 우리나라에 많이 들어오게 되어 평안도 주민이 먼저

---

24 金剛百萬奉指揮 尺劍長嘯臨江臺.

그 이익을 얻고 서울의 주민도 뱃길로 곡식을 운반했다. 몇 년 동안 이 시장 덕분에 살아난 사람이 헤아릴 수 없을 만큼 많았다."[25]

서애는 명나라 요동에 외교문서를 보내 중강지역에 국제시장을 개설할 수 있도록 요청했다. 우리나라의 흉년이 얼마나 심각한지, 국제무역시장이 왜 필요한지 등을 겸손하면서도 절실하게 문서에 담아 명나라의 허락을 받았을 것이다. 국민의 삶을 위한 실질적인 대책이 아닐 수 없다.

중강 개시에 따른 이익에 대해 서애는 "당시 우리나라의 면포 1필 값은 피곡(껍질을 벗기지 않은 곡식)으로는 한 말도 되지 않았는데 중강시장에서는 그 값이 쌀 20여 말이나 되었다. 은이나 구리, 무쇠로 무역을 한 경우에는 그보다 10배 이상의 이익을 얻었다. 옛사람이 국제무역을 흉년에 대처하는 행정의 중요한 일로 삼은 것은 참으로 그럴 만한 이유가 있음을 알게 되었다"[26]라고 했다.

이 말을 보면 서애는 국제시장을 열어 흉년에 대처한 어떤 역사적 사례를 우리나라 현실에 적용한 것으로 보인다. 평소 국민의 삶을 살리기 위한 깊은 고민이 있었기 때문에 가능했을 것이다. 국가재정과 무역, 물가조절 등 경제 문제에 많은 비중을 둔 《관자》(管子) 같은

---

25 開市於鴨綠中江. 時饑荒日甚 餓莩滿野. 公私蓄積蕩然 賑救無策. 余請移咨遼東 開市中江 以通貿易 中原亦知我國饑甚 奏聞許之. 於是遼左米穀 多流出於我國 平安道之民 先受其利 京城之民 亦以船路相通. 數年之間 賴此全活者 不計其數. 《징비록》, 임진왜란 관련 기사.

26 蓋其時 我國綿布一疋 直皮穀不滿一斗 而中江直米二十餘斗. 其用銀銅水鐵者 尤得十倍之利. 始知古人以通商 爲荒政之要 良有以也.

문헌에서도 영향을 받았을 것으로 보인다. 서애가 임금에게 올린 보고서 내용 중 나라의 재정을 넉넉하게 하는 부분은 제(齊)나라 관중(《관자》)의 사례를 여러 차례 언급한다.

전쟁 중에 중강의 시장을 활용한 사례에 대해 서애는 다음과 같이 말한다. "곡식을 바꿔 만드는 소득은 넉넉하지 못하므로 한 방면의 용도에도 보충할 수 없어 이익이 없는 것이나 마찬가지입니다. 의주의 중강에서 이제 시장이 개설돼 요동의 곡식도 많이 들여올 길이 생겼습니다. 돈을 적절하게 마련하여 가을에 곡식이 흔해서 값이 쌀 때 많이 사들여 고을의 창고에 쌓아 두도록 해야 할 것입니다."[27] 서애는 국민의 삶을 살리는 민생의 신념이 실용적이고 실질적인 차원에서 분명했음을 볼 수 있다.

또 서애는 "전쟁이 일어난 지 3년 만에 재물과 곡식이 거의 없어졌으니 재물을 늘리는 방법을 최선을 다해 조치해야 할 것입니다. 지난번에 소금과 쇠 생산을 담당하는 염철사라는 관직을 설치하여 그 이익을 관리하도록 했습니다. 계획을 잘 세운다면 국민을 괴롭히지 않고 이익을 많이 낼 수 있을 것입니다. 쇠를 위한 방안은 비록 한꺼번에 소금과 같은 방식으로 시행할 필요는 없지만 요즘 열리고 있는 중강시장에서 중국 사람이 무쇠를 많이 구하려 하였으므로 이것으로 곡물과 무역을 하여 이익이 많았습니다. 이것도 담당하는 관청에서

---

27 貿粟所得 終是不優 不足以補一隅之用 似爲無益. 然義州中江 方爲開市 遼東之穀 頗有轉輸之路. 量發銀兩 乘秋來穀賤時 多數貿得 積置州倉事. 《근폭집》, 군량 조치를 조목별로 아뢰는 보고, 1593년.

이해와 손해를 자세히 살펴서 소금을 만드는 사람들이 편안하도록
하는 규정과 같도록 해서 쇠를 활발하게 생산하도록 하면 널리 보급
하는 길이 있을 듯합니다"28라고 했다.

당시 나라의 재산 증식과 국민의 삶을 위해 필수적인 재물은 소금
과 쇠였다. 전쟁으로 소금과 쇠의 생산 및 유통이 거의 무너졌지만
서애는 이를 회복할 구체적인 방안을 모색했다. 염철사라는 관직을
만들어 소금과 쇠 행정을 맡도록 한 발상도 생민을 위한 구체적인 조
치이다.

---

28 兵興三載 財穀殫盡 生財之道 不可不極力措置. 前者設立鹽鐵使 使管鹽
鐵之利. 苟能善爲區劃 則不擾一民 而利益必多. 至於鐵 則亦儘有可行之
方 雖不必一時並擧 而近日中江開市 唐人多求水鐵 故以此貿穀 其利亦
多. 此亦在有司詳參利害 如鹽戶安集之規 使鐵物興産 則似亦有通行之
路. 《근폭집》, 소금과 쇠의 판로를 열어 나라에 필요한 비용을 넉넉하게 하
도록 청하는 보고.

수 신
修身

올바른 인격과 세상을 추구하는 주체적인 공부

징비력, 대인의 역량

징비력은 인격 완성을 위한 주체적인 노력, 즉 수신(修身)이다. 수신은 자신의 개인적 삶을 바탕으로 공동체의 삶을 바르게 하기 위한 공부이다. 수신을 위한 노력과 바탕은 징비력을 한결같이 발휘하도록 만드는 힘으로 작용한다. 전쟁으로 공동체가 파괴되는 한계상황에서도 흐트러지지 않고 살아날 길을 찾는 에너지이다. 수신의 노력은 공동체를 보살피는 역사적 책임과 맞물려 있다. 서애가 선조 임금에게 수신의 자세를 요청하는 것도 이 같은 맥락에서다.

징비력은 군자(君子), 즉 대인(大人)이 해낼 수 있는 역량이다. 소인(小人)은 징비력을 감당할 수 없다. 부적절한 말과 행동, 즉 어떤 잘못이나 허물, 실수가 있더라도 이를 분명하게 인식하면서 개선하는 수신의 노력은 '대'(大)의 차원에서 가능하기 때문이다. '대'는

303

크고 높고 넓어서 훌륭한 태도이다. '소'(小)는 작고 낮고 좁아서 가벼운 태도이다. 공분, 반구, 실질, 득인, 득심, 진심, 원려, 생민 같은 징비력의 조건은 소인의 좁은 삶에서는 융합될 수 없다.

서애는 개인적 차원에서는 군자, 즉 대인을 추구하고, 공동체 차원에서는 대인이 많아지는 세상을 꿈꾼다. 소인과 짝을 이루는 말은 대인이 적절하지만, 특히 《논어》를 통해 공자가 군자를 소인과 대비하는 말로 널리 사용하면서 대인-소인보다는 군자-소인의 대비 표현이 많다.

대인과 소인의 뜻은 명확하게 구별되지만 군자의 뜻은 복잡하다. 군자의 사전 풀이는 '학식과 덕망이 높은 사람'이지만 그 외에도 임금이나 높은 관직에 있는 사람, 남편이나 애인 등 여러 가지 의미가 있다. 학식과 덕망이 높은 사람이 보편적 의미에 가깝지만 막연하게 느껴진다. 이런 점을 고려하면 군자는 대인으로 바꿔 이해하는 것이 좋다. '군자＝대인'이다.

소인과 대인(군자)에 대한 서애의 인식은 명확하다. 특히 소인에 대해 매우 경계한다. 개인이든 공동체든 소인으로 전락해서는 안 된다는 신념이 강하기 때문이다. 소인이 아닌 상태가 곧 대인은 아니지만 소인에 머물 경우 대인의 가능성은 그만큼 낮아진다. 소인과 대인은 신분적으로 고정된 인격이 아니다. 오늘은 소인이지만 내일은 대인이 될 수 있고 그 반대도 마찬가지다. 대인과 소인, 소인과 대인의 갈림길은 수신의 노력에 달려 있다.

서애는 "소인이 나라에 있는 것은 마치 나무에 좀이 있고 젓갈에 구더기가 있으며 좋은 곡식에 해충이 있는 것과 같다. 일이 위급해지면 편하고 좋은 것만 교묘하게 차지하면서 떠날 생각만 하고 어려움을 이겨 내는 데는 참여하지 않는다. 어려움이 평정되면 좋아하며 돌아와 남의 허물을 엿보고 살피다가 서서히 헐뜯고, 분별하기 어려운 교묘한 말을 이용해 옳고 그름의 실상을 어지럽히지만 임금은 이를 깨닫지 못하고 소인의 언행에 빠져든다. 이렇게 하여 세상의 어지러움은 계속 나타난다"[1]라고 했다.

소인의 졸렬한 됨됨이를 분명하게 표현한 것이다. 소인을 좀벌레와 구더기, 해충에 비유한 것은 서애가 소인을 얼마나 경계하는지 잘 보여 준다. 소인은 상황에 따라 자기 자신을 위한 말과 행동이 교묘하므로 임금까지도 속아 넘어가는 점을 서애는 우려한다. 소인이 임금 주변에 있을 경우 세상의 어지러움이 이들 때문에 생기므로 조심하지 않을 수 없다. 북송(北宋)의 3대 황제 진종 때 임금을 속인 신하를 평가하면서 이런 말을 했다.

---

1 小人之於國 如木之有蠹 如醢之有蛆 如佳穀之有蟊賊. 事急則巧占便宜 循循然欲去之 不與其亂. 事平則施施而來 窺覘瑕隙 而徐議其後 假借疑似之言 眩亂是非之實 人主不悟 而陷其中. 天下之亂 無時而已也. 《잡저》, 독사여측 - "굴욕적으로 체결한 강화를 《춘추》는, 작은 나라도 이를 치욕으로 여겼다고 기록했다".

교언영색(巧言令色), 소인의 속임수

서애는 소인의 교묘한 말〔교언(巧言)〕을 특히 경계한다. 소인은 교묘한 말을 잘하므로 그 말의 옳고 그름을 분별하기가 상당히 어렵기 때문이다. 서애는 《시경》과 《논어》를 근거로 들어 "《시경》에 말하기를, 교묘한 말은 피리 소리처럼 듣기 좋지만 낯가죽이 두껍다고 하였다. 또 《논어》에 말하기를, 교묘한 말로 나라를 무너뜨리는 짓을 미워한다고 했다. 재상 왕흠약이 이와 같이 했지만 안타깝게도 진종 임금은 이를 분별하지 못했다"2라고 했다.

《시경》과 《논어》 같은 권위 있는 문헌을 인용하는 방식은 주장하는 내용을 보증하는 역할을 한다. 유가(儒家) 문헌은 《시경》이나 《서경》을 인용하여 말하는 내용의 근거로 삼는 경우가 많다.

여기서 서애가 인용한 부분은 《시경》〈소아〉(小雅) 편에 있는 '교묘한 말'(교언)의 한 구절이다. 교묘한 말로 임금과 세상을 속이는 소인의 행태를 풍자한 시이다. 서애가 인용한 구절 앞에 "어지러움은 다른 사람을 모함하는 데서 시작하며, 어지러움이 더욱 커지는 것은 임금이 거짓으로 남을 헐뜯는 말을 믿기 때문이네. 임금이 소인을 믿으니 어지러움은 더 심해지고, 소인의 말은 매우 달콤하여 어지러움은 늘어 가네"3라는 구절이 있다. 도(盜)는 소인(小人)을 가리킨다.

---

2 詩曰 巧言如簧 顔之厚矣. 語曰 惡利口之覆邦家者. 欽若有焉 惜乎 眞宗
　之不能辨也. 《잡저》, 앞의 글.
3 亂之初生 僭始旣涵 亂之又生 君子信讒. 君子信盜 亂是用暴 盜言孔甘 亂

306

서애가 생각한 소인의 위험한 행태가 잘 나타나는 시이다.

　서애가 인용한 《논어》 구절은 〈양화〉편에 공자의 말로 기록돼 있다. 이구(利口)는 교묘한 말이다. 서애는 "《논어》는 성인의 삶에 관한 경전이므로 자신의 인격을 닦고 나라를 다스리는 이치가 모두 그 안에 있다. 그 나머지는 미루어 생각하고 실천하면 한결같이 넉넉하게 세상을 바로잡아 평안함을 이룰 수 있다"4라고 했다. 서애가 《논어》를 수신과 치국의 교과서로서 얼마나 높이 평가하는지 잘 보여 준다. 《시경》에는 교언과 같은 의미로 와언(訛言, 거짓된 말), 참언(讒言, 헐뜯는 말), 도언(盜言, 모함하는 말), 행언(行言, 떠도는 말), 비언(匪言, 부당한 말), 유언(流言, 근거 없는 말)이 나온다. 바르지 못한 말의 위험을 경계하는 뜻이다.

　송나라 역사를 통해 서애는 소인의 행태의 여러 측면을 말한다. 서애는 "소인은 자기 자신을 위하는 일에는 교묘하고 이익을 꾀하는 일은 치밀하다. 밤낮으로 임금의 뜻을 몰래 엿보다가 자세를 낮추고 높이고 하면서 비위를 맞추어 임금의 마음에 들도록 한다. 임금은 본래 이 같은 마음이 있는 데다 소인의 말을 한번 듣고서는 소인이 자기와 마음을 같이하는 것을 기뻐하여 즐겁게 서로 마음이 맞게 된다.

是用餤.

4 論語乃聖人之經 修身治國 盡在其中. 推其緖餘 固足以定天下 致太平矣. 《잡저》, 독사여측 - "송나라 재상 조보가 태종에게 아뢰기를, '신이 《논어》를 가지고 태조를 보좌하여 천하를 평정하고 폐하를 보좌하여 태평을 이루었습니다'라고 하였다. 그가 죽고 집안사람이 상자를 열어 보니 《논어》가 들어 있었다. 태조도 만년에는 글 읽기를 좋아했다".

이는 마치 물이 습지를 향해 흐르고 불이 건조한 곳으로 타들어가듯 하여 사람들이 분별할 수 없으므로 소인이 일부러 이런 짓을 하여 임금의 비위를 맞추는 일을 알지 못하게 한다"[5]라고 했다.

소인의 교묘한 행태가 치밀하여 사람들은 소인의 거짓된 행태를 구별하기 어렵다. 서애는 소인의 교묘한 언행 때문에 나라가 망한 역사의 교훈을 깊이 경계한다. 임금도 소인의 교묘한 말을 분별하기가 쉽지 않은 데다 비위를 잘 맞추는 데 당장 기분이 좋아져 나랏일을 제대로 판단하기 어려울 수 있기 때문이다.

대인·소인 겨루기, 소인 득세가 많아

군자, 즉 대인의 언행은 소인과 반대이다. 서애는 군자에 대해 말한다. "군자는 그렇지 않다. 공평무사하고 진실한 자세로 자신을 지켜 다른 사람을 속이지 않으며 바르고 곧게 임금을 섬기는 데 임금의 명령을 잘 따르는 것만을 좋게 여기지 않는다. 임금의 마음과 맞지 않더라도 자신이 마땅히 해야 할 일은 굽힐 수 없으며 자신이 차라리 재앙이나 고난을 당하더라도 나랏일은 그르치게 할 수 없는 것이다.

---

5 小人巧於謀身 密於圖利. 日夜潛伺人主之意向 而低昂迎合 以中人主之心. 人主本有是心 一聞小人之言 喜其與己同 欣然相合. 如水流濕 火就燥 人莫能間 而不知小人故爲此 以中之也.《잡저》, 독사여측 - "신하 채경 등이 선대의 사업과 제도를 계승한다는 말로써 철종과 휘종을 잘못 이끌어 마침내 송나라를 망하게 하였다".

임금에게 거슬리는 말과 임금의 뜻에 거슬리는 충고를 아침저녁으로 세차게 늘어놓으니 결국 임금의 마음은 나날이 떠나게 되고 싫고 귀찮은 생각은 나날이 쌓인다. 3대(하·은·주나라 시대) 이후로 군자가 바라던 일이 이루어진 경우는 항상 적었고 소인이 바라던 일은 이루어진 경우가 항상 많았다. 군자가 직위에 있는 때는 항상 시일이 얼마 안 되었고 소인이 직위에 있는 때는 항상 시일이 오래 되었으니 대개 이런 이치에 따라 그렇게 된 것이다."6

군자, 즉 대인은 자신에게 정직할 뿐 아니라 임금을 섬기는 데도 임금의 마음과 뜻보다는 나라의 일을 우선해서 간언(충고)을 적극적으로 한다. 임금이 대인의 충고를 기분 좋게 받아들이는 경우보다는 귀찮게 여기는 경우가 더 많다. 그런데도 대인(군자)은 나라가 잘돼야 한다는 차원에서 임금의 싫어함에 굴복하지 않는다. 이상적인 국가공동체였던 3대 이후로는 대인과 소인의 대결에서 항상 소인이 유리한 위치를 차지했다는 것이 서애의 역사인식이다. 대인의 정당함보다는 소인의 교묘함이 더 인정받아 온 역사를 보면서 서애는 소인의 문제를 더욱 깊이 고민했다.

소인이 더 좋은 평가를 받는 문제점을 고치려면 임금이 소인의 교묘한 언행에 속지 않도록 해야 한다. 이를 위해 서애는 "옛날 성인은

---

6 君子則不然. 守己以誠 而不容於詐欺 事君以直 而無事於承順. 君心有所不合 而吾道不可屈也 吾身寧取禍患 而國事不可誤也. 逆耳之言 咈志之諫 朝夕而强聒之 於是人君之心日離 而厭苦之意日積矣. 三代以後 君子之得志者常少 小人之得志者常多. 君子之居位常淺 小人之居位常久 率由是道也.《잡저》, 앞의 글.

이런 일을 걱정하여 한 가지 방법을 세상 사람들에게 보였다. 《서경》에 말하기를, 당신의 뜻에 거슬리는 말이라도 반드시 도리에 합당한지 살펴보고, 당신의 뜻에 따르는 말이라도 반드시 도리에 합당하지 않은가 살펴야 한다고 하였다"[7]라고 했다.

서애는 《서경》을 인용해 임금의 바람직한 자세를 제시한다. 《서경》은 하·은·주(夏·殷·周) 3왕조의 이상적인 정치철학을 논한 중요한 문헌이다. 인용한 구절은 《서경》〈상서〉의 〈태갑〉하편에 있다. 상나라 건국에 큰 공을 세운 재상 이윤이 태갑 임금을 훈계하는 내용이다. 임금이 듣는 말은 신하 등의 의견을 참고하여 분별 있게 듣고 판단해야 한다는 뜻이다.

서애는 소인과 대인의 언행에 대한 옳고 그름을 젊은 시절부터 명확하게 하려고 했다. 30대에 지인(남의중)에게 보낸 편지에서 서애는 "군자(대인)가 착한 일을 하는 경우와 소인이 나쁜 짓을 하는 경우에는 반드시 뜻을 같이하는 사람들과, 그런 일을 할 것인지 아닌지 서로 마음과 뜻을 통하면서 알아봅니다. 소인은 치우친 마음과 사사로운 꾀를 가진 데다 다른 사람을 미워하면서 겨뤄 이기려는 마음이 있기 때문에 종종 일을 이루지 못합니다"[8]라고 했다.

군자, 즉 대인에 대해서는 "군자는 마음 씀이 공평하고 일처리가

---

7 昔聖人憂此 而立一防 以示天下. 書曰 有言逆于汝心 必求諸道 有言遜于汝志 必求諸非道.
8 君子之爲善 小人之爲惡 必與其類 相通可否而爲之. 而小人偏心私智 猶有猜人勝人之心 故間有不能者. 《서》, 편지.

바르고 정당합니다. 처음부터 다른 사람을 미워하거나 겨뤄서 이기려는 마음이 없어 뜻을 같이하는 사람들과 기꺼이 의논하여 오직 착한 일을 따릅니다. 그렇기 때문에 말과 행동은 작거나 큰 것을 말할 것 없이 반드시 벗들과 토의한 다음에 실행합니다. 모든 정당한 측면을 모아서 바르고 선량한 행위를 하며 참되고 유익한 일을 확대하여 실천합니다. 그래서 행동을 해도 실수나 실패가 없고 사람들이 즐거운 마음으로 착한 일을 하도록 깨우치는 것입니다"9라고 했다.

　당당한 마음가짐으로 투명하고 공정하게 일을 처리하는 대인의 태도를 말한 것이다. 이런 대인의 언행은 일정한 태도를 넘어 일처리에 실수나 실패가 없도록 하고 사람들이 기꺼이 함께하는 실질적 효과가 있다.

붕과 당

붕(朋)과 당(黨)을 구별하면서 군자(대인)와 소인의 사람됨을 파악하는 서애의 인식은 명쾌하다. 붕당(朋黨)이라는 말로 두루뭉술하게 표현하면 군자와 소인의 구별이 정확하지 않다. 서애는 "붕과 당, 두 글자는 서로 비슷하다고 하지만 군자에게 붕은 있어도 당은 없다.

---

9 君子則用心公 爲事正. 初無猜人勝人之心 而樂與同志者相議 惟善之從. 故凡有云爲 無問細大 必與朋友講論 然後爲之. 集衆善而爲善 廣忠益而設施. 故動無過擧 人亦樂爲之告. 《서》, 앞의 편지.

소인에게 당은 있어도 붕은 없다. 붕은 공평하고 올바르지만 당은 불공평하고 사사롭다. 대충 붕당이라는 말로 묶어서 부른다면 군자와 소인을 분별할 수 없을 것이다"10라고 했다.

붕당이라는 말은 오늘날에는 대체로 '붕당'이라는 한 단어로 사용하고, 그 사전 풀이는 '뜻을 같이하는 사람끼리 모인 단체'이다. 이는 조선시대에 학문적, 정치적 입장에 따라 형성된 동인(東人), 서인(西人), 남인(南人), 북인(北人)과 같은 집단을 가리킨다.

서애는 앞의 글에서 붕당을 한 단어로 사용하지 않고 붕과 당을 개념적 차원에서 엄밀하게 구분한다. 대인(군자)과 소인의 의미 구분을 위해 주목할 만하다. 하지만 우리말을 기준으로 볼 때, 붕과 당의 의미가 명확하지 않다. 붕과 당은 '무리', '같은 부류'가 공통적 의미다. 붕은 '벗'(서로 친밀하게 지내는 사람)으로 옮길 수 있지만 당에도 거의 같은 의미가 들어 있다. 붕은 붕우(朋友)라는 말로 흔히 쓰지만 그 뜻이 벗에서 크게 달라지는 것은 아니다. 그래서 붕은 벗으로, 당은 무리로 옮기는 것은 적절하지 않다. 붕당은 비교적 널리 알려진 말이므로 한 단어로 읽는 습관을 벗어나, 서애의 설명처럼, 붕과 당을 각각 이해해야 한다.

서애의 설명은 이렇다. "붕은 같은 부류를 나타내는 말이고, 당은 서로 도와서 잘못이나 거짓을 숨기는 것을 나타내는 말이다. 두 글자

---

10 朋黨二字 雖曰相似 然君子有朋而無黨. 小人有黨而無朋. 蓋朋者 公也 黨者 私也. 泛然以朋黨目之 君子小人 終不可辨矣. 《잡저》, 독사여측 - 구양자(구양수)의 붕당론.

는 뜻이 서로 가깝다고 하지만 실제로는 백 리 천 리 만 리만큼 떨어
질 정도로 다르다. 군자가 귀중하게 여기는 것은 사람이 마땅히 지켜
야 할 도덕과 의리이다. 언어가 같으면 서로 응답하고 기운이 같으면
서로 노력하여 높이는 것이 한결같이 공평하고 정직한 데서 나온다.
이를 붕이라고 하는 것은 맞지만 당이라고 하는 것은 옳지 않다."11

　붕은 공평하고 정직한 사람의 자세이므로 곧 군자(대인)의 언행이
다. 당(黨)은 소인의 모습이다. 서애는 "소인은 그렇지 않다. 서로
어울려 모이고 고집스럽게 맹목적으로 서로 따르고 좇으면서 친하게
지내기를 밤낮 그치지 않으며, 자기와 뜻이 맞는 사람은 따르면서 칭
찬하고 뜻이 맞지 않은 사람은 함께 배척하고 뒤섞여 상황을 파악한
뒤에야 행동하고 일을 꾀한 뒤에 논쟁한다. 비록 자기들의 사사롭고
간사한 행위를 덮어 감추려고 하지만 성취한 일을 살펴보면 부귀와
권세, 이익의 범위에서 벗어나지 않는다. 옛사람이 말하기를 군자가
친구를 사귀는 모습은 담백한 것이 물과 같고 소인이 친구를 사귀는
모습은 달콤하기가 단술과 같다고 했으니 이와 같은 뜻을 잘 깨우쳐
준다"12라고 했다.

11　朋者 同類之稱 黨者 相助匿非之名. 二者之分 雖曰相近 而其實百千萬里
　　之遠也. 君子之所重者道義. 同聲則相應 同氣則相求 所尙一出於公與正.
　　謂之朋則可 謂之黨則不可.
12　小人則不然. 瀋瀋然相和 皐皐然相比 趨附款厚 不舍晝夜 意所好者 雷同
　　稱譽 意所忌者 共相排擯 參知然後動 謀議然後言. 雖欲自蓋其私邪之跡
　　而觀其所成就 不出於富貴勢利之間. 古人云 君子之交 淡若水 小人之交
　　甘若醴 斯固善喩也.

개인의 부귀와 권세를 위해 사사롭게 행동하는 소인의 모습을 구체적으로 보여 준다. 당(黨)에는 '치우치다', '편들다', '아첨하다'는 뜻이 있다. 옛사람의 말로 인용한 구절은 《장자》〈산목〉(山木)편에 나온다. 숨어 사는 사람이 공자에게 한 말로 기록돼 있다. 서애는 장자와 같은 도가(道家)의 문헌도 잘 알았다. 《예기》〈표기〉(表記)편에는 공자의 말로 "군자의 사귐은 물과 같고 소인의 사귐은 단술과 같다"(君子之接如水 小人之接如醴)는 구절이 있다. 전해 오던 성어가 이런 문헌에 담겼을 것이다.

서애는 군자의 붕과 소인의 당에 대해 비유를 통한 설명을 덧붙인다. 붕과 당의 의미를 더욱 명확하게 하려는 의도일 것이다. "군자의 붕은 가지런한 옥과 같아서 온화한 태도로 서로 친밀하면서도 건실한 자세로 자신을 지킨다. 소인의 당은 모래를 모아 둔 것과 같아서 처음에는 서로 뒤섞여 어울리면서 무엇이 정밀하고 조잡한지 가리지 않다가 결국 이익이 모두 없어지면 마음이 풀어져서 서로 갈라진다. 군자의 붕은 소나무와 잣나무 같아서 우뚝 솟아 홀로 서서 서로 기대거나 밀치는 것이 없지만 비와 이슬이 적실 때는 푸르게 무성하면서 그 빛깔은 같으며 바람과 서리를 맞아도 줄기와 잎은 모양이 변하지 않아 절개가 같다. 소나무와 잣나무 스스로는 같다고 여기지 않지만 이를 보는 사람들은 동류라고 여긴다. 이에 비해 등나무 덩굴은 빽빽하게 뻗어나 덮고 있지만 다른 물체에 기대서 붙지 않고서는 스스로 설 수 없으므로 큰 나무가 가까이 있으면 거기에 따라 붙고 가시나무가 가까이 있으면 가시나무에 따라 붙어 백 번이나 얽히고 천 번이나 휘감겨서 어느 곳이든 서로 이리저리 얽히지 않는 데가 없다."[13] 군

군자와 소인, 붕과 당의 비유

군자(대인)	붕(朋)	공(公)	옥	송백
소인	당(黨)	사(私)	모래	등나무

자와 붕은 절개의 상징인 소나무와 잣나무에 비유하고 소인과 당은 엉겨 붙어 생존하는 등나무에 비유해 각각의 특징을 보여 준다.

붕과 당의 갈등과 충돌로 발생하는 재앙을 막으려면 임금이 분별력을 갖도록 신하와 임금이 노력해야 한다. 서애는 "세상에 참으로 대인군자가 붕당의 재앙을 없애고자 한다면 다른 방법이 없다. 임금의 마음이 잘못된 경우에는 마땅히 이를 바로잡는 일에 먼저 힘을 써야 할 것이다. 그렇게 해서 임금의 마음을 욕심 없이 밝게 하며 공평하고 골고루 미치게 해서 판단이 가려지고 헷갈리는 일이 없도록 한다면 천하의 표준이 이미 서게 되어 조정의 관리들이 모두 공정한 길로 돌아가서 붕당의 재앙은 일어나지 않을 것이다"14라고 했다.

---

13 君子之朋 如比玉 溫乎其相親 而栗然而自守. 小人之黨 如聚沙 始焉雜沓 而不擇精粗 終焉利盡 則釋然而相離. 君子之朋 如松柏 皆挺立獨列 而不 相倚挨 然雨露之潤 蒼然蔚然 而其色同也 風霜之下 不改柯易葉 而其節 同也. 松柏不自以爲同 而人之視之者 指以爲類. 若夫藤蘿 則蔓密蔽覆 非附物不能自立 喬木在近 則從喬木 荊棘在近 則從荊棘 百結千廻 無處 而不相連絡.

14 世苟有 大人君子 欲去朋黨之禍 無他道也. 惟當先致力於格君心之非. 使 君心虛明公溥 無所蔽惑 則天下之表準旣立 朝廷百官 悉歸於正 而朋黨之 禍 不作矣.

격물치지, 마음 바로잡기

붕과 당의 갈등이 나라를 혼란스럽게 하지 않으려면 대인군자(大人君子)의 역할이 중요하다. 서애가 군자의 붕과 소인의 당을 구별하려 여러 측면에서 살펴본 이유도 대인군자의 됨됨이가 소인과 어떻게 다른지를 명확하게 보여 주기 위해서다. 임금이 세상의 표준이 되도록 임금 자신과 신하들이 함께 노력해야 붕과 당의 충돌을 막을 수 있다. 서애가 임진왜란 중에 선조 임금에게 끊임없이 보고서를 올린 이유는 임금이 대인군자의 자세를 견지하도록 하기 위함이다.

대인군자가 많아지고 그들의 역할이 필요한 공동체가 되기 위해서는 개인적 차원의 수신이 토대가 되어야 한다. 군자와 소인을 구별하면서 군자의 역할을 강조하는 주장이 바람직한 공동체를 위한 대원칙이라면 개인적 차원의 수신은 이를 위한 구체적인 실천이다.

서애의 수신은 마음가짐과 언행의 태도와 연결된다. 인격 완성을 위한 공부, 즉 '위기지학'(爲己之學)의 노력이다. 서애는 "《서경》의 우서에 '사사로운 마음은 위태롭고 바른길을 추구하는 마음은 어렴풋하니 오직 한결같이 순수해야 참으로 치우침 없는 중용을 지킬 수 있다'고 한 것은 많은 성인이 마음을 수양하는 학문의 뿌리이다. 천 마디 만 마디 말이라도 이 열여섯 자에서 벗어나지 않을 것이다"**15**라고 했다.

---

15 虞書 人心惟危 道心惟微 惟精惟一 允執厥中. 此千聖心學淵源. 雖千言萬言 不出於十六字. 《잡저》, 의변논설 - 격물설.

이 구절은 《서경》의 우서(虞書, 요 임금, 순 임금, 우 임금에 관한 기록) 중 〈대우모〉(大禹謨, 하나라의 첫 임금인 우 임금에 관한 기록) 편에 나온다. 순 임금이 우 임금에게 한 말로, 올바른 마음의 기준을 제시한 구절이어서 예로부터 중요하게 여겼다. 인심(人心)과 도심(道心)이 핵심으로, 인심을 줄이고 도심을 넓혀야 한다는 의미다.

인심을 '사람의 마음'으로, 도심은 그냥 도심으로 옮기면 뜻이 잘 와닿지 않는다. 인심이든 도심이든 사람의 마음을 나타낸다는 점은 마찬가지이다. 여기서 인심은 사사로운 사람의 마음이고, 도심은 그런 사사로운 마음을 넘어 바른길을 추구하는 마음가짐이다. 이런 의미에서 인심은 '사사로운 마음'으로, 도심은 '바른길을 추구하는 마음'으로 옮기는 것이 적절하다. 서애도 이 구절처럼 마음을 바르게 하는 노력을 수신의 가장 중요한 과제로 삼는다.

이어 서애는 "순수한 마음은 격물치지이고 한결같은 마음은 정성스러운 뜻과 바른 마음이다. 순수하기 때문에 한결같고, 한결같기 때문에 순수하게 된다"[16]고 했다. 이 말에는 《예기》 〈대학〉(大學) 편의 핵심 개념인 '격물치지'(格物致知)에 대한 서애의 독특한 관점이 담겨 있다.

격물치지는 대체로 '사물의 이치를 궁리하여 온전한 지식에 도달한다'는 의미로 알려져 왔다. 자기 자신의 바깥에 있는 사물의 이치를 철저히 탐구함으로써 지식의 완성도를 높인다는 것이 대체적인 의미다. 그러나 서애는 격물치지를 '마음'의 문제로 인식한다. 그래

---

16 精乃格致 一乃誠正. 惟精故一 惟一故精.

서 "〈대학〉에서 말하는 격물치지는 다른 도가 아니다. 정성스러운
뜻과 바른 마음, 몸을 닦음, 집안을 가지런하게 함, 나라를 다스림,
세상을 바르게 하는 도리를 알고자 할 따름이다. 그러므로 마음을 내
버려 두고 격물치지를 말할 수 없다"17라고 했다. 격물치지는 마음과
동떨어진 사물에 대한 탐구가 아니라 성의정심수신제가치국평천하
(誠意正心修身齊家治國平天下)를 위한 마음공부(心上工夫)라는 것
이다. 그래서 서애는 "격물치지는 배우는 사람이 널리 사물을 마주
하여 그것을 연구하려는 것이 아니다"18라고 했다.

　서애의 관점에서 보면 격물치지는 사물의 탐구가 아니라 수신의
표준으로서 언행이 어떤 특별한 상태에 머무는 차원이다. 서애는
"〈대학〉이라는 문헌은 처음부터 끝까지 격물치지에 관한 내용이다.
그 요점은 '머물다'는 한 글자에 있다. 뜻은 마땅히 성실한 데 머물
고, 마음은 마땅히 바른 데 머물고, 몸은 마땅히 수양하는 데 머물
고, 가정은 마땅히 가지런함에 머물고, 나라는 마땅히 잘 다스려지
는 데 머물고, 세상은 마땅히 평안한 데 머물러야 한다. 임금은 자상
하게 백성을 포용하는 데 머물고, 어버이는 자식을 사랑하는 데 머물
고, 자식은 부모에 효도하는 데 머물고, 벗은 서로 믿는 데 멈추어야
한다. 이는 크고 높은 태도이다"19라고 했다.

---

17 大學之格致 無他道. 不過欲知誠意正心修身齊家治國平天下之道而已. 故
　　曰不可捨心論格致也.
18 格物致知者 非欲學者 泛格天下之物 而欲窮之也.《잡저》, 대학연혁편차.
19 大學一部 從頭至尾 皆格物致知也. 其要在一止字. 意當止於誠 心當止於
　　正 身當止於修 以至家止於齊 國止於治 天下止於平. 君止於仁 父止於慈

'지'(止)는 마음을 다잡아 머물러 만족스러운 상태를 뜻한다. 머문다는 정적(靜的) 의미가 아니라 순간순간 그 가치를 긴장하면서 실천해야 하는 동적(動的) 상태이다. 이 구절의 앞부분에서 "머무름을 안 뒤에 바르게 된다"(知止而後 有定)고 하듯, 지(止)의 의미가 있지만 서애는 그 뜻을 격물치지와 연결하는 점이 다르다. 격물치지는 바깥의 사물을 탐구해 지식을 확장하는 것이 아니라 뜻을 정성스럽게 하고 마음을 바르게 하는 수신의 일을 찾아 실천하는 행위이다. 격물치지는 탐구가 아니라 수신이라는 것이 서애의 인식이다.

〈대학〉의 핵심 개념인 격물치지를 사물에 대한 탐구 활동이 아니라 마음을 바르게 하는 수신 활동으로 보는 서애의 인식은 기존의 관점과는 상당히 다르다. 그렇지만 이런 생각이 과연 옳고 바람직한지에 대해 서애는 아쉬움을 느낀다. 그래서 "안타까운 점은 내가 세상에 늦게 태어나 이전의 뛰어난 학자들에게 나의 생각을 바로잡아 줄 것을 직접 요청하지 못한다는 것이다. 부족하나마 이를 기록하여 스스로 돌아보면서 훗날 어쩌면 향상되기를 바란다"[20]라고 했다. 서애의 겸손하고 개방적인 배움의 자세가 나타난다.

子止於孝 朋友止於信. 此其大者. 《잡저》, 의변논설 - 대학.
20 恨生也晩 未得求正於先哲. 聊記之而自省 以冀後日之或有進焉. 《잡저》, 의변논설 - 대학장구보유.

수신, 일상에서 도리를 실천하다

수신(修身)은 일상에서 닦는 공부가 기본이다. 자신의 인격 완성을 모든 공부의 토대로 삼는 위기(爲己)의 정신과 태도가 핵심이다. 서애는 공자가 강조한 "옛날에 공부하는 사람들은 자신의 인격 완성을 위한 수신에 힘썼다. 지금은 세상에서 인정받고 싶어 하는 공부가 많다"[21]는 가르침을 실천하려고 한다. 여기서 '옛날'[고(古)]과 '지금'[금(今)]은 시간적 선후 관계가 아니라 바람직한 공부 태도를 비교하는 기준이다. 옛날의 공부 태도를 지금 본받아야 할 모범으로 여긴 것이다. 기(己)는 자기 자신, 인(人)은 자기 자신을 제외한 다른 사람이다.

서애는 지인(곽수사)에게 보낸 편지에서 "배움이란 특별한 방식의 어떤 기묘한 일이 아닙니다. 단지 평범한 일상생활에서 근본이 되는 도리를 실천하는 것입니다"[22]라고 했다. 일용(日用)은 일상에서 실천한다는 뜻이며, 저법(底法)은 근본이 되는 도리이다. 배움과 공부, 학문을 일상의 현실에서 동떨어진 추상적이고 관념적인 탐구 행위가 아니라는 것을 강조한 것이다. 학문은 한자로 '學文' 또는 '學問'으로 표현하지만 문물제도를 배우는 과정에는 연구활동이 포함되므로 두 용어를 명확하게 구분하기는 어렵다. 서애도 '학'(學)이라고만 표현한다. '학'의 일상적 뜻은 지식 등을 배워 익히는 활동 또는

---

21 古之學者爲己 今之學者爲人. 《논어》〈헌문〉편.
22 爲學不是別樣奇異事. 只是日用平平底法. 《서》, 편지.

인격을 높이기 위해 필요한 모범을 본받는 활동이다. 서애가 말하는 학문은 인격을 높이는 노력에 중심을 둔다.

일상을 긍정하고 소중하게 여기는 태도는 공자가 일상생활을 어떻게 한지를 통해 잘 드러난다. 서애는 "공자는 성인이지만 《논어》에서 말하기를 '공자께서는 고향에서는 매우 공손하게 삼가여 마치 말을 제대로 할 줄 모르는 사람 같다'고 하였다. 향당(고향에 있는 지역공동체)은 부모와 형제, 종족이 사는 곳이어서 자신이 지혜로운 사람이라고 하더라도 그렇게 하지 않을 수 없는 것이다. 이와 같이 한 뒤에야 사람으로서 지켜야 하는 떳떳한 도리가 차례대로 시행되고 인정이 두터운 풍속이 생기니, 훗날 세상에 자신을 드러내는 몸가짐을 바르게 하는 도리가 모두 이런 태도에서 비롯된다. 그래서 '바탕이 확고하게 선 다음에 바른길이 생긴다'고 하는 것이다"[23]라고 했다.

일상에서 부모와 형제를 공경하고 가까운 사람들을 공경하는 자세가 수신의 바탕이라는 것이다. 이런 바탕에서 비로소 사람이 한결같이 추구해야 할 바른길〔도(道)〕이 생긴다. 여기서 인용한 구절은 《논어》〈학이〉편에 공자의 제자 유자(유약)가 "군자는 바탕이 되는 일에 힘쓰니, 바탕이 확고하게 서면 바른길이 생긴다. 부모와 조상을 잘 모시고 자기보다 나이가 많은 사람을 공경하는 자세가 사람다

---

[23] 孔子聖人也 猶曰子於鄕黨 恂恂如也 似不能言者. 蓋以鄕黨 父兄宗族之 所在 不可以賢智加之也 惟其如此. 然後彝倫攸敍 風俗敦厚 他日立身行 己 皆可由此推之 所謂本立而道生. 《잡저》, 의변논설 - 성균관과 관학의 유생과 학생을 교육하는 글.

움의 바탕 아니겠는가"24라고 한 말에 들어 있다. 일상에서 부모와 조상을 잘 모시고 연장자에 공손한 자세가 사람다움을 추구하는 수신의 중요한 바탕이 된다는 뜻이다.

서애가 이 같은 자세를 평생 수신의 바탕으로 삼고 실천한 모습은 다음과 같은 시에서 느낄 수 있다. "효도하고 공경하는 자세는 으뜸이어서 모든 행동의 기본이네. 정성을 다하고 거짓 없는 자세는 참으로 한결같은 마음의 품성이네. 예의염치는 자신을 지탱하는 네 가지 밧줄이네. 이런 자세는 수신을 실천하기 위한 중요한 도리가 살아 있도록 하네. 삶을 돌아보니 부끄러워 등에 땀이 흐르네. 여덟 가지 중에 하나도 제대로 이루지 못하고 이제 백발노인이 되었네."25

서애가 얼마나 효제충신예의염치라는 도리를 일상에서 흐트러지지 않고 평생 실천하려고 했는지 알 수 있다. 여덟 가지 중에서 하나도 제대로 이루지 못했다는 말은 겸손이라기보다 절실한 데 따른 아쉬움이라고 해야 할 것이다.

예의염치를 나라의 중심이자 근본이라고 규정한 문헌은 《관자》이다. 《관자》 1권 1편 〈목민〉(牧民)에서는 "나라에는 나라를 지탱하는 네 가지 밧줄이 있다. 하나가 끊어지면 나라가 기울고, 두 가지가 끊어지면 위태로워지고, 세 가지가 끊어지면 뒤집어지고, 네 가지가 끊어지면 망한다. 네 가지 밧줄이란 무엇인가. 예의염치이다.

---

24 君子務本 本立而道生. 孝弟也者 其爲仁之本與.
25 孝悌元是百行原. 忠信亶爲一心德. 禮義廉恥是四維. 總爲修身存大法. 環顧吾身汗出背. 一字無成今白髮. 《시》, 주자의 효제충신예의염치 여덟 자.

예는 절도를 넘어서지 않음이고, 의는 애써 벼슬에 나아가려고 하지 않음이고, 염은 잘못을 숨기지 않음이고, 치는 도리에 어긋나는 일을 따르지 않는 것이다"**26**라고 했다.

춘추시대 제(齊)나라의 명재상 관중(관이오)의 사상을 담은 《관자》는 정치철학을 비롯해 군사와 용병, 마음수양 등 부국강병과 수신을 위한 폭넓은 내용을 담고 있다. 특히 경기 부양과 물가 조절, 재정 관리 등 경제 문제에 큰 비중을 두고 있다. 서애가 《관자》를 인용해 군대조직에 대해 언급한 내용이 《근폭집》과 《군문등록》에 보인다. 압록강 중강에 시장을 개설하고 공물의 폐단을 해결하기 위해 쌀로 대신 내도록 하는 등 서애의 주요한 경제정책은 《관자》의 영향을 많이 받았다.

이처럼 일상생활은 학문의 기반이다. 그래서 서애는 "'배움은 넓게 하고 의지는 굳건히 하며 깊이 있게 묻고 일상의 가까운 일을 바탕으로 생각하면 참된 앎은 거기에 있다'고 하였습니다. 이 말은 뜻이 깊습니다. 마땅히 '위기' 두 글자를 눈앞에 단단히 두고서 잠시도 내려놓지 않으면 좋을 것입니다"**27**라고 했다. 인용한 구절은 《논어》〈자장〉편에 공자의 제자인 자하의 말로 기록돼 있다.

서애는 《논어》의 이 구절이 "뜻이 깊다"고 했다. 그 이유는 따로

---

26 國有四維. 一維絶則傾 二維絶則危 三維絶則覆 四維絶則滅. 何謂四維. 一曰禮 二曰義 三曰廉 四曰恥. 禮不踰節 義不自進 廉不蔽惡 恥不從枉.

27 博學而篤志 切問而近思 仁在其中. 此言甚有味. 要當使爲己二字 堅在眼前 放下霎時不得 乃佳. 《서》, 앞의 편지.

설명하지 않았지만 일상을 중시하는 학문의 기준을 보여 주는 것으로 인식하며 실천했기 때문일 것이다. 박학은 개방적인 자세로 배움을 좋아하는 호학(好學)이다. 서애의 글에는 유학뿐 아니라 불교와 도교에 관한 사상이 융합적으로 나타난다. 개방적 자세로 넓고 깊이 공부한 박학(博學)의 결과일 것이다. 독지는 의지를 단단하게 하는 태도인데, 꾸준히 배움을 이어가려면 이 같은 태도가 바탕이 돼야 한다. 절문의 절(切)은 '절실하다'보다는 '깊이 있다'는 뜻이 적절하다. 공부하는 과정에서 의문이 나는 부분에 대해서는 깊이 철저하게 파고들어야 한다는 의미다. 문(問)은 단순히 '묻는다'는 뜻이라기보다는 '토의하며 궁리하는 활동'이다.

근사, 일상사를 깊이 생각하다

근사(近思)는 일상적인 일을 바탕으로 깊이 생각하는 자세이다. 맹자가 "일상을 말하면서 뜻은 깊어야 좋은 말이다"[28]라고 한 차원이 있다. 송나라 주희(주자)와 여조겸이 편찬한 《근사록》은 일상에서 실천해야 할 유학의 핵심 사상을 담은 중요한 문헌이다. 책 이름은 《논어》〈자장〉편에 나오는 '절문근사'(切問近思) 구절에서 따왔다.

서애는 21세 때 도산서당에 머물며 퇴계 이황에게서 《근사록》을 배웠다. 퇴계는 이때 서애의 언행과 공부하는 자세를 겪어 보고 "이

---

28 言近而指遠 善言也. 《맹자》〈진심〉하편.

사람은 하늘이 내렸다"[29]고 말했다. 《근사록》에는 유학자가 예악의 문물제도뿐 아니라 군사와 국방, 천문지리 등 전반적인 세상일을 잘 아는 통유(通儒)를 강조하는 내용이 있다.

"인(仁)이 거기에 있다"(仁在其中)는 풀이가 쉽지 않다. '仁'은 대체로 그냥 '인'이라고 옮기거나 '어질다'(마음이 너그럽고 착하며 슬기롭고 덕행이 높은 품성) 정도로 옮긴다. 인은 공자 이전부터 쓰인 용어이지만 공자가 적극적 의미를 부여하면서 '사람다움'을 나타내는 중요한 개념이 됐다. 인은 《논어》에 109회 언급되는 핵심 개념이지만 공자도 인이 무슨 뜻인지 직접적으로 설명하지는 않는다. 의미와 맥락을 종합해 보면, 인은 사물의 양면성을 포용하면서 전면적(全面的)으로 사태를 인식하는 개방적이고 살아 있는 활동성이라 할 수 있다.

이는 우리말의 '어질다'와는 다르다. 넓게 배우는 개방적 태도와 깊이 있는 궁리, 일상생활에서 생각하는 자세 등 이 구절이 말하는 내용을 고려하면 인은 입체적이고 깊이 있는 인식과 판단이라는 앎의 차원과 관련 있다. 그래서 '인하지 않다'는 말은 '어질지 않다'가 아니라 '사태에 대한 인식(앎, 판단)이 부분적이고 단편적이다'는 뜻으로 이해할 수 있다. 사태(事態, 일의 상태나 되어 가는 형편)를 전체적으로 보면서 '참된 앎'에 도달하려는 활동성이 곧 인이라고 할 수 있다.

서애가 《근폭집》과 《진사록》, 《군문등록》에서 보여 주는 인식은 전쟁이라는 복잡한 사태를 전체적으로 살피면서 파악하고 대책을 마

---

29 此人天所生也. 《서애연보》.

련하는 인(仁)의 차원에서의 앎과 실천이다. 이는 기본적으로 개방적이며 민감하게 배움을 좋아하는 태도에서 비로소 가능하다. 이는 자신의 인격 완성을 위한 공부이자 배움인 '위기'(爲己)의 능력이다. 그래서 서애는 "공자의 학문은 자신의 인격 완성을 위한 공부가 아닌 것이 없다. 자신의 바깥에서 수신의 대상과 목적을 찾지 않았다. 자공은 가난함과 부유함에 대한 가르침을 계기로 부지런히 수신하는 뜻을 깨달았다"[30]며 자신의 인격 완성을 위한 위기 공부를 확신했다.

자공 이야기는 《논어》〈학이〉편에 기록된 공자와 나눈 대화를 가리킨다. 자공이 공자에게 "가난하지만 아부하지 않고 부유하더라도 거만하지 않으면 어떻습니까"(貧而無諂 富而無驕 何如)라고 묻자 공자는 "그것도 괜찮지만, 가난해도 수신을 즐기며 부유하더라도 예의 바름을 좋아하는 것만은 못하다"(可也. 未若貧而樂 富而好禮者也)라고 답했다. 그러자 자공이 "시에, '훌륭한 군자님! 깎고 갈아서 다듬은 듯하네'라고 했는데, 바로 그런 뜻인지요"(詩云 如切如磋 如琢如磨 其斯之謂與)라고 물었다. 이에 공자는 "너와 비로소 시를 말할 수 있겠다. 지난 일을 깨우쳐 주니 다가올 일을 알게 되는 정도가 됐다" (賜也 始可與言詩已矣. 告諸往而知來者)고 했다.

시(《시경》)의 내용을 들어 가난함과 부유함의 태도를 비유적으로 말한 것은 수신의 공부, 즉 위기(爲己)의 수준이 높아졌음을 가리킨다. 절차탁마(切磋琢磨)란 말이 나오는 《시경》의 시는 국풍(國風,

---

30 聖門之學 莫非爲己 不求於外. 如子貢貧富之訓 而得切磋之旨. 《잡저》, 의변논설 - 시의 가르침.

각국의 민요)의 위나라 노래〔위풍(衛風)〕〈기수 물굽이〉〔기욱(淇奧)〕
이다. 절차탁마는 수신의 노력을 끊임없이 하는 모습이다.

《시경》을 수신의 교과서처럼 여기며 절차탁마한 서애는 《시경》
전체를 평가하면서 "성인께서 시를 말할 때 '순박하다'는 한마디로써
《시경》의 시삼백을 포괄하는 의미를 말했으니, 그 뜻이 깊다. 이런
점을 살펴보면 시의 말은 사람을 떨쳐 일어나도록 하는 것이 단조롭
지 않으며 착한 일을 권하고 나쁜 일을 막는 방법은 다르지만 자기
자신에게 절실하지 않은 것은 없다"31라고 했다.

《시경》, 수신의 교과서

'사무사'는 공자가 《논어》〈위정〉편에서 "시삼백을 한마디로 요약하
면 '순박함'이다"(詩三百 一言以蔽之曰 思無邪)라고 한 데서 널리 알
려졌다. 대개 "생각에 사악함이 없다"처럼 옮기지만 《시경》에서 사
(思)는 '생각'이 아니라 뜻이 없는 발어사(어조사)로 쓰인 경우가 매
우 많다.

사무사는 《시경》의 노송(魯頌, 노나라를 칭송하는 노래) 4편 가운
데 첫 번째인 〈경〉(駉, 말이 살찌고 튼튼한 모양)에 나온다. 마지막 구
절이 "사무사 사마사조"(思無邪 思馬斯徂)이다. 튼튼한 말이 누군가

---

31 至於聖人 言詩則又以思無邪一言 蔽三百篇之旨 其意遠矣. 以此觀之 詩
之言 雖感興不一 善惡殊途 而莫非切於己也.

를 수레에 태우고 달려가는 순박한 모습을 그렸다. 조(徂)는 일정한 곳으로 나아간다는 뜻이다. 이런 내용을 보면 사무사를 "생각에 사악함이 없다"처럼 표현하면 어색하다. 공자가 사무사를 특별히 시삼백(《시경》에는 당초 311편의 시가 실렸으나 제목만 있는 6편을 제외하면 305편이 실려 전해 옴)을 관통하는 주제로 삼은 이유는 이 시를 노송의 첫 번째 시로 편집하면서 강한 느낌을 받았기 때문일 수 있다.

서애는 사무사의 뜻이 깊다고 하면서 《시경》의 시는 "자신에게 절실하다"고 했다. 세상의 다른 사람[인(人)]이 아니라 자기 자신을 가리키는 기(己)라는 표현을 쓴 이유는 《시경》을 수신을 위한 필수적인 내용으로 보았기 때문일 것이다. 《시경》을 잘 아는 서애는 '징비'(懲毖)를 시삼백을 포괄하는 말로 생각했을 수도 있다. 서애가 징비를 《징비록》이라는 책의 제목으로 선택한 배경에는 《시경》에 대한 깊은 인식이 놓여 있다.

서애는 《시경》을 일상에서 실천해야 할 규범의 근거로 삼는다. 그래서 "솔개는 하늘 높이 날아오르고 물고기는 연못에서 뛰논다는 것은 자사(공자의 손자)의 설명처럼 이치나 도리는 모든 곳, 모든 사물에 있음을 말한 것이다. 이는 곧 《시경》의 '만물에는 각각의 법칙이 있다'는 바로 그것이다. 그래서 부모와 자식에게는 부모와 자식의 도리가 있고, 임금과 신하에게는 임금과 신하의 도리가 있고, 부부, 형제, 친구 등 모든 사물이 그렇다. 이는 모두 하늘의 뜻이다"**32**라고

---

32 鳶飛魚躍 子思說道理無所不在. 卽詩所云 有物有則者 是也. 故在父子 則有父子之道 在君臣 則有君臣之道 以至夫婦也 兄弟也 朋友也 萬事萬

했다. 모든 인간관계에서 지켜야 할 도리의 근거는 솔개가 하늘을 날고 물고기가 연못에서 뛰듯 자연스러운 현상이고 사물의 법칙이며, 이는 하늘의 뜻일 정도로 보편적이라는 것이다.

널리 알려진 연비어약(鳶飛魚躍)이라는 말은 《시경》〈대아〉(大雅) 편 "한산의 기슭"〔한록(旱麓)〕의 "솔개는 하늘 높이 날아오르고 물고기는 연못에서 뛰네. 즐겁고 편안한 임금님이 세상 사람들을 바르게 하지 않겠는가"(鳶飛戾天 魚躍于淵. 豈弟君子 遐不作人)라는 구절에 들어 있다. 새와 물고기가 본성대로 활기차게 사는 모습을 잘 다스려지는 세상과 연결했다는 의미에서 예로부터 중시되어 왔다. 개제(豈弟)는 화합하며 즐기는 편안한 모습이다.

군자는 주(周)나라 임금이다. 작인(作人)은 사람들을 올바르게 이끄는 것이다. 《예기》〈중용〉편(12장)에서는 연비어약을 "이치가 하늘과 땅에 드러나는 것이다"(言其上下察)라고 풀이한다. 이어 "군자의 도리는 평범한 부부에게서 비롯돼 넓게는 하늘과 땅에 드러난다"(君子之道 造端乎夫婦 及其至也 察乎天地)라고 했다. 여기서 부부(夫婦)를 남편과 아내가 아닌, 보통의 남자와 여자인 필부필부(匹夫匹婦)로 볼 수도 있다. 서애가 자사(공급)를 언급한 이유는 〈중용〉의 지은이가 자사(주자의 견해)이기 때문이다.

연비어약에서 생각해 볼 측면은 '새〔조(鳥)〕'와 물고기'가 아니라 '솔개와 물고기'를 대비했다는 점이다. 새는 하늘 높이 날고 물고기는 연못에서 뛰논다고 하면 될 것인데 새 중에서 솔개를 등장시킨 이

物 無不皆然. 此皆天之所命. 《잡저》, 의변논설 - 연비어약.

유가 분명하지 않다. 《중용》의 〈주자집주〉(朱子集註)에는 이에 대해 "《시경》〈대아〉〈한록〉편에 나오는 구절이다. 연(鳶)은 치(鴟)와 같은 종류의 새이다. 여(戾)는 하늘에 닿을 정도로 높이 다다른다는 뜻이다. 찰(察)은 뚜렷하게 드러난다는 뜻이다"(詩大雅旱麓之篇. 鳶鴟類. 戾至也. 察著也)라고 돼 있다. 연(鳶)은 연견시목(鳶肩豺目, 솔개가 웅크리고 앉았을 때 어깨가 위로 올라간 모양과 승냥이의 눈처럼 간악한 모양)의 용례에서 보듯 부정적 의미로 쓰인다. 치(鴟)는 솔개, 수리부엉이, 올빼미인데 역시 부정적 의미가 강하다. 치목(鴟目)은 올빼미의 눈으로, 간악한 모양이다. 치의(鴟義)는 위세를 부리는 바르지 못한 행동이다. 치효(鴟梟)는 올빼미로, 탐욕스럽고 간악한 사람을 비유한다. 이런 점을 고려하면 연비어약은 솔개처럼 나쁜 사람들을 멀리 쫓아 버리니 물고기가 연못에서 뛰는 것처럼 백성이 마음 편하게 생활하는 세상을 나타내는 말이라고 풀이할 수도 있다.

"만물에는 각각의 법칙이 있다"(有物有則)는 《시경》〈대아〉편 "국민"[증민(烝民)]의 "하늘이 국민을 낳고 사물에 법칙이 있도록 했네"(天生烝民 有物有則)라는 구절에 나온다. 능력 있는 사람을 등용해 주나라를 중흥시키는 내용이다. 서애는 《시경》을 통해 인간관계와 효제충신, 예의염치 같은 인륜은 하늘의 뜻이고 명령이라고 인식한다. 그래서 "사람은 한결같이 조심하고 두려워하며 혼자 있을 때도 신중하여 날마다 전념하는 일이 있으니 그것을 잊지 말아야 할 따름이다. 어찌 아주 작은 사사로움이라도 가져 일을 억지로 만들고 그 사이에 거짓으로 꾸며 놓는 것을 용납하겠는가. 이는 맹자가 말한 '반드시 전념하는 일이 있다'고 한 뜻이다"[33]라고 했다.

일상에서 사려 깊고 신중한 태도를 지키려는 서애의 절실함이 잘 드러난다. "반드시 전념하는 일이 있다"(必有事焉) 는 《맹자》〈공손추〉상편에서 맹자가 호연지기(浩然之氣, 하늘과 땅에 가득 찬 넓고 큰 기운으로 공명정대하여 부끄러울 것이 없는 당당한 용기) 를 키우기 위한 태도로 강조한 말이다. 여기서 '일'[사(事)]은 일상생활에서 의로움을 쌓는 노력[집의(集義)]이다. 구체적으로는 노력의 결과를 예상하지 않음[물정(勿正)], 의로움을 쌓는다는 목적을 잊지 않음[물망(勿忘)], 효과를 위해 억지로 하지 않음[물조장(勿助長)]을 지켜서 실천해야 한다고 맹자는 강조한다. 여기서 정(正)은 닥칠 일을 미리 기대하거나 예상한다는 뜻이다.

신하 쓴소리 들어야 성군(聖君)

서애는 임금에게 필요한 수신에 깊은 관심을 보인다. 임금의 역량이 뛰어나야 나라가 안정되고 발전한다는 정성일 것이다. 임금이 수신으로 사람됨이 넓고 깊어져야 신하의 간언이나 충고도 포용하고 소인의 언행도 분별할 수 있다.

서애는 사간원처럼 임금에게 간언이나 충고를 하는 관청이 생긴 것은 세상이 퇴보했다는 증거라고 말한다. 임금과 소통하는 통로가

---

33 人但戒懼謹獨 日有所事 而無忘其所爲事而已. 夫豈容一毫私意 有所作爲 假設於其間哉. 此卽孟子·必有事焉之意.

그만큼 좁아졌다고 보기 때문이다.

"옛날에는 임금이 바르게 되도록 충고하는 일에 정해진 관직이 없었다. 모든 직책에 있는 사람은 누구나 간언할 수 있었다. (옛날에는) 충고를 통하여 임금과 다투는 길이 이처럼 넓었으며 임금의 주위에는 올바른 사람들이 있었음을 볼 수 있다. 이후 세상의 변화가 점점 저급해지면서 임금과 신하의 의리가 나날이 가볍고 엷어지니 사람들은 자신의 몸만 아끼면서 불행과 행복, 이익과 손해에 대한 생각만 중요하게 여겼다. 이에 따라 임금의 실수나 잘못을 보고서도 서로 바라만 보면서 팔짱을 끼고 가만히 있으면서 아무런 말도 하지 않게 되니 그제야 형벌을 시행하여 임금에게 간언하는 일을 권장하게 된 것이다. 《서경》〈상서〉에 '신하가 임금의 잘못을 바로잡지 않으면 묵형을 받는다'라고 한 것이 이를 가리킨다."[34]

서애가 말한 '간언을 전담하는 관직이 없던 옛날'은 상(은)나라 이전을 가리킨다. 형벌로 간언을 강제하는 현실이 등장한 것은 그만큼 정상적이지 않다는 것이 서애의 생각이다. 인용한 《서경》 구절은 상나라 기록(〈상서〉) 가운데 〈이훈〉(伊訓)편에 나온다. 상나라를 세운 탕 임금의 손자 태갑이 임금이 된 후 탕 임금 때 유명한 재상이던 이윤이 태갑에게 탕 임금의 말을 대신 들려준 내용이다. 묵형(墨

---

34 古者諫無官. 凡在位者 皆可諫. 其諫諍路廣如此 而亦可見左右前後 皆正人也. 其後世變漸下 而君臣之義 日趨於薄 人愛其身 而禍福利害之念重. 乃有見其君之過擧 互相顧望 拱默而不言者 於是有刑而督之. 商書曰 臣下不匡 其刑墨 是也. 《잡저》, 의변논설 - 간관(諫官).

刑)은 얼굴에 먹칠을 새기는 무거운 형벌이다.

서애는 "이와 같이 했는데도 임금의 잘못에 대해 여전히 말을 하지 않은 까닭에 별도로 관직을 설치하고 그 임무를 전담하도록 하면서 명칭을 간관이라고 했다. 이는 세상이 쇠퇴하였음을 뜻한다"[35]라고 했다.

서애가 걱정한 점은 이런 관직을 통해 임금에게 간언하는 과정에서 부작용이 적지 않았다는 것이다. 간언하는 직책에 있는 사람들이 주위에 휩쓸려 임금에게 정확한 보고를 하기 어렵게 된다는 의미이다. 서애는 "우리나라 대간(사헌부와 사간원의 관직)은 확고한 자기주장이 없이 다른 사람의 의견에 뒤섞이고 의논이 통일된 후에야 임금에게 아뢰고 단독으로 아뢰는 경우가 없으니 이런 까닭에 그 폐단이 더욱 심하다. 평소 임금은 이미 신하들의 충성과 아첨을 분별할 수 없게 되었다"[36]라고 했다.

서애는 41세 때 사간원 대사간에 임명됐다. 그때 서애는 대간이 단독으로 임금에게 보고하는 길을 열어 여러 사람이 부화뇌동하는 폐단을 없애야 한다고 건의했다. 건의가 시행되지는 않았지만 그 필요성에 대한 공감은 있었다고 서애는 회상했다.

---

35 如是而猶不言 故別立一官 使專其任 而名之曰諫官. 其衰世之意耶.
36 我國之臺諫 必雷同合議 然後啓事 而無獨啓之例 故其弊尤甚. 平時人主 旣不得分辨其忠佞.

요순시대, 사람들 상호존중

임금은 신하의 충고를 받아들이거나 참고하면서 정치를 하는 것이 필요하지만 임금이 스스로 중심을 잡는 수신의 노력도 중요하다. 서애는 "임금은 천하의 표준이 되는 위치에 있으니 총명과 지혜로 두루 살피고 세상일의 올바름과 그릇됨, 사악함과 정직함이 모두 임금을 통해 바로잡히도록 한다. 이를 가리켜 대들보를 세운다고 한다"[37]라고 했다. 임금은 국가공동체를 위해 가장 중요한 위치이므로 대들보〔극(極)〕를 확고하게 세워서 세상의 옳고 그름을 잘 판단해야 한다는 것이다.

이는 결국 임금이 태평성대의 상징인 요순(堯舜) 임금처럼 될 수 있기를 강력하게 바라는 신하의 절실한 마음을 보여 준다. 그래서 서애는 "옛사람은 요순 임금의 정치가 아니면 임금 앞에서 감히 아뢰지 않았다. 요순 임금의 훌륭한 정치를 그 임금에게도 기대했기 때문이다"[38]라고 했다. 임금의 실수나 잘못, 부족한 면을 간언할 때 요순 임금을 연결하는 방식은 효과적인 소통을 위해 중요하다. 아무리 유익하고 필요한 충고라 해도 듣는 임금의 기분을 상하게 하면 공감이

---

37 人君居天下標準之地 聰明睿智 足以有臨 使天下之曲直邪正 皆得以取正於斯. 夫是之謂建極. 《잡저》, 독사여측 – "왕백언과 황잠선이 좌상과 우상이 되어 궁궐에 들어가 인사를 드리니 고종 황제는 '어찌 나라의 일이 잘되지 않을 것을 걱정하겠는가' 하였다".

38 古人非堯舜之道 不敢陳於王前. 是亦以堯舜 望其君也. 《잡저》, 의변논설 – 존요집에 관하여.

어렵기 때문이다.

서애가 20대 시절부터 공부한 《근사록》의 〈정사류〉(政事類)에서는 "옛날부터 임금에게 간언을 잘하는 신하는 임금의 밝은 곳에 들어가 말하지 않은 경우가 없었다. 직접적으로 임금의 잘못을 드러내고 강하게 충고하면 대부분 임금의 마음에 거슬려 미움을 받았다. 온화한 태도로 정성스럽게 잘 분별하면 대부분 충고에 따르게 되었다"39 라고 했다.

알(訐)은 '들추어내다', '폭로하다', '비방하다', '남의 단점을 지적하다', '기탄없이 말하다', '직언하다'는 뜻이다. 이 같은 말투나 분위기로 간언하면 임금의 기분을 상하게 할 가능성이 높다. 서애가 임금에게 올린 보고서는 거의 모두 완곡한 표현과 분위기로 임금의 판단을 구하는 방식이다. 《근사록》의 이 같은 내용도 서애의 간언 태도에 영향을 미쳤을 것이다.

서애는 요순 임금이 세상을 잘 다스린 바탕에는 사람들이 서로 존중하도록 만든 것이 있다고 본다. 서애는 "사람들을 가르치는 뜻은 서로 친밀하게 지내며 도리를 따르도록 하려는 것일 뿐이다. 사람의 도리라는 것은 다만 이런 일이 중요한 것이니 참으로 사람들이 모두 즐거워하면서 서로 아끼도록 하고 가지런히 서로 공경하도록 한다면 노인을 높이고 아이를 사랑하는 도리가 세상에 널리 퍼질 것이다. 요순 임금이 천하를 다스린 바탕도 이 같은 일에 지나지 않는다"40라고

---

39 自古能諫其君者 未有不因 其所明者也. 故訐直强勁者 率多取忤. 而溫厚明辨者 其說多行.

했다.

서애는 39세 때 1년가량 경북 상주목사를 지냈다. 이때 향교에서 틈틈이 글을 가르치면서 교육 책임자〔동몽사장(童蒙師長)〕에게 한 말이다. 사람에게 가장 중요한 도리는 서로 아끼며 공경하는 자세이며, 이는 곧 요순 임금이 세상을 잘 다스린 바탕이라는 것이다. 사람에 대한 서애의 보편적 관점이 명확하게 보인다. 서애는 어떤 사안을 평가할 때 "사람이라면 누구에게나 있는 보통의 인정으로 말한다면"〔以常情言之〕 같은 표현을 쓰는데, 이는 신분제도를 넘는 보편적 인간관에서 가능하다.

임금, 저울 중심 잡아야

임금의 수신은 전쟁 같은 국가의 위기 상황에서 더욱 중요하다. 서애가 전쟁 중에도 임금에게 차분하게 수신의 간언을 올린 것은 쉬운 일이 아니다. 서애는 "《서경》에 '생각하지 않으면 어떻게 얻을 수 있으며 시도하지 않으면 어떻게 성공할 수 있겠는가'라고 했습니다. 모든 일은 반드시 경영하고 노력한 뒤에야 효과를 볼 수 있으며 처음에는 어긋나더라도 결국 반드시 성공하게 됩니다. 이는 신이 이전부터 생

---

40 所以爲敎之意. 則不過欲使民相親相順而已也. 蓋人之爲道 惟此爲大 苟使人人 皆懂然而相愛 秩然而相敬 則老老幼幼之道 達之天下. 而堯舜之道 不過如此也. 《잡저》, 의변논설 - 상주 동몽사장에게 주는 글.

각하고 있던 것이기 때문에 지금 임금님의 뜻에 따라 아울러 아룁니다"[41]라고 했다.

위급한 상황이지만 현실을 냉정하게 판단하면서 하나씩 대처해야 성취할 수 있다는 자신감을 임금에게 말한 것이다. 《서경》의 인용문은 〈상서〉〈태갑〉하편에 있다.

전쟁 중에는 말이 매우 혼란스럽게 되기 쉽다. 현실이 워낙 복잡해 판단이 쉽지 않기 때문이다. 임금의 분별력은 더욱 중요하다. 서애는 "《서경》에서는 순 임금의 인품을 칭송하면서, 여러 사람과 의논하면서 자신을 내세우지 않고 사람들의 의견을 따른다고 하였습니다. 근거가 없는 말은 듣지 말고 의논하지 않은 정책은 쓰지 말라고 하였습니다. 이 두 가지 말은 서로 반대되는 것 같지만 실제로는 두 가지를 같이 실천해도 서로 어긋나지 않습니다"[42]라고 했다.

신하들의 말을 듣고 판단하는 일은 신중히 해야 한다는 뜻이다. 독단적인 판단을 하면 상황을 정확하게 파악하지 못할 수 있으며 정책은 의견을 충분히 모아서 추진해야 한다는 것이다. 《서경》의 인용문은 우서(虞書)〈대우모〉(大禹謨)편에 나온다. 순 임금이 자신을 계승할 우(禹)에게 한 말이다. 사기종인(舍己從人)은 순 임금이 아

---

41 書云 不慮胡獲 不爲胡成. 凡事必須經營費力而後 可以見效 始雖齟齬 而 終必有成. 此臣之夙昔 區區所念 故今因聖旨之及 而又並陳之耳. 《근폭집》, 강변 일대에 보루를 설치할 것을 청하는 보고, 1595년.

42 書稱舜之德曰 稽于衆 舍己從人. 又曰 無稽之言 勿聽 不詢之謀 勿用. 斯 二者 似相反 而實則並行而不相悖. 《근폭집》, 왜적을 막고 국토를 지키기 위해 조치해야 할 일을 청하는 보고, 1595년.

니라 우에게 요 임금의 인품을 말한 내용이다.

《서경》의 기록을 통해 서애가 임금에게 조언하고 싶은 내용은 말〔언(言)〕에 대한 분별력을 높이는 것이다. 그래서 "처음에는 사람들의 말을 널리 받아들인 뒤 정밀하게 살피는 것이 다른 사람의 말을 듣고 쓰는 데 중요합니다. 말을 받아들이는 것이 넓지 못하면 신분이 낮은 평범한 사람들은 자기가 하고 싶은 말을 다 할 수 없으니 국민의 실상이 위로 전달될 수 없을 것입니다. 말을 살피기를 정밀하게 하지 못하면 비뚤어진 말, 핑계 대는 말, 허풍 치는 말, 도리에 어긋난 말이 뒤섞이지 않을 수 없어 마음에 품은 의지도 이 때문에 흔들려 없어질 것입니다"[43]라고 했다.

바르지 못한 말인 피둔탄망(詖遁誕妄)을 분별할 수 있어야 한다는 뜻이다. 이런 분별력이 없으면 말을 널리 받아들이고 자세히 살피겠다는 의지가 있더라도 소용이 없다. 청언(聽言)은 그냥 말을 듣는 게 아니라 '말을 자세히 듣고 판단한다'는 뜻이다. 청(聽)은 '자세히 듣다', '살피다', '결정하다', '재판하다', '판정하다'는 의미다.

임금과 말을 자주 많이 주고받는 사람은 신하이다. 신하의 말에 대해서도 임금은 분별력을 가져야 한다. 서애는 "신하들이 아뢰는 말도 이익과 손해, 장점과 단점이 반반씩이므로 마땅히 단점을 버리고 장점을 받아들여야 할 것입니다. 이는 오직 임금께서 뛰어난 식견과 넓은 마음으로 먼저 저울과 같은 중심을 잡아서 잘못 판단하지 않

---

43 蓋博取於前 而精察於後 聽言之要也. 取之不博 則匹夫匹婦 不獲自盡 而下情有所不通. 察之不精 則詖遁誕妄 未免雜糅 而心志爲之搖奪.

도록 하는 데 달려 있습니다"**44**라고 했다. 임금은 식견이 뛰어난 명감대도(明鑑大度)의 저울〔권형(權衡)〕을 가져야 말의 혼란을 막을 수 있다.

---

44 至於羣下所陳 利害得失相半 亦當棄其所短 而取其所長. 惟在於明鑑大度 權衡先立 不至眩亂而已.

초 연
超然

불완전한 현실에 유연하게 맞서고 넘어서는 정서

하늘이 낳은 사람

징비력은 불완전한 현실을 유연하게 마주하고 넘어설 수 있는 정서적 힘이다. 현실은 마음먹은 대로 대처하기가 쉽지 않다. 평소에도 그렇지만 전쟁 상황, 그것도 준비 안 된 상태에서 일방적으로 강력한 침략을 받아 공동체가 비참하게 파괴되는 절박한 현실이라면 더욱 그렇다. 부산을 침략한 왜적이 파죽지세로 북쪽으로 진격하면서 임금이 압록강 국경지역에서 겨우 버티는 위태로운 상황에서는 좌절에 빠지기 쉽다. 곳곳에서 우리 군대가 왜적에게 무너지는 소식이 들려오면 무엇을 어떻게 해야 할지 우왕좌왕하게 마련이다. 두려운 현실과 마주하는 것 자체가 힘겹다. 이런 위기에 국가 공동체의 미래를 생각하면서 한 가닥 희망을 가지고 어려움을 이겨 내지 못하면 절망이 있을 뿐이다.

서애에게는 사물을 고요하게 바라보는 관조적(觀照的) 성품이 짙게 묻어난다. 현실에 얽매이지 않고 넘어서려는 초연(超然)의 정서가 깊이 흐른다. 이 같은 정서의 실체를 살펴보는 것은 서애가 임진왜란 7년 동안 흐트러지지 않고 한결같은 자세로 전쟁을 지휘할 수 있도록 한 숨겨진 힘의 진면목이 무엇인지 파악하는 근본적인 단서가 된다.

　정서적 완충지대 같은 이런 특별한 태도가 없었다면 서애는 위태롭고 두렵고 뜻대로 되지 않는 전쟁의 현실에 무력해지면서 좌절했을 것이다. 이를 이겨 낸 실체는 초연의 정서라고 할 수 있다. 초연은 허무(虛無)의 정서와는 다르다. 초연은 현실에 눈감고 도피하는 자세가 아니다. 대결하고 예측하기 어려운 현실을 마주하면서도 일관된 자세로 차분하게 사태를 살피면서 대책을 마련하고 전체적 상황을 파악하는 전관력(全觀力)을 발휘하는 정서적 에너지다. 자신을 비움으로써 오히려 현실을 사사롭지 않게 받아들이는 태도가 나올 수 있다.

　퇴계 이황이 20대의 서애를 겪어 본 후 언급한 말에서 서애의 독특한 인격을 엿볼 수 있다. 《서애연보》에 따르면 서애는 21세 때(1562년 명종 17년) 안동에 도산서당이 생겨 퇴계가 후학을 교육한다는 소식을 듣고 형 겸암 류운룡과 함께 그를 찾았다. 퇴계는 62세였으며 도산서당이 준공됐을 무렵이었다. 서애는 도산서당에 몇 개월 머물며 퇴계에게서 《근사록》 등을 배웠다. 서애를 겪어 본 퇴계는 그를 가리켜 "하늘이 낳은 사람이다"(此人天所生也)라고 했다.

　또한 서애가 23세 때 생원 회시와 진사에 합격하자 퇴계는 다른 사람에게 보낸 편지에 "이현(서애의 자)은 나서지 않는 자세로 수레를 끌어 길을 연다. 두 형제가 나아가려는 마음가짐이 매우 아름답다"[1] 라고 했다.

퇴계가 어떤 뜻으로 '일'(逸)이라고 했는지 정확하게 파악하기는 어렵다. 일(逸)에는 '달리다', '빠르다', '없어지다', '숨다', '뛰어나다'는 뜻이 있다. 일가(逸駕)를 빨리 달리는 수레라고 하면 직설적이어서 뜻이 단순해진다. 일민(逸民, 재능이 있는데도 숨어 사는 사람), 일은(逸隱, 세속을 피하여 은거함), 일정(逸情, 세속을 벗어난 심정) 같은 용례에서 보듯 일(逸)에는 '그윽함'을 나타내는 의미가 있다. 퇴계는 서애 형제가 그윽한 자세로 세상의 쓰임을 열어 가는 분위기를 말하려고 했을 것이다. 그렇지 않고 생원과 진사가 된 후 성균관에 들어가 과거시험을 준비하는 통상적 과정이었다면 "형제가 나아가려는 마음가짐이 매우 아름답다"고 하지는 않았을 것이다.

서애는 25세 때 과거시험 문과에 합격했다. 《서애연보》에 따르면 서애는 관직에 뜻이 없었지만 아버지(입암 류중영)와 형의 권유로 과거를 준비했다. 합격 후에도 관직을 맡을 때까지는 수신을 위한 공부를 하고자 했다. 퇴계는 이런 서애의 자세를 듣고 겸암에게 보낸 글에서 "자네 아우가 비로소 과거에 급제를 하기는 했지만 얽매이게 될 세상일에서 벗어나려고 할 것 같다"[2]라고 했다. 전(纏)은 '묶여 얽히다'는 뜻이다.

---

1 而見逸駕啓途. 其人兄弟趣向甚嘉.
2 更憐賢季初攀桂 萬事將纏欲脫纏.

서애가 이해(병인년) 쓴 〈옛사람에 관한 정취〉[고의(古意)]라는 시에는 그의 정서를 느낄 수 있는 단서가 잘 나타난다. 전국시대 초(楚)나라의 정치가 굴원(屈原)에 관한 시에서 서애는 "왕손은 떠난 뒤 돌아오지 않고 초객이 되어 소식이 없네. 평생을 사람들이 알아주지 않아도 맑은 향기만 그윽하게 풍기네"3라고 했다. 굴원의 삶을 긍정하고 공감하는 뜻이 들어 있다. 유학(儒學) 경전을 중심으로 과거 공부에 집중해야 할 시기에 도가적(道家的) 분위기가 물씬 풍기는 굴원의 삶을 그리워하는 심정을 담은 시를 쓴 데서 서애의 정서가 유가적(儒家的) 한계에 머물지 않고 더 깊고 넓고 높은 차원에 있었음을 알 수 있다.

서애는 굴원의 대표작인 〈이소〉(離騷, 근심에 얽매임)를 잘 알았을 것이다. 〈이소〉 중에 "사람들이 나를 알아주지 않아도 그만일 뿐, 내 마음 진실로 향기롭다면 내 갓을 우뚝 높이고, 내 허리띠 장식물은 아름답게 늘여, 향기와 악취 섞여 얽혀도, 오직 밝고 깨끗한 바탕은 흐트러지지 않을 것이네"4라고 했다.

퇴계가 40년 후배인 서애를 겪어 본 후 "하늘이 낳은 사람"이라고 한 말에는 복잡한 심정이 섞여 있었을 것이다. 매우 총명하니 과거시험에 합격하여 높은 관직에 오를 것이라는 그런 차원이 아니다. 나라를 위해 큰일을 할 수 있는 능력이 있지만 자신의 인격적 완성을 삶

---

3 王孫去不返 楚客無消息. 竟歲人不識 淸香徒馥郁.
4 不吾知其亦已兮 苟余情其信芳 高余冠之岌岌兮 長余佩之陸離 芳與澤其雜糅兮 唯昭質其猶未虧.

의 가치로 여겨 정진하는 인물로 판단했을 것이다.

임진왜란 중에 서애는 자식들에게 보낸 편지에서 "나는 너희들이 과거에 합격하는 것을 기뻐하지 않는다. 오직 너희들이 병에 걸려 나에게 걱정을 끼치는 일이 없도록 하기 바란다"[5]라고 했다.

자식들이 병에 걸려 아버지(부모)를 걱정하게 하는 일만 없도록 하라는 당부는 《논어》 〈위정〉편에 관련 내용이 있다. 어떤 사람이 공자에게 효도를 묻자 공자는 "부모는 오직 자식이 아플까 걱정한다"(父母 唯其疾之憂)고 했다. 자식이 병에 걸리지 않았으면 하는 부모의 마음을 아는 것이 효도라는 뜻이다. 자식에게 한 이 말에서도 서애의 가치관을 엿볼 수 있다.

서애, 꿈에서 스승 퇴계를 만나다

서애는 퇴계를 매우 존경했다. 퇴계의 삶을 공식적으로 기록하는 연보(年譜)를 편찬했으며, 퇴계가 별세한 후 〈도산〉(陶山), 〈옥연서당에서 퇴계선생의 시에서 차운하여 벽에 쓰다〉(玉淵書堂 次退溪先生韻 書壁上), 〈퇴도(퇴계) 선생 문집에 이태백의 자극궁 시를 차운한 것이 있어 삼가 그 시의 운자에 맞추어 그리움을 보냈는데 이날 밤 꿈에 선생을 뵙다〉(退陶先生集中 有次李白紫極宮詩 謹步韻寄懷 是夜夢見先生) 같은 시를 통해 퇴계에 대한 깊은 그리움을 보였다. 꿈

---

5 吾不以得科爲喜. 惟願汝輩 無以病貽我憂也. 《서》, 편지.

에서 만날 정도로 퇴계와 서애의 인간적 교감이 매우 깊었음을 느낄 수 있다.

서애의 관직생활에서 41세 때(1582년)는 중요한 시기였다. 봄에 사간원 대사간에 임명됐고, 겨울에는 도승지로 특별 승진했으며 사헌부 대사헌으로도 승진했다. 도승지는 임금에 대한 충고와 조언, 임금의 명령 처리, 공직 감찰 등 핵심 역할을 하는 직책이다. 대사간에 임명됐을 때 서애는 휴가를 얻어 고향 안동에 내려와 어머니를 모시고 있었다. 서애는 서울에서 관직에 있는 동안 틈만 생기면 어머니를 뵈러 고향을 찾았다. 어머니 봉양을 이유로 퇴직을 조정에 자주 요청했지만 허락을 받지 못했다. 어머니를 모시기 위해 해마다 관직 사퇴를 요청하자 선조 임금은 서애(당시 39세)를 공석이던 상주목사에 특별히 임명하기도 했다. 안동과 가까운 상주에 있으며 자주 어머니를 만나도록 하는 임금의 배려였다.

대사간에 임명돼 서울로 가는 길에 쓴 시를 통해 서애는 초연한 심정을 드러낸다.

산중 역관에 말 세워 놓고 쓸쓸한 마음 달래고자,
수레에 기대어 마음 내키는 대로 잠시 머무네.
먼 곳에서 은혜롭게도 임금에게 간언하는 관직 주시니 부끄럽네.
오랫동안 마음에 둔 계획이 다만 고향으로 돌아오는 것인데,
맑은 물 곳곳에 흘러 갓끈 씻기에 충분하네.
조령(문경새재) 넘어가기 험하지만 다시 생각을 바꿔야지. **6**

여기서 서애의 마음은 '얽매이지 않고 넘어섬', 즉 초연(超然)이다. 중요한 관직을 맡아 최선을 다하겠다고 다짐하는 심정이 아니다. 그렇다고 원하지 않은 관직이라면서 거부하는 심정도 아니다. 우물쭈물 망설이는 태도가 아니다. 고향에서 수신을 위한 공부를 하고 싶은 오래된 뜻이 있지만 지금의 관직을 잘 수행해야 한다는 의지가 녹아 있다.

"맑은 물 곳곳에 흘러 갓끈 씻기에 충분하다"는 말은 임금이 내린 관직을 받는 긍정적 자세이다. 이 구절은 굴원의 〈어부〉 등에 나온 후 관용구처럼 널리 쓰인다. 〈어부〉에서는 굴원이 아닌 어부의 노래로 "창랑강의 물이 맑으면 나의 갓끈을 씻으면 되고 흐리면 나의 발을 씻으면 된다"7고 했다. 초나라의 민간에서 불리는 노래였을 것이다. 물이 맑으면, 즉 세상이 깨끗하면 벼슬을 하고, 물이 흐리면, 즉 세상이 혼란스러우면 물러나 숨는다는 뜻이다.

《맹자》〈이루〉상편에는 "어떤 아이가 노래하기를"(有孺子歌曰)이라고 하면서 이 구절이 실려 있다. 맹자는 이 구절에 대해 공자의 평가라면서 "공자께서 말씀하시기를, '제자들아! 이 노래를 들어 봐라. 물이 맑으면 갓끈을 씻고, 흐리면 발을 씻는다. 이는 스스로 그런 상태를 얻는 것이다'"8라고 했다.

6 　山館停驂慰客愁 華軒隨意暫淹留 千里恩除慙諫議 百年心計只歸休 淸流
到處纓堪濯 嶺路艱危更轉頭. 《시》, 〈대사간으로 임명되어 올라가는 길에 문경에 머물며〉.
7 　滄浪之水淸兮 可以濯吾纓 滄浪之水濁兮 可以濯吾足.
8 　孔子曰, 小子聽之. 淸斯濯纓 濁斯濯足矣. 自取之也.

여기서 중요한 것은 '자취'(自取)라는 말이다. 물의 맑고 흐림, 갓끈과 발을 씻는 행위는 자기 스스로 그렇게 만든다는 의미다. 이는 상황의 좋고 나쁨에 따라 자신의 처신을 선택하는 것이 아니라 상황을 주체적으로, 적극적으로 만들어 나가야 한다는 뜻이다. 굴원의 〈어부〉에 실린 내용만 보면, 강물이 맑은 경우에는 나라를 위한 관직에 진출하고 흐리면 은둔하는 생활을 한다는 뜻이 된다. 이는 기존의 상황에 맞춰 처신하는 소극적 태도이다.

서애는《맹자》의 영향을 많이 받았다. 서애는 자식들에게 보낸 편지에서 자신이 19세 때《맹자》를 들고 관악산에 들어가 20번 읽고 내용 전체를 암기했다는 일화를 들려준 적이 있다. 서애는《맹자》에 있는 공자의 말을 통해 자취(自取)의 뜻을 깊이 음미했을 것이다.

이 같은 초연한 태도는 맡은 일을 사사로움을 넘어 공평하고 바르게 처리하는 바탕이 될 수 있다. 《서애연보》에 따르면, 서애는 이해 겨울 도승지로 특별 승진한 후 조선에 온 명나라 사신을 예의에 따라 잘 맞이해 선조 임금과 사신에게 높은 평가를 받았으며, 사신이 돌아간 후 사헌부 대사헌으로 승진했다. 서애가 자신의 직책에 따른 임무에 얼마나 충실했는지 알 수 있는 대목이다.

《징비록》의 산실 옥연서당

45세 때 《징비록》의 산실인 옥연서당이 하회마을 건너편 부용대 쪽에 완성됐다. 서애가 35세 때 마음에 둔 곳으로, 마을에서 강을 건너야 갈 수 있다. 서애가 가난하여 서당을 지을 수 없자 승려 탄홍이 나서서 10년에 걸쳐 지었다.

조정에서 역량을 인정받아 한창 일하던 서애는 옥연서당이 완성되자 휴가를 얻어 하회로 와서 "옥연서당기"(玉淵書堂記)를 남겼다. 서애의 초연한 정서를 잘 보여 주는 글이다.

삶은 자신의 뜻에 맞는 것이 귀중할 뿐, 부귀영화가 어찌 귀중하겠는가. 나는 어리석고 서툴러 처음부터 세상에 나아가기를 원하지 않았는데, 이를 비유하면 사슴은 산속에 사는 것이 성품에 어울리고 사람들이 많은 성안에 사는 것은 맞지 않은 것과 같다. 그런데도 중년(25세 과거 합격 이후)에 헛되이 벼슬길에 나가 이익을 둘러싸고 다투는 곳에서 20여 년을 보냈다. 손발을 움직이며 일을 할 때마다 어지럽게 부딪힐 뿐이었다. 무척 근심이 많았고 의지할 곳이 없던 시절이어서 이곳의 무성한 수풀의 즐거움을 아쉬워하지 않은 때가 없었다. 지금 다행히 나라의 은혜를 입어 관직에서 물러나 남쪽 고향에 돌아오니 화려한 관직생활은 귓가에 지나는 새소리가 되었고 언덕과 골짜기에서 느끼는 즐거움은 깊어진다. 마침 옥연서당이 완성되어 문을 걸어 닫아 아무도 오지 못하도록 하고 방 안에서 지내면서 계곡을 이리저리 거닐고, 책은 뜻을 생각하는 즐거움을 가질 정도로 만족하고, 소박한 밥이지만 고기 음식을 잊을 만하다. 좋은 때 아름다운 경치에 정겨운 벗들이 뜻하지 않게 모이면 함께 굽이진 계곡을 찾기도 하고, 바위에 앉아 푸른 하늘을 바라보며 흰 구름을 읊으면서 놀고, 물고기와 새도 즐겁게 하리라. 이 모두 스스로의 즐거움이고 근심을 잊기에 충분하다. 아, 이런 일도 자신의 뜻에 맞는 삶의 큰 소중함이니 그 밖에 무엇을 그리워하겠는가. **9**

글에서 세상에서 물러나 숨어 사는 '둔세유서'(遁世幽棲)의 정서가 짙게 흐른다.

명나라 학자 오중주와의 인연

서애는 명나라에 대해서는 정서적으로 친밀한 관계를 스스로 설정한 것으로 보인다. 이는 명나라를 맹목적으로 상하관계처럼 섬기는 사대주의적 발상과는 다르다. 주체적인 태도로 두 나라가 서로 대등하게 존중하는 차원이다.

---

9 人生貴適意 富貴何爲. 余以鄙拙 素無行世之願 譬如麇鹿之性 山野其適 非城市間物. 而中年妄出宦途 汨沒聲利之場 二十餘年矣. 擧足搖手 動成駭觸. 當其時 大惘無聊 未嘗不悵思茂林豊草之爲樂也. 今幸蒙恩 解綬南歸 軒冕之榮 過耳鳥音 而一丘一壑 樂意方深. 是時而吾堂適成 將杜門却掃 潛深伏奧 俛仰乎一室之內 放浪乎山谿之間 圖書足以供玩索之樂 疏糲足以忘芻豢之美. 佳辰美景 情朋偶集 則與之窮回溪坐巖石 望靑天 歌白雲 蕩狎魚鳥. 皆足以自樂而忘憂. 嗚呼 斯亦人生適意之大者 外慕何爲.

이런 자세도 명나라를 마주하는 초연한 태도에서 가능하다. 51세 때 일어난 임진왜란으로 나라가 순식간에 무너질 형편이 되자 조선 8도가 함락되면 명나라에 들어가 하소연해야 한다〔부소(赴愬)〕는 공론에 대해 서애는 "임금의 수레가 이 땅을 한 걸음이라도 벗어나면 조선은 우리 땅이 아니다"[10]라며 적극 반대하고 국내 항전 태세를 굳혔다.

위태롭고 두려운 상황에서도 서애가 이 같은 주체적 태도로 결사 항전의 의지를 보여 준 바탕에는 명나라에 대한 의존이 아니라 대등한 관계 속에서 협력하며 전쟁을 이겨 내야 한다는 뜻이 놓여 있다. 초연의 자세는 현실에서 도피하거나 어정쩡하게 타협하지 않고 현실과 주체적으로 대결하기 위한 유연한 태도라고 할 수 있다.

명나라의 학자 관료인 오중주(吳仲周)와의 깊은 우정을 통하여 이러한 서애의 정서와 성품을 느낄 수 있다. 서애는 28세 때 사헌부 감찰이 되어 성절사(명나라 황제의 생일을 축하하는 사절단)의 서장관(외교문서 담당) 자격으로 명나라 수도 연경(지금의 북경)에 갔다. 그곳에서 서애는 명나라 태학(太學) 학생들과 학문을 논하고 유생(儒生)의 위상을 높였다. 오중주가 서애의 숙소로 찾아와 호의를 보였고 서애는 퇴계의 《성학십도》(聖學十圖)를 보여 주며 조선의 학문을 소개했다. 이런 일을 계기로 서애와 오중주는 몇 달 동안 친밀한 관계를 맺었다.

오중주는 서애와 헤어지면서 아쉬운 마음을 다음의 시에 담았다.

---

10 大駕離東土一步地 朝鮮非我有也. 《서애연보》.

먼 곳에서 성절사 임무로 명나라 궁궐을 찾았는데,

봄기운 같은 그대 모습은 보기에 좋았습니다.

고개 들어 봄 하늘의 구름 속에 조선 쪽 바라보며,

조정에서 우연히 만난 그대의 인격에 끌렸습니다.

그리움에 의지하여 시를 써 보낼 수 있다면,

언젠가 멋진 시 지어 기러기 편에 부치겠습니다. 11

《서애연보》에 따르면, 오중주는 서애와 헤어지며 서운한 마음에 부채에 '국경의 성문이 있는 산에서 석별의 정을 표한다'는 의미의 '관산별의'(關山別意) 네 글자와 함께 그림을 그려 주었다.

이에 서애는 다음의 시로 답했다. 두 사람의 애틋한 그리움이 묻어나는 시다.

허리에 옥패 찬 그대 우연히 만나 정겨운 사이 되었네.

그대의 향기로운 언행은 여러 사람들에게 봄기운 넘치도록 했네.

마음이 서로 통하니 산하로 막혀도 원망하지 않고,

너무 그리워 꿈에서 함께하도록 만드네. 12

이후 두 사람은 몇 차례 편지를 주고받은 후 소식이 끊어진 것 같

---

11 遙持使節謁楓宸 却憐丰度發陽春 翹首春雲望海東 朝端邂逅挹高風 相思
賴有詩堪贈 何日瑤篇寄便鴻.
12 偶逢衿佩屬情頻 馨德猶薰一座春 神交不恨關河隔 精想空敎夢寐同.

다. 서애는 48세 때 오중주와 20년 동안 소식이 끊어진 아쉬움을 담아 〈명나라에 사신으로 다녀온 뒤 읊은 노래〉〔조천행(朝天行)〕를 지었다.

정월 28일 황제의 생신날,
많은 사람들이 모여 황제를 뵈려고 하였네.
도포 차림 유학자도 수천 명 모였네.
신안 출신의 고결한 사람은 용모가 빼어났네.
이름은 오경이요 자는 중주이네.
나를 돌아보며 짓는 웃음이 너무나 정겨웠네.
서로 말을 주고받은 후 곧 마음이 통했네.
나를 공자의 칠십 제자처럼 여겨 주기도 했네.
시를 지어 나에게 주니 정겨움 넘쳤네.
관산별의 네 글자에 헤어지는 모습을 그려 넣은 부채에는,
옥빛 푸른 강가에 봄에 돋아나는 풀이 무성하네.
그리움을 자네가 사는 땅에 뜬 달에게 의지하는데,
멀리서 간절히 생각하는 이 마음을 그대는 아는가. **13**

---

13 王正念八是聖節 濫上勻天朝玉旈 亦有三千縫掖流 新安高士婉淸揚 姓名
吳京字仲周 顧余一笑何繾綣 問答未久心相投 居然許我七十子 作詩送我
情悠悠 關山別意入畫圖 春草萋萋玉河洲 相思賴有吳洲月 神交萬里君知
不.

20년이 지났지만 서애는 오중주와 만난 일을 생생하게 기억하며 그리워한다. 이해 여름에 서애의 부인 이 씨가 별세했다. 이 씨는 4남 2녀를 낳았다. 이런 슬픔을 겪은 서애는 오중주가 더 그리웠는지도 모른다.

임진왜란 총사령관, 사면초가의 상황

51세에 일어난 임진왜란에서 초연한 정서는 서애를 지탱하는 힘으로 작용했다. 두렵고 비참한 침략전쟁에 대처하는 총사령관 임무를 맡은 서애로서는 힘들고 괴로운 심정마저 밖으로 드러낼 수 없는 형편이었다. 조선 8도의 전쟁 상황을 파악하고 대처하느라 잠시도 쉴 수 없는 형편에서 사면초가와 다름없는 상황에 대처해야 하는 힘겨운 심정을 시를 통해 드러내곤 했다.

충북 제천 청풍 한벽루(淸風 寒碧樓)에 머물며 쓴 시(1593년)에는 전쟁 초기에 서애가 대결한 중요한 사안들과 함께 그의 심정이 잘 나타난다. 서문에서 서애는 전쟁으로 임금이 의주로 피신한 사정과 명나라 군대의 지원 등 긴박했던 전쟁 상황을 설명했다.

임진왜란 발발 이듬해인 1593년은 전쟁의 국면이 바뀌고 서애가 중요한 역할을 한 때였다. 《서애연보》에 따르면, 1월에는 명나라 군대와 함께 평양성을 탈환하고 4월에는 서울을 수복했다. 딱 1년만이다. 이후 왜적 공격에 소극적인 명나라 군대를 보면서 서애는 훈련도감을 설치해 군사력을 높여 나갔으며, 식량을 확보하려 압록강 연안에 중강 시장을 열었다. 10월에는 선조 임금을 모시고 서울로 돌아왔으며 영의정에 임명됐다. 명나라는 사신 사헌을 파견하여 선조 임금을 퇴위시키고 조선을 직접 통치하겠다는 국서를 보냈으나 서애가 적극적으로 반대하여 물리쳤다. 사헌은 임금에게 서애를 가리켜 나라를 다시 일으킨 공로(山河再造之功)가 있다고 칭송하면서 임금 퇴위 문제는 더 이상 거론하지 않았다.

이처럼 절박한 상황에서 서애는 시를 통해 심정을 표현했다.

> 누각에서 묵는 나그네 잠을 못 이루는데,
> 밤새 찬바람에 잎 떨어진 나무 흔들리는 소리 들리네.
> 두 해째 이곳저곳 다니면서 전쟁을 겪는 동안,
> 온갖 대책 걱정하느라 백발이 되었네.
> 기운 없는 얼굴에는 눈물만 까닭 없이 흘러내리네.
> 일어나서 난간으로 나가 북극성 바라보네. **14**

나라가 위태로운 상황에서 전쟁 책임을 맡은 위치에서 이 같은 마음은 단순한 감정 표현이 아니다. 2년째 접어든 전쟁에 대처하느라 머리가 백발이 됐다는 것은 온갖 어려움을 상징적으로 표현한다. 여기서 그쳤다면 전쟁으로 힘겨운 심정을 드러낸 데 불과하겠지만 서애는 더 나아간다. 누각의 높은 난간으로 나아가 북극성을 바라보는

---

14 樓中宿客不成眠 一夜霜風聞落木 二年飄泊干戈際 萬計悠悠頭雪白 衰淚
無端數行下 起向危欄瞻北極.《시》,〈청풍현 한벽루에 머물며〉.

심정이 그것이다. 막연하게 밤하늘을 바라본 것이 아니다. 북극성은 위치가 거의 변하지 않아 방위를 알려 주는 길잡이 역할을 한다. 서애는 이날 밤 쓸쓸하고 힘겨운 심정에 그치지 않고 북극성을 마주하며 다시 마음을 잡았을 것이다. 첨(瞻)은 대상을 관찰하듯 보는 게 아니라 따르고 의지하고 싶은 심정이 섞여 우러러보는 것이다. 서애는 북극성을 보면서 이 같은 감정을 느꼈을 것이다.

전쟁을 이겨야 하는 막중한 책임을 지닌 서애로서는 힘겨운 상황에서도 겉으로 감정을 드러내지 못하고 스스로 삼켜야 할 처지였다. 서애는 명나라 장수들과 함께 남쪽으로 이동하던 중 경기도 이천을 지나는 말 위에서 스친 감정을 이렇게 표현했다.

지금 곳곳에서 전쟁하는 군사들이 걱정되는데,
어디를 집처럼 여기며 지낼까.
온 세상이 어려움과 고통에 시달리니,
전쟁하는 시간이 점점 늘어나는구나.
높은 곳에 기대어 길게 외쳐 보고 싶네.
세상일을 어찌하면 좋은가. 15

서애는 전국 8도의 땅과 바다에서 벌어지는 모든 전쟁 상황을 걱정하며 대처해야 하는 지위에 있었다. 왜적이 밟지 않은 깨끗한 땅인

---

15 此時愁遠役 何處卽爲家 天地風霜苦 干戈歲月多 憑高一長嘯 世事問如何. 《시》, 〈이천을 경유하면서 떠오른 시를 종사관에게 보여줌〉.

건정지는 거의 없는 상태에서 서애의 근심걱정이 점점 늘어 가는 모습이 느껴진다. 그럼에도 조금도 흐트러지면 안 되는 자신의 감정을 절제 있게 드러낸다. "높은 곳에 기대어"라는 말은 서애만의 정서적 공간을 상징한다. 주변 사람들에게 괴로움을 직접적으로 호소하는 방식과는 다른 차원이다.

서애는 56세 때 경기도를 순찰하는 중 안산 지역을 지나면서 다음 글을 통해 자신의 심정을 보였다.

나라를 위하는 마음은 여전히 가득한데,

전쟁을 이겨 내 나라를 구제하는 힘은 뜻대로 되지 않네.

일 년 내내 남쪽과 북쪽을 오가지만,

온갖 일이 괴롭고 걱정이네.

향기로운 풀은 강기슭에 자라고,

저녁 무렵 햇빛은 오래된 역참 누각을 비추네. **16**

시처럼 짧은 표현에 자신의 감정을 드러내기 위해 사용하는 언어는 의미를 효과적으로 담아야 한다. '유재'(猶在)는 나라를 위하는 마음이 이전과 같이 있다는 감정을 넘어서는 느낌을 준다. 유(猶)는 '무엇을 더한다'는 의미가 있다. 임진왜란이 발생한 지 6년째로 서애 자신뿐 아니라 나라 전체가 지치고 힘든 상황이다. 나라를 위하는 마음도 시들어 간다고 하지 않고 오히려 더 많아진다는 의지를 보여 준

---

16 報國心猶在 匡時力不謀 一年南又北 萬事病兼憂 芳草長河岸 斜陽古驛樓.

것이다. 그렇지만 방방곡곡을 다니면서 전쟁에 대처하기 위해 발버
둥 쳐도 마음먹은 대로 되지 않은 현실에 대한 아쉽고 괴로운 심정을
드러낸다. 누구나 이 같은 상황에 놓이면 답답하고 고통스러운 심정
은 마찬가지일 것이다.

그러나 서애는 부정적 감정에 그치지 않고 향기로운 풀과 석양빛
을 언급한다. 매우 긍정적인 감정이다. 서애가 다른 차원의 두 가지
감정을 드러낸 것은 현실이 비록 감당하기 어렵지만 초연한 정서로
감정의 균형을 맞추려는 의도였을 것이다. 온갖 일이 괴로움과 걱정
〔병우(病憂)〕이라는 현실과 풀이 자라고 비춤〔장양(長陽)〕은 나란히
쓰기 어려운 표현이기 때문이다. 장(長)은 '기르다'는 뜻과 함께 '나
아가다', '존귀하다'는 뜻이 있다. 양(陽)은 '밝게 비추다'는 뜻과 함
께 '맑아지다', '고귀하다', '따뜻하다'는 뜻이 있다.

서애는 전쟁을 두려워하지 않고 꿋꿋하게 대처하는 모습도 보여
준다. 초연한 정서가 적극적으로 발휘되는 경우라고 할 수 있다. 지
인에게 보낸 시에서 서애는 "오랫동안 세상에서 어정쩡하게 지냈지
만, 평소 생각처럼 줏대 없는 삶은 여전히 부끄러워한다네. 이번에
가는 전쟁 지역을 다스릴 수 있다면, 비로소 세상에 사나이 대장부가
있음을 알 것이네"17라고 했다. 이런 자신감은 전쟁과 대결하는 초연
한 자세의 다른 측면이다. 어떤 현실에서도 주체적인 태도를 굳게 지
켜야 한다는 의지다.

---

17 十年湖海强棲遲 素志還慙墨子絲 此去風塵如可靖 始知人世有男兒.
《시》, 〈남한강 금탄으로 가는 중에 정경임에게 지어 주다〉.

여기서 서애는 자신의 주체적인 모습을 보여 주기 위한 상징으로 '묵자사'(墨子絲, 묵자의 실)라는 표현을 썼다. 이 내용은 《묵자》 권1 〈소염〉(所染, 물들임) 편에 나온다. 어떤 색으로 염색하느냐에 따라 흰색 실의 색깔이 달라지는 것처럼, 나라를 다스리거나 사람을 사귀는 데는 물들임이 중요하다는 것이다. 그와 같은 물들임이 타당한지 부당한지를 신중하게 해야 한다는 것이 묵자의 주장이다. 서애는 염색이 되는 실처럼 수동적으로 상황에 물드는 삶은 부끄럽다는 뜻으로 이렇게 말했다.

서애가 삶의 주체성을 강조하면서 왜 《묵자》를 활용했는지도 생각해 볼 점이다. 맹자는 묵자를 사이비 이단으로 규정하면서 철저히 배척했는데, 서애는 《맹자》의 전체 내용을 외울 정도로 맹자를 깊이 공부했기 때문이다. 서애는 '묵자의 실'이 삶의 주체성을 상징적으로 잘 표현했다고 생각하고 활용했을 것이다. 나아가 《묵자》라는 문헌에서 이 같은 비유만 취하지 않고 전체 내용을 자세히 살펴보고, 신분보다 능력을 중요하게 여기고 침략전쟁을 강하게 비판한 묵자의 사상에 관심을 가졌을 것이다. 어쩔 수 없이 침략전쟁이 발생했을 경우에는 군사적으로 방어해야 하는데, 《묵자》에는 성을 지키는 방법(守城之法)을 중심으로 군사에 대한 지식이 자세하게 설명되어 있다. 서애가 틀림없이 참고했을 것이다. 서애의 유연하고 개방적인 학문 태도를 엿볼 수 있다. 복잡하고 어려운 현실을 마주하며 대처하는 초연한 정서도 유연한 바탕에서 가능하다.

전쟁 중에는 스치는 감정조차 표현할 틈이 나지 않는 경우가 많았을 것이다. 임진왜란이 끝나고 모든 관직에서 파면된 후 서애는 훨씬 성숙한 방식으로 초연한 정서를 보여 준다. 그 초연함에는 유학(儒學) 뿐 아니라 불교적(佛敎的), 도교적(道敎的), 선교적(仙敎的) 사유가 융합된 모습으로 드러나는 경우가 많다. 시대적으로 서애는 유학자로 규정되지만 주체적이고 실존적인 차원에서 서애는 유학과 유학자의 틀 속에 한정되기 어렵다. 그의 초연한 사유와 정서는 유불도(儒佛道)를 넘어서는 넓고 깊고 유연하고 개방적인 태도에 닿아 있다.

삭탈관직 후 고향 안동으로

서애는 1598년 11월 삭탈관직을 당하자 서울(한양)을 떠나 고향 안동으로 향했다. 서울을 떠나면서 서애는 〈무술년 겨울에 관직에서 파직돼 고향으로 돌아가는데, 도미협(경기도 하남과 남양주 쪽 협곡)에서 말에서 내려 서울 쪽 산을 바라보며 네 번 절을 올린 뒤 떠났다. 이곳을 지나 버리면 다시는 서울의 산이 보이지 않기 때문이다〉18라는 제목으로 시를 썼다.

　7년 동안 전쟁에 대처한 후 탄핵을 받아 죄인 신분으로 귀향하는 심정을 차분한 자세로 토로한 시다.

---

18 戊戌冬 罷官歸田 到渡迷峽 下馬望京山 四拜而行 蓋過此則不復見京山故也.

고향 땅으로 돌아가는 길은 서울에서 멀지만,

나랏일을 하며 받은 깊은 은혜 40년이네.

도미 골짜기에 말 세워 놓고 고개 돌려 바라보니,

남산의 빛깔은 참으로 본래 그대로이네. **19**

귀(歸)는 반드시 돌아가야 할 곳으로 마땅히 돌아간다는 의미이다. 고향으로 돌아간 뒤 조정에서 부르면 다시 관직으로 나가는 낙향(落鄕)이 아니다. 고향으로 마땅히 돌아가는 귀향(歸鄕)이다. 그래서 서애는 하회에서 지내는 동안 관직이 회복됐음에도 조정의 부름에 응하지 않았다.

유악(帷幄)은 휘장과 장막으로, 참모들이 작전계획을 짜는 곳이다. 여기서는 서애가 조정에서 임금을 모시고 관직생활을 한 모습을 상징한다. 40년이라는 표현은 서애가 생원 진사시험 초시에 합격한 22세를 기준으로 하면 이때까지가 35년이므로 대략 40년이라고 한 것 같다. 이렇게 보면 유악은 국가시험에 응시하면서 나랏일에 참여한 상황을 비유한 것으로 볼 수 있다.

40년이라는 세월에 대해 서애는 이 무렵 지인에게 보낸 시에서 "배움의 길을 놓친 세월이 40년인데, 한밤중이면 홀로 서글픈 생각에 잠기네"**20**라고 했다. 관직에 진출하기 위해 국가시험을 준비한 때로부터 자신의 인격적 완성을 위한 수신으로서 위기지학(爲己之學)은

---

19 田園歸路三千里 帷幄深恩四十年 立馬渡迷回首望 終南山色故依然.

20 失學居然四十年 每憑中夜獨悽然.

거의 하지 못한 세월이 40년이라는 것인데, 이는 길을 잘못 들어간 것처럼 슬픈 일이라는 말이다. 서울의 상징인 남산의 빛깔이 본래 그대로라고 한 것은 7년 전쟁과 삭탈관직에 대한 심정을 초연하게 담아낸 것이다. 관직에서 쫓겨나다시피 한 현실을 원망하거나 억울해하는 심정과는 다른 차원이다.

서애가 귀향 중 충북 단양을 지날 때 모습을 담은 시 〈단양행〉(丹陽行)이 있다. 시의 서문에서 서애는 "단양으로 길을 떠나는데 전쟁이 끝난 직후여서 마을은 모두 텅텅 비었다. 사람이 사는 집을 찾아 산을 넘고 골짜기를 건너가다 밤이 깊었고 매우 위험한 상황에도 이르렀다. 실없이 〈단양행〉을 지어 이때 일을 기록한다"[21]라고 했다. 오랜 전쟁이 끝난 후 민가의 풍경이 선명하게 보이는 듯하다. 희작(戲作)은 '장난으로 지은 글'을 뜻한다기보다는 실없는 듯한 상황을 마주한 심정을 나타낸 표현이라 하겠다.

내가 지금 떠도는 몸으로 이곳을 지나는데,
따라오는 식구들은 굶주림과 추위로 고생하네.
한참을 가도 밥 짓는 연기 나는 집이 없네.
하인들은 한탄하고 아이들과 부녀자들은 울고 있네.
대장부라도 이런 상황이면 체면이 서지 않네.
평생 도리를 공부한다고 했지만 아직 효과가 없으니,

---

21 路出丹陽 時兵火之後 村落空虛 尋人居 跋涉山谷 夜深乃至極危險 戲作 丹陽行 以記一時之事.

몸을 둘러싼 사물을 어찌 가볍게 여기겠는가.

예로부터 세상살이는 뜻대로 되지 않는 고생길이네. **22**

찬바람 몰아치는 겨울밤에 단양의 골짜기를 굶주린 식솔과 함께 넘어가는 서글픈 모습이다. 밥을 짓는 민가 한 곳 없어 잠시 쉴 수도 없다. 밤이 되자 세찬 바람 속에 산짐승의 울부짖는 소리가 등 뒤에서 들린다. 이쯤 되자 서애도 순간 흐트러진다. 식솔들 바라볼 면목이 없고, 세상의 이익과 손해 같은 외물(外物)에는 흔들리지 않아야 한다며 오랫동안 공부했지만 이 같은 상황에서는 힘을 발휘하지 못한다. 눈앞에 벌어지는 이 난감한 현실을 부정하거나 회피할 수도 없다. 그렇다고 비참한 침략전쟁을 이겨 낸 공신 중의 공신인데 이처럼 초라하게 쫓겨나는가 하면서 원통한 감정에 갇히지도 않는다. '인간행로난'이다. 예나 지금이나 사람이 한 시절 세상살이에 뜻대로 되지 않는 어려움이 많다는 초연한 감정으로 이런 현실을 마주하려고 한다.

---

22 我今流離經此中 百口相隨飢凍迫 百里行盡無人煙 僮僕號呼兒女泣 丈夫
到此難爲顔 平生學道未得力 外物寧作秋毫看 自古人間行路難.

옥연서당에서 신선이 되다

고향으로 돌아온 후 서애는 전쟁에 제대로 대처하지 못했다며 자신에 대한 아쉬운 마음을 드러낸다. 7년 동안 흐트러지지 않고 위태로운 나라를 구하는 데 뛰어난 역량을 발휘했는데도 정작 자신을 부끄러워하는 마음이다. 서애의 깊은 책임감이다.

하회 옥연서당을 찾아왔다가 돌아가는 지인에게 쓴 글에서 서애는 다음과 같이 감정을 드러낸다.

> 7년 전쟁을 함께하고 나라에서 물러났으니,
> 머나먼 서울로 어찌 돌아가겠는가.
> 세상일은 짧은 꿈속처럼 헤매고,
> 인생은 부평초처럼 떠다니네.
> 정성 담은 내 마음은 하늘의 북극성과 마찬가지인데,
> 흰머리 가득한 몸은 해변의 성 같은 하회에 있네.
> 임금의 큰 은혜는 깊은데,
> 어리석은 이 신하의 죄와 허물은 많기만 하네.
> 나라 위해 힘쓰지 못했을 뿐이고,
> 온갖 계책은 발을 헛디뎌 넘어진 것처럼 되었네.
> 부모에게 효도하기 위해 고향에 왔지만 늦었네.
> 집 담장 너머 구름으로 임금 계신 북쪽이 멀어 보이네.
> 남아 있는 몇 줄기 눈물이라도,
> 강물에 뿌려 부쳐 보고 싶네. **23**

하회로 돌아온 지 6년이 지났지만 여전히 나라를 생각하는 정성이 서애의 가슴에 깊이 흐른다. 춘몽과 부평초로 덧없는 감정을 말하지만 나라를 위하는 정성〔단심(丹心)〕은 이를 넘어 북극성에 비유하면서 변함없음을 보여 준다. 낙동강 물줄기가 마을을 감싸 흐르고 앞에는 부용대라는 절벽이 있는 하회마을을 해변성으로 표현했다. 임진왜란 때 나라를 위해 아무것도 한 것이 없다는 심정은 후회가 아니라 책임감이다. 선조 임금에 대한 깊은 은혜를 말하는 것은 현직이든 퇴직이든 신하의 위치를 지키며 넘어서지 않는 절제 있는 태도이다. 한강(漢江)은 하회에서 가까운 낙동강을 가리킨다.

서애는 전쟁에 제대로 대처하지 못했다는 아쉬움에서 좀처럼 벗어나지 못한다. 깊은 책임감에서 비롯된 감정이겠지만 책임감만으로는 말하기 어려운 측면이 있다. 서애는 "전쟁을 이겨 내는 일은 바다에 떠 있는 것 같아서, 중요한 위치에 있었지만 나라를 바로잡지 못했네. 구름 사이로 갑자기 달이 지나가는데, 자세히 엿보니 거울 속 꽃이네. 신선이 사는 곳에 편지를 보내고 싶네. 흐르는 세월을 다시는 슬퍼하지 않을 것이네"[24]라고 했다. 승해(乘海)는 매우 위태롭고 불안한 상황이다.

---

23 七年同去國 千里獨還京 世事迷春夢 人生逐水萍 丹心天北極 白首海邊城 聖主洪恩重 孤臣罪釁多 一言無補效 萬計悉蹉跎 風樹南來晩 宮雲北望賒 惟殘數行淚 寄灑漢江波. 《시》, 〈강릉으로 가는 김창원을 송별하며 지은 세 수〉, 1604년.
24 攝亂如乘海 存要未定家 乍玩雲間月 深窺鏡裏花 丹丘寄消息 不復怨年華. 《시》, 〈지난 일에 대한 느낌〉.

전쟁은 이미 끝났고 자신은 귀향한 상태에서 생기는 이 같은 감정도 스스로 다스려야 한다. 신선이 사는 곳(丹丘)에 편지를 보내고 싶다는 심정은 감정의 출구이다. 아쉬움 속에 흘러가는 세월을 원망하거나 슬퍼하지 않겠다는 편지 내용은 초연한 정서를 보여 준다. 서애가 하회 옥연서당에서 틈틈이 《징비록》을 집필할 수 있었던 것도 초연한 정서가 뒷받침됐기 때문일 것이다.

서애는 단구(丹丘)처럼 도교(道敎) 또는 선교(仙敎)의 세계를 감정 조절의 방편으로 삼는다. 불교(佛敎)도 마찬가지다. 서애의 사유 세계에는 유학과 불교, 도교, 선교의 사상이 자유롭게 들어오고 나간다.

어느 날 밤 옥연서당에서 서애는 다음과 같은 감정을 드러냈다.

마음 가라앉히고 바르게 앉아 하늘에서 즐겁게 노는 일 궁리하네.
신선이 사는 세 산이 어딘지 물을 필요 없으니,
여기 이 방이 바로 신선이 사는 곳이기 때문이네.
말을 몰아 하느님 있는 곳에 닿으려고,
기운을 조절하여 흐트러지지 않도록 하였네.
신선이 허공에서 하는 말을 길게 노래처럼 부르니,
세상에 누가 이와 짝이 될 수 있겠는가.
달이 밝아 신선이 사는 봉래산 지나가는데,
허리에 노리개를 찬 신선들이 새처럼 날면서 노네.
신선이 되는 길은 멀리 있지 않네.
침착하게 살펴보니 처음부터 잃은 것이 아니었네.

돌아가서 백양 노자에 의지해 볼까.

도교 경전에 살고 죽음은 정해져 있다고 했네. **25**

도교 사상을 불교적 분위기에 녹여 자유로운 사상의 세계를 마음
껏 펼쳐 보인다. 차분하게 바르게 앉는 자세는 불교적 행동이다. 하
늘에서 노는 천유는 도교적이다. 신선이 산다는 세 산(봉래산, 방장
산, 영주산)을 찾아가지 않는다. 자신이 지금 앉아 있는 옥연서당의
방이 곧 신선이 사는 단구라고 했다. 천제(하느님)가 있는 곳으로 말
을 타고 가고 싶은 뜻은 상상이다. 신선이 하늘에 올라 걸으면서 말
하는 보허사(步虛詞)를 따라 읊는다. 옥연서당 옆 부용대의 한 절벽
이름이 보허대(步虛臺)인데, 서애가 그 이름을 지었다. 서애는 〈보
허대〉라는 제목의 시를 남겼다. "하늘 높이 불던 바람 그치니 도사가
경전 읽는 소리 들리네"(天風吹斷步虛聲) 같은 구절이 있다.

신선이 사는 봉래산에서 신선들이 새처럼 자유롭게 날아다니는 모
습을 본 서애는 도교가 추구하는 실체, 즉 신선이 되는 길(현주, 혹진
주)은 자기 자신 안에 있다는 깨달음을 얻는다. 신선의 세계를 봉래
산 등 공간적으로 자신의 바깥에서 구하는 것이 아니라, 단구(丹丘)
와 마찬가지인 옥연서당에서 하늘에서 노니는 생각을 하는 자신의
모습이 곧 신선이라는 것이다. 도교적 사유와 불교적 사유의 경계를

---

25 靜坐窮天遊 三山不可問 卽此是丹丘 飛鞚詣帝所 御氣窮周流 長歌步虛詞
擧世誰能傳 月明過蓬萊 霞佩飄翔翔 玄珠不在遠 湛然初非亡 歸尋伯陽子
丹經言有當. 《시》, 〈회암의 '도교책을 읽다'에 차운한 두 수〉.

넘어서는 차원이다.

백양자(伯陽子)는 《도덕경》을 남긴 노자(老子)로 보인다. 노자의 자(字)가 백양이다. 노자는 도교에서 매우 중요한 인물이다. 단경 (丹經)은 도교 경전으로, 노자의 《도덕경》을 비롯해 《주역참동계》 (周易參同契), 《음부경》(陰符經) 등이 대표적 문헌이다. 이 가운데 《주역참동계》는 《주역》(周易)의 원리를 활용해 심신수련 원리와 불로장생 단약(丹藥) 제조 등을 자세하게 서술한 책으로, 도교 경전 가운데 중요하게 여겨진다. 서애가 보허사를 노래처럼 부른다고 했 다. 이는 《도덕경》과 《주역참동계》, 《음부경》 같은 경전이 4, 5자 로 이어져 리듬감이 있기 때문일 것이다.

서애가 도가적 사유를 통해 정서적 안정을 찾으려고 한 심정은 다 음의 시에서도 확인할 수 있다.

세상일에 얽매이지 않다 보니,

마음이 맑아져 일상이 뚜렷해지는 느낌이네.

덧없는 생각으로 무척 얽매였는데,

마음속 깊이 조금씩 안정을 얻네.

옛날에 이치에 밝았던 사람들은,

세상 이치를 체험하여 통달하면 육신을 벗어나는 경지가 된다고 하네.

넓은 세상에 홀로 설 수 있다면,

생각이 넓어져 얽매이는 일도 없을 것이네.

최고의 즐거움은 마음에 있을 것이니,

수천 마리 말도 깃털처럼 가벼울 것이네.

신선이 되는 방법을 함께 배우는 벗이 있다면,

높은 곳에 있을 신선이 사는 집으로 빨리 들어가 머물 것이네.

신선이 되는 방법을 배우면 세상 사람들과 인연을 끊고,

학을 타고 하늘로 올라갈 것이네.

하지만 이런 일을 어찌 이루겠는가,

세월만 헛되이 흘러가네.

몸은 가난과 질병에 시달리고,

백발은 머리에 가득 생기네. **26**

하회로 돌아온 후 조금씩 마음의 안정을 찾는 심정을 그렸다. 《징비록》을 정리하는 일도 이처럼 차분한 정서적 바탕에서 가능했을 것이다. 최고의 즐거움〔지락(至樂)〕은 마음〔방촌(方寸)〕에 있다고 하면서도 신선이 되어 학을 타고 하늘로 날아오르고 싶어 하는 심정을 드러낸다. 높은 하늘에 있는 신선이 사는 집〔운경(雲扃)〕에 머물고 싶은 심정이다. 이 같은 상상은 현실적으로 가난과 질병에 시달리는 자신의 처지가 극단적으로 흐트러지지 않도록 하기 위한 정서적 완충지대 또는 중립지대라고 할 수 있다.

---

26 悠悠世間事 歷歷心中明 浮念苦纏繞 幽懷安得平 吾聞古聖哲 體道能遺形
獨立宇宙間 曠然無拘嬰 至樂在方寸 千駟一毫輕 亦有學仙侶 飛步棲雲扃
道成謝俗人 跨鶴昇靑冥 二者兩無奈 歲月空崢嶸 委身貧病中 白髮滿頭
生. 《시》, 〈여름날 느긋한 때에 스친 생각을 적다〉.

불교에 관심, 선시(禪詩)도 지어

불교적 사유도 서애가 개방적이고 유연하게 초연한 정서를 형성하는
데 중요한 역할을 했다. 도가, 즉 노장(老莊, 노자와 장자) 사상과 융
합되는 모습도 엿볼 수 있다. 불교나 도교의 사유를 따라가는 것이
아니라 넘어서면서 초연해지는 차원이라고 할 수 있다.

서애는 경북 봉화군에 있는 사찰을 찾은 느낌을 이렇게 표현했다.

> 절이 높은 절벽 중턱에 있어,
> 창문으로 먼 곳의 바람이 불어오네.
> 무더위 때문에 얼마나 괴로운지,
> 신선이 사는 곳에 오니 속이 뚫리는 것 같네.
> 문득 번뇌 많은 세상을 피할 수 있어,
> 근심걱정 잠시나마 사라지네. **27**

더운 여름날 산 중턱에 있는 사찰에 오른 느낌이 생생하다. 사찰
을 신선이 사는 곳〔선구(仙區)〕이라며 도교적으로 표현했다. 화택
(火宅)은 불이 타고 있는 집으로, 번뇌가 많은 속세를 가리키는 불교
용어이다. 불교와 도교의 사유가 자연스럽게 녹아 있다.

서애는 젊은 시절부터 승려들과 친분이 두터워 적잖은 시를 주고

---

27 寺倚千尋壁 窓迎萬里風 大暑何曾逼 仙區若可通 便堪逃火宅 憂思暫時
空. 《시》, 〈여름에 중대사에 머물며〉.

받았다. 축(軸)이라는 승려에게 준 시에서 서애는 "모든 사물은 본래 뿌리가 같다네. 내 마음은 마치 묶어 둔 배를 풀어 놓은 듯해서, 넓은 바다를 자유롭게 떠다니네. 경계 없이 넓은 푸른 하늘에는 조각구름 흘러가네"[28]라고 했다. 묶여 있던 상태를 풀어내고〔해유(解維)〕 번뇌의 속박에서 벗어나는〔자재(自在)〕 불교적 정서를 잘 드러낸다.

다른 승려에게 준 시에서 서애는 "이 몸은 매우 위험한 상태에서 지내다 돌아온 듯하지만, 세상일은 본래 기대서 의지할 만한 것이 아니네. 병을 앓고 있지만 마음을 편안하게 해서 침착하고 맑은 모습이 되도록 하네. 산속의 승려와 견주면서 무념무상의 참선을 해보고 싶네"[29]라고 했다. 하회에서 병을 앓는 불편한 생활을 하지만 마음을 맑게 수양하는 자신감을 보여 준다. 매우 위험한 상태〔연빙(淵氷)〕는 임진왜란 7년을 압축한 말이다. 《시경》〈소아〉편의 〈하늘〉〔소민(小旻)〕에 나오는 말이다. 혼란에 빠진 나라를 한탄하는 시인데, 마지막 구절에 두려워하는 자세로 조심하는 뜻으로 "깊은 연못에 빠지는 것처럼, 살얼음을 밟는 것처럼"(如臨深淵 如履薄氷)이 있다.

현실에 얽매이지 않고 사상적 경계도 넘어서는 서애의 초연한 태도는 다양한 방식으로 나타난다.

삶에서 얻고 잃음이나 성공과 실패는 원래 정해진 것이 없네.
하늘과 땅 사이에 이 몸은 하루살이와 다름없네.

---

28 萬法從來只一門 吾心正似解維舟 萬頃蒼波自在遊 碧天無際片雲浮.
29 此身猶復寄淵氷 萬事元來不足憑 病裏安心惟習靜 試將禪定較山僧.

먼 옛날 지혜로운 사람이 한 가지 방법을 남겼네.

이 삶을 빈 배에 맡기는 것뿐이네. **30**

빈 배〔허주(虛舟)〕, 즉 '마음을 비움'이 이 시의 중심어이다. 《장자》〈산목〉편에 허주와 관련된 내용이 있다. 초(楚)나라 현자 의료가 노(魯)나라 임금에게 "배 두 척이 나란히 강을 건널 때 한쪽의 빈 배가 내가 탄 배에 부딪히면 생각이 좁은 사람이라도 화를 내지 않습니다. 그렇지만 빈 배가 아니고 누가 타고 있다면 배 사이를 띄우라고 하거나 물러나라고 외칠 것입니다. 앞의 경우에는 화를 내지 않다가 이번에는 화를 내는 이유는 앞에서는 빈 배였지만 이번에는 사람이 타고 있었기 때문입니다. 마찬가지로 사람도 자기 마음을 비우고 즐겁게 세상을 산다면 무엇이 그에게 해로움을 끼치겠습니까"**31**라고 했다.

자기의 마음을 편안하게 비우고 즐겁게 세상을 산다는 허기유세(虛己遊世)가 핵심이다. 허주, 즉 빈 배처럼 마음을 비우는 태도는 서애가 오래전부터 마음에 둔 생각이다. 관직에 있을 때 손아래 지인에게 보낸 글에서 서애는 "세상일은 빈 배처럼 마음을 비우면 이리저리 부딪히더라도 쉽게 편안해진다네"**32**라고 했다. 앞 구절의 뜻을 간

---

30 人間得喪元無定 宇內形骸正若浮 千古至人留一法 只將身世倚虛舟.
　　《시》, 〈풍산으로 가는 중에 두보의 시를 차운하여 짓다〉.
31 方舟而濟於河 有虛船 來觸舟 雖有惼心之人不怒. 有一人在其上 則呼張歙
　　之. 向也不怒 而今也怒 向也虛 而今也實. 人能虛己以遊世 其孰能害之.
32 世事虛舟觸輒平.《시》, 〈인동현 관사에서 지어 여대로에게 보내다〉.

결하게 간추린 말이다.

도가(道家)로 분류되는 노자와 장자, 즉 노장 사상은 유학, 특히 송나라 유학인 주자학 또는 성리학〔주자유학 또는 성리유학이라고 해야 정확하다〕의 관점에서 보면 반유학적 이단(異端)이나 마찬가지이다.

유학, 즉 공자의 학문과 도학, 즉 노자의 학문이 서로 대립하고 배척하는 뿌리는 깊다. 공자와 노자가 대립한 게 아니라 공자와 노자를 배우는 사람들의 문제이다. 사마천(司馬遷)은 《사기》(史記) 〈노자한비열전〉(老子韓非列傳)에서 "세상에서 노자의 학문을 배우는 사람들은 유학을 배척하고, 유학을 배우는 사람들은 노자를 배척한다"[33]라고 했다.

송대 유학을 대표하며 조선시대 유학에 막대한 영향을 미친 주자(주희)는 노장 사상과 불교를 이단으로 배척했다. 주자는 《예기》에 들어 있던 〈대학〉, 〈중용〉편을 《논어》, 《맹자》와 함께 《사서》(四書)로 편집하면서 자신의 서문을 넣었다. 〈중용〉의 서문에서 주자는 "이단의 학설이 나날이 새롭고 무성해지고 노자와 불교의 무리가 출현하면서 더욱 이치에 가까워지는 듯하여 진리를 매우 어지럽히게 되었다"[34]라고 했다. 〈대학〉의 서문에서는 노장의 도가와 불교를 가리켜 "이단적인 허무와 적멸의 가르침"(異端虛無寂滅之敎)이라고 규정했다.

그러나 서애에게는 사상적 경계나 칸막이가 없었다. 만약 서애가

---

33 世之學老子者則黜儒 儒學亦黜老子.
34 異端之說 日新月盛 以至於老佛之徒出 則彌近理而大亂眞矣.

조선시대 유학의 흐름을 그대로 따라 노장 사상이나 불교를 이단으로 배척했다면 현실에 초연하게 대처하기 어려웠을 것이다.

서애는 도가의 상징인 노자에 대해 이렇게 말했다.

주나라가 점점 쇠퇴하니,

세상이 어수선하게 어지러워졌네.

머리털이 하얗게 센 노자도

푸른빛 소가 끄는 수레를 타고 혼자 떠났네.

아득히 먼 서쪽 관문에 나타나자,

경사스러운 자줏빛 기운이 미리 서렸네.

수양이 지극히 높은 사람은 세상에 나아가고 물러나는 것을 마음대로
    하니,

나타나고 사라지는 것이 맑고 높은 가을 하늘의 구름 같네.

관문의 책임자와 만나 대화한 후에 곧,

고민하면서 오천여 글자를 지었네. 35

---

35 周綱日陵遲 四海亂紛紛 皤皤柱下史 獨駕靑牛車 遙遙出西關 紫氣先凌虛
至人任顯晦 起滅秋空雲 悔逢關令語 煩作五千文.《시》, 의고시 10수.

청풍명월(淸風明月)이 손님

사마천의 《사기》〈노자한비열전〉에 따르면, 노자는 주나라에서 문헌을 관리하는 장서실의 사관 벼슬을 했다. 주나라가 쇠퇴하자 노자는 은둔하기로 작정하고 서쪽 관문(함곡관)에 도착했다. 관문 책임자 윤희가 글을 써달라고 하자 노자는 도(道)와 덕(德)에 관해 5천여 자(字)를 남겼다. 주하사(柱下史)는 노자가 주나라에서 맡은 관직의 이름이다. 5천여 자는 지금 전해 오는 《도덕경》(道德經)을 가리킨다.

서애는 노자가 서쪽 관문을 거쳐 은둔하려는 모습을 "경사스러운 자줏빛 기운이 서렸다"고 표현했다. 자줏빛 기운은 신선이 사는 집의 빛깔이고 손님이나 벗이 오는 예감을 상징한다. 세상에 나아가고 물러나는 노자의 모습을 맑은 가을 하늘의 구름처럼 담백하다고 표현했다. 노자와 《도덕경》에 대한 최고 수준의 칭송을 나타낸다. 주자학적(朱子學的) 유학의 관점에서 노자와 《도덕경》을 이단시하는 인식과는 차원이 다르다.

구름과 달, 물 같은 자연물은 사유의 경계를 허물어 넘어서는 사다리 역할을 한다. 서애는 이렇게 말한다.

나에게는 초대하지 않아도 오는 손님이 있는데,
맑은 바람과 밝은 달빛이 그렇다네.
서로 이어서 내 방에 들어오지만,
이들은 형체도 흔적도 남기지 않네.

단전에 신선이 되는 기운이 있으면,

주변의 사물에 흔들리는 일이 없다네.

홀로 지내는 생활을 한탄할 필요가 있겠는가.

오늘 긴 밤을 청풍명월과 함께하겠네. **36**

서애는 바람과 달빛을 빌려 신선의 경지를 느끼려고 한다. 규(規)는 원을 그리는 자인데, 하단전[배꼽 아랫배(下丹田)]이 둥글기 때문에 이를 상징한다. 도가 용어인 진인(眞人)과 지인(至人)은 이상적인 사람인 신선에 가깝다.

서애는 지인에게 보낸 글에서 구름과 물을 빗대 "구름은 푸른 하늘을 흘러가며 얽매이지 않고, 물은 넓고 푸른 바다로 흐르며 스스로 깊어지네"**37**라고 했다. 서애는 구름과 물의 덕을 '집착하지 않으면서 스스로 깊어지는 성품'으로 규정한다. 창명은 창해(滄海)와 같은 말인데, 넓고 푸른 바다뿐 아니라 신선이 사는 섬이라는 뜻이 있다.

63세 때 하회 옥연서당에서 쓴 시에서 서애는 "물과 구름은 머물 곳이 없어도 본성을 상하지 않는다"(水雲無處不傷情)고 했다. 자신이 꾸려 가는 어려운 생활을 물과 구름에 연결해 마음이 흐트러지지 않도록 하려는 심정일 것이다. 결국 어떤 환경에서도 삶의 주체성을 잃지 않으려는 자세이다. 그래서 서애는 "외로운 돛단배 타고 동해

---

36 我有不速客 清風與明月 相隨入我室 兩忘形與跡 規中有眞人 眼邊無俗物 何須怨離索 攜此永今夕.《시》,〈마음속 생각을 읊다〉.

37 雲歸碧落都無着 水到滄溟儘自深.《시》,〈정경임에게 부치다〉.

로 나가고 싶은데, 기러기 한 마리 멀리서 날아가네. 삶은 자기의 의
지와 어울리는 것이 중요하니, 부귀는 뜬구름처럼 덧없는 것이네"**38**
라고 했다.

돛단배를 타고 바다로 나가는 것은 위험하지만 생각이 좁게 갇히
지 않도록 하기 위한 주체적인 시도이다. 서애의 마음은 기러기와 함
께 바다 위를 날아간다. 적의(適意)는 의지가 삶의 상황에 따라 이리
저리 흐트러지지 않는 차원이다. 《논어》〈술이〉편에 공자의 말로
"의롭지 않은 부귀는 나에게 뜬구름처럼 덧없다"(不義而富且貴 於我
如浮雲)는 구절이 있다. 서애가 영향을 받았을 것이다.

바다는 다음 시와 같이 흐트러진 감정을 녹여 내는 공간이나 상징
으로서 역할을 한다.

가난하고 낮은 지위는 누구나 싫어하고,

부유하고 높은 지위는 누구나 추구하니,

세상에서 살아간다는 것은,

큰 바다에 떠가는 물거품과 마찬가지네.

허무한 세상 깨달으며,

웃으며 누각에 기대 보네. **39**

---

38 孤帆出東海 一鴈正冥冥 人生貴適意 富貴如浮雲. 《시》,〈선현의 삶을 읊
다〉.

39 貧賤人所厭 富貴人所求 人生在世間 大海一浮漚 居然了塵妄 一笑倚西
樓. 《시》,〈서쪽 누각에서 두 수 짓다〉.

부귀와 빈천에 대한 이해득실에 따라 희비가 엇갈리는 모습을 큰 바다에 생기는 물거품이라고 했다. 진망(塵妄)은 불교 용어로, 속세의 허무함이다. 진망(塵網, 때 묻은 그물)과 같다. 서쪽 누각은 서애가 35세에 하회에 지은 원지정사 안 연좌루로 추정된다.

서애가 추구하는 초연의 경지는 자기 자신과 바깥 사물의 분별을 넘어서려는 것이다. 서애는 옥연서당의 풍경을 담은 시 가운데 〈간죽문〉(看竹門, 대나무 숲을 볼 수 있는 문)에서 이렇게 말한다.

문밖을 나가 길게 자란 대나무 바라보네.
마침 강바람 불어와 몸에 스치네.
대나무에서 나오는 맑은 소리가 아무 티 없이 흩어지네.
그때 누군가 간죽문을 두드리는데,
나의 몸조차 잊었는데 누가 주인이고 손님인가. **40**

대나무가 바람에 부대끼면서 나는 소리에 자신과 타인의 경계가 없어지는 경지를 표현했다. 간죽문은 옥연서당의 후문이다. 서애의 형 겸암 류운룡이 공부하며 수양한 겸암정사와 연결된다.

---

40 出門看脩竹 適與江風會 淸音散氷玉 時有叩門人 忘形誰主客. 《시》, 옥연서당 풍경 10수.

농환재에서 보낸 말년

서애가 하회에 돌아온 지 7년 만에 환경적으로 중요한 변화가 생겼다. 하회에서 20킬로미터가량 떨어진 풍산읍 서미동(西美洞)에 3칸짜리 초가를 지어 이사를 한 것이다. 집 이름은 '농환재'(弄丸齋)41이다. 농환재는 서애가 삶을 마친 곳이라는 점에서 중요한 공간이다. 현재 서애와 관련된 흔적은 아무것도 남아 있지 않다.

　서애가 이 초가의 이름을 농환재라고 지은 것 같지는 않다. 서애는 65세 겨울에 지인(이효언)에게 보낸 편지에서 "농환이라는 이름을 짓고 싶었지만 다시 생각해 보니 그 이름이 사치스러운 데다 실제 사정과도 맞지 않는 것 같습니다"42라고 했다. "조그마한 초가지만 이름을 농환이라고 지었습니다"라고 하면 될 것인데도 서애는 그 이름을 다시 생각해서 분수에 넘친다고 여겼다. 이 같은 점에서도 서애의 둔세유서(遁世幽棲)의 성품을 엿볼 수 있다.

　서애는 〈농환가〉(弄丸歌)를 지어 삶에 대한 초연한 정서를 담았다. 《징비록》은 집필을 마친 상태였다. 당시 하회마을이 큰 홍수를 당해 피해가 커 그대로 머물기 어려운 상황이었다. 서애는 64세 때(1605년) 여름에 발생한 하회마을의 물난리를 기록했다. 옥연서당에도 강물이 몰아쳐 서당을 보전하기 어려울 정도였다(《잡저》, 의변논설 - 수재 겪은 일을 적다). 서애는 농환재에서 2년 정도 살다가 세상

41　농환(弄丸)은 구슬처럼 둥근 물건 여러 개를 공중에 던지고 받는 놀이이다.
42　欲名以弄丸 更慮名 似侈而無實以充之. 《서》, 편지.

을 떠났다.

농환재에서 삶의 마지막 시기를 맞은 서애는 초연한 정서의 원숙한 모습을 보여 준다. 작고 소박한 초가를 지은 심정을 이렇게 표현했다.

나이 63세에,
비로소 몇 칸 집을 마련했네.
새벽에 일어나 푸른 산을 마주하고,
밤에는 누워 밝은 달을 맞이하네.
살면서 참으로 만족을 깨달으면,
어디에 살든 모두 편하고 즐겁네.
본받고 싶은 옛사람의 마음을 늘 생각하면서,
얽매임 없이 하루하루 살아가리라. **43**

옛날 사람[고인(古人)]은 서애가 본받아 따르고 싶은 사람들일 것이다. 중심어인 지족(知足)과 소요(逍遙)는 도가적 용어이다. 소요는 《장자》의 첫 편 제목인 〈소요유〉(逍遙遊)를 참고했을 수 있다. 소요는 얽매임 없이 자유롭게 살아가는 사람의 모습이다. 그런 사람이 신선(神仙) 또는 지인(至人)이다. 지족(知足)에서 '족'은 스스로 넉넉하게 여기는 마음이다. '지'는 단순히 무엇을 안다는 뜻보다는

---

43 行年六十三 始得數間屋 晨興對靑山 夜臥邀明月 人生苟知足 着處皆安樂 永念古人心 逍遙日復日. 《시》, 〈새로 지은 작은 집에서 지어 벽에 붙이다〉.

380

'깨달아 다스리다'는 적극적인 뜻으로 이해해야 적절하다. 지족은 서애가 통상적 의미보다는 특별히 노자의 말을 생각하면서 표현했을 수 있다. 노자는 《도덕경》에서 "스스로 넉넉하다는 것을 깨닫는 사람은 오히려 가득 차서 풍성하다"(知足者富. 33장), "스스로 넉넉하다는 것을 깨달으면 부끄러운 일을 당하지 않는다"(知足不辱. 44장), "스스로 넉넉하다고 깨닫지 못하는 것만큼 큰 불행은 없다. 스스로 넉넉하다고 깨닫는 것의 만족스러움은 변하지 않는 만족스러움이다"(禍莫大於不知足. 知足之足 常足矣. 46장) 라고 했다. 서애는 지족이라는 말에 노자의 이 같은 뜻을 담으려고 했을 것이다.

서애는 서미동 농환재에서도 끼니 걱정을 해야 할 만큼 가난한 생활을 이어 갔다. 당시 모습을 엿볼 수 있는 글이 남아 있다.

산에 가득한 솔잎은 배고픔을 달래고,
맑은 샘물 한 움큼은 목마름을 풀어 주네.
연잎과 사철나무로 옷을 만들 수 있고,
도롱이로 비를 가리고 부들 삿갓도 있다네.
이전에 은둔하듯 살던 곳은 강변 마을이었네.
이 초가에 촘촘하게 걸친 서까래는 큰 대나무를 썼네.
높은 관직과 많은 곡식이 나에게 어떤 보탬이 되겠는가.
세상에 어떤 일이 억지로 하지 않는 것보다 낫겠는가.
굽이쳐 흐르는 물결에 비치는 밝은 달을 즐기네. **44**

---

44 滿山松葉可療飢 一掬淸泉聊解渴 芙蓉薜荔可爲衣 綠蓑備雨仍靑蒻 苨裘

솔잎으로 허기를 채워야 할 정도로 가난한 생활을 생생하게 보여 준다. 질병에 시달리던 서애는 이런 환경 때문에 농환재로 거처를 옮긴 지 2년 만에 별세했는지도 모른다. 토구(菟裘)는 은거(隱居, 숨어서 지냄)를 상징한다. 토구는 《춘추좌씨전》 은공 11년 기록에 나온다. 은공이 노나라 군주 자리에서 물러나 토구(산동성에 있는 지명)에 집을 짓고 늙도록 살겠다고 한 말에서 유래한다. 만종(萬鐘)은 아주 많은 양의 곡식 등을 나타내며 벼슬이 높다는 뜻도 포함된다.

무사(無事)는 억지로, 강제로 하지 않는 무위(無爲)와 비슷하다. 노자 《도덕경》에 "억지로 하지 않는 일을 하고, 억지로 하지 않는 일에 전념한다"(爲無爲 事無事. 63장)는 말이 있다. 여기서 무(無)는 '무엇이 없다'는 뜻보다는 '구별이나 경계가 없어 유연함'으로 이해하는 게 적절하다. 그래서 무위는 '함(하는 것)이 없음'보다는 '유연하게 함(하는 것)'으로 이해하는 것이 좋다. 농명월(弄明月)은 밝은 달을 마음껏 즐기는 모습이다. 농(弄)은 솜씨 있게 다루며 좋아한다는 뜻이다.

농환재는 하회 옥연서당과 달리 찾아오는 사람도 없어 서애가 자신의 삶을 우주자연 사이에 초연한 심정으로 올려놓는 데 도움이 된 것 같다. 서미동 아이들과 도토리를 주워 익혀 먹는 조촐한 생활에서 이런 단면을 느낄 수 있다. 농환재에서 보낸 짧은 시간 동안 서애는 삶의 마지막 단계를 예감하는 듯한 경지를 보여 준다.

舊在江上村 數椽茅屋依脩竹 萬鐘於我何加焉 人間何事勝無事 一曲滄波弄明月. 《시》, 〈스스로 마음을 편안하게 여기다〉.

다음은 〈정신이 멀리까지 노닐다 돌아오다〉(反遠遊)라는 시이다.

공자는 태산에 올라 세상이 작다고 여겼으며,

노년기에는 뗏목을 타고 바다에 뜨고 싶어 했네.

곤륜산은 높이가 이천오백 리여서,

해와 달이 곤륜산에 가려 세상이 밝아지기 어려웠네.

그곳에는 신선들이 모여 산다고 하는데,

아름다운 깃발 꽂은 수레 타고 얼마나 가볍게 날았을까.

청우도인 노자는 떠나간 뒤 돌아오지 않으니,

관문 밖에 자줏빛 기운 사라진 것을 탄식했네.

학가산 아래쪽으로 돌아오는 것이 좋을 듯하네.

작은 산이지만 자리 잡고 살 만하네.

구름 비치는 샘물과 산골짜기 있어 은둔할 만하니,

사방에 어려움이 있지만 정신이 마음껏 즐기는 데 방해가 되지 않네.**45**

정신이 아무런 분별이나 경계 없이 하늘을 노니는 풍경〔신유(神遊)〕이 잘 드러난다. 공자는 태산에 오르고 노자는 푸른 소를 타고 간다. 공자(유학)와 노자(도교) 사이에 분별과 구분이 없다. 모두 신유의 한 과정일 뿐이다. 공자가 태산에 올라 세상이 작다고 여겼다는

---

45 仲尼登岱小天下 晚歲又欲浮于海 崑崙之高二千五百里 日月蔽虧難爲明
聞道羣仙處其中 霓旌羽蓋何翩翩 靑牛道人去不還 歎息關門紫氣歇 不如
還歸鶴駕下 此山雖小猶棲息 雲泉一壑可藏身 不妨神遊窮八極.

말은 《맹자》〈진심〉 하편에 나온다. 공자가 뗏목을 타고 바다에 뜨고 싶었다는 말은 《논어》〈공야장〉 편에 나온다. 공자는 "세상이 바르지 않으니 뗏목을 타고 바다 한가운데 뜨고 싶다"(道不行 乘桴 浮于海) 라고 했다. 이 구절은 뜻대로 되지 않는 현실에 좌절하거나 원망하지 않고 초연하게 마주하는 정서적 차원을 말한다. 곤륜산은 신선이 사는 곳을 상징한다. 청우도인(靑牛道人) 은 노자를 가리킨다. 청우는 신선이 타는 소를 나타낸다. 하늘에 닿을 듯한 곤륜산까지 올라갔던 서애의 신유는 고향의 학가산으로 돌아온다. 학가산에서 농환재까지는 6킬로미터 정도 거리다. 학가산이 곤륜산보다는 못하지만 은둔하면서 신유하는 곳으로는 충분하다는 자족(自足) 의 심정이다.

〈농환의 노래〉(弄丸歌) 는 서애의 초연한 정서가 정점에 이른 것을 보여 준다. "동짓날에 지었다"(冬至日作) 는 설명이 있는 점으로 미뤄 65세 때(1606년) 겨울로 추정된다. 농환재에서 1년을 보낸 무렵이다. 서애는 다음 해 5월 농환재에서 별세했다.

〈농환의 노래〉는 농환을 주제로 서애가 우주자연과 합일(合一) 되는 차원을 보여 준다.

하늘이 땅을 감싼 모습은 포탄처럼 둥근데,
해와 달은 서로 돌아가면서 하늘의 중심을 지나네.
밤낮으로 뜨고 지면서 잠시도 멈추지 않으니,
봄이 가고 가을이 오는 변화는 누가 만든 작품인가.
깊고 오묘한 자연의 변화는 신기하고 또 신기하니,
텅 비어도 굽히지 않고 움직이면서 더욱 생겨나는데,

자세히 살펴보니 참으로 풀무 같네.

도사는 빈방에 조용히 앉아 생각에 잠기니,

발을 하늘의 끝에 밟고 달이 쉬는 둥지를 찾아보네.

사방의 바다에는 물이 흐르지만 한 그릇 물이 많아진 것이네.

오른쪽으로는 해가 뜨는 바다에 있는 부상나무에 닿고 왼쪽으로는 해
  가 지는 쪽에 있는 약목나무에 닿네.

신선이 되는 방법을 알아야 갈 수 있는 봉래산의 물은 얼마나 맑은가.

삼천 년에 한 번 열매 맺는 복숭아도 있다고 하네.

이 모든 신선의 풍경을 내가 돌리는 구슬에 담아,

던지고 받으면서 한눈팔지 않네.

누가 나와 함께 구슬 던지기 놀이를 즐길 수 있을까.

이 둥근 물건에 마음을 비우면 깨끗한 빛이 생기는 이치가 들어 있네. **46**

〈농환의 노래〉는 지구가 공처럼 둥글다는 인식에서 시작한다. 하늘이 땅을 감싸고 있는 모습이 탄환처럼 둥글다는 말이 그렇다. 당시 탄환은 포탄처럼 거의 둥근 모양이었다. 노래의 전체적 분위기는 도가적(道家的)이다.

농환이라는 말은 《장자》〈서무귀〉(徐无鬼)편에 공자가 초(楚)나

---

46 天包地外如彈丸 日月相環走其腹 晝夜昇沈不暫停 春去秋來誰爲劇 玄機
關闔妙復妙 虛而不詘動愈出 仔細看來眞槖籥 道人空齋事燕坐 足蹋天根
探月窟 四海潗潗一勺多 右拂扶桑左若木 聞道蓬萊幾淸淺 蟠桃結子三千
劫 都入先生弄丸中 放去收來不容瞥 誰能玩我無孔珠 一點團團正虛白.

라에 갔을 때 초나라 왕과 나눈 이야기에 나온다. "중니(공자)가 말
했다. 시남의료(초나라 현자)가 농환을 하여 두 집안의 어려움이 해
결되었다"(仲尼曰, 市南宜僚弄丸 而兩家之難解)는 것이 농환이 언급
된 구절이다. 초나라에서 반란을 일으키려는 사람이 시남의료에게
지원을 요청했으나 의료는 농환을 할 뿐 이에 응하지 않아 결국 반란
이 일어나지 않았다. 시남의료는 공 8개를 공중에 띄우고 한 개는 손
에 있도록 할 정도로 농환 솜씨가 뛰어났다고 한다.

서애가 이런 구절을 통해 농환에 관심을 갖고 노래까지 지었는지
는 알기 어렵다. 그렇지만 농환이 반란을 막았다는 내용에 대해서는
깊은 인상을 받았을 수 있다. 농환이 단순한 놀이가 아니라 "어려움
이나 근심걱정을 해결한 수단"(難解)이라는 점에서 그렇다. 서애는
농환을 통해 삶의 근심을 해소하려는 마음이 생겼을 수 있다. 구슬
던지기 놀이를 즐긴다는 내용을 보면 서애는 실제 농환을 잘했던 것
같다.

자연의 변화와 생성을 풀무(불을 피울 때 바람을 일으키는 기구)에
비유한 구절은 노자 《도덕경》에서 인용했을 것이다. 《도덕경》에서
는 "하늘과 땅 사이는 풀무와 같구나. 텅 비었지만 굽히지 않고 움직
이면서 더욱 생겨난다"(天地之間 其猶橐籥乎. 虛而不屈 動而愈出. 5
장)고 했다. 하늘과 땅 사이는 풀무의 바람통처럼 비었지만 움직이
면 끝없이 바람을 일으킨다. 천지만물의 생성과 변화를 말한다.

연좌(燕坐)는 좌선(坐禪)이다. 농환재 방에서 신선을 꿈꾸는 도사
(道士)가 되어 천유(天遊)에 나선다. 해가 뜨고 지는 곳에 있는 부상
과 약목을 거쳐 신선이 사는 봉래산에 이른다. 길고 긴 시간이 흘러

야 열매가 생긴다는 복숭아를 떠올린다. 신선이 즐기는 이런 풍경을 서애는 자신이 던지고 받는 농환의 구슬에 담고 싶어 한다. 독락(獨樂, 홀로 즐김)에 머무는 모습이다.

〈농환의 노래〉 마지막 구절에 있는 '허백'(虛白)은 《장자》〈인간세〉(人間世) 편에서 공자와 제자 안회의 대화에 나오는 허실생백(虛失生白)이다. 공자는 안회에게 "마음이 텅 빈 사람을 보아라. 비어 있는 방에 햇빛이 들어 환하게 밝지 않은가. 거기에 마음의 평안이 모여서 머문다. 그렇게 머물지 못하면 그것을 좌치, 즉 육체는 빈방에 앉아 있는데 마음은 밖으로 내달리는 것이라고 한다"(瞻彼闋者. 虛失生白. 吉祥止止. 夫且不止. 是之謂坐馳) 라고 했다. 허실생백은 분별하는 좁은 인식을 비우면 사물의 진면목이 뚜렷하게 드러난다는 의미다.

서애는 농환에 사람의 좁고 얕고 낮은 분별심을 넘어 우주자연과 합쳐지는 넓고 깊고 높은 의미를 담아낸다. 서애의 농환은 손안에 있는 작은 구슬에서 시작해 지구라는 큰 공으로 확대되고, 나아가 둥근 모양으로 추정되는 우주자연으로 한계 없이 커진다. 서애는 이 자유로운 날아오름의 정신세계를 자신이 던지고 받는 농환에 담고 싶어 한다. 서애의 농환은 신선처럼 마음껏 하늘을 날아다니는 신유(神遊)의 즐거움이다.

맺음말

징비와 공경, 일취월장의 길

공경하고 공경하라, 하늘은 뚜렷하게 드러나니.

하늘의 명령은 쉽지 않네, 그저 높은 하늘에 있다고 여기지 말라.

하늘은 오르내리며 일을 하니, 날마다 이 땅을 살핀다.

이 부족한 사람은 총명하지 않고 삼가고 조심하는 자세도 없네.

나날이 이루고 다달이 발전하여, 배움을 계속하여 빛나도록 하리라.

신하들은 나를 도와서, 내가 덕행을 나타내도록 해주기를.[1]

이 시는 《시경》의 〈주송〉(周頌, 주나라를 칭송하는 노래)에서 실려
있는 〈공경하라〉[경지(敬之)]이다. 첫 구절을 "공경하고 공경하라"
며 이중으로 강조한 이유는 삼가고 조심하는 태도가 매우 중요하기

---

1 敬之敬之 天維顯思 命不易哉 無曰高高在上 陟降厥士 日監在玆 維予小
   子 不聰敬止 日就月將 學有緝熙于光明 佛時仔肩 示我顯德行.

때문이다. 지(之)는 뜻을 강조하는 조사이다. 경(敬)은 대체로 공경한다는 뜻으로 풀이하지만 '삼가고 조심한다'는 의미를 함께 생각하면 좋다.

주나라 임금이 종묘에 제사를 지내면서 자신을 경계하는 악가이다. 임금이 천명(하늘의 뜻)을 받들어 잘 다스리는지 하늘이 날마다 살펴보고 있으니 부지런히 노력해야 한다는 것이다. 이 시에는 널리 알려진 일취월장(日就月將)이라는 성어가 나온다. 신하의 도움을 받아 임금의 덕행이 널리 빛날 수 있도록 하겠다는 다짐이 시의 의미다.

이 시는 서애가 《징비록》의 제목으로 삼은 시 〈소비〉(小毖, 조심함 또는 삼감이라는 뜻)편의 바로 앞에 실려 있다. 두 시는 의미가 거의 같다. 임금 같은 지도층이 하늘의 뜻에 어긋나지 않도록 두려워하고 삼가고 조심하는 자세로 부지런히 일해야 한다는 취지다. 지난 일에 잘못이 있다면 철저히 돌아보면서 반복되지 않도록 해야 하는 것은 경(敬)의 자세에 들어 있다. 삼가고 조심하며 징비하는 자세의 목적은 발전하는 모습, 즉 일취월장에 있다.

일취월장을 위해서는 '바른 삶'이 먼저 바탕이 돼야 한다. 글자 경(敬)은 구(苟)와 복(攵, 攴)으로 구성돼 있다. '구'는 진실한 태도이다. 《예기》 〈대학〉편에 "진실로 하루를 새롭게 하고, 하루하루 새롭게 하고, 또 나날이 새롭게 한다"(苟日新 日日新 又日新)라는 구절이 있다. 새로운 마음가짐으로 나날이 발전하는 자세를 잠시도 떠나서는 안 된다는 의미다. '복'은 '때리다', '채찍질하다'는 뜻이다. 두 뜻을 합하면, '경'은 개인이든 공동체든 진실하게 되도록 채찍질한다는 의미라고 할 수 있다. 공경과 징비, 즉 삼가고 조심하며 반성하고

390

준비하는 자세는 진실하게 실력을 쌓으며 발전하기 위한 바탕이요 힘이다. 이 같은 자세에서 일취월장도 비로소 가능하다.

나는 평소 《시경》을 읽으면서 서애가 〈공경하라〉와 〈삼감〉, 이 두 시에 특히 관심을 두지 않았을까 생각하곤 했다. 두 시는 합쳐서 하나의 시로 읽어도 흐름이 자연스럽다. 〈삼감〉이 지난 잘못의 반성과 뒷날의 걱정을 조심하는 태도를 강조한다면 〈공경하라〉는 삼가고 조심하여 일취월장해야 한다는 전진과 성장을 강조한다. 주체적인 삶을 추구하는 사람이라면 꼭 갖춰야 할 태도이고 능력이다.

《시경》은 동양 경전의 뿌리이므로 예로부터 매우 중시되었다. 서애도 전체 내용을 자세히 파악했음이 틀림없다. 서애는 《시경》 중에서도 〈송〉(대부분 종묘 악가), 그중에서도 〈주송〉(31편)을 특히 중요하게 여겼을 것이다. 〈주송〉에는 주나라를 잘 다스린 문왕과 무왕, 성왕의 공덕을 칭송하고 나라를 위하는 공직자의 자세 등을 하늘의 명령, 즉 천명(天命)을 받아 실천하는 차원에서 지은 노래가 많기 때문이다. 어려운 과정을 거쳐 세운 주나라를 후손들이 밤낮으로 노력하여 오래도록 잘 계승해야 한다는 것이다.

서애에게는 가혹한 말일 수 있지만 만약 임진왜란이 끝나고 몇 년 뒤 왜적이 다시 조선을 침략했다면, 그래서 임금이 하회에서 은둔하며 지내던 서애를 도체찰사로 임명하고 불렀다면, 나는 서애가 병든 몸을 이끌고 전쟁터로 갔을 것으로 생각한다. 삭탈관직된 후 하회에서 지내는 동안 서애는 가난과 질병으로 고통스러운 생활을 이어 갔다. 조정에서 관직을 회복시키고 불렀지만 그는 응하지 않았다. 조정에서 서애의 초상화를 그리기 위해 화가를 하회로 보냈지만 서애는 나라에 공로가 없다는 이유 등으로 그를 돌려보냈다.

하지만 흉악한 왜적이, 서애가 말하는 이 청결한 땅을 짓밟는 침략전쟁을 다시 일으켰다면 서애는 결코 용서할 수 없었을 것이다. 이는 늙고 병들고 가난한 서애 자신의 상황과는 결코 섞일 수 없는 사안이다. 서애 자신의 사사로운 감정이라면, 조정으로 급히 향하면서 참으로 인생길이 험난하다는 '인생행로난'(人生行路難)의 심정을 잠시 느끼면서 말에 오르지 않을까 싶다.

'건정지'(乾淨地)인 국토를 왜적이 밟도록 할 수는 없는 일이다. 이는 서애가 깃털만큼도 물러서거나 양보할 수 없는 정서적 한계와 마찬가지이다. 서애는 평소 〈주송〉의 시 〈굳셈〉〔환(桓)〕에 나오는 "하늘의 명령을 게을리하지 않네"(天命匪解) 같은 구절을 새겼을 것이다. 왜적이 청결한 우리나라 땅을 짓밟지 못하도록 막아 내는 것은 천명의 차원에서 실천해야 할 굳센 태도이다. 서애가 하늘의 뜻이나 도움처럼 하늘을 인격적으로 인식한 데에는 이 같은 실질적 의미가 있다.

서애는 하늘처럼 굳세고 정결한 우리 국토가 어떤 침략에도 밟히지 않아야 삶의 즐거움을 누릴 수 있는 낙토(樂土)가 가능하다는 역사적 책임감이 매우 강했다. 그렇기 때문에 임금의 피란이 압록강을 넘어 명나라 영토에 한 걸음이라도 들어가는 순간 나라는 사라진다는 확고한 신념으로 이를 막았고 사중구생의 의지로 왜적과 대결했다. 그는 길고 긴 전쟁에 잠시도 흐트러지지 않고 현실을 탓하지도 않고 치밀하게 대응했다. 이런 태도는 서애가 생각하고 실천한 도(道), 즉 가야 할 바른길이었을 것이다. "도는 잠시도 자신에게서 떨어질 수 없다. 떨어질 수 있다면 도가 아니다"(道也者 不可須臾離也. 可離 非道也. 《예기》 〈중용〉편 1장) 같은 차원일 것이다. 그렇기 때문에 병으로 몸을 가눌 수 없는 상태에서 임금에게 기어 들어가 상황보고를 하고, 몸이 아파 일어날 수 없는 상태에서는 비서관이 받아 적도록 해서 임금에게 보고를 하고, 전투 상황을 파악하기 위해 돌아다니다 풀숲에 쓰러져도 건정지인 국토를 지키는 노력을 잠시도 중단하지 않았다.

서애는 도(道)가 잠시도 자기 자신에게서 떨어질 수 없는 것처럼, 국가(國家)라는 큰 집도 잠시도 중단될 수 없다는 인식이 명확했다. 이런 인식은 개인적으로 늙어 가는 시간을 넘어 '영원의 시간' 속에 자신을 던져 넣는 주체적 모습으로 나타날 수 있다. 나는 서애의 삶에서 그와 같은 영원함을 보고 느끼고 교감했다. 이런 영원의 시간이 주체적인 삶 속에 흐르지 않는다면 징비도 일취월장도 의미와 가치, 쓰임새를 찾지 못한 채 방황할지 모른다.

농환 초가에서 솔잎과 도토리로 빈속을 채우며 병든 몸을 홀로 지탱하면서 농환을 즐긴 서애의 모습이 떠오른다. 몇 개의 공을 공중에 던지고 받았을까. 여러 개의 공 가운데 하나는 틀림없이 그의 삶과 함께한 징비력이었으리라.

65세 겨울 동짓날에 지은 〈농환의 노래〉에 서애는 농환의 공처럼 늘 공중에 머물러야 했던 긴장된 삶을 비로소 유연하고 자유롭게 하늘로 던지는 정서를 담았다. 그리고 4개월 후 세상을 떠났다.

나는 서애의 죽음을, 그가 즐겨 표현한 것처럼, 하늘에서 자유롭게 노니는 천유(天遊)라고 생각한다. 서애가 즐거운 마음으로 추구한 신선의 천유는 하늘에서 순간순간 머무는 농환의 공이 아닐까 싶다.

징비력은 하늘처럼 굳세고 정직하게 삶을 채우고 성장시키는 노력이다. 그 노력은 농환처럼 징비력이라는 공을 순간순간 손에서 놓치지 않고 공중에 머물도록 할 때 삶과 짝이 될 수 있을 것이다.

서애 징비 어록

《서애전서》 중에서 징비력(懲毖力)을 느낄 수 있는 서애의 목소리를 골랐다. 징비력의 입체적 성격이 잘 드러난다. 높임말은 선조 임금에게, 낮춤말은 관찰사 등 지방관에게 한 말이거나 독백이다.

《징비록》

— 지금 후회해도 소용없지만 훗날 경계가 될 수 있으므로 명확하게 기록해 둔다.
今雖悔之無及 猶可爲後日之戒 故備著云.

— 하늘이 사람에게 경고하는 것은 매우 간절하지만 사람들이 이를 살피지 못할 뿐이다.
天之告人 可謂深切 而特人不能察耳.

— 하늘이 사람에게 알리는 것이 뚜렷하였으며 성인이 후세에 전하는 깨우침이 매우 간절하였으니 두려워하고 조심하지 않아서야 되겠는가.
天之示人顯矣 聖人之垂戒深矣 可不懼哉 可不愼哉.

─ 내가 용병의 기밀에 대해 상세히 말했는데 지금 다시 특별히 기록하여
  훗날의 경계로 삼는다.
  余於兵機 備言之 今又特記之 以爲後戒.

─ 군사력에는 일정한 형세가 없으며 전투는 일정한 방법이 없다. 상황에
  따라 적절히 처리하여 나아가고 물러가며 합치고 흩어져서 기묘한 전술
  을 쓰는 것은 끝이 없다. 장수에게 달려 있다.
  兵無常勢 戰無常法. 臨機制變 進退合散 出奇無窮. 只在於將而已.

─ 어찌하여 앞에 간 수레가 이미 엎어졌는데 나중에 고칠 줄 모르고 지금
  까지 오히려 엎어진 수레의 바퀴자국을 따르고 있는가. 이와 같이 되고
  서도 아무 탈 없기를 바라는 것은 요행만 믿는 노릇이다.
  奈何前車旣覆 後不知改 至今尙循此塗轍.
  如此而望其無事者 特幸耳.

─ 군사행정을 바르게 하는 데는 중요한 것과 덜 중요한 것, 천천히 해야
  할 것과 급하게 해야 할 것이 있다. 근본은 꾀하지 않고 무기 보관만 하
  고 있으니 단단한 갑옷과 날카로운 칼이 있더라도 누가 그것을 사용할
  수 있겠는가.
  軍政之修 有本末緩急.
  本之不圖 而但事器械 雖有堅甲利刃 其誰用之.

《근폭집》

— 천하의 모든 일은 얼마나 세력이 있는지에 달려 있습니다. 일의 세력이
사라지면 하는 일마다 막히게 됩니다.

天下萬事 惟勢而已. 勢去之後 隨事生梗.

— 우리나라는 자애로움이 깊고 은혜로움이 두터워 종묘사직의 신령이 오
래 이어졌습니다. 어찌 한 번 미친 왜적에게 침략을 당했다고 끝내 회복
할 수 없는 상태가 되겠습니까.

我國家 仁深澤厚 宗社靈長. 豈有一爲狂寇所乘 而終至於不可爲哉.

— 저쪽과 이쪽(명나라와 우리나라)이 서로 힘을 모아 죽을 상황에서 살아
날 길을 찾아야 오늘날의 위태로운 일을 견뎌 낼 수 있을 것입니다.

彼此協力 死中求生 然後今日之事 庶可爲也.

— 옛날부터 나라가 망하는 이유는 하루 동안 쌓인 일이나 한 가지 일의 실
수 때문이 아닙니다. 대체로 벼슬을 하는 공직자들의 마음가짐이 부서
지고 무너지는 데서 비롯합니다.

自古國家之敗 非一日之積 一事之失. 大槪自士夫心術敗壞始.

— 나랏일의 위급함이 이렇게 됐지만 믿을 곳이 있고 만 분의 일이라도 희
망을 가질 수 있는 것은 민심입니다. 민심이 흐트러지면 더욱 아무 일도
할 수 없을 것입니다.

國事危急至此 所賴而有萬一之望者 人心也. 人心若解 則益無可爲.

─ 마땅히 보통의 일반적 규정에 얽매이지 말고 옛날 사람들이 말하는 '병
　졸을 발탁하여 장수로 삼는다'와 같이 해야 할 것입니다.
　惟當勿拘常規 如古人所謂拔卒爲將.

─ 대체로 세상 사람들의 마음은 해오던 대로 하기를 좋아하고 일을 새롭게
　하는 것은 꺼립니다. 이와 같이 한가하게 세월만 보내다가 벌써 올해가
　저물게 되었으니 내년의 일은 또 어찌 되겠습니까. 머뭇거리면 일을 망
　치게 됩니다.
　蓋人情樂於因循 憚於作事.
　似此悠悠 已迫歲暮 明年之事 又將奈何. 夫需者 事之賊.

─ 모든 일은 시작하지 않는 것이 걱정일 뿐 시작한다면 반드시 효과가 있
　을 것입니다. 중요한 것은 일을 맡은 사람들이 마음을 모아 정성을 쏟느
　냐에 달려 있습니다.
　凡事患不爲耳 爲則必有其效. 要在當事者 盡心與否而已.

─ 지난날 실수는 뉘우치지 않을 수 없으며 뒷수습을 잘하게 될 계획은 경
　영하지 않을 수 없습니다. 이렇게 해서 하늘의 뜻은 다시 계속되고 나라
　의 근본도 다시 튼튼하게 됩니다.
　往事之失 不得不懲創 善後之圖 不得不經營.
　天命以此而再續 國脈以此而更固.

─ 민심을 얻는 근본은 다른 데서 찾을 수 없습니다. 부역을 줄이고 세금을
　적게 거두어 국민과 함께 쉴 수 있도록 하는 것입니다.
　得民心之本 不可以他求. 惟當輕徭薄賦 與之休息而已.

— 지금 국민의 어려움은 이미 극도에 이르렀고 일이 돌아가는 형편은 위
급하여 도탄에 빠져 거꾸로 매달린 것과 같은 고통은 이루 말할 수 없습
니다.

今民窮已極 事勢危迫塗炭 倒懸之苦 不足言也.

— 인재는 나라의 예리한 기구입니다.

人才國家利器也.

— 깊은 근심은 임금의 밝은 덕을 깨우치고 많은 어려움은 나라를 떨쳐 일
으킵니다. 지금 일을 시작하더라도 어찌 나라가 중흥하지 못하겠습니
까. 임금께서 마음을 굳게 정하시어 군사들이 용기를 떨치게 하기를 바
랄 뿐입니다.

殷憂啓聖 多難興邦. 及今爲之 豈不足以中興乎.

惟望聖心堅定 以振士氣而已.

— 보통 사람의 지혜로 지난 일은 알 수 있지만 닥쳐올 일은 알 수 없습니
다. 난리를 직접 겪고 난 뒤를 소중히 여기는 이유는 여러 가지 경험을
통해 잘못을 뉘우치고 앞날을 조심하며 삼가는 것이 깊기 때문입니다.

凡人之智 能見已然 不能見將然.

所貴於經亂之後者 以其嘗歷多 而懲創者深也.

— 나라의 근본인 국민을 정성스럽게 대하고 이와 같이 부지런하기를 10년
동안 계속하면 잡목의 숲이 변하여 낙토가 되어 나라가 영원히 편안해질
것입니다.

以厚邦本 如此孜孜 期以十年 則荊榛變爲樂土 邦其永孚于休矣.

— 인심은 믿고 의지할 데가 있으면 두려워하지 않을 것입니다.

人心有恃而不恐.

— 국민에게 편리하고 마땅한 행정은 크고 작은 것을 말할 필요 없이 빨리
시행하기를 마치 불타는 사람을 구제하고 물에 빠진 사람을 건지는 것처
럼 해야 작은 효과라도 기대할 수 있을 것입니다.

凡便民之政 所當勿論大小 急急擧行 如救焚拯溺

然後庶可有一分之效.

— 기회는 한번 잃게 되면 후회해도 소용이 없습니다.

機會一失 後悔無及.

— 이전의 잘못된 습관을 따라 그대로 행하고 머무적거리면서 결정을 짓지
못하여 마치 날이 저물어 가는 것처럼 하면서 오늘도 시작하지 않고 내
일도 시작하지 않아서 나날이 위태롭고 어려운 상태로 달려가게 된다면
비록 슬기로운 사람이라도 뒷수습을 잘하지 못할 것입니다.

而因循媕婀 如日將暮 今日不爲 明日不爲 日趨於危亂之地

雖有智者 莫能善其後矣.

— 오늘날 일의 형편은 날로 급박한데 명나라 군대만 믿을 수 없음은 분명
합니다. 우리 처지에서는 마땅히 충분히 조치하여 죽을 상황에서 살아
날 수 있는 대책을 세워야 할 것입니다. 그렇지 않다면 앞으로 닥쳐 올
일은 차마 말할 수 없을 것입니다.

今日事勢日迫 天兵之不可恃明矣.

在我所當百分措置 爲死中求生之計. 不然則前頭之事 不忍言也.

― 이전의 잘못된 일을 뉘우치며 경계하는 이유는 뒷날의 일을 조심하기 위해서이고, 지난 일을 거울로 삼는 이유는 지금 필요한 일을 추진하기 위해서입니다.

懲前所以毖後. 鑑古所以圖今.

― 군사훈련은 쇠붙이를 달구어 단단하게 단련하는 일과 마찬가지입니다. 쇠는 백 번이나 불에 달구어 두드리지 않으면 쓸 수 없습니다.

鍊兵如鍊金. 金非百鍊 不可用.

― 마땅히 원대하고 유구한 계획을 마련해야 할 것입니다. 잠시 일하다가 그만 중단하거나 아침에 밭 갈아 저녁에 수확하려는 식으로 하지 말아야 할 것입니다.

當爲經遠悠久之計. 勿使乍作乍輟 朝耕而暮穫也.

― 많은 사람을 합하여 한마음으로 만들어야 성공할 수 있습니다.

合萬人 爲一心 然後可以成功.

― 무능한 사람은 배제하고 유능한 사람은 승진시키는 원칙을 분명하게 하고 좋은 일은 권장하고 나쁜 일은 징계하는 원칙을 크게 실천한 뒤에야 국민의 삶이 실질적인 혜택을 볼 수 있을 것입니다.

黜陟分明 勸懲大行 然後民生 庶蒙實惠矣.

― 예로부터 나라의 운명이 험난한 상태를 만나는 것은 사람에게 사나운 운수가 생기는 것과 마찬가지입니다. 반드시 아주 세밀하게 방어하고 지나칠 정도로 염려해야 보존하기를 바랄 수 있습니다.

自古國之遇屯運 如人身之有重厄.
必須百分周防 過爲之慮 然後可望保全.

— 이렇게 위태롭고 어려운 시기에는 마땅히 격식을 깨뜨려 인재를 모아 실
  질적 효과를 찾아야 할 것입니다.
  當此危難之際 所當破格收才 以求實效.

— 인재는 비록 큰 인재와 작은 인재가 있지만 모두 장점과 단점이 있습니
  다. 참으로 재능에 따라 선발하여 각자 분발하여 떨쳐 일어나도록 한다
  면 쓸 만한 인재가 아닌 경우가 없을 것입니다. 걱정되는 것은 인재를
  널리 구하지도 않고 적절하게 쓰지도 못하는 현실입니다.
  人才雖有大小 而皆有所長短. 苟能隨才甄拔 使各奮勵
  則莫非可用之才. 所患求之不廣 用之失宜耳.

— 지난날처럼 국민의 신뢰를 잃지 않도록 해서 국민이 흔쾌히 따르도록 해
  야 할 것입니다.
  無使如前失信於民 使民樂從事.

— 여러 해 묵은 잘못된 습관이 여전히 사람들의 마음과 눈에 고치기 어려
  운 병처럼 되어 낡은 것을 고쳐 새로운 것을 꾀하지 못하고 있습니다.
  積年弊習 猶痼於人之心目 不能改舊圖新.

— 왜적에게 이기는 방법은 다른 것이 없습니다. 우리가 먼저 대책을 세우
  면 우리가 이기고 왜적이 먼저 대책을 세우면 적군이 이깁니다.
  勝敵之道無他. 我先爲計則我勝 敵先爲計則敵勝.

― 난리를 평정하여 질서 있는 세상으로 회복하는 데는 인재를 구하는 것이 급한 일입니다. 옛날에는 인재를 뽑는 방법이 매우 넓었습니다. 오직 재능을 보고 뽑았을 뿐 그 밖의 다른 것은 묻지 않았습니다.

撥亂反正 人才爲急. 古者 取人之道甚廣. 惟才是取 不問其他.

― 지금 장수들은 팔짱만 끼고 아무 일도 없는 것처럼 한가롭게 지내면서 조금도 애를 태우지 않고 죽을 상황에서 살아날 길을 찾는 뜻이 없습니다.

今之爲將者 拱手優遊於無事之地 略無勞心焦思 死中求生之意.

― 지금 나라가 파멸된 후, 마땅히 지난 일을 뉘우치고 경계하여 뒷날 닥쳐올 재앙을 조심해야 합니다. 무너진 체제를 아주 새롭게 하여 밤낮으로 무기를 제작하며 임금과 신하, 윗사람과 아랫사람이 큰일이든 작은 일이든 짧은 시간을 아껴 원수를 갚고 수치를 씻을 일로 마음을 먹어야 할 것입니다.

今於破滅之餘 所當懲創往事 圖惎後患. 一新頹圮 晝夜征繕
君臣上下 若大若小 愛惜寸陰 以復讎雪恥爲心可也.

― 개인이 소유한 노비를 군대에 편입하는 데 따르는 폐단에 대해 요즘의 관습으로 말하면 (군사훈련은 서두를 필요가 없다는) 이 같은 말은 할 수 있습니다. 그러나 함께 살아가는 세상의 이치를 기준으로 말하면 개인 노비는 국민이 아니라는 말입니까.

至於私賤爲軍之弊 自近日之習論之 則誠有如此言矣.
若以天下公共之理言之 則私賤獨非國民乎.

― 왜적과 우리는 같은 종류의 사람이 아닙니다. 왜적의 성질은 흉악하고

교활하여 헤아려 알기 어려우며 사납고 난폭한 성질은 타고났습니다.
倭賊與我人 非其同類. 倭性兇狡難測 悍毒得於天性.

— 왜적이 다행히 바다를 건너 물러간다고 하더라도 우리나라가 재물과 힘을 모두 써버리는 형세를 한 가지도 바로잡지 못하고 있으니 왜적으로서는 다시 침략하는 것이 어찌 어렵겠습니까. 날마다 일을 조치하기를 마치 머리에서 타는 불을 끄듯이 서둘러서 조금이라도 느슨하거나 게을러져 일이 되어 가는 중요한 고비를 그르치지 않도록 하고 일을 맡은 사람들은 격려하여 성과를 내도록 하는 것이 어떻겠습니까.
假使賊幸而渡海 在我蕩然之勢 無一收拾 其再來何難.
日事措置 汲汲如救頭燃 毋得少有弛慢 以誤事機 凡各任事之人
一體激勵 趨事赴功 俾有成效何如.

— 국민이 평소의 정상적인 성품을 잃으면 이익이 있는 곳을 따르게 됩니다. 왜적은 이런 우리 국민을 여러 가지 방법으로 유혹하고 속여 자기들의 앞잡이로 만들고 있습니다.
民失常性 惟便利處是從. 而倭賊多般誘哄 使爲己用.

— 옛날부터 전쟁이 일어나 나라가 어지러운 시기에는 오직 민심이 따르느냐 등지느냐가 일의 성공과 실패를 결정했습니다.
自古用兵搶攘之際 專以人心向背 決成敗.

— 큰일을 이룬 사람은 민심을 근본으로 삼았습니다.
成大事者 以人心爲本.

- 사람을 쓰는 방법은 넓게 선발하는 것을 소중하게 여기고 좁게 뽑는 것은 소중하게 여기지 않습니다.

  蓋用人之道 貴廣而不貴狹.

- 지금 세상에서 사람을 쓸 때는 반드시 대대로 내려오는 그 집안의 문벌을 살펴봅니다. 문벌이나 지위가 왜적을 공격해서 물리칠 수 있다는 것입니까.

  今世用人 必先論門地. 夫門地果能擊賊乎.

- 지금 우리나라가 이전에 없던 전쟁을 만났으니 이를 이겨 내기 위해서는 평소와 같은 구습에 매달려서는 안 될 것입니다. 다른 일도 모두 그렇게 해야겠지만 사람을 쓰는 일은 더욱 중요합니다.

  今國家値前古所無之變 其所以救之 不可循常守舊.

  他事皆然 而用人一事尤重.

- 원수를 갚는 일도 실천이 따르지 않는 빈말과 아무 일도 하지 않는 자세로는 될 수 없습니다. 반드시 안으로는 굳게 참고 견디는 의지가 있고 밖으로는 오래도록 시행해 나갈 정책이 있어서 임금과 신하, 윗사람과 아랫사람이 성실한 마음으로 먼저 본보기를 세워 먼 장래의 일을 기약해야 할 것입니다.

  復讎亦不可空言無事. 而可爲也 必內有堅忍之志 外有悠久之政

  君臣上下 斷斷一心 先立規模 以久遠爲期.

- 일을 시작할 때는 반드시 처음 계획을 잘 세워야 하며, 이미 시작했다면 반드시 일을 성공시켜야 합니다.

作事必謀始 旣已爲之 則必要其成.

— 우리나라에서 하는 일은 대개 오랫동안 지속하지 못합니다. 가까운 것
  은 한두 달 만에, 길어야 한 해를 넘기지 못하여 중간에서 폐지되지 않
  는 것이 없습니다.
  我國之事 不能耐久. 近者一二月 遠不過一年 無不中廢.

— 처음에는 사람들의 말을 널리 받아들인 뒤 정밀하게 살피는 것이 다른
  사람의 말을 듣고 쓰는 데 중요합니다. 말을 받아들이는 것이 넓지 못하
  면 신분이 낮은 평범한 사람들은 자기가 하고 싶은 말을 다 할 수 없으니
  국민의 실상이 위로 전달될 수 없을 것입니다. 말을 정밀하게 살피지 못
  하면 온갖 바르지 않은 말이 뒤섞여 마음에 품은 의지도 이 때문에 흔들
  려 없어질 것입니다.
  蓋博取於前 而精察於後 聽言之要也.
  取之不博 則匹夫匹婦 不獲自盡 而下情有所不通.
  察之不精 則詖遁誕妄 未免雜糅 而心志爲之搖奪.

— 일은 요령을 알면 다스려지고 요령을 모르면 다스려지지 않습니다.
  凡事得其要則理 不得其要則亂.

— 마땅히 바로잡아 조치하되 기한을 정해서 태만하지 않도록 하여 죽을 상
  황에서 살아날 길을 찾는 것이 마땅합니다.
  惟當收拾措置 刻期無怠 庶幾死中求生而已.

— 오늘날 일을 이루기 위해서는 발탁하지 않으면 적임자를 얻기 어렵습니

다. 적임자를 얻지 못하면 일을 이룰 수 없습니다. 신이 이전부터 매번 청하기를, 평소의 일반적 규정에 얽매이지 말고 인재를 널리 거두어 쓰자고 한 것은 그 뜻을 깊은 생각 없이 말씀 드린 것이 아닙니다.

今日之事 非拔擢 難以得人. 非得人 難以濟事.

故臣從前每請不拘常規 廣收人才者 其意實非偶然也.

— 나라를 지탱하는 힘은 민심뿐입니다. 위태롭고 어지러운 때에도 민심이 뭉치고 단단하면 나라가 편안하고, 민심이 떨어져나가 흩어지면 나라가 위태로워집니다. 지난 일이 모두 그렇게 되지 않았던 경우가 없었습니다.

國家之所以維持者 人心而已. 雖危亂之際 人心凝固則國安

人心離散則國危. 已然之事 莫不皆然.

— 일이 돌아가는 형세의 이치는 전진하지 못하면 후퇴하게 되는 것과 마찬가지라는 것입니다.

天下之勢 不進則退.

— 지금 왜적의 형세는 여전히 급박하고 나랏일은 더욱 어려운데도 군사를 거느린 신하와 지역을 지키는 지방관들은 여전히 지난 일을 징계하여 뒷날의 어려움을 조심하려는 뜻이 없습니다.

今賊勢尙急 國事愈艱 而外間將兵之臣 守土之官 尙無懲創往事

圖毖後患之意.

— 앞에 지나간 수레가 이미 넘어진 것을 알면서도 아직까지 수레바퀴를 고칠 줄 모른다면 이는 참으로 넘어지고 엎어지는 것 외에는 다른 방법이

없는 것입니다.

知前車之旣敗 而尙不知改轍 則是固覆敗之道也.

— 군사의 많고 적음과 강하고 약함의 모양, 지형의 험하고 평탄한 모양을
마음과 눈으로 분명하게 알아서 항상 우리의 장점으로 적군의 단점을 공
격하도록 해야 합니다. 왜적이 그들의 장점으로 우리의 단점을 공격하
지 못하도록 해야 비로소 싸울 때마다 이길 수 있습니다.

以及衆寡强弱之形 地里險夷之勢 了然於心目 常使我之所長
加於敵之所短. 不使敵之所長 加於我之所短
然後始可百戰而百勝矣.

— 전투를 잘하는 사람이 형세에 따라 상황을 유리하게 이끌면 장점이 도리
어 단점이 되고 단점이 도리어 장점이 됩니다. 이는 군사를 움직이는 묘
한 이치이므로 살피지 않을 수 없습니다.

善戰者 因其勢而利導之 長者或反爲短 短者或反爲長.
此兵家之妙 不可以不察也.

— 한번 이와 같이 되었다면 조심하고 뉘우칠 줄 알아야 하는데도 뒷날의
싸움에서도 반드시 지난 일을 그대로 따라 합니다. 군대를 망치고 많은
병졸을 잃는 것은 앞뒤 사정이 같기 때문인데도 그런 사람들이 여전히
유능한 장수인 것처럼 뽐내면서 작전은 바꿀 줄 모릅니다. 그들의 위태
로움이 너무 심합니다.

一番如此 亦可知戒 而後日之戰 必由此塗轍. 喪師覆衆 前後一律
而其人 猶以名將自居 而不知改圖. 嗚呼 其危甚矣.

— 지난 일을 살피는 것은 뒷일을 위한 명확한 교훈입니다. 지금 조치를 취하면 아직은 대비할 수 있습니다. 걱정되는 것은 좋은 대책이 있더라도 사람들이 옳게 여기면서 실천하려고 하지 않는다는 것입니다.

前事之鑑 後事之明誠. 及今措置 猶可爲備.

但患雖有善策 而人不肯爲耳.

《군문등록》

— 지금, 지난 일을 뉘우치고 경계하여 뒷날의 걱정을 조심하는 대책은 오직 병사를 훈련시키는 데 있다.

今者 懲創往事 圖惎後患之策 唯在於鍊兵一事.

— 국민을 보듬고 보호하여 나라의 근본을 다시 튼튼하게 해야 군량을 조치하고 병졸을 훈련하며 성을 수리하는 일도 가능하다.

懷保小民 使邦本更固 然後措置糧餉 訓鍊軍兵 修緝城池.

— 관찰사는 부하 지방관을 감독하여 통솔하고 병마절도사와 수군절도사는 현장의 군사 지휘관을 단단히 타일러 경계토록 하여 마음과 힘을 다하여 밤낮으로 정성껏 힘써서 수습하고 부족한 부분을 보충하면 나랏일이 비록 위급하더라도 아직 구제할 희망이 있다. 이전의 잘못된 습관을 그대로 따르면서 일을 그만두고 게으른 상태로 세월만 보낸다면 나랏일은 어쩔 수 없는 상태가 될 것이다.

若監司督率 閫帥申飭邊將 竭其心力 盡瘁晝夜 收拾補綴 則國事雖急 尚有可濟之望. 萬一因循廢墮 玩愒度日 置國事於無可奈何之地.

— 전쟁이 난 후에 국민들이 뿔뿔이 흩어져 떠나는 상황에서는 반드시 죽은 사람은 애도하고 살아 있는 사람은 위로하며 인정스럽게 구제하여 민심이 다시 살아갈 뜻을 가지도록 하여 나라의 근본이 흔들리는 걱정이 없도록 해야 나머지 조치하는 일도 이뤄질 수 있다.

亂離之後 小民蕩析流離之後 則必須弔死問生 慈詳惻怛
使民心懷再生之意 邦本無動搖之憂 然後他餘措置之事.

— 빨리 조치하여 기회를 잃지 않아야 한다.

急時措置 無失機會.

— 포루를 준공한 뒤 천지현황 화포와 불랑기 대포를 많이 갖추고 포루 안에 설치해 미리 화포 발사 연습을 한다면 한번 힘껏 노력해서 오랫동안 만족스럽고 반드시 두고두고 이로울 것이다.

若成此制 而多備天地玄黃及佛狼機大砲 各置砲樓之中 豫爲習放
一勞永逸 必爲萬世之利.

— 군대를 관리하고 훈련하는 일은 헝클어진 줄을 정리하는 것과 같으므로 반드시 정성껏 처리하고 부지런히 떨쳐 일어나도록 해야 할 것이다. 반드시 상벌 권한을 가지고 자주 재능을 시험하여 권장해야 성과를 기대할 수 있다. 각별히 유의하여 명령을 내려 알려 주고 시행해야 할 것이다.

治兵之事 如治亂繩 必以誠心臨之 勤加振作. 又必有賞罰之柄
而頻數試才 有所勸獎 然後可期成效矣. 各別申勅 知委施行.

— 윗사람과 아랫사람이 서로 믿고 정성스런 마음으로 실속 있는 일을 하도록 힘써야 한다.

務在上下相信 以實心行實事.

— 정성껏 일을 잘 처리하는 사람에게는 파격적으로 상을 줘야 한다.
誠心幹事者 破格論賞.

— 모든 행정을 처리할 때는 국민의 마음을 살펴서 함께하는 자세가 소중하
다. 그렇게 하면 일은 반드시 이뤄질 것이다.
凡政事施措之間 貴在於順民之情. 民情旣順 則事必有濟.

— 사람들 마음에 게으름이 쌓여 나랏일에 의지가 없는 경우가 많다. 각자
마음을 깨끗이 씻고 두려운 자세로 생각을 가다듬어 뜻을 다해 실천해야
할 것이다.
人心積成怠慢 無志者多. 其各洗心惕慮 悉意遵行.

— 예로부터 싸우고 지키는 대책은 식량과 군대, 성곽, 무기를 갖추는 것이
다. 이 네 가지가 갖춰지더라도 반드시 서로 화합하는 분위기가 있어야
마음을 굳게 단결시킬 수 있다. 또 훌륭한 장수가 있어야 일을 성공시킬
수 있다.
自古戰守之計 不過糧餉軍兵城池器械而已.
四者具備 而必又有人和 固結其心. 更有良將 然後可以濟事.

— 형세가 어렵다는 핑계로 계획을 세우지 않아서는 안 된다. 순찰사는 마
땅히 무능한 사람을 물리치고 유능한 사람에게 임무를 맡기는 원칙을 밝
혀 국가의 기강을 엄격하게 바로잡아 탐욕 많고 간사한 공직자들이 국민
을 괴롭히지 못하도록 해야 한다.

不可諉諸勢難而不圖.

巡察使當嚴明黜陟 以肅綱紀 使貪官猾吏 不得侵剝於下.

— 나라의 기강을 유지하는 것은 윗사람과 아랫사람이 서로 받들고 예절과
   공경으로 서로 접촉하는 사이에 있다. 최근 들어 기강이 해이해지고 온
   갖 법도가 폐지되어 안팎과 위아래 관계에 예절과 체면이 모두 없어져 공
   경하고 신중한 뜻이 없다. 기강이 흐트러진 이유는 참으로 여기에 있다.
   國之所以維持綱紀者 只在於上下相承 禮敬相接之間.
   近來綱紀解弛 百度廢墮 內外上下之間 禮貌蕩然 無復有敬愼之意.
   紀綱之廢 實在於此.

— 요즘 여러 곳의 관찰사들이 보낸 보고서를 살펴보니 지방관이 상급관청
   에 보낸 문서는 글을 거의 붙여 쓰고 내용도 거만하여 공경하고 조심하
   는 뜻은 조금도 없으며 매우 업신여기고 소홀히 한다. 이런 일이 이와
   같으니 다른 일도 충분히 미루어 알겠다. 이런 형편이니 조정의 명령은
   지방에, 관찰사의 명령은 지방관에게, 지방관의 명령은 민간에, 장수의
   명령은 부장군에게, 부장군의 명령은 병졸에게 시행되지 않는다. 아랫
   사람은 윗사람을 업신여겨 윗사람의 권위가 떨어지고 아래위의 차례가
   없어져 수습할 수 없게 되었으니 참으로 안타깝고 답답하다.
   近觀各處監司粘移報狀 守令其於上司衙門 例皆連書 詞說倨傲
   略無敬愼之意 極爲慢忽. 此事如此 他可類推. 以此朝廷之令
   不行於外方 監司之令 不行於守令 守令之令 不行於民間 將帥之令
   不行於褊裨 褊裨之令 不行於軍卒. 下陵上替 不可收拾 良可寒心.

— 형세를 차지하면 전쟁에 이기고 형세를 잃으면 진다.

412

得其形勢者勝 失其形勢者敗.

— 민심은 믿고 의지할 데가 있으면 무너지고 흩어질 걱정이 없다.
民心有所恃 則自無潰散之慮也.

— 오늘날 온갖 일이 마치 구름과 안개 속에서 길을 가는 것처럼 몇 발자국
바깥도 혼란스럽고 어두워 일의 갈피를 모른다. 상급기관의 명령도 받
들어 시행하지 않는 것을 잘하는 일이라고 여긴다. 일마다 이렇게 되어
가지런하게 바로잡을 수 없으니 더욱 답답하다.
今日萬事 如行雲霧之途 寸步之外 迷昧莫知頭緖.
上司所令 一切以不爲奉行爲能. 事事如此 末有整頓 尤爲寒心.

— 군사훈련은 반드시 요령을 알아야 편리하고 쉬우며 폐단이 없어 인심이
즐겁게 따르게 될 것이다. 그런 다음에야 효과를 볼 수 있을 것이다.
鍊兵必須得其要領 便易無弊 使人心樂赴. 然後庶見成效.

— 관청에서 하는 모든 행정업무의 목적은 국민을 편안하게 하는 데 있다.
一切務在便民.

— 국민을 괴롭히는 행정이 고슴도치의 털처럼 많은데도 조정에서조차 모
르고 관찰사도 듣지 못하면 국민은 어디에 가서 사정을 호소하겠는가.
病民之政 有同蝟毛 而朝廷不知 監司不聞 則民生將何所赴訴哉.

— 국토를 지키는 방법은 형세를 얻는 데 달려 있다. 형세라는 것은 우리는
반드시 지켜야 하고 적군은 반드시 싸워서 빼앗으려는 곳이다.

守之之道 唯在於得其形勢而已.

所謂形勢者 我所必守 而敵所必爭之地也.

— 이와 같이 사람의 마음은 눈앞의 편안한 일에만 익숙해져 곧 닥쳐올 재
앙은 생각하지 않습니다. 당연히 해야 할 일이 있더라도 사소한 어려움
때문에 그치기도 하고 다른 사람의 말을 듣고 중간에서 그만두기도 합니
다. 그런 태도는 일이 몹시 위급해 당황스러운 상태에 이르면 후회해도
소용이 없게 됩니다.

如此人情狃於目前之安 不念將來之禍. 雖有所當爲事

或以少勞停止 或以人言中輟. 及其蒼黃之際 悔無所及.

— 반드시 모든 사람이 서로 힘을 합쳐 자기 자신의 일과 같이 하여 한번 힘
껏 일하고 오래도록 편안할 수 있는 대책을 세운다면 훗날 비록 전쟁 같
은 일이 있더라도 편안하게 베개를 베고 누워 잘 수 있을 것이다.

必須大小戮力 如爲私事 爲一勞永逸之計 則後來雖有事變

當安枕而臥.

— 준비하여 막고 지키는 대책은 병력과 무기 같은 일에 지나지 않습니다.
가장 중요한 점은 먼저 국민의 힘을 펴도록 하는 것입니다. 국민의 힘이
펴지면 다른 일도 대책을 세울 수 있을 것입니다.

凡備禦防守之策 不過於軍兵器械等事. 而大要在於先紓民力.

民力既紓 然後他事可以措置.

《진사록》

— 우리의 단점으로 왜적의 장점을 업신여겼으니 우리 군대가 패배한 것은
처음부터 이상할 것이 없습니다.
以其所短 乘其所長 其致敗衄 固不足怪.

— 군사는 많고 적음을 논할 것 없이 잘 훈련되면 쓸 수 있습니다. 싸움은
일정한 형세를 논할 것 없이 좋은 기회를 타면 이길 수 있습니다.
兵無多寡 精鍊則可用. 戰無常勢 乘機則可勝.

— 세상의 일은 오직 세력에 달려 있을 뿐입니다. 세력이 없어지면 친척도
서로 떠나고 세력이 강하면 서로 멀리 떨어진 나라도 한 집안처럼 됩니다.
天下之事 惟勢而已. 勢去則親戚相離 勢强則胡越爲一.

— 병법에서 가장 중요한 점은 무기를 날카롭게 하는 것입니다. 우리나라
는 활과 화살을 믿고 의지할 뿐이므로 수백 걸음 밖에서는 조총의 탄환
을 막을 수 없으며 서너 걸음 안에서는 칼이나 창을 막을 수 없습니다.
이 때문에 싸울 때마다 패배하여 도주하는 것은 그 형세가 이미 그렇게
되어 있는 것입니다.
兵家之要 莫先於精利器械. 我國惟恃弓矢 數百步之外
不能禦鐵丸 數步之內 不能敵短兵. 以故動輒敗北 其勢然也.

— 지금 공문을 보내 조심하도록 하고 채찍질하여 다시는 이전과 같은 잘못
을 따르지 않도록 해야 할 것입니다.
今宜下書警策 毋使更蹈前失.

— 조정에서 인심을 분발시켜 권장하여 격려하고 허물을 뉘우치도록 하는
  것은 상벌을 바르게 하는 데 달려 있습니다.
  朝廷所以激發人心 有勸有懲者 全在賞罰.

— 지금 시급한 일은 인심을 격려하여 국민이 떨쳐 일어나게 하는 데 있습
  니다.
  當今急務 惟在激勵人心 使之興起.

— 오늘날 믿을 것은 국민의 마음뿐입니다.
  今日所恃者人心.

— 중요한 것은 거짓 없는 순수한 마음을 옮겨 다른 사람의 마음속에 베푸
  는 일입니다.
  所貴推赤心 置人腹而已.

— 모든 일은 미리 준비하지 않으면 성공할 수 없습니다.
  凡事不豫則不立.

— 일은 반드시 미리 계획을 세워야 때가 닥치더라도 걱정이 없을 것입니다.
  事須預立 可無臨時之患.

— 옛날부터 지금까지 앞날을 헤아리는 사람은 적고 눈앞의 일시적인 편안
  함을 찾는 사람은 많습니다.
  自古遠慮者少 姑息者多.

─ 조정에서는 보통의 일로 보지 마시고 모든 일을 빨리 융통성 있게 처리
  하여 뒷날에 이미 늦어 소용이 없게 되는 뉘우침이 없도록 하시기 바랍
  니다.
  朝廷毋視尋常 凡事急急區處 使無噬臍難追之悔.

─ 용병의 방법은 군사의 움직임이 상황에 맞도록 하는 데 있습니다.
  用兵之道 在於動靜 無失其宜.

─ 이런 위급한 시기를 당하여 여러 가지 처리해야 할 일은 마땅히 백 번 천
  번 생각하여 아주 상세하고 치밀하게 해야 할 것입니다. 이런 일이 없으
  리라 편안하게 생각하면서 대책을 소홀히 해서는 안 될 것입니다. 조정
  에서는 좋은 대책을 깊이 생각하여 일이 발생하기 전에 잘 대처해야 할
  것입니다.
  當此危急之際 凡百所處 當千思百思 至詳至密. 不可諉之於保無是事
  而不爲之豫求也. 敢望朝廷深惟長策 先事善圖.

─ 지금 일이 돌아가는 형편은 하루하루 위급합니다. 마땅히 빨리 대책을
  결정하여 죽을 상황에서 살아날 길을 찾아야 할 것입니다.
  今之事勢 一日危於一日. 所當早爲決計 死中求生.

─ 요즘 기율이 엄중하지 못해 장수들이 뽐내고 거만하여 자기에게 편리한
  것만 하고 명령도 시행되지 않습니다. 나랏일이 무너지는 것도 이런 사
  정 때문입니다.
  近來紀律不嚴 諸將偃蹇自便 號令不行. 國事之敗 皆由於此.

— 국민의 삶이 마치 수레바퀴 자국에 고인 물에 모여 있는 물고기처럼 몹시 어려운 처지여서 날짜만 헤아리면서 죽기를 기다리고 있습니다. 구제하자니 곡식이 없고 구제를 외면하자니 차마 그대로 볼 수 없는 상태입니다.
民生如聚涸轍之魚 計日待盡. 欲救則無穀 不救則難忍.

— 군사 일이 당장 급하지만 국민을 구제하는 일은 조금이라도 늦출 수 없습니다.
不可以兵事之方急 而少緩於救民.

— 일은 마땅히 알맞은 때에 맞춰 처리해야 할 것이며 통상적인 규정을 아교풀처럼 융통성 없이 지켜서는 안 될 것입니다. 반드시 적임자를 얻어서 그 일을 전적으로 맡겨야 나라든 민간이든 이익이 있을 수 있으며, 그렇지 못하면 이익이 없을 것입니다.
事當隨時 不可膠守常規. 但必須得人 專委其事
然後庶幾有益於公私 不然則恐無利益.

— 조정에서는 다시 깊이 생각해서 서둘러 분별 처리하여 일을 늦추어 시기에 이르지 못하는 걱정이 없도록 해야 할 것입니다.
朝廷更加深思 急速區處 俾無緩不及時之憂.

— 군사를 이용해 승리하기 위해서는 마땅히 먼저 형세를 얻어야 합니다. 형세를 먼저 얻으면 비록 약한 군대라도 강한 군대를 제압할 수 있습니다.
用兵制勝 惟當先得形勢而已. 形勢旣得 則雖弱可以制强.

― 군사에 관한 중요한 상황은 아주 짧은 시간에도 바뀝니다.
軍機之事 頃刻變遷.

― 군사를 부리는 요령은 먼저 적의 약점을 공격하면 방어가 튼튼한 곳도 쉽게 흔들린다는 것입니다.
用兵之道 先自敵人瑕而攻之 則堅者自解矣.

― 강 가운데서 배를 잃게 되는 상황이라면 표주박 한 개의 물도 천금의 가치가 있습니다. 지금 어찌 (군량의) 많고 적음을 따지겠습니까. 조정에서는 시급히 곡식을 구할 방법을 찾아야 할 것입니다.
中流失船 一壺千金. 今豈可計其多少乎. 朝廷急速講究得粟之策.

― 조정에서는 시급히 생각하고 헤아려 일을 처리하고 빨리 지시를 내려 일이 돌아가는 중요한 고비를 잃지 않도록 해야 할 것입니다.
朝廷急速商量處置 早賜指揮 毋失事機.

― 군사는 잘 훈련되지 않았는데도 장수는 군사를 평소 어루만져 주는 일이 없습니다. 아랫사람은 대부분 굶주리는데도 윗사람은 피부의 상처를 입으로 빨아 주는 사랑이 없습니다. 장수와 병졸의 마음이 서로 합쳐 하나가 되지 못하니 어찌 군사를 끓는 물과 뜨거운 불 속으로 뛰어들도록 할 수 있겠습니까.
軍不精鍊 而將無撫循之素. 下多飢困 而上無吮疽之惠.
將卒之心 不相合一 何能使之赴蹈湯火乎.

― 이처럼 민심이 무너져 흩어지는 시기에는 마땅히 사정을 살펴서 관청과

민간 모두 구제되도록 해야 할 것입니다. 굶주린 국민과 가난한 집은 조금 너그럽게 구제하여 국가가 국민을 아끼는 뜻을 나타내 보인다면 잃는 것은 많지 않지만 이익은 매우 클 것입니다. 조정에서는 충분히 참작하고 지시하여 처리하기 어려운 걱정이 없도록 해야 할 것입니다.

當此民心潰散之際 亦當少有斟酌 使公私兩濟.

飢民下戶 少加寬恤 以示國家愛民之意 則所失不多 而爲益甚大.

敢乞朝廷十分參詳指揮 毋令有難處之患.

— 국민이 하늘처럼 받들어 의지하는 것은 오직 식량입니다. 식량 문제에 있어 이미 믿고 생활할 수 있는 길이 없다면 비록 실행할 수 없는 빈말로써 밤낮으로 위로하여 편안하게 하더라도 흩어져 떠나 버린 국민의 마음을 어떻게 수습할 수 있겠습니까.

民之所天 惟在於食. 在此旣無資活之路 則雖以空言 日夕撫綏

其能收拾散去之民心乎.

— 과거시험의 명분이 중요하지만 이는 평상시에 논의할 문제입니다. 지금은 종묘사직이 의지할 데가 없고 나라의 수도가 함락되었으니 왜적이 물러가지 않으면 비록 과거시험을 소중히 여기고 명분을 아끼더라도 무슨 이익이 있겠습니까. 이는 참으로 가죽이 닳아 없어지면 털이 붙을 데가 없다는 이치와 마찬가지입니다.

科擧名分雖重 而此平時所論也. 今宗社無托 神都淪沒.

若此賊未退 則雖重科惜名分 何益. 此正所謂皮盡 則毛無所附也.

— 옛날부터 지금까지 오랑캐는 욕심에 싫증내는 일이 없는 것으로는 최고인데 어찌 화해가 이루어질 이치가 있겠습니까. 더구나 우리는 이 왜적

과 같은 하늘 아래에서 함께 살 수 없는 원수인데 비록 죽더라도 어찌 그
들과 화해를 할 수 있겠습니까.

自古夷狄 最爲不厭 豈有和好得成之理. 況我與此賊
有不共戴天之讐 雖死而豈可與之講解.

― 왜적의 흉악한 짓이 이처럼 극도에 달했으니 몹시 원통하고 분하여 이가
갈립니다.

倭賊凶逆 至於此極 痛憤切齒.

― 우리나라가 하는 일은, 급하면 허둥지둥하면서 어쩔 줄 모르다가 일이
지나고 나면 정신이 풀리고 느슨해져 아무 일도 하지 않습니다. 이것이
오늘날 큰 폐단입니다.

我國之事 急則倉皇失措 事過則解弛無爲. 此前後大弊也.

― 우리나라 사람의 심성은 일이 생기기 전에는 계획을 세우지 않다가, 일
이 지나고 나서야 언제나 뉘우칩니다.

我國人情 不能先事而圖 事過則輒悔.

― 지금 왜적이 후퇴한 지 벌써 몇 달이 되었으나 일이 돌아가는 형세가 위
태롭고 절박함은 나날이 더욱 심합니다. 서울과 지방의 인심은 조금 편
안해지면 이에 길들어지는 데서 벗어나지 못합니다. 더구나 조치하는
일도 전혀 없이 한가롭게 세월만 보내니 왜적이 다시 몰려오면 우리나라
는 마음 편하게 지낼 형편이 되지 못할 것입니다.

今賊退已數月 事勢危迫 日甚一日. 而中外人情 未免狃於少安.
尙無措置之事 幾於悠悠度日 萬一賊兵 更爲長驅 國事無稅駕之地.

— 쇠퇴하는 나라를 다시 일으키고 혼란을 바로잡는 가장 중요한 계기는 반드시 먼저 민심을 얻는 것을 임무로 삼는 것입니다. 민심을 얻으면 하늘의 뜻도 우리나라에 재앙(전쟁)을 내린 것을 후회할 것입니다. 이는 반드시 그렇게 되는 이치입니다.

國家興衰撥亂之機 必以先得民心爲務.

民心旣得 則天意亦自然悔禍. 此必至之理也.

— 왜적의 꾀는 흉악하고 불순하여 헤아려 파악하기가 어려워 답답한 마음을 견딜 수 없습니다.

賊謀凶逆難測 不勝寒心.

— 적극적으로 나아가 일을 성취하는 이치는 한 걸음 전진하면 한 걸음만큼 얻고 한 걸음 후퇴하면 한 걸음만큼 잃는 것입니다. 이는 옛날부터 지금까지 그렇게 되는 이치입니다.

進取之事 進一步則得一步 退一步則失一步. 自古而然.

— 조정에서는 왜적이 잠깐 물러갔다고 여기지 말고 더욱 원대한 계획을 생각해 내어 뒷날 닥칠 수 있는 걱정을 조심해야 한다는 마음이 간절합니다.

伏望朝廷 毋以此賊暫退 而益思長遠之慮 以愆後患 不勝祈祝之至.

— 모든 일은 오직 적임자를 얻는 데 달려 있습니다.

凡事惟在得人.

— 백만이 되는 국민이 수레바퀴 자국에 고인 물 안의 물고기처럼 매우 어

렵습니다. 반드시 밤낮으로 생각하고 헤아려서 군사를 모아 왜적을 방어하는 일 이외에도 국민의 목숨을 구하여 살리는 일을 더욱 급하게 서둘러, 일이 생기기 전에 먼저 계획을 세우고 마음과 힘을 다하여 마치 불에 타는 것을 끄고 물에 빠진 것을 건지는 것처럼 해야 할 것입니다. 일을 할 때에는 반드시 성공을 원하고, 사람을 임용할 때는 반드시 실질을 찾아야 하며, 조금이라도 일을 한가롭게 천천히 하거나 착실하게 하지 않고 태만하게 느슨히 하는 습관이 일을 시행하는 동안 끼어들지 못하도록 해야 만 분의 일이나마 성취할 수 있을 것입니다.

百萬生靈 如涸轍之魚. 必須晝思夜度 自調兵禦敵之外
尤急急於救活民命 先事區畫 竭其心力 如救焚拯溺.
爲事而必要其成 用人而必求其實 無一毫悠泛怠緩之習
間於施措之際 然後庶可有濟於萬一.

— 형세를 얻느냐 잃느냐에 따라 승리와 패배가 결정됩니다.
形勢得失 而勝負以決.

— 큰일(전쟁)에 직면했는데도 우리나라는 모든 대책을 써서 서로 지원하거나 협동하는 일에 소홀하고 실정에 맞지 않습니다. 신은 여러 지역에 공문을 보내 단단히 타이르고 경계하도록 하였습니다.
大事當前 而我國凡百策應協同之事 疎闊如此.
臣分道行文 十分申勅.

— 옛날부터 지금까지 세상일은 서로 의심하고 멀리 하는 일 때문에 마침내 구제하기 어려운 후회가 생깁니다. 조정에서 헤아려 생각하고 잘 처리하여 뜻밖의 걱정이 없도록 해야 할 것입니다.

自古天下之事 未嘗不因其疑阻 遂成難追之悔.

自朝廷商量處置 俾無意外之患.

《잡저》

— 전쟁 때는 한층 더 적군의 상태를 자세히 살펴보고 형세에 따라 대책을
마련해야 합니다. 적군이 반드시 공격해 들어올 곳을 우리가 지키고 적
군이 지키지 않는 곳을 우리가 공격해야 뜻대로 될 수 있습니다.

用兵之際 則尤當審察敵人之情 而隨機應之.

守其所必攻 攻其所不守 然後可以得志.

— 재능이 있더라도 임용되지 못하고 임용된 사람도 재능이 없는 경우가 있
습니다. 전하께서는 인재가 한정 있다고 여기지 마시고 다시 널리 찾아
내어 비록 지위가 낮은 장수라도 부실한지 충실한지 자세히 살펴서 각각
그 직책에 맞도록 임용한다면 한 시대의 인재 중 어찌 임용할 만한 사람
이 없겠습니까.

或才者不用 用者非才. 臣願殿下勿以爲人才有限 而更加搜訪

雖鎭堡小將 審於虛實之際 而用之各當其任 則一世人才

豈無可用者哉.

— 이 일은 국민의 편안함과 근심, 국가재정의 넉넉함과 모자람과 관계되
므로, 정밀하게 생각하지 않을 수 없고 세밀하게 처리하지 않을 수 없습
니다. 이런 까닭에 신의 좁은 생각으로 편리함과 어려움의 근원을 깊이
살펴 이와 같이 논의하였습니다. 해당 관청에서 다시 자세히 파악하여

마음과 정성을 다하여 알맞게 처리하면 먼 장래를 경영하고 현재 상황을 이겨 내는 대책으로서 편리하고 마땅한 방안이 될 것입니다.

此事關生民之休戚 係國用之裕乏 思之不可不精 處之不可不審.

故臣以管見 推原利病 而備論之如此.

若該曹 更爲詳審 曲盡裁處 則其於經遠救時之策 庶爲便當.

─ 적군이 강하고 약함은 옛날과 오늘날에 다름이 있으며 싸우고 지키는 형세에 어렵고 쉬움도 아주 다른 경우가 있다. 계획을 고쳐서 새로 만들 줄 모르고 옛날 그대로 따르게 된다면 이는 사리에 어둡고 융통성 없는 각주구검과 다를 바 없다.

敵之强弱 古今有異 而戰守之形 難易頓別.

若不知改圖 而惟古之從 則殆無異於刻舟求劍也.

─ 형세가 편리하다는 것은 무엇인가. 적군은 반드시 지나가야 하고 우리는 반드시 지켜야 할 곳이 바로 그렇다.

所謂形便者 何也. 敵所必由 而我所必守者 是耳.

─ 옛날의 일을 살피면서 오늘날의 일을 생각해 보니 마음이 오싹해진다.

監古撫今 可爲寒心.

─ 양을 잃고 우리를 고치고 말을 잃고 마구간을 수리하게 된다. 지나간 일은 바로잡을 수 없지만 다가오는 일은 성취할 수 있을 것이다.

亡羊補牢 失馬修廐. 往者不諫 來者可追.

─ 옛사람은 요순 임금의 정치가 아니면 임금 앞에서 감히 아뢰지 않았다.

요순 임금의 훌륭한 정치를 그 임금에게도 기대했기 때문이다.

古人非堯舜之道 不敢陳於王前. 是亦以堯舜 望其君也.

— 지난 일을 거울 보듯 살피는 이유는 현재 상황을 파악하고 대처하기 위해서다.

鑑古所以知今.

— 왕도정치의 근본은 민심을 얻는 것을 귀중하게 여기는 것이다. 민심을 얻으면 세상이 편안하고 화합하게 된다.

王道之本 貴乎得民心. 民心得 而天下順矣.

— '생각한다'는 뜻의 '사'(思)라는 글자는 '밭 전'(田)에 '마음 심'(心)이 붙은 것이다. 전(田)은 밭을 갈아 다스린다는 뜻이다. 사람들이 마음의 바탕〔심전(心田)〕을 잘 갈아 다스리기를 농부가 잡초를 뽑아내고 좋은 곡식을 가꾸는 것과 같이 한다면 마음이 이로써 바르게 되고 뜻은 성실하게 되어 나쁜 생각이 물러가고 세상의 이치가 저절로 밝아질 것이다. 자세하고 한결같이 순수한 배움도 이와 같다.

思字 從田從心. 田字耕治之義. 人能耕治心田 如農夫之去稂莠
而養嘉穀 則心由是正 意由是誠 惡念退聽 而天理自明矣.
精一之學 如斯而已.

— 사람들이 즐거워하면서 서로 아끼도록 하고 가지런히 서로 공경하도록 한다면 노인을 높이고 아이를 사랑하는 도리가 세상에 널리 퍼질 것이다. 요순 임금이 세상을 다스린 바탕도 이 같은 일을 소중하게 여기는 태도에 있었다.

苟使人人 皆懽然而相愛 秩然而相敬 則老老幼幼之道 達之天下.
而堯舜之道 不過如此也.

서애 연보

1세 (1542년, 중종 37년) 10월 경북 의성 외가에서 태어나
안동 하회에서 성장. 자는 '이현', 호는 '서애'.
아버지는 황해도 관찰사를 지낸 입암 류중영,
어머니는 안동 김 씨(이름 소강).

17세 이경(세종 아들 광평대군의 5대손)의 딸과 결혼.

21세 도산서당에서 퇴계 이황의 가르침을 받음.

25세 과거시험 문과에 합격.

28세 사헌부 감찰 자격으로 외교사절단에 포함되어
명나라 연경(북경) 방문.

30세 하회마을 서쪽 언덕〔서애(西厓)〕을 호(號)로 삼음.

32세 아버지 별세.

35세 하회마을에 원지정사 완성.

41세 도승지 및 사헌부 대사헌 승진.

45세 하회 부용대에 옥연서당 완성.
군위 선영 부근에 남계서당 완성.

48세 사헌부 대사헌에 병조판서를 겸무.
부인 이 씨 별세.

49세 우의정으로 이조판서를 겸무.

풍원부원군 서훈(명나라 역사책에 조선왕조 계보가 잘못 기록된 것을
바로잡은 공로).

50세 좌의정으로 이조판서를 겸무.

51세 좌의정으로 병조판서와 도체찰사를 맡음.

52세 영의정에 임명되고 도체찰사를 맡음.

57세 영의정에서 파면되고 삭탈관직됨.

58세 하회 옥연서당에서 《징비록》 집필 시작.

59세 퇴계 이황의 연보를 편찬.

60세 어머니 별세, 형 겸암공 별세.

63세 《징비록》 저술을 마침.

65세 학가산 자락 서미동에 농환 초가를 지음.

66세 (1607년, 선조 40년) 5월 농환 초가에서 별세.

1627년(인조 5년) '문충'(文忠) 시호를 받음.

찾아보기(용어)

찾아보기(인물)